Mobiliarsicherungsrechte

Europäische Hochschulschriften
Publications Universitaires Européennes
European University Studies

Reihe II
Rechtswissenschaft

Série II Series II
Droit
Law

Bd./Vol. 3378

PETER LANG
Frankfurt am Main · Berlin · Bern · Bruxelles · New York · Oxford · Wien

Seon-Ja Cha

Mobiliarsicherungsrechte

Rechtsvergleichende Arbeit zwischen deutschem und koreanischem System

PETER LANG
Europäischer Verlag der Wissenschaften

Die Deutsche Bibliothek - CIP-Einheitsaufnahme

Cha, Seon-Ja:

Mobiliarsicherungsrechte : rechtsvergleichende Arbeit zwischen deutschem und koreanischem System / Seon-Ja Cha. - Frankfurt am Main ; Berlin ; Bern ; Bruxelles ; New York ; Oxford ; Wien : Lang, 2002

(Europäische Hochschulschriften : Reihe 2, Rechtswissenschaft ; Bd. 3378)
Zugl.: Bremen, Univ., Diss., 2001
ISBN 3-631-39243-5

D 46
ISSN 0531-7312
ISBN 3-631-39243-5

www.peterlang.de

Vorwort

Die vorliegende Arbeit wurde vom Fachbereich Rechtswissenschaft der Universität Bremen im November 2001 als Dissertation angenommen. Literatur und Rechtsprechung konnten daher bis August 2001 berücksichtigt werden.

Mein ganz persönlicher Dank gilt meinem Doktorvater, Herrn Prof. Dr. Dr. h. c. Norbert Reich, der nicht nur diese Arbeit angeregt, sondern auch mich während meiner Aufenthaltszeit im Bremen mich herzlich betreut hat. Herrn Prof. Dr. Peter Derleder danke ich für die Übernahme der Erstellung des zweiten Gutachtens sowie Herrn Prof. Dr. Volkmar Gessner und Herrn Prof. Gerd Winter für die Prüfungstätigkeit. An Fr. Hendrikje Tessenov und an Fr. Annette Nordhausen bin ich dankbar für ihr engagiertes Korrekturlesen und ihre Diskussionsbereitschaft. Zu Dank verpflichtet bin ich vor allem meinem Mann, Dr. Song, der mich nicht nur in finanzielle Hinsicht unterstüzt hat, sondern auch viele Geduld und Verständnis für meine Arbeit gezeigt hat.

Zuletzt danke ich meiner Mutter, die während meiner Abwesenheit liebevolle an meine kleine Tochter gekümmert hat. Ohne ihre Bemühungen hätte die vorliegende Arbeit nicht entstehen können.

Cha, Seon-Ja Bremen

Inhaltsverzeichnis

Kapitel. 1 Einleitung

Kapitel. 4 Rechtsvergleichende Untersuchung

Abkürzungsverzeichnis

a. a. O.,	am angegebenen Ort
Abl	Amtsblatt
ABS	Asset-Backed Securities
AcP	Archiv für die civilistische Praxis
AGB	Allgemeine Geschäftsbedingungen
AGBG	Gesetz zur Regelung des Rechts der Allgemeinen Geschäftsbedingungen
Anh.	Anhang
Art.	Artikel/Article
ASG	Das Gesetz über das "Asset Securitisation"
BB	Der Betriebsberater
Bd.	Band
BGB	Bürgerliches Gesetzbuch
BGBI	Bundesgesetzblatt
BGH	Bundesgerichtshof
BGHZ	Entscheidungen des Bundesgerichtshofs in Zivilsachen
BMJ	Bundesministerium der Justiz
DB	Der Betrieb
Diss.	Dissertation
DJT	Deutscher Juristentag
EwiR	Entscheidungen zum Wirtschaftsrecht
HGB	Handelsgesetzbuch
h. M.	herrschende Meinung
InsO	Insolvenzordnung
JA	Juristische Arbeitsblätter
JR	Juristische Rundschau
Jura	Juristische Ausbildung
JuS	Juristische Schulung
JZ	Juristenzeitung
KAGBG	Koreanisches Gesetz zur Regelung des Rechts der Allgemeinen Geschäftsbedingungen
KAbzG	Koreanisches Abzahlungsgesetz
KBGB	Koreanisches Bürgerliches Gesetzbuch
KKO	Koreanische Konkursordnung
KOGH	Koreanischer Oberster Gerichtshof
KSAG	Koreanisches Gesetz zur Sanierung von Aktiengesellschaften
KTS	Konkurs-, Treuhand- und Schiedsgerichtswesen
KZPO	Koreanische Zivilprozeßordnung
LM	Nachschlagewerk des Bundesgerichtshofs, herausgeben v. Lindenmaier, Möhring u. a.
MDR	Monatsschrift für Deutsches Recht
NJW	Neue Juristische Wochenschrift
NJW-RR	Neue Juristische Wochenschrift - Rechtsprechungsreport
OLG	Oberlandesgericht
Rn.	Randnummer

RG	Reichsgericht
SPV	Special Purpose Vehicle
UCC	Uniform Commercial Code
VerbrKrG	Verbraucherkreditgesetz
VorPfäG	Das Gesetz über die Vormerkungspfänder
WM	Wertpapiermitteilungen
ZIP	Zeitschrift für Wirtschaftsrecht und Insolvenzpraxis
ZPO	Zivilprozeßordnung

Kapitel. 1 Einleitung

I. Problemstellung

Das Kreditgeschäft stellt eines der wichtigsten Instrumente dar, um die Zirkulation des Kapitals in modernen Wirtschaftssystemen zu beschleunigen. Es ermöglicht, daß in einer Gesellschaft das Kapital in die verschiedenen wirtschaftlichen Bereiche fließen kann. Daher muß die ausreichende Kreditversorgung mit der wirtschaftlichen Entwicklung in einer Gesellschaft Schritt halten, um die Entwicklung der Wirtschaft eines Landes zu beschleunigen[1].

Diese Notwendigkeit zeigt sich bei der Betrachtung der gegenwärtigen Wirtschaftslage Koreas. Zwar hat in Korea im Vergleich zu den westeuropäischen Ländern der Industrialisierungsprozeß erst später eingesetzt, jedoch hat das Land in Bezug auf den Industrialisierungsgrad relativ schnell aufgeholt. Im Zuge dieser wirtschaftlichen Entwicklung stellt der Kapitalmangel der koreanischen Unternehmen ein schwerwiegendes Problem dar. So betrug im Jahre 1990 die Eigenkapitalquote in koreanischen Unternehmen lediglich 14.7%[2]. In der koreanischen Praxis wird dieses Problem dadurch gelöst, daß ein Unternehmen, das zu einer Konzerngruppe gehört, Kredite aufnimmt und ein anderes Unternehmen aus derselben Konzerngruppe die Rückzahlung der Kredite gewährleistet. Dies führt sehr oft dazu, daß im Falle von Kapitalschwierigkeiten eines Unternehmens -als Bestandteil einer Konzerngruppe- auch die anderen Unternehmen des Konzernes von dieser Krise betroffen werden.

Nach der Wirtschaftskrise im Jahr 1997 gingen viele größere Unternehmen in Korea in Konkurs. Als Folge nahm die Zahl der ausgefallenen Forderungen immer mehr zu. 1998 machten die Kredite, die den koreanischen Kreditinstituten nicht zurück gezahlt werden konnten, 7. 5 % der gesamten Kreditgewährung aus. Im Geschäftsverkehr zwischen den größeren- und den klein- und mittelständischen Unternehmen werden die Geschäfte in der Regel durch Wechsel vorgenommen. Dies führt dazu, daß gerade klein- oder mittelständische Unternehmen Gefahr laufen, aufgrund des Mangels an Kapital wegen offenstehender Wechsel in Konkurs zu geraten. Daraus folgt, daß diese Unternehmen häufig ein hohes Insolvenzrisiko eingehen müssen, obwohl sie zum Teil über ein großes Entwicklungspotential verfügen.

---

[1] Drobing, Mobiliarsicherheiten – Vielfalt oder Einheit ?, S. 9.

[2] Kim, Hyung-Bae, Eine Untersuchung über die Angemessenheit des Eigenkapitalbetrages, S. 93 ; Lee, Seng-Woo, Der Eigentumsvorbehalt im koreanischen Recht im Vergleich zur rechtlichen Ausgestaltung im deutschen Recht, S. 1 ; In dieser Untersuchung wurden 30 Konzerne, die in der Reihenfolge der von allen Banken gewährten Kreditmengen auf den ersten 30 Plätzen rangierten, als Kreditnehmer ausgewählt.

Angesichts dieser Situation stellt die ausreichende Kreditversorgung eine der wichtigsten Aufgaben dar, damit die koreanische Wirtschaft in eine neue Phase eintreten kann. Um eine ausreichende Kreditversorgung zu gewährleisten, hat man naturgemäß zunächst eine Sicherheit für seinen Kredit zu leisten. Insofern kann man beim Kreditgeschäft nicht davon ausgehen, daß der Kreditgeber allein auf die gesetzliche Zahlungspflicht des Kreditnehmers vertraut. Daher wird demjenigen, der keine Sicherheiten zur Sicherung seiner Darlehensschuld leisten kann, in der Regel kein Kredit gewährt werden[3]. Es stellt sich daher die Frage, was man als Sicherheit dienen läßt. Im Allgemeinen wird die Kreditsicherung in der koreanischen Kreditpraxis an unbeweglichen Sachen, wie z. B. Grundstücken oder Gebäuden, vorgenommen. Diese Situation eröffnet den klein- und mittelständischen Unternehmen, die weder über Grundstücke noch Gebäude u.a. verfügen, nur sehr beschränkte Möglichkeiten der Kreditvorsorge.

Aus diesem Grund wird in Korea versucht, durch verschiedene Sondergesetze die Möglichkeit zu schaffen, daß neben unbeweglichen Sachen auch bewegliche Sachen und Forderungen zur Sicherung genutzt werden können[4]. Im Bereich des Zivilrechts kennt das koreanische Recht schon seit langem die theoretische Grundlage einer atypischen Kreditsicherung, d. h. der Sicherungsübereignung und des einfachen Eigentumsvorbehalts. Beide Formen kommen jedoch in der Praxis nicht häufig vor, während in der deutschen Kreditpraxis mit diesen beiden Kreditsicherungsformen bzw. dem verlägerten und dem erweiterten Eigentumsvorbehalt nicht nur bewegliche Sachen sondern auch Forderungen als Sicherungsgegenstände dienen und damit die Kreditversorgung auf verschiedene Weise ermöglicht wird.

Ein deutlicher Unterschied bei der Anwendung dieser Kreditsicherungselemente im Vergleich mit der deutschen Praxis liegt darin, daß nach koreanischem Recht das Grundstück auch Gegenstand der Sicherungsübereignung und des Eigentumsvorbehalts sein kann. Daraus folgt, daß die Sicherungsübereignung in der koreanischen Praxis anders als in der deutschen Praxis gehandhabt wird. Der Eigentumsvorbehalt wird dagegen in Korea lediglich in Bezug auf das Abzahlungsgeschäft diskutiert. Er wird auf der unternehmerischen Ebene selten als Sicherungsform für den Warenkredit in Betracht gezogen. Diese unterschiedliche Anwendung führt dazu, daß in Korea das Sicherungsgeschäft weiterhin durch die o.g. Anknüpfung an das Grundstück gekennzeichnet ist.

Aus diesem Grund wird die Sicherungsübereignung mit der beweglichen Sache, besonders die eines Warenlagers mit wechselndem Bestand, in der korenischen Kreditpraxis erst seit kurzer Zeit diskutiert, während die Sicherungsübereignung eines Grundstücks bereits gängige Praxis ist. Weil in der koreanischen Praxis mit der Sicherungsübereignung und dem Eigentumsvorbehalt kaum Erfahrungen gesammelt wurden, ist die praktische Anwendung dieser atypischen Sicherungsrechte sehr schwer.

---

[3] Drobing, Gutachten zum 51. DJT., F 15.

[4] Einzelheiten in Kapitel. 1 III. 1. ff.

Daher wird in dieser Arbeit versucht, darzustellen, wie diese beiden atypischen Sicherungsrechte in der deutschen Praxis behandelt werden und wie diese Rechte in Korea durchgesetzt werden könnten.

II. Ziel und Methode der Arbeit

Das Ziel dieser Arbeit liegt zunächst darin, Möglichkeiten aufzuzeigen, wie die Kreditsicherung in Korea, die immer noch durch die Anknüpfung an ein Grundstück geprägt ist, um verschiedene Varianten von Sicherungsgeschäften erweitert werden kann.

Hierfür kommen vor allem die Kreditsicherung an beweglichen Sachen (insbes. Warenlager mit wechselndem Bestand) und an Forderungen in Betracht, wodurch Unternehmen, die nicht über Grundbesitz verfügen, eine weitere Möglichkeit zur Sicherung von Krediten eröffnet wird. Die Heranziehung dieser Sicherungsmittel erleichtert es dem Kreditnehmer, seine Kreditschuld zu sichern. Festzustellen ist daher, daß etwa die Möglichkeit der Kreditsicherung durch bewegliche Sachen -besonders des Umlaufvermögens- eine erforderliche Alternative zur effizienten Nutzung industriellen Kapitals darstellt.

Beim Praktizieren dieser Alternativmöglichkeit ist, wie bereits erwähnt, in erster Linie die mangelnde Praxiserfahrung ein Hindernis. Um die mangelnde Praxiserfahrung zu überwinden und das Mobiliarsicherungsrecht in die Praxis einzuführen, werden in dieser Arbeit aufgrund der durch die deutsche Rechtsprechung entwickelten Grundsätze rechtspolitische Vorschläge gemacht. Dabei sind die unterschiedliche wirtschaftliche Lage in beiden Ländern und die unterschiedlichen Vorschriften im BGB und KBGB zu beachten.

Aufgrund dessen, daß auf der anderen Seite der Warenverkehr weltweit zunimmt, können die unterschiedlichen rechtlichen Grundlagen im Kreditgeschäft und die daraus folgende unterschiedliche Behandlung der Sicherungsrechte in den einzelnen Ländern sehr oft unerwartete Nachteile verursachen. Aus diesem Grund wurde in der europäischen Gemeinschaft die Zahlungsverzugsrichtlinie (EG-Richtlinie 2000/35[5]) erlassen. Diese enthält eine Vorschrift zum Eigentumsvorbehalt. Die unterschiedliche Beurteilung des Eigentumsvorbehalts wird daher vor allem im Verhältnis zwischen EG- und Drittstaaten, wie Korea, relevant. Daher besteht das Ziel im Wirtschaftsverkehr zwischen Korea und Deutschland darin, rechtliche Konflikte zu vermeiden und mehr Rechtsklarheit zu schaffen. Zu diesem Zweck sollen die Rechtssysteme Deutschlands und Koreas im Bereich der Kreditsicherung verglichen werden.

[5] Abl L Nr. 200 v. 08/08/2000.

Das deutsche Recht kennt die Kreditsicherung durch bewegliche Sachen einmal in der Form des Bankenkredites durch die Sicherungsübereignung und zweitens in der Form des Warenkredites durch den einfachen, verlängerten oder erweiterten Eigentumsvorbehalt. Man spricht insoweit von sog. atypischen Sicherungsrechten, da sie im deutschen Rechtssystem keine Normierung erfahren haben. Eine Ausnahme stellt lediglich §455 BGB hinsichtlich des Eigentumsvorbehaltes dar. Die atypischen Kreditsicherungsrechte sind in Deutschland durch die Rechtsprechung und durch Allgemeine Geschäftsbedingungen (z. B. von Banken oder Warenlieferanten) im Rahmen des AGB-Gesetzes entwickelt worden.

Aus diesem Grund versucht diese Arbeit darzustellen, wie die Rechtsverhältnisse zwischen Kreditnehmer und Kreditgeber durch einzelne Klauseln in Allgemeinen Geschäftsbedingungen ausgestaltet sind und wie die Rechtsprechung im Lichte des AGBG hierauf Einfluß genommen hat.

Konkret ist beim einfachen Eigentumsvorbehalt die kollidierende Rechtsstellung zwischen dem Vorbehaltseigentümer und dem Anwartschaftsberechtigen zu untersuchen. Die Rechtsstellung des Vorbehaltskäufers als Anwartschaftsberechtigten wird in Deutschland zwar anerkannt, doch ist die dogmatische Grundlage immer noch umstritten. Darüber hinaus stellt das Anwartschaftsrecht in der Praxis ein relativ schwaches Sicherungsmittel des Vorbehaltskäufers dar[6].

Die rechtsdogmatische Grundlage des Anwartschaftsrechts ist in Korea zwar auch bekannt, jedoch wurden konkrete Einzelheiten im Zusammenhang mit der Rechtsstellung des Vorbehaltskäufers bisher sehr wenig diskutiert und die koreanische Rechtsprechung ist diesbezüglich nicht ergiebig. Daher ist der rechtliche Schutz der Rechtsstellung des Vorbehaltskäufers als Anwartschaftsberechtigten im Vergleich mit der deutschen Theorie zu erörtern[7]

Neben dem Eigentumsvorbehalt werden bei der Sicherungsübereignung in Deutschland zuerst die verschiedenen Maßnahmen hinsichtlich des Bestimmtheitsprinzips bezüglich eines Warenlagers mit wechselndem Bestand, das in der Rechtsprechung anerkannt ist, dargestellt und die in der Praxis zum Bestimmtheitserfordernis angewendeten Raumsicherungsverträge und Makierungsverträge je nach ihrem formularvertraglichen Inhalt erörtert[8]. Im Vergleich mit dem deutschen Recht wird dasselbe Problem in Korea untersucht, weil die Sicherungsübereignung einer Sachgesamtheit mit wechselndem Bestand jetzt in Korea eine große Herausforderung darstellt[9].

Des weiteren wird besonders die deutsche Rechtslage in Bezug auf die revolvierenden Globalsicherheiten untersucht. Der verlängerte und erwei-

[6] Einzelheiten in Kapitel. 2 A. IV. ff.
[7] Einzelheiten in Kapitel. 3 A. V. 1 ff.
[8] Einzelheiten in Kapitel. 2 B. II. ff.
[9] Einzelheiten in Kapitel. 3 B. III. ff.

terte Eigentumsvorbehalt ist in Korea nicht bekannt, während sie in der deutschen Praxis als Sicherungsrechte durch die Forderungsabtretung sehr weit entwickelt sind. Daneben gibt es die Globalzession, vor allem im Bereich des Bankwesens, die häufig mit dem Eigentumsvorbehalt kollidieren.

Die Möglichkeit, Forderungen als Sicherungsmittel dienen zu lassen und damit die Sicherungsmöglichkeiten zu erweitern, stellt im Moment die koreanische Kreditpraxis vor eine erhebliche Aufgabe. Das Gesetz über das „Asset Securitisation", das vor kurzem erlassen wurde, zeigt deutlich dieses Ziel. Daher wird die Möglichkeit, den verlängerten oder erweiterten Eigentumsvorbehalt einzuführen untersucht[10]. Schließlich beschäftigt sich diese Arbeit mit dem Insolvenzfall, da sich der eigentliche Sinn einer Kreditsicherung bei der Eröffnung des Insolvenzverfahrens über das Vermögen des Kreditnehmers zeigt. Aus diesem Grund soll dargestellt werden, inwieweit der Kreditgeber bei den einzelnen Sicherungsformen seine Forderungen im Insolvenzverfahren durchsetzen kann. Zu beachten ist dabei, daß es in Korea hinsichtlich des Konkursverfahrens bisher kaum Rechtsprechung gibt. Daher wird eine eher theoretische Untersuchung vorgenommen[11]. In Anbetracht dieser unterschiedlichen Rechtslagen werden am Ende dieser Arbeit rechtspolitische Vorschläge gemacht, um eine Umorientierung der Kreditsicherungsrechte in Korea voranzutreiben[12].

III. Grundlage der Mobiliarsicherung

1. Mobiliarsicherung in Korea

a. Allgemeine Struktur des Koreanischen Bürgerlichen Gesetzbuches

Von 1876 an entwickelte sich in Korea die Aufklärungsbewegung, als deren Folge das westeuropäische Rechtssystem erstmals Einzug in die koreanische Rechtsordnung fand. Die Bemühungen um eine radikale Rechtserneuerung wurden dadurch vereitelt, daß Korea im Jahre 1910 durch Japan annektiert wurde[13]. Im Jahre 1912 verkündete Japan eine Durchführungsverordnung zum Zivilgesetz. Nach Art. 1 dieser Verordnung galt in Korea das Japanische Bürgerliche Recht[14].

---

[10] Einzelheiten in Kapitel. 1 III. 1. b. bb. (3) ff.

[11] Einzelheiten in Kapitel. 3 A. VI. ff ; Kapitel. 2 B. V. 2. ff ; Kapitel. 2 C. II. 3 ff ; Kapitel. 3 A. VII. ff ; Kapitel. 3 B. V. 3. ff.

[12] Einzelheiten in Kapitel. 4 ff.

[13] Cho, Kyu-Chang, Koreanisches Zivilrecht und deutsches bürgerliches Recht, in : Zur Rezeption des deutschen Rechts, S. 61, 62.

[14] Nam, Yoon-Sam, Die Sicherungsübereignung im deutschen, US-amerikanischen und koreanischen Recht, S. 95.

Nachdem Korea im Jahre 1945 seine Unabhängigkeit ausgerufen hatte, wurde am 15. 09. 1948 eine Kommission zur Kodifikation des Koreanischen Bürgerlichen Gesetzbuches (folgend: KBGB) eingesetzt. Sie legte im Jahre 1953 einen ersten Entwurf vor. Nach ausführlichen Beratungen erarbeitete der Rechtsausschuß des Parlaments einen Änderungsentwurf. Diese beiden Entwürfe wurden vom Plenum zusammengefaßt, am 17. 12. 1957 verabschiedet und traten am 01. 01. 1960 in Kraft. Grundsätzlich ist das KBGB in seiner Systematik und dem Inhalt eng an das deutsche BGB angelehnt[15]. Im koreanischen Sachenrecht sind das Spezialitäts- und Publizitätsprinzip anerkannt. Daher ist zum Eigentumserwerb eines Grundstücks die Eintragung ins Grundbuch erforderlich, um dem Publizitätsprinzip zu genügen (§186 KBGB). Das Eigentum an beweglichen Sachen geht durch Übergabe und Übereignung an den Erwerber über (§188 Abs. 1 KBGB). Dabei liegt der Unterschied jedoch darin, daß entgegen §94 BGB ein Ge-bäude oder eine andere mit dem Grund und Boden fest verbundene Sache kein wesentlicher Bestandteil des Grundstücks ist, sondern als unabhängiger selbständiger Gegenstand eines dinglichen Rechts behandelt wird[16].

b. Mobiliarsicherung nach koreanischem Recht

aa. Pfandrecht nach dem KBGB

Das Koreanische Bürgerliche Gesetzbuch regelt als typische Sicherungsrechte: das Zurückbehaltungsrecht[17] (§§320-328 KBGB), das Pfandrecht (§§329-355 KBGB) und die Hypothek (§§356-372 KBGB). Davon sind lediglich das Pfandrecht und die Hypothek als Kreditsicherungsmittel von Bedeutung, da das Zurückbehaltungsrecht nur dazu dient, eine schon entstandene Forderung zu sichern und daher in der Kreditpraxis selten eingesetzt wird[18].

Wenn nun ein Kreditnehmer nach koreanischem Recht mit einer beweglichen Sache als Sicherungsmittel einen Kredit aufnehmen möchte, muß er ein Pfandrecht an dieser beweglichen Sache bestellen lassen. Nach §330

[15] Kim, Chung-Han, Seoul Law Review, Bd. 10-2, 1968, S. 27 ff.

[16] Kim, Hyung-Bae, Vorlesung zum Bürgerlichen Gesetz, S. 294.

[17] Anders als das Zurückbehaltungsrecht i. S. d. §273 BGB betrachtet das KBGB dieses als ein gesetzlich anerkanntes dingliches Sicherungsrecht. Nach dem §320 KBGB entsteht das Zurückbehaltungsrecht ohne besondere Vereinbarung zwischen den Parteien, d.h. wenn man aufgrund eines Rechtsverhältnisses einen fälligen Anspruch gegenüber dem Schuldner hat und aus demselben Rechtsverhältnis eine dem Schuldner gehörende Sache oder ein Wertpapier in Besitz nimmt, steht ihm das Recht zu, die Sache oder das Wertpapier bis zur Erbringung der ihm gebührenden ganzen Leistung zurückzubehalten. Kim, Sang-Yong, Sachenrecht, S. 621.

[18] Yang, Chang-Soo, Studie zur zivilrechtlichen Rechtsprechung, XII, S. 375.

KBGB bedarf die wirksame Bestellung eines Pfandrechts der Übergabe einer beweglichen Sache an den Pfandgläubiger[19]. Die Bestellung eines Pfandrechts durch Besitzkonstitut ist gemäß §332 KBGB(vgl. §§1205, 1253 Abs. 1 BGB) verboten[20].

Das Pfandrecht im KBGB ist nach dem Faustpfandprinzip, genau wie im BGB ausgestaltet. Dies führt dazu, daß bei der Bestellung des Pfandrechts der Kreditnehmer seinen unmittelbaren Besitz an der Pfandsache an den Kreditgeber übergeben muß und damit seine Nutzungsmöglichkeit an der Sache verliert. Aus diesem Grund ist das Pfandrecht nach koreanischem Recht ebensowenig zur Kreditsicherung des Umlaufvermögens einsetzbar wie das Pfandrecht nach deutschem Recht.

bb. Mobilisierungsversuche nach Sondergesetzen

(1) Mobiliarhypothek an einzelnen Sachen

Um das o.g. strenge Faustpfandprinzip zu umgehen und die zur Sicherheit dienende Sache weiter wirtschaftlich nutzen zu können, wurden in Korea Sondergesetze erlassen. Dazu gehören die Gesetze über die Hypothek an Kraftfahrzeugen[21], die Hypothek an Luftfahrzeugen[22] und die Hypothek an Baumaschinen[23].

Der koreanische Gesetzgeber bezweckte durch die Schaffung dieser Mobiliarsicherheiten, den Unternehmen des Transport- sowie Baugewerbes neue Kreditmöglichkeiten zu eröffnen. Zu beachten ist, daß die Verpfändung von Kraft- und Luftfahrzeugen hierdurch untersagt wurde. Die Bestimmungen über diese drei Mobiliarhypotheken stimmen mit denen über die Immobiliarhypothek im KBGB weitgehend überein. Die Unterschiede zwischen diesen Mobiliarhypotheken untereinander ergeben sich lediglich aus der unterschiedlichen Beschaffenheit der Gegenstände selbst[24].

Obwohl die eigens sondergesetzlich geschaffene Hypothek an Kraftfahrzeugen sowie die Hypothek an Baumaschinen im koreanischen Wirtschaftsleben eine erhebliche Rolle spielen sollte, haben sie in der Praxis nur einen

[19] §330 (Erfordernis der Übergabe der Sache) Zur gültigen Bestellung des Pfandrechts an einer beweglichen Sache ist es erforderlich, daß die Sache dem Pfandgläubiger überge-ben wird.

[20] §332 (Verbot des Pfandbesitzes durch Verpfänder) Der Pfandgläubiger kann das Pfand den Verpfänder nicht besitzen lassen.

[21] Gesetz Nr. 868 vom 23. 12. 1961 ; Änderung vom 27. 12. 1993.

[22] Gesetz Nr. 867 vom 23. 12. 1961 ; Änderung vom 27. 12. 1993.

[23] Gesetz Nr. 1855 vom 25. 12. 1966 ; Änderung vom 11. 06. 1993.

[24] Lee, Seng-Woo, Der Eigentumsvorbehalt im koreanischen Recht im Vergleich zur rechtlichen Ausgestaltung im deutschen Recht S. 20.

engen Anwendungsbereich gefunden. Bei der Sicherung von Kaufpreisforderungen sind sie durch den Eigentumsvorbehalt weitgehend verdrängt worden, denn beim Kauf eines Kraftfahrzeuges kann sich der Verkäufer durch die Vereinbarung des Eigentumsvorbehalts in der Einzelzwangsvollstreckung auf die Drittwiderspruchsklage berufen, während er bei der Mobiliarhypothek nur eine Klage auf vorzugsweise Befriedigung erheben kann. Daher ist das Verfahren zur Verwirklichung der Mobiliarhypotheken umständlich und lästig und bei einer öffentlichen Versteigerung kann gewöhnlich kein ausreichender Erlös erzielt werden.[25]

(2) Fabrikhypothekengesetz[26]

Das Fabrikhypothekengesetz dient dazu, einzelnen Unternehmen eine bessere Möglichkeit zu verschaffen, Kapital für den Betrieb aufzunehmen, wobei eine Hypothek für das Betriebsgelände, die Fabrikgebäude und die einzelnen Maschinen als einheitliche Gesamtsache aufgenommen werden kann (§1 Fabrikhypothekengesetz).

Nach §§11 Abs. 1, 15 Fabrikhypothekengesetz kann der Eigentümer einer Fabrik mit einzelnen Sachen und Rechten, aus denen die Fabrik besteht, z. B. Betriebsgelände, Betriebsgebäude, Maschinen, Erbbaurechten, Mietrechten oder Urheberrechten usw. eine gesamte Vermögensmasse der Fabrik begründen und mit der Hypothek belasten. Auf diese Weise kann ein Unternehmen nicht nur mit dem Grundstück, sondern mit einzelnen beweglichen Sachen seine Kreditschuld sichern und hat damit eine bessere Möglichkeit zur Kreditaufnahme.

In der Praxis wird die Fabrikhypothek trotz vieler Vorteile nur selten angewendet. Der Grund dafür liegt darin, daß zuerst gemäß §12 Fabrikhypothekengesetz die einzelnen Sachen und Rechte, die die gesamte Vermögensmasse der Fabrik begründen, ins Registerbuch eingetragen werden müssen. Je größer ein Unternehmen ist, desto schwieriger wird es, die einzelnen Gegenstände, aus denen die Fabrik besteht, jedesmal ins Registerbuch einzutragen und die entsprechenden Kosten zu tragen[27]. Für klein- oder mittelständische Unternehmen ist daher die Möglichkeit, die Fabrikhypothek zu nutzen, geringer, weil §11 Abs. 1 Fabrikhypothekengesetz nur für denjenigen Anwendung findet, der Eigentümer aller zur Fabrik gehörenden Gegenstände ist. Gemäß §4 Fabrikhypothekengesetz erstreckt sich die Wirkung der auf dem Betriebsgrundstück lastenden Hypothek auch auf die einzelnen Maschinen. Hieraus resultieren in der Praxis Probleme, da die meisten Unternehmen –besonders klein- und mittelständische Unternehmen- die einzelnen Maschinen nicht selber kaufen,

---

[25] Lee, Seng-Woo, a. a. O., S. 21.

[26] Gesetz Nr. 749 vom 17. 10. 1961 ; Änderung vom 14. 12. 1991 ; Änderung vom 23. 11. 1996 ; Änderung 13. 12. 1997.

[27] Kim, Sang-Yong, Sachenrecht, S. 834 ff.

sondern sie per Leasingvertrag mieten. In einem solchem Fall ist die Fabrikhypothek für diese Unternehmen nicht anwendbar, weil die Eigentümer an dem Betriebsgrundstück und an den einzelnen Maschinen in der Regel verschiedene Personen sind.

(3) Das Gesetz über das „Asset Securitisation[28]"

(a) Bedeutung

Wie oben in der Problemstellung erwähnt, stellt die Kapitalknappheit in koreanischen Unternehmen ein erhebliches Problem dar. Das Gesetz über das „Asset Securitisation (folgend: ASG)" dient dazu, die Kapitalknappheit in einem Unternehmen zu lösen, indem über verschiedene Aktivposten Wertpapiere („Asset-Backed Securities" = ABS) ausgestellt werden, damit sie in eine höhere Stufe der Liquidität überführt werden können und durch den Verkauf dieser Wertpapiere an die Investierenden eine Unternehmensfinanzierung erreicht wird[29].

§2 Nr. 1 ASG versteht unter „Asset Securitisation" folgendes Verhalten : der „Originator", mit dessen Vermögen das „ABS" ausgestellt werden soll, übereignet sein Vermögen auf ein sog. „special purpose Vehicle (SPV)" oder er vertraut sein Vermögen dem SPV an. Das SPV stellt mit diesem Vermögen „ABS"-Papiere aus. Mit dem Kapital, das SPV als Erlös durch Verwaltung und die Verfügung über das übereignete Vermögen erlangt hat, tilgt das SPV die ausgegebenen Wertpapiere und deren Zinsen.

(b) Umfang der übertragenen Vermögenswerte

Zu den Vermögenswerten, die auf das „SPV" übereignet werden können, gehören Forderungen, Grundstücke und sonstige Vermögensrechte (§2 Nr. 3 ASG). Hinsichtlich des Umfanges der übertragenen Vermögenswerte gibt es keine Beschränkung und daher können bspw. Schuldscheine (Schuldurkunden) der Gesellschaft, Urheberrechte und Patentrechte als Gegenstände der zu übereignenden Vermögenswerte dienen.

Das „Asset Securitisation" setzt die Übereignung oder das Anvertrauen der Vermögenswerte eines Unternehmens voraus, weshalb solche Gegenstände, die weder übereignet noch anvertraut werde können, - z. B. Forderungen,

---

[28] http://www.moleg.go.Kr/

[29] http://my.netian.com/~onepark/Artcl/ABSlaw.htm
„Asset-Backed Securities" ist der Oberbegriff für Wertpapiere, die durch Vermögenswerte abgesichert sind, die zum Finanzierungsbereich der „Securitisation" gehören, Gehring, Asset-Backed Securities, S. 1, Fn. 2.

die aufgrund ihrer Eigenschaft oder durch eine Vereinbarung der Parteien nicht übertragen werden können (§449 Abs. 1 S. 2, Abs. 2 KBGB) - nicht geeignet sind, als Gegenstände des „Securitisation" zu dienen. Auch künftig entstehende Forderungen können Gegenstände des „Securitisation" sein, wenn sie nach ihrer Höhe und ihrem Entstehungszeitpunkt bestimmbar sind. Dazu gehören u.a. Forderungen aus Sukzessivlieferungsverträgen, Abzahlungskaufen und aus Leasingverträgen.[30]

(c) Originator und SPV

Gemäß §2 Nr. 2 ASG ist der „Originator", mit dessen Vermögen die Wertpapiere ausgestellt werden sollen, eingeschränkt. So können z. B. Kreditinstitute – d. h. Banken, Effektenfirmen, usw. – koreanische Kapitalverwaltungskorporation oder sonstige vertrauenswürdige juristische Personen als „Originator" bezeichnet werden. Später erweiterte die Finanzaufsichtskommission durch verschiedene Maßnahmen den Kreis der „Originatoren". Danach können jetzt sowohl alle börsennotierten juristischen Personen, als auch die nicht börsennotierten juristischen Personen, deren Investitionsfähigkeit von der Finanzaufsichtskommission anerkannt ist, ABS-Papiere ausstellen[31].

Der „Originator" hat sein Vermögen zur Ausstellung der Wertpapiere auf das SPV zu übereignen. Das SPV ist daher eine Organisation, die zwischen dem „Originator" und den nomalen Investoren vermittelt. Das SPV ist allerdings nur eine auf dem Papier existierende Oranisation (sog. Paper company), die weder eine gesellschaftsrechtliche Organisation, noch das Wesen einer Körperschaft hat. Außerdem wird sie nur zu dem vorübergehenden Zweck gegründet, zwischen normalen Investoren und dem „Originator", dessen Vermögenswerte liquidiert werden sollen, zu vermitteln. Aus diesem Grund ist die GmbH die passende Form für das SPV (§17 ASG)[32]. Zu der Aufgabe des SPV gehören: (1) Übernahme oder Übereignung des Umlaufvermögens, (2) Verwaltung und Betrieb des Umlaufvermögens, (3) Verfügung über das Umlaufvermögen, (4) Ausstellung und Rückzahlung der Wertpapiere, (5) Vertragsschluß, der zur Ausübung des Plans über den Umlauf des Vermögens erforderlich ist, (6) vorübergehendes Borgen des Kapitals, das zur Rückzahlung der Wertpapiere erforderlich ist, (7) Investition des überflüssigen Kapitals, (8) sonstige betreffende Aufgaben (§22 ASG)[33]. Das SPV wird aufgelöst, wenn der Plan über die Liquidierung der Vermögenswerte des „Originators" erfüllt ist (§20 Abs. 1 ASG).

---

[30] Kim, Jae-Sun, Menschenrechte und Gerechtigkeit, 2001, Jan., S. 87. 88.

[31] Kim, Jae-Sun, a. a. O., S. 89, 90.

[32] Kim, Jae-Sun, a. a. O., S. 108.

[33] Kim, Jae-Sun, a. a. O., S. 108.

(d) Übereignung der Vermögenswerte

Der Kernpunkt des „ASG“ liegt darin, daß die normalen Investoren aus dem Verkaufserlös der ausgegebenen Wertpapiere die Rückzahlung ihres eingesetzten Kapitals und der aufgelaufenen Zinsen bekommen können, obwohl der „Originator“ insolvent ist. Wenn z. B. der „Originator“ sein Vermögen nur sicherungshalber auf das „SPV“ übereignet hätte, dann stünde dem „SPV“ bei Insolvenz des „Originators“ nur ein Absonderungsrecht zu und seine Rechtsstellung wäre als Absonderungsberechtigter nach §§193, 194 KKO einzuschränken. Wenn der Vermögenshalter kein Konkurs- sondern ein Sanierungsverfahren einleiten würde, könnte das „ SPV“ seine Rechte nur als Sicherungsberechtigter nach dem Sanierungsplan durchsetzen. Um dies zu vermeiden und die Rechtsstellung der normalen Investoren zu schützen, sind die Vermögenswerte des „Originators“, die auf den SPV übertragen wurden, für immer von seiner Konkursmasse auszuschließen.

Aus diesem Grund müssen die Vermögenswerte des „Originators“ nicht nur sicherungshalber übereignet sondern wirklich verkauft werden[34]. Dementsprechend lautet §13 ASG, daß, wenn das Vermögen des „Originators“ nach dieser Vorschrift übereignet wird, diese Übereignung nicht als Sicherungsübereignung anzusehen ist. Als konkrete Voraussetzungen dafür enthält §13 ASG folgende Regelungen:

1.entweder durch Kauf oder durch Tausch (§13 Nr. 1 ASG)
2. dem Zessionar (=„SPV“) stehen das Verfügungs- und Ertragsrecht über das Umlaufvermögen zu ; In diesen Fällen behält der Zessionar dieses Recht, obwohl der Zedent (=„Originator“) beim Verkauf dieser Vermögenswerte durch den Zessionar ein bevorzugtes Kaufrecht hat
3. der Zedent hat keinen Herausgabeanspruch auf die übereigneten Vermögenswerte und der Zessionar erhält auch keinen Herausgabeanspruch bezüglich des Betrages, der als Gegenleistung für die übereigneten Vermögenswerte gezahlt worden ist.
4. der Zessionar trägt die Gefahr für die übereigneten Vermögenswerte, es sei denn, der Zedent trägt innerhalb eines bestimmten Zeitraumes die Gefahr oder übernimmt die Sachmängelhaftung.

cc. Atypische Sicherungsrechte in Korea

Wie bereits erwähnt, ist in der koreanischen Wirtschaft das Erfordernis einer Mobiliarsicherung seit langem bekannt und es wird versucht, das koreanische Recht durch entsprechende Gesetzgebungsinitiativen zu modifizieren. Unter den atypischen Sicherungsrechten versteht man in Korea die Sicherungsinstitute, die mittels der Vermögensübertragung zum

[34] Kim, Jae-Sun, a. a. O., S. 93.

Zweck der Sicherung eingesetzt werden[35]. Dazu gehören die Sicherungsübereignung, die Sicherung durch Vormerkung ins Grundbuch und der Eigentumsvorbehalt. Die theoretischen Grundlagen der atypischen Sicherungsrechte in Korea unterscheiden sich nicht wesentlich von denen in Deutschland. Während in Deutschland nach § 925 Abs. 2 BGB die Auflassung zur Eigentumsübertragung, die unter einer Bedingung oder einer Zeitbestimmung erfolgt, unwirksam ist, gibt es in Korea keine solche Beschränkung für die Eigentumsübertragung. Aus diesem Grund zählen sowohl bewegliche Sachen als auch Grundstücke zu den Gegenständen der atypischen Sicherungsrechte[36]. Für diese Fälle wurde 1983 das Sicherungsvormerkungsgesetz erlassen.

2. Mobiliarsicherung in Deutschland

a. Mobiliarsicherung nach dem BGB

Infolge der konservativen Ausrichtung des BGB wurde das Pfandrecht bereits im ersten Entwurf auf der Grundlage des Faustpfandprinzips geregelt (§1147 Abs. 1 erster Entwurf zum BGB)[37]. Anerkannt ist, daß das *constitutum possesorium* zur Begründung eines Pfandrechts nicht ausreicht (§1147 III. 2 BGB)[38]. In den Motiven wird insoweit ausgeführt, daß die tatsächlichen Verhältnisse dem Rechtsverhältnis nicht entsprechen, wenn die Pfandsache im unmittelbaren Besitz des Verpfänders bliebe. Außerdem bestünde die Gefahr, daß mit Hilfe des *constitutum possesorium* geheime, die Sicherheit des Verkehrs, namentlich auf den Konkurs hin, beeinträchtigende Pfandrechte geschaffen würden und es an einem strafrechtlichen Schutz für den Fall einer Unterschlagung der verpfändeten Sache durch den Eigentümer fehle[39]. Aus diesem Grund ist das BGB im Interesse der Kreditgeber dem Publizitätsprinzip gefolgt und hat deshalb das Fahrnispfand als Faustpfand ausgestaltet.

Bei der Gesetzgebung des BGB enthielt der 1888 veröffentlichte Entwurf der ersten Kommission keine Regelung über den Eigentumsvorbehaltskauf. Die zweite Kommission, die zur Überarbeitung des ersten Entwurfes ge-

[35] Kim, Sang-Yong, Sachenrecht, S. 841.
[36] Kwack, Yoon-Chik, Schuldrecht BT, S. 257.
[37] §1147 : (1) Zur Begründung des Faustpfandrechts durch Rechtsgeschäft ist ein zwischen dem Eigentümer des Pfandes und dem Gläubiger, unter Einräumung und Ergreifung der Inhaberschaft des Pfandes, zu schließender Vertrag erforderlich, welcher die Willenserklärung der Vertragsschließenden enthält, daß das Pfandrecht begründet sein soll (Pfandvertrag).
[38] §1147 : (3) .... Die Bestellung des Pfandrechts ist unwirksam, wenn vereinbart ist, daß der Verpfänder das Pfand in seiner Inhaberschaft behalten soll.
[39] Hromadka, Die Entwicklung des Faustpfandprinzips im 18. und 19. Jahrhundert, S. 167 u. 168.

bildet worden war, erkannte die im ersten Entwurf bestehende Lücke, d. h. was gelten sollte, wenn sich der Verkäufer an einer dem Käufer übergebenen beweglichen Sache wegen des noch rückständigen Kaufpreises das Eigentum vorbehalten hat. Aus diesem Grund wurden von der Kommission bei der Beratung zum Kaufrecht zwei Anträge vorgeschlagen. In dem ersten Antrag wurde vorgeschlagen, eine Bestimmung über den Eigentumsvorbehalt ins Sachenrecht einzubeziehen. Dabei wurde die Vorbehaltsvereinbarung als Rücktrittsvorbehalt ausgestaltet. Dieser Vorschlag wurde mit der Begründung abgelehnt, daß es nicht genüge, lediglich eine Bestimmung über die obligatorische Wirkung des Vorbehalts zu treffen, ohne jegliche Beratung über dessen dingliche Wirkung[40].

Im ersten Entwurf wurde jedoch die Übereignung zum Zweck der Befriedigung aus der Sache - d. h. die Möglichkeit, daß die Parteien mit dem Eigentumsvorbehalt nur die Verwertung bezwecken - diskutiert[41]. Nachdem das Pfandrecht nach dem Faustpfandprinzip geregelt worden war und damit das *constitutum possesorium* für den Fall keine Anwendung finden sollte, bei dem aus den Umständen ersichtlich wurde, daß dem Erwerber durch die Veräußerung Sicherheit verschafft werden soll[42], wurde die Vereinbarung eines Eigentumsvorbehalts nicht ins Sachenrecht aufgenommen.

Im zweiten Entwurf (und damit im BGB) wurden die im ersten Entwurf festgelegten Grundsätze ohne Änderung übernommen. Ebenso wie das kurz vor den Beratungen der zweiten Kommission entstandene Abzahlungsgesetz enthält der zweite Entwurf in §394(dem heutigen §455 BGB) eine Regelung des mit dem Eigentumsvorbehalt verbundenen Rücktrittsrechts : „Hat sich der Verkäufer einer beweglichen Sache das Eigentum bis zur Zahlung des Kaufpreises vorbehalten, so ist im Zweifel anzunehmen...daß der Verkäufer zum Rücktritte von dem Vertrag berechtigt ist, wenn der Käufer mit den Zahlungen in Verzug kommt“[43].

Das vom BGB favorisierte Faustpfandprinzip stellt in der Praxis weder für den Sicherungsgeber noch den Sicherungsnehmer ein zufriedenstellendes Sicherungsmittel dar. Einerseits ist das Faustpfandprinzip für den Sicherungsgeber unangemessen, weil nur derjenige, der den Besitz innehat, in der Lage ist, die Sache zu verpfänden, indem er sie aus seinem Besitz weggibt[44]. In manchen Fällen besitzt der Kaufmann oder der Fabrikant als einzige mögliche Kreditsicherheit sein Geschäftsinventar, Warenlager, Maschinen

[40] Berger, Eigentumsvorbehalt und Anwartschaftsrecht, S. 16.

[41] Im Motiv zum ersten Entwurf : „Der Wille der Kontrahenten kann dahin gehen, daß derjenige, welchem Sicherheit verschafft werden soll, für den Fall, daß seine Befriedigung ausbleibt, Eigentümer werden oder bleiben, dabei aber vielleicht in Ansehung der Verwertung der Sache und der Erstattung eines Überschusses in ähnlicher Weise, wie ein Pfandgläubiger obligatorisch gebunden sein soll“, Maaß, Die Geschichte des Eigentumsvorbehalts, S. 320, 321.

[42] Berger, Eigentumsvorbehalt und Anwartschaftsrecht, S. 21 u. 22.

[43] Maaß, Die Geschichte des Eigentumsvorbehalts, S. 322.

[44] Weber, Kreditsicherheiten, S. 139

usw., deren Besitz er auf keinen Fall entbehren kann, sofern er seine Geschäftstätigkeit fortsetzen will[45]. Andererseits ist die Bestellung eines Faustpfandrechts zur Kreditsicherung für den Sicherungsnehmer ebenso unzuträglich, wie für den Sicherungsgeber, denn danach hat er alle zur Sicherheit dienenden beweglichen Sachen bei sich zu behalten, obwohl er schließlich nur seine Forderung ausreichend sichern lassen und nicht die einzelnen Sachen unmittelbar besitzen möchte. Deswegen ist eine sinnvolle Form der Kreditsicherung, daß einerseits der Kreditnehmer seine Sache weiter besitzt, wodurch ihm weitere Gebrauchs- und Nutzungsrechte zustehen, andererseits diese Gegenstände als Sicherheit für die Forderung des Kreditgebers dienen.

Dieses Ziel wird dadurch erreicht, daß der Sicherungsgeber dem Sicherungsnehmer zur Sicherung der Forderung das Eigentum an seiner Sache übereignet, er die Sache aber weiter unmittelbar besitzen und zum Wirtschaften nutzen kann (sog. Sicherungsübereignung).

Dennoch war die Gültigkeit der Vereinbarung der Sicherungsübereignung zunächst sehr umstritten. Der Grund dafür war, daß der Gesetzgeber das Faustpfand als Kreditsicherungsmittel an beweglichen Sachen bewertet und daß die Sicherungsübereignung dieselbe Funktion wie das Faustpfand wahrnimmt, ohne daß die Interessen der Beteiligten in derselben Weise geschützt werden[46]. Damit wird die Sicherungsübereignung als „illegitimes Kind des Rechtsverkehrs angesehen, da sie sich nicht auf die Vaterschaft des Gesetzes berufen kann"[47]. Bereits 1902 hat jedoch das RG die Zulässigkeit des fiduziarischen Pfandgeschäfts ausdrücklich anerkannt und 1904 erklärte es, daß die Sicherungsübereignung weder nach dem Wortlaut noch nach der Entstehungsgeschichte des Gesetzes als verbotenes Umgehungsgeschäft zu werten sei[48].

Nachdem die Vereinbarung der Sicherungsübereignung wirksam anerkannt worden ist[49], wurden nicht nur die Sicherungsübereignung sondern auch der Eigentumsvorbehalt im Zusammenhang mit der Kautelarjurisprudenz die durch die Rechtsprechung anerkannten Kreditsicherungsmittel[50]. So kann z.B. beim Kauf unter Eigentumsvorbehalt der Verkäufer seine Kaufpreisforderung dadurch sichern, daß er mit dem Käufer im Kaufvertrag vereinbart, daß die Eigentumsübertragung auf den Käufer nicht sofort nach dem Kaufvertragsschluß, sondern erst nach vollständiger Kaufpreiszahlung – d. h. die Forderung des Verkäufers wurde befriedigt – zu erfolgen hat. Durch die Verschiebung der Eigentumsübertragung stellt die Übereignung unter Eigentumsvorbehalt heute ein Kreditsicherungsmittel dar, durch welches der Güteraustausch mit dem Sicherungseffekt kombiniert wird. Dies

---

[45] Melscheimer, Sicherungsübereignung oder Registerpfandrecht, S. 4
[46] Hromadka, JuS 1980, 89.
[47] Lehmen, Reform der Kreditsicherung an Fahrnis und Forderungen, S. 34.
[48] Hromadka, JuS, 1980, 90 ; RGZ 59, 146 ff.
[49] Einzelheiten in Kapitel. 2 B. I. 1. ff.
[50] Hromadka, a.a.O.

gilt insbesondere, seitdem das Vorbehaltseigentum nicht nur zur Sicherung der eigentlichen Kaufpreisforderung, sondern in seiner verlängerten oder erweiterten Form auch zur Abdeckung beliebiger Forderungen des Käufers verwendet wird[51].

Durch eine solche Mobilisierung der Sicherungsrechte – d. h. einerseits werden die Sicherungsgegenstände zum Zweck der Sicherung vollständig auf den Kreditgeber übertragen, andererseits wird die Übertragung des unmittelbaren Besitzes verhindert[52] - kann der eigentliche Zweck des Sicherungsvertrages erreicht werden. Damit werden die Forderungen des Sicherungsnehmers ausreichend gesichert und der Sicherungsgeber hat die Möglichkeit, die Sicherungsgegenstände weiter wirtschaftlich zu nutzen. Hier muß jedoch berücksichtigt werden, daß der Sicherungszweck durch eine solche Mobilisierung der Sicherungsrechte nur dann richtig erreicht werden kann, wenn die Forderung des Sicherungsnehmers trotz Fehlens des unmittelbaren Besitzes ebenso gut gesichert ist, wie wenn er den unmittelbaren Besitz am Sicherungsgegenstand hätte. Daher sind die gegenseitigen Interessenlagen immer zu berücksichtigen, wenn es darum geht, Interessenkonflikte zwischen Sicherungsnehmer und Sicherungsgeber zu bewältigen.

b. Strukturprinzip der Mobiliarsicherungsrechte in Deutschland

aa. Abstraktionsprinzip

Das BGB regelt in den §§929 ff die Übergabe und Übereignung der beweglichen Sache. Diese Regelungen sind nicht nur für den alltäglichen Gütertausch von Bedeutung. Vielmehr liegt ihre wirtschaftliche Bedeutung im Bereich der Kreditsicherung. Die Kreditsicherung mit beweglichen Sachen ist mit Hilfe der Regelungen zur Eigentumsübertragung an beweglichen Sachen ermöglicht worden[53]. So sind die Sicherungsübereignung und der Eigentumsvorbehalt im BGB nicht direkt als Kreditsicherungsmittel ausgestaltet, doch eröffnet die Regelung zur Eigentumsübertragung gemäß den §§ 929 ff die Möglichkeit dazu[54]. Dies wird dadurch erreicht, daß der Gesetzgeber die Eigentumsübertragung als ein selbständiges, gewissermaßen neutrales Verfügungsgeschäft und als ein abstraktes dingliches Rechtsgeschäft konzipierte[55]. Das im BGB verankerte Abstrak-

---

[51] Staudinger-Komm/Wiegand, vor §§929 ff, Rn. 3 u. 4.
[52] Bülow, Jura 1996, 192.
[53] Staudinger-Komm/Wiegand, vor §§929 ff, Rn. 2.
[54] Staudinger-Komm/Wiegand, vor §§929ff, Rn. 3 u. 4 ; durch solche Funktionen der §§929 ff BGB wird deutlich, daß diese Vorschriften eine zentrale wirtschaftliche Bedeutung haben, ohne daß dies im Gesetz zum Ausdruck kommt, Alter-Komm/Reich, vor §§929 ff, Rn. 2.
[55] Staudinger-Komm/Wiegand, vor §§929 ff, Rn. 6.

tionsprinzip bedeutet im Sachenrecht zweierlei, erstens, daß jede rechtsgeschäftliche Übertragung einer eigenen Verfügung bedarf, die von schuldrechtlichen oder sonstigen Übertragungsgründen zu unterscheiden ist (sog. Trennungsprinzip), und zweitens, vom schuldrechtlichen Verpflichtungsgeschäft, der sog. Causa., zu trennen ist (Abstraktionsprinzip)[56]. Dies wiederum bedeutet, daß Störungen des Verpflichtungsgeschäfts, wie etwa Nichtigkeit, Anfechtung, Rücktritt wegen Leistungsstörungen oder Wandelung wegen Sachmängel, keinen Wegfall der Rechtsübertragung als solcher bewirken.

Interessant ist dabei zum einen, daß das Abstraktionsprinzip die Möglichkeit gibt, die verselbständigte Eigentumsübertragung als Kreditsicherungsmittel anzuwenden und zum anderen, daß dieses Prinzip nach dem BGB unter stark veränderten Verkehrsverhältnissen im Kreditgeschäft vielfältige Veränderungen erfuhr und es schließlich nur in seiner äußeren Struktur unangetastet blieb.

Beispielsweise übereignet der Sicherungsgeber bei der Sicherungsübereignung eines Warenlagers mit wechselndem Bestand, die einen typischen Bankenkredit sichert, das Eigentum an den sich im Warenlager befindlichen Gegenständen auf den Sicherungsnehmer (§§929, 930 BGB). Nach außen steht das Eigentum dem Sicherungsnehmer zu. Der Sicherungsgeber kann mit einer Ermächtigung des Sicherungsnehmers (§185 Abs. 1 BGB) diese Sicherungsgegenstände weiter veräußern. Derjenige, der vom Sicherungsgeber die Sicherungsgegenstände kauft, erwirbt das Eigentum daran. Damit verliert der Sicherungsnehmer sein Sicherungseigentum. Im Innenverhältnis wird die Darlehensforderung des Sicherungsnehmers gegenüber dem Sicherungsgeber dadurch gesichert, daß dieser die Forderung aus der Weiterveräußerung an ihn abtritt (§398 BGB).

Diese Konstellation taucht beim verlängerten Eigentumsvorbehalt (typischer Warenkredit) auch auf. Der Vorbehaltsverkäufer liefert dem Vorbehaltskäufer die Vorbehaltsware unter Eigentumsvorbehalt. Nach außen bleibt der Vorbehaltsverkäufer Eigentümer der Vorbehaltsware. Der Vorbehaltskäufer kann die Vorbehaltsware mit einer Ermächtigung des Vorbehaltsverkäufers (§185 Abs. 1 BGB) an einen Zweitkäufer weiter veräußern. Damit verliert der Vorbehaltsverkäufer sein Vorbehaltseigentum. Im Innenverhältnis ist die Kaufpreisforderung des Vorbehaltsverkäufers durch die Forderung aus der Weiterveräußerung gesichert (§398 BGB).

In materieller Hinsicht erfährt damit das Abstraktionsprinzip gravierende Verschiebungen[57]. Indem die Rechtsverhältnisse des Kreditgeschäfts nicht direkt nach dem BGB, sondern durch Allgemeine Geschäftsbedingungen der Banken oder Warenlieferanten zustande kommen, ist z. B. an die Stelle des Trennungsprinzips in den AGB die einheitliche Regelung der Begründung und Sicherung eines Waren- und Geldkredits getreten, deren unter-

[56] Alter-Komm/Reich, vor §§929 ff, Rn. 4.
[57] Staudinger-Komm/Wiegand, Anh. zu §§929-931, Rn. 1.

schiedliche Auswirkungen im Bereich des Schuld- und Sachenrechts nach dem gesetzlichen Formularmuster äußerlich nachvollzogen wird, ohne aber die innere Einheit der Tatbestände aufzuheben[58].

bb. Bestimmtheitsprinzip

Die Eigentumsübertragung verlangt aus der dinglichen und abstrakten Natur des Verfügungsgeschäfts heraus, daß der Vertrag die Sache, die veräußert bzw. erworben werden soll, bestimmt bezeichnet[59]. Bei der Übertragung von beweglichen Sachen wird dem Bestimmtheitsprinzip in der Regel durch eine reale Übergabe Rechnung getragen[60]. Hingegen findet bei der Übertragung zur Kreditsicherung eine reale Übergabe der zur Sicherung dienenden beweglichen Sachen nicht statt, weil hier in der Regel der Übergabeakt nicht real vorgenommen, sondern durch Vereinbarung eines Besitzkonstitutes (§ 930 BGB) oder durch die Abtretung eines Herausgabeanspruches (§ 931 BGB) ersetzt wird[61]. Daher ist es schwer, in einem solchen Fall das Bestimmtheitsprinzip durchzusetzen.

Besondere Schwierigkeiten bereitet die Übereignung des Umlaufvermögens, wie z. B. eines Warenlagers mit wechselndem Bestand, weil es sich dabei um antizipierte Übereignungen handelt. In der Praxis kommt man dem Bestimmtheitserfordernis bei einem Warenlager mit wechselndem Bestand durch die Verwendung einer Sammelbezeichnung nach[62]. Nach der vom BGH vertretenen Auffassung[63] führt dies nicht dazu, daß bei der Verwendung von Sammelbezeichnungen jedes einzelne Objekt des Übereignungsvorganges genau bezeichnet oder gar schriftlich festgelegt werden muß[64]. In einer weiteren Entscheidung hat der BGH seinen Standpunkt dahingehend präzisiert, „daß die zu übereignenden Gegenstände im Zeitpunkt der Einigung über den Eigentumsübergang, nicht im Sicherungsvertrag bestimmt" sein müssen[65]. Bei der Übertragung zur Kreditsicherung wird das Bestimmtheitsprinzip anders durchgesetzt als bei der normalen Eigentumsübertragung zum Zweck des Gütertausches. Hier erfährt das Bestimmtheitsprinzip insofern eine ähnliche Verformung, wie das Abstraktionsprinzip[66].

---

[58] Alter-Komm/Reich, vor §§929 ff, Rn. 20.

[59] Alter-Komm/Reich, vor §§929 ff, Rn. 6.

[60] Staudinger-Komm/Wiegand, §929, Rn. 12 ; nach einer Formulierung des BGH ist die erforderliche Bestimmtheit nur dann gegeben, „wenn die Beteiligten eine gemeinsame auf individuell bestimmte Gegenstände gerichtete Vorstellung haben und es ihr Wille ist, daß das Eigentum an diesen Gegenständen übergehen soll", BGHZ 21, 52, 55.

[61] Staudinger-Komm/Wiegand, Anh. zu §§929-931, Rn. 96.

[62] Reich, Die Sicherungsübereignung, S. 20.

[63] BGHZ 73, 253, 254.

[64] Staudinger-Komm/Wiegand, Anh. zu §§929-931, Rn. 97 ; BGHZ 73, 253, 254.

[65] BGH, WM 1988, 346, 347.

[66] Alter-Komm/Reich, vor §§929 ff. Rn.19.

cc. Publizitätsprinzip

Schließlich wird die Publizität im Sinne des BGB, d. h. die dingliche Rechtslage und ihre Veränderung für jedermann deutlich erkennbar und die daraus entstandenen Folgerungen für die Vermutung vom Besitz auf das Eigentum möglich zu machen, in dem Maße an Bedeutung verlieren, indem sich die Sicherungsübereignung und der Eigentumsvorbehalt im Kreditgeschäft immmer mehr ausbreiten[67].

Bei der Vereinbarung der Sicherungsübereignung und des Eigentumsvorbehalts bleibt der unmittelbare Besitz an der Sache nicht beim Eigentümer sondern beim Sicherungsgeber und Vorbehaltskäufer. Die Beiden erhalten Nutzungs- und Gebrauchsrechte an der Sache, als ob sie Eigentümer wären. Dies führt oft zu Problemen im Zusammenhang mit der Rechtsstellung eines Dritten.

Zum Schutz eines Dritten wird daher vorgeschlagen, daß ein Registerpfandrecht in Deutschland eingeführt werden muß[68]. Es ist sehr oft im Zusammenhang mit Art. 9 UCC zur Diskussion gestellt worden. Dabei unterscheidet sich die Entstehung eines Sicherungsrechts im Innenverhältnis von seiner Vollendung nach außen, Art. 9-305. Die Vollendung eines Sicherungsrechts setzt zuerst gem. Art. 9-305 S. 1 seine wirksame Entstehung i. S. d. Art. 9-203 und die Eintragung in ein Register (Art. 9-305) voraus[69]. Durch die Vollendung („perfection") erhält der Gläubiger den größtmöglichen Schutz. Während der Gläubiger für eine Registrierung sorgen muß, um geschützt zu sein, legt der UCC dem Dritten eine Nachforschungspflicht auf. Daher schützt der UCC den Dritten nur dann, wenn der Gläubiger die Registereintragung bzw. die Besitzergreifung versäumt und daher ein Dritter keine Möglichkeit hat, von dem Sicherungsrecht zu erfahren. In diesem Fall entfaltet das Sicherungsrecht keine Außenwirkung, Art. 9-301UCC. Der Dritte kann sein Recht an der Sicherheit wirksam begründen[70]

Die Idee der Einführung eines Registerpfandrechts an beweglichen Sachen, bei dem statt der Übergabe die Eintragung in ein Pfandbuch vorgenommen wird, wurde auch bei den Vorarbeiten zum BGB für erwägenswert gehalten[71]. Das BGB geht jedoch zum Schutz eines Dritten von einem subjektiven Gutglaubensmaßstab aus, während der UCC sich auf einen objektiven Maßstab in Art. 9 stützt[72]. In Deutschland ist der Versuch, ein

[67] Staudinger-Komm/Wiegand, Anh. zu §§929-931, Rn. 30.
[68] Drobing, Gutachten F zum 51. DJT., S. F 58 ff.
[69] Welp, Zum Stand des amerikanischen Kreditsicherungsrechts nach Art. 9 UCC, S. 32 u. 33.
[70] Welp, a. a. O., S. 37.
[71] Weber, NJW 1976, 1602.
[72] Welp, Zum Stand des amerikanischen Kreditsicherungsrechts nach Art. 9 UCC, S. 34 u. 37

Registerpfandrecht allgemein gesetzlich einzuführen, bislang ohne Erfolg geblieben, da stets auch gewichtige Argumente gegen eine solche Einführung vorgetragen wurden[73]. Der Gutglaubensschutz hat eine erhebliche wirtschaftliche Bedeutung erlangt, da der Eigentumsvorbehalt und die Sicherungsübereignung in der Kreditpraxis immer mehr zunehmen. Der unmittelbare Besitz stellt keinen Rechtfertigungsgrund für den guten Glauben des Erwerbs im Sinne des § 932 BGB dar, weil bei der Vereinbarung der Sicherungsübereignung die Eigentumsübertragung in der Regel nicht nach § 929 BGB, sondern durch Besitzkonstitut i. s. d. § 930 BGB vorgenommen wird. Der unmittelbare Besitz an der beweglichen Sache allein reicht nicht aus, damit sich der Veräußerer als Eigentümer legitimieren kann und damit einen Rechtsverlust des eigentlichen Eigentümer herbeiführen würde.

Bei der Sicherungsübereignung oder dem Eigentumsvorbehalt kann der unmittelbare Besitz keinen inneren Rechtfertigungsgrund für den guten Glauben des Erwerbers i.S.d §§932 ff darstellen[74], so daß das Publizitätsprinzip auch hier eine Verformung erfährt.

dd. Kontrollmaßnahmen, §§ 9, 6 AGBG

Heutzutage werden die Sicherungsverträge zumeist nach Maßgabe der Allgemeinen Geschäftsbedingungen der Banken oder Lieferanten geschlossen. Die Rechtsverhältnisse zwischen den Parteien werden insofern durch einzelne Klauseln der AGB des Kreditgebers bestimmt. Die schuldrechtlichen und dinglichen Tatbestände bei der rechtsgeschäftlichen Vereinbarung von Kreditsicherungsrechten werden somit nicht nach dem ursprünglichen Modell des BGB abgewickelt, sondern durch Allgemeine Geschäftsbedingungen der Banken oder der Warenlieferanten, was die oben skizzierte Aufweichung der allgemeinen Prinzipien des BGB zur Folge hat. Etwaige Konflikte zwischen dem Sicherungsgeber und dem Sicherungsnehmer werden von der Rechtsprechung durch die Kontrolle der betreffenden Klausel nach Maßgabe des AGBG gelöst. Den Kontrollmaßstab setzte

---

[73] Weber, NJW 1976, 1603, der Deutsche Juristentag (DJT.) hat diese Themen ständig zur Diskussion gestellt, z. B. beim 31. DJT. (1912) mit der Frage ; „Empfehlen sich gesetzliche Maßnahmen in Bezug auf die Sicherungsübereignung?“ und der 32. DJT. (1921) erörterte das Thema ; „Empfiehlt sich die Einführung der Mobiliar-Hypothek?“ Schließlich befaßte sich auf dem 41. DJT. (1955) die erste Arbeitsgemeinschaft mit dem Problem „Gesetzliche Regelung der Sicherungsübereignung und des Eigentumsvorbehalts?“ ; Drobing, Gutachten für den 51. DJT., S. F 98, der 51.DJT. behandelte die Frage, ob sich gesetzliche Maßnahmen zur Reform der Mobiliarsicherheiten empfehlen ; eine große Reform des Rechts der Kreditsicherheiten an Mobilien mit dem Ziel einer umfassenden Kodifikation ist zwar für die Zukunft wünschenswert, vor Klärung der dogmatischen Struktur der Sicherungsrechte zur Zeit jedoch nicht zu empfehlen

[74] Alter-Komm/Reich, vor §§929 ff, Rn. 24.

hier zunächst § 138 BGB, dessen Rechtsgedanke seit Inkrafttreten des AGBG im Jahre 1977 in den §§ 9 und 6 AGBG, die zur Überprüfung der einzelnen Klauseln herangezogen werden, fortbesteht.

c. Treuhand vs. Übersicherung

Unabhängig davon , ob es sich um eine Sicherungsübereignung oder einen Eigentumsvorbehalt handelt, weisen sie bei ihrer Vereinbarung ähnliche Problemkonstellationen in Bezug auf das Außen- und Innenverhältnis auf, d.h. bei der Sicherungsübereignung hat der Sicherungsnehmer eine Eigentümerstellung im Außenverhältnis inne und beim Eigentumsvorbehalt nimmt der Vorbehaltsverkäufer eine Eigentümerstellung gegenüber einem Dritten ein.

Diese Rechtsposition im Außenverhältnis ist im Hinblick auf den eigentlichen Sicherungszweck vergleichsweise stark ausgestaltet. Diese starke Rechtsposition des Sicherungsnehmers im Außenverhältnis kann für den Sicherungsgeber besonders nachteilig sein, da in der modernen Wirtschaft Kreditgeschäfte langfristig vorgenommen werden, so etwa wenn dieser zwar seine Forderung teilweise bereits getilgt hat, aber der Sicherungsnehmer das Eigentum an den Sicherungsgegenständen weiterhin behält oder wenn der Vorbehaltsverkäufer im Außenverhältnis noch immer als Eigentümer auftritt, obwohl der Vorbehaltskäufer seinen Kaufpreis bis auf eine geringe Restrate gezahlt hat. Hierin liegt die sog. Übersicherungsgefahr. Diese Gefahr kann sich deswegen jederzeit verwirklichen, weil der Sicherungsnehmer bei einem Sicherungsgeschäft vor allem für den Fall gesichert werden möchte, daß bei langfristigen Kreditgeschäften z.B. Erhöhungen des Saldos oder plötzliche Verschlechterung der Bonität des Schuldners, negative Veränderungen des Wertes der Kreditsicherheit auftreten können und er daher die Sicherheit möglichst lange behalten will[75].

Eine Übersicherung liegt vor, wenn ein Vergleich des Werts der eingeräumten Sicherheiten mit der Höhe der jeweiligen Kreditforderung ergibt, daß der Wert der Sicherheiten die Höhe der Kreditforderung auf Dauer in einem ungerechtfertigten Maße übersteigt und der Kreditgeber seine Sicherungsinteressen somit in unzulässiger Weise zu Lasten der Interessen des Sicherungsgebers durchgesetzt hat[76].

Eine besonders große Übersicherungsgefahr besteht in den Ausdehnungsformen des Eigentumsvorbehalts, d. h. dem verlängerten und erweiterten Eigentumsvorbehalt. Ein verlängerter Eigentumsvorbehalt kann entweder durch Vereinbarung einer Verarbeitungsklausel oder einer Weiterveräuße-

---

[75] Richrath, Die Übersicherungsproblematik bei nichtakzessorischen Kreditsicherheiten, S.126

[76] Göbel, Übersicherung und Freigabeklauseln in vorformulierten Kreditsicherungsverträgen, S. 18 ; BGH, NJW 1994, 1796 ff; BGH, NJW 1998, 2047 ff.

rungsermächtigung mit Vorausabtretung der Forderung zustande kommen. Durch die Vereinbarung einer Verarbeitungsklausel wird der Vorbehaltsverkäufer „Hersteller“ i. S. d. §950 BGB und ist damit Eigentümer an der neu hergestellten Sache. Wenn diese Vereinbarung uneingeschränkt ausgestaltet wird, d. h. der Vorbehaltsverkäufer sicherungshalber das Alleineigentum am neuen Produkt erhält, besteht hier die Gefahr einer Übersicherung, weil in der Regel der Wert der neu hergestellten Sache den Wert der gelieferten Rohstoffe übersteigt.

Bei der Vereinbarung einer sog. Weiterveräußerungsklausel wird die Weiterverkaufsforderung in voller Höhe sicherungshalber abgetreten. Hier kann eine Übersicherung des Vorbehaltsverkäufers eintreten, wenn die Weiterverkaufsforderung über den Warenwert hinaus auch den Verkaufsgewinn des Vorbehaltskäufers enthält oder der Vorbehaltskäufer auch Waren anderer Lieferanten mit verarbeitet hat.

Bei einem erweiterten Eigentumsvorbehalt behält sich der Vorbehaltsverkäufer das Eigentum vor, bis sämtliche Forderungen aus der Geschäftsverbindung oder aus dem Kontokorrentverhältnis getilgt werden, d.h. auch wenn die Kaufpreisforderung schon getilgt ist, dient das Vorbehaltseigentum zur Sicherung anderer Forderungen aus der Geschäftsverbindung oder dem Kontokorrentverhältnis. Hier entsteht erneut eine Übersicherungsgefahr[77].

Heutzutage kommt der Sicherungsvertrag in der Regel unter Verwendung Allgemeiner Geschäftsbedingungen des Kreditgebers wie z.B. Banken-AGB's oder Allgemeine Geschäftsbedingungen der Lieferanten zustande. Die Rechtsprechung beschäftigt sich seit langem mit diesem Problem. Sie versucht daher ständig, eine Übersicherung durch eine entsprechende Kontrolle der Klauseln nach Maßgabe des AGBG zu verhindern. Zuerst vertrat die Rechtsprechung[78] die Auffassung, daß bei der Vereinbarung eines Formularvertrags die Übersicherung nur dann verhindert werden kann, wenn die AGB des Sicherungsnehmers eine ermessensunabhängige Freigabeklausel mit zahlenmäßig bestimmter Deckungsgrenze enthalten. Aus diesem Grund ist ein Formularvertrag dann gemäß §9 Abs. 1 AGBG unwirksam, wenn er keine solche Klausel enthält.

Der Große Senat des BGH[79] hat sich in seinem Beschluß vom 27. 11. 1997 gerade kürzlich mit dieser Problematik beschäftigt, weil die Rechtsprechung des BGH auseinander fiel. Aufgrund der sog. Treuhandkonzeption hat der Große Senat festgelegt, daß der Freigabeanspruch des Sicherungsgebers ohne Rücksicht auf die Erscheinungsform jedem Sicherungsvertrag immanent sein muß. Mit diesem Beschluß des Großen Senats wird ein Sicherungsvertrag nicht mehr aufgrund einer fehlenden

---

[77] Göbel, Übersicherung und Freigabeklauseln in vorformulierten Kreditsicherungsverträgen, S. 31 ff.

[78] BGH, ZIP 1990, 27 ff: BGH, ZIP 1991, 997 ff: BGH, WM 1993, 213 ff.

[79] BGH, NJW 1998, 675 ff.

Freigabeklausel, die die Gefahr einer Übersicherung verhindern soll, unwirksam[80]. Als Prüfungsmaßstab solcher vorformulierten Kreditsicherungsverträge wurden dabei erneut die §§ 6 und 9 AGBG herangezogen.

d. Kollisionsproblem ; Warenkredit vs. Bankenkredit

Bei der Vereinbarung des einfachen Eigentumsvorbehalts übergibt der Verkäufer die Ware schon vor der Kaufpreiszahlung. Diese Vorleistung des Verkäufers wirkt sich als Kredit für den Käufer in der Form eines Warenkredites aus. Bei der Vereinbarung eines verlängerten Eigentumsvorbehalts kann der Vorbehaltskäufer die Ware, die vom Warenlieferanten geliefert worden ist, ohne Gegenleistung durch dessen Ermächtigung gemäß § 185 Abs. 1 BGB an einen Zweitkäufer weiter veräußern. Dies stellt einen Warenkredit dar.

Andererseits kann der Kreditnehmer einen Kredit von der Bank aufnehmen, indem er sein Eigentum an bestimmten beweglichen Sachen der Bank gemäß den §§929, 930 BGB zur Sicherung übereignet (Sicherungsübereignung) oder die Forderungen, die aus seinem Geschäft in der Zukunft entstehen, global gemäß § 398 abtritt (Globalzession). Hierbei handelt es sich um einen Bankenkredit.

Ein Kollisionsproblem zeigt sich in folgender typischer Fallkonstellation: Der Käufer kauft die Sache unter Eigentumsvorbehalt. Daher steht ihm zwar der unmittelbare Besitz und das Gebrauchsrecht, jedoch kein Eigentum an der Vorbehaltsware zu. Trotz des mangelnden Eigentums übereignet der Käufer die Vorbehaltsware ohne vollständige Kaufpreiszahlung zur Sicherung an eine Bank, wodurch das Vorbehaltseigentum (Warenkredit) und das Sicherungseigentum (Bankenkredit) miteinander konkurrieren. In diesem Fall könnte zunächst die Rechtsstellung des Sicherungsnehmers durch die sachenrechtlichen Vorschriften zum gutgläubigen Erwerb geschützt werden.

In den meisten Fällen kommt jedoch die Sicherungsübereignung durch die Vereinbarung eines Besitzkonstituts gemäß den §§929, 930 BGB zustande. Hier fehlt es an der unmittelbaren Besitzübergabe der Sicherungsgegenstände, weshalb für den Gutglaubensschutz nicht der §932 BGB in Betracht kommt, sondern die §§ 933, 934 BGB anzuwenden sind. Gemäß den §§930, 933 BGB kann der Sicherungsnehmer das Sicherungsgut aufgrund seines guten Glaubens erwerben, wenn er es unmittelbar besizt und in diesem Zeitpunkt immer noch gutgläubig ist. Diese Voraussetzungen für einen Gutglaubenserwerb gemäß den §§930, 933 BGB ist jedoch nur schwer erfüllbar, weil bei einer Sicherungsübereignung der Sicherungsnehmer das Sicherungsgut unmittelbar besitzt, wenn der Sicherungsfall eintritt. Im Zeitpunkt der Krise des Sicherungsgebers beruft sich jeder Gläubiger auf

[80] Einzelheiten in Kapitel. 2 C. V. 2. ff.

sein Sicherungsrecht und sorgt dafür, daß es den übrigen Gläubigern bekannt wird. Dies bedeutet, daß der Sicherungsnehmer im Fall der §§930, 933 BGB nur selten gutgläubig sein kann, wenn er das Sicherungsgut an sich nimmt. Aus diesem Grund kommt in der Regel ein Gutglaubenserwerb gemäß den §§ 931, 934 BGB zustande[81].

Eine andere denkbare Fallkonstellation ist die, daß der Vorbehaltskäufer die Forderung, die aus der Weiterveräußerung an seinen Kunden entsteht bzw. in der Zukunft entstehen wird, an den Warenlieferanten zur Sicherung von dessen Kaufpreisforderung und an eine Bank noch einmal global abtritt. Hier kommt ein gutgläubiger Erwerb nicht in Betracht, da eine Forderung nicht gutgläubig erworben werden kann. Grundsätzlich genießt daher die zeitlich vorrangige Forderungsabtretung bei kollidierenden Forderungsabtretungen Priorität. Die Rechtsprechung schränkt das Prioritätsprinzip aufgrund der Sittenwidrigkeit gemäß §138 Abs. 1 BGB ein und schützt den Warenkreditgeber durch die sog. Vertragsbruchstheorie[82]. Die Banken versuchen ihrerseits durch die Verwendung entsprechender Klauseln, z. B. Verpflichtungsklausel, schuldrechtliche oder dingliche Verzichtsklausel, ein Unwirksamwerden des betreffenden Sicherungsvertrages aufgrund der Sittenwidrigkeit zu verhindern[83].

e. Insolvenzrechtliche Probleme

Der wichtigste Zweck von Mobiliarsicherheiten ist es, dem Sicherungsnehmer (Vorbehaltsverkäufer, Bank als Sicherungsnehmer) im Insolvenzfall gegenüber dem Insolvenzverwalter und den nicht bevorrechtigten Insolvenzgläubigern ein wirksames dingliches Vorzugsrecht zu geben. Daher wird in Deutschland die Problematik der Sicherungsrechte an beweglichen Sachen stets im Zusammenhang mit dem Insolvenzverfahren über das Vermögen des Sicherungsgebers diskutiert.

Die umfassende Diskussion anlässlich des 51. DJT im Bereich der Mobiliarsicherungsrechte führte aus diesem Grund zur Reform der insolvenzrechtlichen Seite der Problematik[84]. Am 01. 01. 1999 ist die neue Insolvenzordnung in Deutschland in Kraft getreten. Grundsätzlich hat aber die Rechtsstellung des Sicherungsnehmers im Falle der Insolvenz des Sicherungsgebers keine große Änderung erfahren. Bei der Insolvenz des

[81] Pottschmidt/Rohr, Kreditsicherungsrecht, S. 197 ff, Rn. 539 ; Einzelheiten in Kapitel. 2 C. IV. 1. ff.

[82] BGHZ 30, 149.

[83] Einzelheiten in Kapitel. 2 C. IV. 2. ff.

[84] Dorndorf/Franke, ZIP 1985, 65 ff ; Drobing, Gutachten für den 51. DJT., S. F 98 u. F 99 , In seinem Gutachten für den 51. DJT. verneint Drobing zwar eine große Reform mit dem Ziel einer umfassenden Kodifikation, jedoch befürwortet er eine kleine Reform mit dem Ziel, schwerwiegende Nachteile der Kreditsicherheiten für die ungesicherten Gläubiger in Insolvenzverfahren abzuwenden

Vorbehaltskäufers steht dem Vorbehaltsverkäufer beim einfachem Eigentumsvorbehalt ein Aussonderungsrecht zu (§ 47 InsO). Dem Sicherungsnehmer steht bei der Sicherungsübereignung, genau wie dem Verkäufer beim verlängerten und erweiterten Eigentumsvorbehalt, ein Absonderungsrecht zu (§ 51 InsO)[85].

3. Mobiliarsicherung in der europäischen Union - bzw. EG-Richtlinie 2000/35[86]

Die EG-Richtlinie 2000/35 enthält eine Bestimmung über den Eigentumsvorbehalt in Art. 4. Diese lautet: (1) Die Mitgliedstaaten sehen in Einklang mit den anwendbaren nationalen Vorschriften, wie sie durch das internationale Privatrecht bestimmt werden, vor, daß der Verkäufer bis zur vollständigen Bezahlung das Eigentum an seinen Gütern behält, wenn zwischen Käufer und Verkäufer vor der Lieferung der Güter ausdrücklich eine Eigentumsvorbehaltsklausel vereinbart wurde. (2) Die Mitgliedstaaten können Vorschriften verabschieden oder beibehalten, die die bereits vom Schuldner geleisteten Anzahlungen betreffen. Diesbezüglich ändert sich die Vorschrift über den Eigentumsvorbehalt im neuen Schuldrechtsmodernisierungsgesetz[87].

a. Geltungsbereich bzw. lex rei sitae

Fraglich ist zunächst, inwieweit Art. 4 Abs. 1 der Richtlinie überhaupt eine Verpflichtung der Mitgliedstaaten enthält, Vereinbarungen über einen Eigentumsvorbehalt anzuerkennen. Art. 4 der Richtlinie legt das Grundprinzip fest, daß der Verkäufer das Eigentum an seinen Gütern bis zur vollständigen Bezahlung behält, wenn eine entsprechende Klausel gültig vereinbart worden ist.

Die Tatsache, daß dies unter dem Vorbehalt des nach dem internationalen Privatrecht anwendbaren nationalen Rechts steht, scheint auf die Anwendung der lex rei sitae hinzudeuten[88]. Damit müssen die Mitgliedstaaten ihre eigenen Sachvorschriften so ausgestalten, daß der Eigentumsvorbehalt anerkannt wird. Bei der Anwendung fremden Rechts, auf welches ihre Kollisionsregeln des internationalen Privatrechts verweisen, müssen sie die nach diesem fremden Recht für die Voraussetzungen und Wirkungen des Eigentumsvorbehalts möglicherweise geltenden Beschränkungen aktzeptieren.

---

[85] Einzelheiten in Kapitel. 2 B. V. 2. ff; Kapitel. 2 C. II. 3. ff.
[86] Abl L 200 v. 08/08/2000.
[87] Vgl. Kapitel. 4 V. 1. b. ff.
[88] Schulte-Braucks, NJW 2001, 106.

Einen EU-weiten Vorbehalt gegen Nicht-EU-Rechtsordnungen, die den Eigentumsvorbehalt überhaupt nicht kennen oder nur unter Einschränkungen anerkennen, soll es also offenbar nicht geben[89].

b. Voraussetzungen für den wirksamen Eigentumsvorbehalt

Art. 4 Abs. 1 der Richtlinie legt die Voraussetzungen für den Eigentumsvorbehalt fest. Danach ist eine ausdrückliche und vor Lieferung erfolgte Vereinbarung des Vorbehalts zwischen den Vertragsparteien erforderlich. Demzufolge hängt die Wirksamkeit des Eigentumsvorbehalts von der Vereinbarung ab. Deswegen kann der Eigentumsvorbehalt nach Art. 4 der Richtlinie durch eine einseitige Erklärung nicht zustande kommen. Ferner eröffnet die Richtlinie auch nicht die Möglichkeit der konkludenten Vereinbarung eines Eigentumsvorbehalts, wie sie im deutschen Rechtssystem durchaus üblich ist. Die Vereinbarung des Eigentumsvorbehalts muß vor der Lieferung erfolgen, da die Vereinbarungsmöglichkeit durch eine nachträglich im Lieferschein enthaltene Erklärung ausgeschlossen ist[90].

Dies stellt im Vergleich mit Art. 4 Abs. 1 des Entwurfs der Richtlinie eine Einschränkung dar, demzufolge die Vereinbarung des Eigentumsvorbehalts auf der Rechnung oder in den Lieferunterlagen bei der Lieferung als gültig anzusehen war[91].

Es ist daher fraglich, ob aufgrund des Art. 4 Abs. 1 der Richtlinie eine weitere Einschränkung der Wirksamkeit der Eigentumsvorbehaltsklausel in den nationalen Rechtsordnungen nicht möglich ist. Art. 4 Abs. 1 der Richtlinie enthält einerseits die verhältnismäßig genaue Benennung der Wirksamkeitsvoraussetzungen und legt damit ihren abschließenden Charakter nahe, andererseits ist nicht ersichtlich, daß eine Abkehr von der Rechtsgeschäftslehre erfolgen soll, derzufolge die Vertragsparteien durch eine gültige ausdrückliche Vereinbarung -unabhängig von den nationalen Rechtsordnungen- autonom den Vertragsinhalt bestimmen können. Mithin ist Art. 4 Abs. 1 der Richtlinie wie folgt zu verstehen: Den nationalen Rechtsordnungen bleibt es zwar überlassen, die von der Richtlinie genannten Voraussetzungen näher zu spezifizieren. Die Mitgliedstaaten dürfen die Vereinbarung des Eigentumsvorbehalts jedoch keinen besonderen Beschränkungen unterwerfen. Das würde bedeuten, daß eine Beschränkung des Eigentumsvorbehalts auf bestimmte Arten von Gütern oder etwa die Verwendung spezieller Form- bzw. Publizitätsvorschriften für den Eigentumsvorbehalt künftig als unzulässig anzusehen wäre[92].

---

89 Gsell, ZIP 2000, 1873.
90 Gsell, ZIP 2000, 1873.
91 Rott, Vereinheitlichung des Rechts der Mobiliarsicherheiten, S. 148.
92 Gsell, ZIP 2000, 1874.

Dies führt dazu, daß die formalen Anforderungen des Bestimmungslandes wie etwa das *„data certa"* bzw. *„fecha cierta"* (Zivilgesetzbuch des italienischen und spanischen Rechts) die Gültigkeit der Klausel bzw. ihre Durchsetzbarkeit gegenüber Dritten zu Fall bringen[93], weil sich solche Vorschriften zu Lasten der Verkäufer auswirken, die aus anderen Mitgliedstaaten Waren unter Eigentumsvorbehalt nach Italien oder Spanien liefern[94].

Während Art. 4 Abs. 1 S. 2 des Entwurfes der Richtlinie die Vereinbarung des Eigentumsvorbehalts in den Allgemeinen Geschäftsbedingungen des Verkäufers, auf der Rechnung oder in den Lieferunterlagen, die die Güter begleiten, für gültig angesehen hat, wenn der Käufer diese spätestens bei der Lieferung erhalten hat und er hiergegen keinen Einspruch erhoben hat[95], regelt Art. 4 Abs. 1 der Richtlinie schlicht eine ausdrücklich vor der Lieferung erfolgte Vereinbarung als Wirksamkeitsvoraussetzung des Eigentumsvorbehalts. Daher stellt sich die Frage, was in diesem Zusammenhang für Eigentumsvorbehaltsklauseln in Allgemeinen Geschäftsbedingungen gilt. Zunächst ist festzustellen, daß die Vereinbarung des Eigentumsvorbehalts in den Allgemeinen Geschäftsbedingungen des Verkäufers nicht generell die Ungültigkeit der betreffenden Klausel zur Folge hat. Sie wäre jedoch dann als ungültig anzusehen, wenn die Klausel in den Allgemeinen Geschäftsbedingungen nicht wirksam in den Vertrag einbe-zogen wurde, weil in diesem Fall die Vereinbarung des Eigentumsvorbehalts nicht als ausdrücklich vereinbart angesehen werden kann[96].

c. Erstreckte Formen des Eigentumsvorbehalts nach der Richtlinie

Art. 4 der Richtlinie enthält weder eine Regelung zur Drittwirkung des Eigentumsvorbehalts noch zu den Folgen einer Verarbeitung oder Vermischung der unter Eigentumsvorbehalt gelieferten Güter. Daher ist fraglich, ob ein Dritter bei der Weiterveräußerung oder ein Warenlieferant der Rohstoffe nach Art. 4 der Richtlinie liefert, das Eigentum an der Vorbehaltsware erwerben kann.

Nach Art. 4 der Richtlinie behält der Verkäufer bis zur vollständigen Bezahlung der Güter zwar seine Eigentümerstellung, jedoch bedeutet dies nicht, daß der Vorbehaltseigentümer eine bessere Rechtsstellung als die

---

[93] Schulte-Braucks, NJW 2001, 107 ; dazu gehört auch die Tatsache, daß Art. 1524 II d. ital. Codice civile das Erfordernis der Eintragung in ein Register vorsieht. Anderenfalls soll der Eigentumsvorbehalt Dritten nicht entgegengehalten werden können. Auch Spanien verlangt unter bestimmten Voraussetzungen die Eintragung in ein Register, s. Art. 15 Ley 28/1998, de Venta a Plazos de Bienes Muebles, BOE nu'm. 167, 14. 7. 1998.
[94] Kieninger, WM 1998, 2213, 2220, Fn. 79.
[95] Rott, Vereinheitlichung des Rechts der Mobiliarsicherheiten, S. 149.
[96] Gsell, ZIP 2000, 1874.

Inhaber weiterer Eigentumspositionen haben muß. Bei den Erstreckungsformen des Eigentumsvorbehalts würde der Verkäufer vor der vollständigen Kaufpreiszahlung sein Vorbehaltseigentum verlieren, was nach Art. 4 der Richtlinie nicht dazu führen darf, daß die Möglichkeit des Eigentumserwerbs eines dritten Abnehmers beschränkt wird. Die Erstreckungsformen des Eigentumsvorbehalts sind deswegen mit der Richtlinie vereinbar[97].

Art. 4 der Richtlinie räumt dem Vorbehaltseigentümer im Vergleich zum Inhaber einer anderen Eigentumsposition keine bessere Rechtsstellung ein, was bedeutet, daß diese Regelung die Mitgliedstaaten weder daran hindert, die Möglichkeit eines gutgläubigen Erwerbs der unter Vorbehalt übereigneten Güter vorzusehen, noch einen Eigentumsverlust durch Verbindung, Vermischung oder sonstige Verarbeitungsvorgänge zu zulassen[98].

d. Rechtswirkung der Richtlinie

Während Art. 4 Abs. 3 S. 1 des Entwurfs der Richtlinie dem Verkäufer einen Herausgabeanspruch zugesteht[99], spricht die endgültige Richtlinie weder von dem Herausgabeanspruch noch von einer Drittwirkung. In diesem Zusammenhang ist besonders schwer zu erkennen, welche Rechtswirkung der Eigentumsvorbehalt nach der Richtlinie hat. Art. 4 Abs. 1 der Richtlinie regelt lediglich, daß der Verkäufer Eigentümer bleibt, wenn die Vertragsparteien vor der Lieferung ausdrücklich eine Eigentumsvorbehaltsklausel vereinbart haben. Daraus ist schwerlich zu entnehmen, ob der Eigentumsvorbehalt nach der Richtlinie dem Sicherungszweck dienen kann und welche Auswirkungen dies im Insolvenzrecht hätte. Entsprechend dem Regelungszweck der Richtlinie könnte der Eigentumsvorbehalt zunächst ein Druckmittel gegen den säumigen Schuldner sein, welcher die erworbene Sache wieder verlieren könnte[100].

Andererseits könnte der Eigentumsvorbehalt nach der Richtlinie der Zahlungsbeschleunigung dienen und nicht der Sicherung des Zahlungsanspruchs des Verkäufers gegenüber anderen Gläubigern des Käufers[101]. Beim Insolvenzverfahren wurde bis vor kurzem die Konkursfestigkeit des Eigentumsvorbehalts nicht allgemein anerkannt[102]. Der Regelungszweck verlangt aber insbesondere die Einführung eines uneingeschränkten Vorzugsrechts in der Zwangsvollstreckung und bei Insolvenz[103].

---

[97] Gsell, ZIP 2000, 1875.
[98] Gsell, ZIP 2000, 1875.
[99] Der Entwurfstext lautet ; „Ist das Verzugsdatum abgelaufen, ohne daß der Käufer bezahlt hat, so kann der Verkäufer die gelieferte Ware zurückverlangen".
[100] Kessel, NJW 2001, 101.
[101] Gsell, ZIP 2000, 1875.
[102] Schulte-Braucks, NJW 2001, 106 u. 107.
[103] Kessel, NJW 2001, 102.

Kapitel. 2 Mobiliarsicherung in Deutschland

A. Der einfache Eigentumsvorbehalt

I. Grundlage und Vereinbarung

1. Grundlage des Eigentumsvorbehalts

Während beim normalen Kaufvertrag der Verkäufer und der Käufer ihre Leistungen Zug um Zug erbringen müssen (§433 Abs. 1 S. 1 BGB), übergibt beim Kauf unter Eigentumsvorbehalt der Verkäufer die Sache an den Käufer, ohne daß dieser den Kaufpreis vollständig zahlt. In einem solchen Fall ist die Rechtsstellung des Verkäufers zu berücksichtigen, weil hier der Verkäufer die Möglichkeit, die Gegenleistung des Käufers zu erzwingen, verlieren könnte.

§455 BGB dient dazu, eine solche schwächere Rechtsstellung des Verkäufers zu vermeiden und ihm eine bessere Position einzuräumen. Der Eigentumsvorbehalt kommt als eine Sondervereinbarung neben dem schuldrechtlichen Kaufvertrag zustande, wobei sich die dingliche und schuldrechtliche Wirkung nicht gleichzeitig entfalten müssen. Die Vereinbarung hat den Inhalt, daß das Eigentum der verkauften Sachen dem Käufer unter einer aufschiebenden Bedingung - der vollständigen Bezahlung des Kaufpreises gemäß §158 Abs. 1 BGB - übertragen wird, d. h. die Übereignung gem. §929 S. 1 BGB erfolgt erst, wenn der Kaufpreis vollständig gezahlt ist[1]. Darin liegt die Besonderheit der Vereinbarung des Eigentumsvorbehalts. Bis zum Eintritt dieser Bedingung bleibt der Verkäufer somit Eigentümer. Der Käufer erhält mithin nur insoweit die tatsächliche Sachherrschaft, als er sich gegenüber dem Verkäufer vertragstreu verhält, wodurch er ihm gegenüber aufgrund des Kaufvertrages zum Besitz berechtigt ist[2].

2. Vereinbarung des Eigentumsvorbehalts

a. Allgemeines

In der Regel wird der Eigentumsvorbehalt im Kaufvertrag vereinbart. Zur Vereinbarung des Eigentumsvorbehalts bedarf es keiner besonderen Publizität hinsichtlich der Form. Der Eigentumsvorbehalt kann ausdrücklich im

---

[1] Bülow, Jura1986, 169.

[2] Bunte, JA1982, 321 ; Bülow, Recht der Kreditsicherheiten, S. 187, Rn. 631.

Individualvertrag vereinbart werden. Allerdings gewinnt die Vereinbarung des Eigentumsvorbehalts durch einen Hinweis oder die Bezugnahme auf Allgemeine Geschäftsbedingungen heutzutage Anbedeutung. Häufig enthalten Bestellscheine, Auftragsbestätigungen, Lieferscheine oder Rechnungen einen allgemeinen Hinweis auf die Geltung Allgemeiner Geschäftsbedingungen[3] des Verkäufers, in denen sich wiederum eine Eigentumsvorbehaltsklausel befindet.

Bei der Vereinbarung eines Eigentumsvorbehalts ist zunächst danach zu differenzieren, ob der Käufer Kaufmann oder Nichtkaufmann gemäß §24 AGBG ist. Gemäß §2 Abs. 1 AGBG ist der Lieferant als AGB- Verwender gegenüber einem Nichtkaufmann verpflichtet, auf die Geltung des Eigentumsvorbehalts „ausdrücklich" bei Abschluß des Vertrages hinzuweisen[4]. Darüber hinaus hat der Lieferant gemäß §2 Abs. 1 Nr. 2 AGBG dem Käufer die Möglichkeit zu verschaffen, in zumutbarer Weise vom Inhalt der Eigentumsvorbehaltsklausel Kenntnis zu nehmen. Ein „ausdrücklicher" Hinweis auf die Eigentumsvorbehaltsklausel liegt im Sinne von §2 Abs. 1 Nr. 1 AGBG nur dann vor, wenn der Lieferant unmissverständlich und für den Kunden klar erkennbar auf die Eigentumsvorbehaltsklausel hingewiesen hat[5].

Beim schriftlichen Vertragsabschluß erfüllt der Lieferant diese Obliegenheit regelmäßig dadurch, daß er dem Kunden ein Vertragsdokument übersendet, in dem die Eigentumsvorbehaltsklausel enthalten[6] und dieser „ausdrückliche" Hinweis auf diese Klausel leicht auffindbar ist[7]. Bei einem mündlichen (bzw. fernmündlichen) Vertragsabschluß sind die Lieferanten als AGB-Verwender verpflichtet, durch eine ausdrückliche Erklärung auf die Einbeziehung der AGB hinzuweisen[8]. Ausreichend ist die offene Übergabe der AGB. Als nicht ausreichend angesehen wird jedoch die verdeckte Übergabe der AGB, z. B. als Garantiekarte in der Verpackung oder als Aushang im Geschäftslokal, selbst wenn dieser deutlich sichtbar ist[9]. Für den fernmündlichen Vertragsschluß gilt grundsätzlich dasselbe Prinzip. Hierbei wird es nach einem fernmündlichen Vertragsabschluß dem Kunden überlassen, ob er sich telefonisch den wesentlichen Inhalt der Allgemeinen Geschäftsbedingungen übermitteln lassen oder unter Abstandnahme vom sofortigen Vertragsschluß um Übersendung des AGB-Textes bitten will[10].

---

[3] Lambsdorff, Handbuch des Eigentumsvorbehalts, 1974, S. 11, Rn. 18.

[4] Münch-Vertrag/Westphalen, S.3 ; BGH, ZIP1986, 1126 ff ; Wolf-Horn-Lindacher/Wolf, AGBG, §2 Rn. 8.

[5] Münch-Vertrag/Westphalen, S. 3 ; BGH, ZIP1986, 1126 ; Ulmer-Brandner-Hensen/Ulmer, AGBG, §2 Rn. 24.

[6] Ulmer-Brandner-Hensen/Ulmer, AGBG, §2, Rn. 48 m. w. N.

[7] Ulmer-Brandner-Hensen/Ulmer, AGBG, §2 Rn. 29.

[8] Ulmer-Brandner-Hensen/Ulmer, AGBG, §2 Rn. 35 ; Wolf-Horn-Lindacher/Wolf, AGBG, §2 Rn. 17.

[9] Wolf-Horn-Lindacher/Wolf, §2, AGBG, Rn. 16 ; Ulmer-Brandner-Hensen/Ulmer, AGBG, §2, Rn 33 ff.

[10] Ulmer-Brandner-Hensen/Ulmer, AGBG, §2, Rn. 49.

Es stellt sich die Frage, ob „wegen der Art des Vertragsabschlusses", wie z.B. bei konkludent abgeschlossenen Massenverträgen im Sinne des §2 Abs. 1 Nr. 1 AGBG ausnahmsweise die Vereinbarung von Eigentumsvorbehaltsklauseln anzuerkennen ist, wenn durch einen deutlich sichtbaren Aushang am Ort des Vertragsabschlusses die Eigentumsvorbehaltsklausel zur Kenntnis genommen werden kann. Regelmäßig ist dies im Hinblick auf die Vereinbarung einer Eigentumsvorbehaltsklausel zu verneinen[11].

Die stillschweigende Vereinbarung einer Eigentumsvorbehaltsklausel ist unter Kaufleuten anzunehmen, wenn laufende Geschäftsbeziehungen zwischen beiden Parteien bestehen und Lieferant und Kunde seit langer Zeit auf Basis der Lieferanten-AGB, die eine Eigentumsvorbehaltsklausel enthalten, Verträge abschließen. Gleiches gilt darüber hinaus auch dann, wenn die Vereinbarung eines Eigentumsvorbehalts branchenüblich ist[12]. Ein genereller Handelsbrauch im Sinn von §346 HGB, wonach der Eigentumsvorbehalt im Zweifel als vereinbart gelten soll, ist allerdings nicht anzuerkennen[13]. Nur in wenigen Branchen ist ein einfacher Eigentumsvorbehalt als Handelsbrauch anerkannt, wie z. B. zwischen Verleger und Buchhändler oder im Weinhandel[14]. Unter Kaufleuten ist dagegen der Eigentumsvorbehalt in der Form des sog. verlängerten Eigentumsvorbehaltes üblich[15].

b. Eigentumsvorbehalt bei sich widersprechenden AGB

Problematisch ist die rechtliche Lage, wenn der Verkäufer und der Käufer inhaltlich widersprechende Allgemeine Geschäftsbedingungen in den Vertrag einbeziehen wollen, d. h. die Einkaufsbedingungen des Käufers eine Abwehrklausel und die Verkaufsbedingungen des Verkäufers eine Eigentumsvorbehaltsklausel enthalten. Die Rechtsprechung hat zunächst versucht, dieses Problem nach den Regeln über die abweichende Annahmeerklärung (modifizierte Auftragsbestätigung) zu lösen und der letzten Verweisung

---

[11] Münch-Vertrag/Westphalen, S. 4.

[12] Wolf-Horn-Lindacher/Wolf, AGBG, §2 Rn. 63 m. w. N.

[13] Serick, Eigentumsvorbehalt und Sicherungsübertragung, Bd. I, S. 87 ; Thamm, Der Eigentumsvorbehalt im deutschen Recht, S. 13.

[14] Wolf-Horn-Lindacher/Wolf, AGBG, §2, Rn. 83.

[15] Reich, Die Sicherungsübereignung, S. 36 ; OLG Frankfurt, MDR 1959, 578 ff, es geht um die Rechtslage, bei der Rohstofflieferanten einem Fabrikanten Rohstoffe unter verlängertem Eigentumsvorbehalt liefern, wonach sich der Eigentumsvorbehalt auch auf Fertigwaren erstrecken soll und die Bank mit diesem Produzenten der Fertigwaren eine Sicherungsübereignung vereinbart haben. In seiner Entscheidung äußerte das OLG Frankfurt, daß „es sich bei den der Bank übereigneten Waren um die Sache handele, bei denen nach Lebenserfahrung damit gerechnet werden muß, daß sie im Vorbehalts- oder Sicherungseigentum Dritter stehen. Der verlängerte und erweiterte Eigentumsvorbehalt ist in der deutschen Wirtschaft so verbreitet, daß bei einem Verarbeitungsbetrieb ohne weiteres davon ausgegangen werden muß, daß auch Fertigwaren im Vorbehalts- oder Sicherungseigentum des Lieferanten stehen".

einer Partei auf ihre AGB ausschlaggebendes Gewicht beigemessen, weil sie gemäß §150 Abs. 2 BGB als neues Angebot gelten sollte, das die andere Seite durch Vertragsausführung stillschweigend angenommen habe[16]. Seit einiger Zeit ist der BGH von diesem Standpunkt abgerückt und wendet zutreffend die übereinstimmenden Klauseln der beiden Allgemeinen Geschäftsbedingungen an, während an die Stelle kollidierender Klauseln das dispositive Gesetzesrecht tritt (§6 AGBG)[17]. Im Schrifttum wird dies als der richtige Lösungsweg betrachtet[18]

c. Vereinbarung eines nachträglichen Eigentumsvorbehalts

Wenn der Verkäufer den Eigentumsvorbehalt erst bei der Lieferung - nicht beim Vertragsschluß - der Kaufsache auf der Rechnung oder auf dem Lieferschein erklärt, spricht man vom „nachträglichen vertragswidrigen" Eigentums vorbehalt, weil der Verkäufer eigentlich beim Vertragsschluß zur unbedingten Übereignung verpflichtet ist. Grundsätzlich gilt, daß die zum sachenrechtlichen Erfüllungsgeschäft gehörende Erklärung nach dem Inhalt des zugrundeliegenden Kaufvertrages auszulegen ist. Ist im Kaufvertrag ein Eigentumsvorbehalt nicht vereinbart und liefert der Verkäufer die Ware ohne ausdrückliche Erklärung des Eigentumsvorbehalts aus, so liegt in der Lieferung das Angebot der unbedingten, sofortigen Übereignung. Der Käufer wird mit der Warenannahme Eigentümer. Nach Lieferung der Ware kann darum z. B. auf der nachfolgenden Rechnung einseitig kein Eigentumsvorbehalt mehr wirksam erklärt werden, weil der Verkäufer mit der einseitigen Erklärung des im Kaufvertrag nicht vereinbarten Eigentumsvorbehalts vertragswidrig handelt und der Käufer mit ihr nicht von vornherein rechnen konnte. Ein solcher Fall wird derart gelöst, daß die Parteien so behandelt werden, als wenn sie beim Vertragsschluß die unbedingte Übereignung vereinbart hätten. Daraus folgt, daß der Käufer durch die Übergabe der Ware Eigentümer wird[19].

Fraglich ist ferner, wie die rechtliche Lage ist, wenn eine Eigentumsvorbehaltsklausel nicht auf der nach der Lieferung der Ware folgenden Rechnung, sondern auf dem Lieferschein bei der Lieferung vermerkt ist. Besonders zu

[16] BGH, NJW1973, 2106 ; Pottschmidt/Rohr, Kreditsicherungsrecht, S. 153, Rn. 379.

[17] OLG Köln, BB 1980, 1237 ; BGH, NJW 1985, 1838, die abweichenden Klauseln sind wie folgt ; Nr.16 der Einkaufsbedingungen lautet „Abweichende Geschäftsbedingungen. Durch die Annahme unseres Antrages erklärt der Lieferant sein Einverständnis mit diesen Einkaufsbedingungen. Wird unser Antrag vom Lieferanten abweichend von unseren Bedingungen bestätigt, so gelten auch dann nur unsere Einkaufsbedingungen, selbst wenn wir nicht widersprechen". Nr. 7 der Allgemeinen Lieferungs- u. Zahlungsbedingungen enthält einen verlängerten und erweiterten Eigentumsvorbehalt für die gelieferten Waren.

[18] Ulmer-Brandner-Hensen/Ulmer, AGBG, §2, Rn. 102 ff ; Westphalen, BB 1980, 1405, 1406 ; Bunte, ZIP 1982, 449 u. 450 ; Lambsdorff, ZIP 1987, 1370.

[19] Pottschmidt/Rohr, Kreditsicherungsrecht, S. 160, Rn. 383.

berücksichtigen ist der Fall, daß die Einkaufs-AGB des Käufers eine Abwehrklausel enthalten und der Verkäufer bei der Lieferung der Sache nachträglich eine Eigentumsvorbehaltsklausel einbringt.

Der BGH hat sich in einem Urteil vom 25. 10. 1978[20] mit der Wirksamkeit der Vereinbarung des nachträglichen Eigentumsvorbehalts, der auf einem Lieferschein vermerkt war, befasst. In seiner Entscheidung nennt der BGH zwei Voraussetzungen für die Wirksamkeit der Vereinbarung eines nachträglichen Eigentumsvorbehalts. Zuerst muß der nachträgliche Eigentumsvorbehalt deutlich erklärt werden und darf nicht an versteckter Stelle oder in kleiner Schrift angebracht sein. Daneben muß der nachträgliche Eigentumsvorbehalt dem Käufer, d. h. der Person, die für den Abschluß von Verträgen zuständig ist, zugehen[21]. Im betreffenden Fall hat der BGH die wirksame Vereinbarung eines nachträglichen, d. h. vertragswidrigen, Eigentumsvorbehalts verneint, weil es dem Kunden nicht zumutbar sei, den Lieferschein daraufhin zu überprüfen, ob dieser einen vertragswidrigen Eigentumsvorbehalt enthält.

Trotz der Kollision von Einkaufs- und Verkaufs-AGB hat der BGH in seiner Entscheidung vom 03. 02. 1982[22] einen wirksamen Eigentumsvorbehalt bejaht, weil der Lieferant bereits im Stadium des Vertragsabschlusses auf seine Verkaufsbedingungen verwiesen hatte, die eine Eigentumsvorbehaltsklausel enthielten.

Ferner entschied der BGH in seinem Urteil vom 05. 05. 1982[23] einen Fall, in dem die Bestellung fernmündlich erfolgte und zwischen den Parteien seit Jahren laufende Geschäftsverbindungen bestanden. Anders als das Berufungsgericht, das davon ausging, daß der Verkäufer wegen der langjährigen Geschäftsbeziehungen die Einkaufsbedingungen des Käufers - insbesondere die Abwehrklausel- kannte und damit ein Eigentumsvorbehalt nicht vereinbart worden war, verwies der BGH darauf, daß hier die Vereinbarung eines nachträglichen Eigentumsvorbehalts hätte überprüft werden müssen . Damit ist der BGH zu dem Resultat gelangt, daß sich ein Angebot zur bedingungslosen Übereignung dann nicht ergibt, wenn ein Käufer den in den Verkaufsbedingungen des Verkäufers enthaltenen Eigentumsvorbehalt kannte. So weiß der Käufer, daß die Übergabe der Kaufsache nicht als Angebot zur bedingungslosen Übereignung zu verstehen war, daß vielmehr das Übereignungsangebot unter der Bedingung der Zahlung des Kaufpreises stand. Aus diesem Grund vertritt der BGH die Ansicht, daß im vorliegenden Fall der Verkäufer Eigentümer an den gelieferten Sachen bleibt.

Der BGH tendiert also dazu, die Eigentumsvorbehaltsklausel in dem Lieferschein als ausreichend anzusehen, um ein unbedingtes Übereignungsange-

---

[20] BGH, NJW 1979, 213.
[21] BGH, NJW 1979, 213 ; BGH, NJW 1979, 2199, 2200.
[22] BGH, NJW 1982, 1749, 1750 ; kritisch Bunte, ZIP1982, 449, 451.
[23] BGH, NJW 1982, 1751.

bot des Verkäufers bei der Lieferung zu verneinen[24]. Fraglich ist in diesem Fall, ob die lediglich im einem Lieferschein enthaltene, nachträgliche Eigentumsvorbehaltsklausel eine überraschende Klausel gemäß §3 AGBG darstellen kann, weil hier das auf eine bedingungslose Übereignung gerichtete Verpflichtungsgeschäft und das auf bedingte Übereignung gerichtete sachenrechtliche Erfüllungsgeschäft, die durch die Eigentumsvorbehaltsklausel beherrscht werden, einander widersprechen[25].

Die oben ausgeführten Entscheidungen zur Kollision von Einkaufs- und Verkaufs-AGB, wonach grundsätzlich die Vereinbarung eines einfachen Eigentumsvorbehalts erfolgt, wird man dann aktzeptieren können, wenn die Eigentumsvorbehaltsklausel einer „zuständigen Person" zugegangen und trotz der Abwehrklausel der Einkaufs-AGB dem Besteller bekannt geworden ist, so daß ein Angebot auf bedingungslosen Übereignung nicht vorliegt[26]. Dann ist der Überraschungscharakter i.S.d. §3 AGBG einer nachträglichen, d. h. vertragswidrigen Eigentumsvorbehaltsklausel zu verneinen[27]. Ist dagegen der Lieferschein, der die bedingte Übereignung enthält, bei der Übergabe der Liefergegenstände nicht einer „zuständigen" Person zugegangen und fehlt es damit an einem entsprechenden Zugang im Hinblick auf die bedingte Eigentumsverschaffung, dann liegt darin ein Überraschungsmoment im Sinne des §3 AGBG[28]. Hier greift §6 Abs. 2 AGBG ein. Der Käufer hat also das Eigentum bedingungslos erworben[29]. Die bloße Möglichkeit, daß der Käufer die Eigentumsvorbehaltsklausel auf dem Lieferschein zur Kenntnis nehmen kann, reicht weder für eine Vereinbarung der Eigentumsvorbehaltsklausel noch für die Annahme einer nur bedingten Übereignung aus[30].

II. Gegenstand des Eigentumsvorbehalts

Gegenstand des Eigentumsvorbehalts können gemäß § 455 BGB nur bewegliche Sachen sein[31]. Verbrauchbare (§ 92 BGB) und unverbrauchbare sowie vertretbare und unvertretbare Sachen (§ 91 BGB) können Gegenstände des Eigentumsvorbehalts sein[32].

Nach den §§ 93, 94 BGB wird der Eigentumsvorbehalt ausgeschlossen, wenn eine Sache wesentlicher Bestandteil einer anderen Sache ist[33]. Dabei ist

---

[24] Pottschmidt/Rohr, Kreditsicherung, S. 161, Rn. 384.
[25] Münch-Vertrag/Westphalen, S. 6, 7.
[26] BGH, ZIP 1986, 1052, 1054 ; OLG Düsseldorf, ZIP 1988, 1415, 1416.
[27] Münch-Vertrag/Westphalen, S. 6.
[28] Pottschmidt/Rohr, Kreditsicherungsrecht, S. 161, Rn. 384.
[29] Serick, Eigentumsvorbehalt und Sicherungsübertragung, Bd. I., S. 92.
[30] Münch-Vertrag/Westphalen, S. 7.
[31] Weber, Kreditsicherheiten, S. 167 ; Ermann-Komm/Hagen, §925 Rn. 30 ; Palandt/Putzo, §455 Rn. 4.
[32] Staudinger-Komm/Honsell, §455 Rn. 6 ; Soergel-Komm/Mühl, §455, Rn. 5.
[33] Thamm, BB 1990, 866, 867.

für das Bestehen des Eigentumsvorbehalts stets darauf abzustellen, ob die Teile nach ihrer Trennung wirtschaftlich wertlos werden würden - unter diesen Voraussetzungen handelt es sich um einen wesentlichen Bestandteil - oder ob sie weiterhin brauchbar blieben. Dabei ist es unerheblich, ob die Gesamtsache durch die Ablösung des Teils in ihrem Wesen verändert wird. Gemäß § 95 Abs. 1 BGB gehören diejenigen Sachen nicht zu den wesentlichen Bestandteilen eines Grundstücks, die nur zu einem vorübergehenden Zweck mit Grund und Boden fest verbunden worden sind. Dabei ist der Wille des Verbindenden entscheidend, vorausgesetzt dieser stimmt mit dem äußeren Sachverhalt überein. Die für die Verbindung vorgesehene Zeitdauer ist insoweit ohne Belang. Ein Eigentumsvorbehalt an solchen Scheinbestandteilen ist zulässig[34].

Ein Eigentumsvorbehalt kann nur bezüglich einzelner beweglicher Sachen vereinbart werden. Beim Verkauf eines ganzen Unternehmens oder Geschäfts (Rechtsgesamtheit) sowie eines Warenlagers oder des Inventars, also einer Mehrheit von Sachen zu einem Gesamtpreis (Sachgesamtheit) ist, daher nur die Einräumung eines Eigentumsvorbehalts an den einzelnen Gegenständen zulässig[35]. Falls die Parteien vereinbaren, daß eine Sachgesamtheit unter Eigentumsvorbehalt zu einem Gesamtpreis veräußert werden soll, so ist der Vorbehalt regelmäßig auf jede einzelne Sache zu beziehen, wobei die vorbehaltenen Gegenstände genügend gekennzeichnet sein müssen und das Erfüllungsgeschäft entsprechend vorzunehmen ist[36]. Wird eine Sache unter Eigentumsvorbehalt veräußert, erstreckt sich dieser gemäß §314 BGB in Verbindung mit §926 BGB im Zweifel auch auf das Zubehör(§97 BGB)[37].

III. Rechtsstellung des Vorbehaltsverkäufers

Formular[38] I-1 :

(Einfache Eigentumsvorbehaltssicherung) ; §1 : „Wir behalten uns das Eigentum an dem Liefergegenstand bis zum Eingang aller Zahlungen aus dem Liefervertrag vor. Bei schuldhaftem vertragswidrigem Verhalten des Käufers, insbesondere bei Zahlungsverzug sind wir berechtigt, den Liefergegenstand zurückzunehmen. Der Käufer ist zur Herausgabe verpflichtet. In der Zurücknahme des Liefergegenstandes durch uns liegt, sofern nicht die Bestimmungen des Verbraucherkreditgesetzes Anwendung finden, kein Rücktritt vom Vertrag, es sei denn, wir hätten dies ausdrücklich schriftlich erklärt. In der Pfändung des Liefergegenstandes durch uns liegt stets ein Rücktritt vom Vertrag".

---

[34] Serick, Eigentumsvorbehalt und Sicherungsübertragung, Bd. I, S.109.
[35] Lambsdorff, a. a. O., S. 40, Rn. 89.
[36] Münch-Vertrag/Westphalen, S. 8 ; RGZ 144, 62 ff.
[37] Lambsdorff, Handbuch des Eigentumsvorbehalts, S. 39, Rn. 87.
[38] Formular I-1 im Anhang.

1. Pflicht des Verkäufers bzw. Erfüllungsproblem

Umstritten ist, in welchem Zeitpunkt der Verkäufer seine Verpflichtung gemäß § 433 Abs. 1 BGB erfüllt hat. Konkret geht es um die Frage, ob der Verkäufer bereits mit der aufschiebend bedingten Übereignung der Vorbehaltsware - d.h. mit Leistungshandlung - seine Pflicht erfüllt hat oder erst nach dem effektiven Eigentumsübergang - d. h. mit Eintritt des Leistungserfolges - die Erfüllung eingetreten ist[39].

Das RG hat die Auffassung vertreten, daß der Vorbehaltsverkäufer noch nicht durch Übertragung des unmittelbaren Besitzes auf den Käufer und die Einigung über den aufschiebend bedingten Eigentumsübergang seinen Vertrag erfüllt habe und deshalb bis zur vollständigen Bezahlung des Kaufpreises, d.h. bis zum Bedingungseintritt, durch den Käufer zur Vertragserfüllung verpflichtet bleibe[40]. Zu dieser Auffassung neigt auch der BGH[41].

Im Schrifttum sind die Meinungen geteilt. So wird die Auffassung vertreten, daß der Verkäufer nur verpflichtet sei, dem Käufer das bedingte Eigentum zu verschaffen[42]. Die überwiegende Auffassung schließt sich jedoch der in der Judikatur erkennbar werdenden Tendenz an[43]. Daher bleibt der Verkäufer weiter verpflichtet, dem Käufer das bedingungslose Eigentum zu verschaffen. „Denn er ist auch noch nach der Übergabe verpflichtet, alles zu unterlassen, was das Anwartschaftsrecht des Käufers beeinträchtige und den Eintritt der Bedingung hindere“[44].

Von entscheidender Bedeutung ist die Frage, ob dem Konkursverwalter das Wahlrecht Gemäß § 103 InsO zusteht, bevor der Käufer vollständig erfüllt hat. Der Verkäufer bewirkt zwar die gemäß § 433 Abs. 1 BGB geschuldete Leistungshandlung, wenn er dem Käufer aufschiebend bedingt Eigentum übertragen hat. § 455 BGB zielt jedoch darauf ab, sich durch Rücktritt von der Vorleistungspflicht wieder befreien zu können, soweit der Käufer in Zahlungsverzug gerät.

---

[39] Münch-Vertrag/Westphalen, S. 8.

[40] RGZ 133, 40 ff; „Verkauf unter Eigentumsvorbehalt ist auch von Seiten des Verkäufers i. S. d. §17 KO (vgl. §103 InsO) nicht vollständig erfüllt, wenn der Kaufpreis bei der Konkurseröffnung noch nicht vollständig bezahlt ist. Denn die den Gegenstand der Verpflichtung des Verkäufers bildende Verschaffung des Eigentums ist erst mit dem Eintritt der Bedingung vollzogen“. auch RGZ 140, 223 ff; RGZ 140, 156 ff.

[41] BGH, NJW 1954, 1325 ff; OLG Düsseldorf, NJW 1960, 157 ; BGH, NJW 1951, 437, bei einem unter Eigentumsvorbehalt geschlossenen Kaufvertrag genügt der Verkäufer seiner Pflicht zur Eigentumsübertragung schon dadurch, daß er die Kaufsache dem Käufer unter der Bedingung übergibt, daß der Käufer das Eigentum mit der Bezahlung des Kaufpreises erwerben soll.

[42] Wiethölter, JZ 1961, 694.

[43] Staudinger-Komm/Honsell, §455, Rn. 29.

[44] Serick, Eigentumsvorbehalt und Sicherungsübertragung, Bd. I., S. 118.

Daraus folgt, daß der aus der Leistungshandlung resultierende Leistungserfolg erst dann eintritt, wenn - durch Bezahlung des Kaufpreises - die Bedingung eingetreten, d. h. das Eigentum auch auf den Käufer übergegangen ist[45].

2. Rücktrittsrecht des Vorbehaltsverkäufers

a. Rücktrittsproblem

aa. Rücktritt nach dem Verbraucherkreditgesetz

Stellt der Vorbehaltskauf ein Verbraucherkreditgeschäft dar, wird der Rücktritt in §13 Abs. 1 i. V. m. §§ 12 Abs. 1, 18 S. 1 VerbrKrG geregelt. Nach § 13 Abs. 1 VerbrKrG kann der Verkäufer unter den Voraussetzungen des §12 Abs. 1 VerbrkrG zurücktreten.

Nach § 12 Abs. 1 VerbrKrG sind die Voraussetzungen wie folgt : Der Käufer muß mit mindestens 2 aufeinander folgenden Raten ganz oder teilweise und mit mindestens 10% des Teilzahlungspreises, bei einer Laufzeit des Kreditvertrages über 3 Jahre mit 5% in Verzug sein und der Verkäufer muß ihm eine zweiwöchige Frist zur Zahlung des rückständigen Betrages unter Androhung des Rücktritts gesetzt haben.

Der Verkäufer kann erst nach fruchtlosem Fristablauf zurücktreten. Sind die Voraussetzungen der §§12 Abs. 1 S. 1, 13 Abs. 1 VerbrKrG erfüllt, greift die Rücktrittsvermutung dann ein, wenn der Kreditgeber einen Zahlungstitel gegen den Verbraucher hat, den Gerichtsvollzieher beauftragt hat, in die gelieferte Sache zu vollstrecken (also gem. §§814 ZPO zu versteigern oder gem. §825 ZPO freihändig zu verwerten) und der Kreditgeber die Sache auf diesem Wege erwirbt[46].

Wird die Sache nur gepfändet, aber nicht verwertet oder wird sie zwar verwertet, aber eher zufällig aufgrund eines allgemeinen Vollstreckungsauftrags des Kreditgebers, liegt darin keine Handlung, durch die sich der Kreditgeber den Wert der Sache zuführt, so daß die Rücktrittsvermutung nicht eingreift[47]. Gemäß § 13 Abs. 3 VerbrKrG gilt die Zurücknahme der Sache ohne Erklärung des Rücktritts als Ausübung des Rücktrittsrechts. Weiterhin wird als Rücktritt betrachtet, wenn z. B. der Käufer die Sache freiwillig herausgibt[48]. Daraus folgt, daß der Verkäufer bereits empfangene Kaufpreisanteile gemäß den §§ 13 Abs. 2 VerbrKrG, 346 ff BGB zurückzugewähren hat.

---

[45] Münch-Vertrag/Westphalen, S. 8.
[46] Bülow, §13 VerbrKrG, Rn. 43 ; BGHZ 15, 174 ff.
[47] Bülow, §13 VerbrKrG, Rn. 43 ; Palandt/Putzo, §13 VerbrKrG, Rn. 10.
[48] Bülow, Recht der Kreditsicherheiten, S. 196, Rn. 657 ; BGH, NJW 1989, 163.

bb. Rücktritt im Verhältnis zu §454 BGB

Bei einem gegenseitigen Vertrag hat der Verkäufer kein Rücktrittsrecht aufgrund des § 454 BGB, wenn er trotz der Erfüllung des Vertrags seinerseits den Kaufpreis gestundet hat. Der Grund dafür, daß im Fall des §454 BGB dem Verkäufer kein Rücktrittsrecht zusteht, liegt darin, daß er nicht als schutzwürdig angesehen wird, wenn er mit der Stundung den synallagmatischen Zusammenhang von Eigentumsverschaffung und Kaufpreiszahlung lockert.

Die Übereignung unter Eigentumsvorbehalt ist mit der vorgenannten Konstellation jedoch nicht vergleichbar, da der Vorbehaltsverkäufer das Synallagma nicht lockert[49]. Daher wird § 454 BGB verdrängt, soweit ein Eigentumsvorbehalt gemäß § 455 BGB vereinbart worden ist[50].

cc. Rücktritt im Verhältnis zu §326 Abs. 1 BGB

Der Verkäufer kann bei Verzug des Käufers sein Rücktrittsrecht sowohl gemäß § 455 BGB als auch gemäß § 326 Abs. 1 BGB ausüben. Der Unterschied des Rücktrittsrechts nach § 326 Abs. 1 BGB und nach § 455 BGB liegt darin, daß § 326 Abs. 1 BGB zwingend eine vorherige Nachfristsetzung voraussetzt, wohingegen nach ganz herrschender Meinung[51] das Rücktrittsrecht eines Verkäufers gemäß §455 BGB von einer solchen Nachfristsetzung unabhängig sein soll.

Der Unterschied zwischen § 326 Abs. 1BGB und § 455 BGB zeigt sich auch in der Rechtsfolge. Will der Verkäufer vom Vertrag nicht zurücktreten, sondern vom Käufer Schadensersatz wegen Nichterfüllung verlangen, muß er nach §326 Abs. 1 BGB vorgehen. Da der Rücktritt eine rechtsgestaltende Willenserklärung ist, die das Schuldverhältnis in ein Abwicklungsverhältnis umwandelt und das Schadensersatzbegehren dagegen das Schuldverhältnis in seinem ursprünglichen Bestand voraussetzt, kann beim Rücktritt des Verkäufers nach § 455 BGB der Verkäufer nicht mehr Schadensersatz wegen Nichterfüllung verlangen[52]. Um den Schadensersatzanspruch aufgrund des § 326 Abs. 1 BGB vorzunehmen, ist insoweit eine angemessene Fristsetzung mit Ablehnungsandrohung erforderlich.

Gleichzeitig ist der Anspruch auf Erfüllung ausgeschlossen (§ 326 Abs. 2 S. 2 2. HS. BGB), der Kaufpreisanspruch geht also unter. Der Käufer kann den Kaufpreis nicht mehr begleichen. Daraus folgt, daß der Käufer auch nicht

[49] Bülow, Jura 1986, 172.
[50] Münch-Vertrag/Westphalen, S. 9.
[51] Münch-Komm/Westermann, §455, Rn. 35.
[52] Bülow, Jura 1986, 172 ; Lindacher, JZ 1980, 48 ; BGH, BB 1979, 861 ; BGH, NJW 1982, 1279.

mehr die aufschiebende Bedingung -die vollständige Kaufpreiszahlung- herbeiführen und damit auch nicht mehr nach Maßgabe des Kaufvertrags endgültiger Eigentümer werden kann. Ihm fehlt die Grundlage für das Besitzrecht. Aus diesem Grund verliert der Käufer endgültig sein Besitzrecht im Sinne des § 986 Abs. 1 BGB. Der Verkäufer kann die Herausgabe gemäß §985 BGB verlangen[53]. Allerdings verpflichtet er sich, sich den Wert der zurückgegebenen Ware auf den Schadensersatzanspruch anrechnen zu lassen[54].

Tritt der Verkäufer vom Vertrag gemäß § 455 BGB zurück, dann bestimmen sich die Folgen des Rücktritts nach den §§ 346 ff BGB. Daraus folgt einerseits, daß der Käufer die Kaufsache zurückzugeben hat und der Verkäufer den Kaufpreis unter Abzug einer Entschädigung für die Nutzung und Abnutzung der Sache (§§ 347 S. 2, 987 ff BGB) erstatten muß[55]. Andererseits kann der Käufer Ersatz der Aufwendungen verlangen, die er auf die Sache gemacht hat (§§ 347 S. 2, 994 ff BGB)[56]. In der Praxis kommt ein Rücktritt gemäß § 455 BGB nur in seltenen Fällen in Betracht und die aus § 326 BGB resultierenden Rechteverbunden mit dem aus § 985 BGB abzuleitenden Herausgabeanspruch stehen im Vorder grund[57].

Wenn der Verkäufer sich nicht vom Vertrag lösen möchte, steht ihm auch die Möglichkeit offen, neben dem Kaufpreis Ersatz des Verzögerungsschadens nach §286 Abs. 1 BGB zu verlangen[58]. Am 30. 03. 00 wurde §284 Abs. 3 BGB neu eingeführt, demzufolge bei einer Geldforderung der Schuldner in Verzug gerät, wenn seit Fälligkeit der Forderung 30 Tage vergangen sind und ihm eine „Rechnung oder gleichwertige Zahlungsaufforderung" Zugegangen ist. Eine Mahnung ist auch nicht mehr erforderlich. Daher erfordert die Durchsetzung eines Schadensersatzanspruches aufgrund des § 286 Abs. 1 BGB keine Fristsetzung, soweit es sich um eine Geldforderung handelt. Nach 30 Tagen und mit der zugegangenen Rechnung kann daher der Vorbehaltsverkäufer Schadensersatz wegen Verzögerung gemäß § 286 Abs. 1 BGB vom Vorbehaltskäufer verlangen.

dd. Herausgabeanspruch ohne Rücktritt

Soweit das Abzahlungsgeschäft als Verbraucherkredit anzusehen ist, gilt jede Rücknahme der Kaufsache als Rücktritt vom Vertrag. Daher kann von einem Herausgabeverlangen ohne Rücktritt hier keine Rede sein. Außerhalb des Verbraucherkreditgeschäfts ist fraglich, ob für den Fall, daß der Käufer in Zahlungsverzug gerät, der Verkäufer ohne Rücktritt aufgrund des §985

---

53 Bülow, Jura 1986, 173.
54 Staudinger-Komm/Honsell, §455, Rn. 31.
55 BGH, NJW 1984, 2937 ; Baur/Stürner, Sachenrecht, S. 751, Rn. 19.
56 BGHZ 44, 237.
57 Münch-Vertrag/Westphalen, S. 9 ; Thamm, Kreditsicherungsverträge, S. 50.
58 Pottschmidt/Rohr, Kreditsicherungsrecht, Rn. 393.

BGB die Herausgabe der Kaufsache verlangen und damit Druck auf den Käufer bezüglich der weiteren Zahlung des Kaufpreises ausüben kann[59].

Der BGH hat in seiner Entscheidung vom 01. 07. 1970[60] die Auffassung vertreten, daß ein Vorbehaltsverkäufer die Herausgabe der Vorbehaltsware gemäß §985 BGB nicht schon bei Zahlungsverzug fordern kann, sondern erst dann, wenn er entweder nach § 455 BGB zurückgetreten oder die gemäß § 326 BGB gesetzte angemessene Nachfrist (mit Ablehnungsandrohung) fruchtlos abgelaufen ist[61].

Demgegenüber vertritt eine Mindermeinung in der Literatur die Auffassung, daß der Vorbehaltsverkäufer bei Zahlungsverzug des Käufers die Vorbehaltsware ohne Erklärung des Rücktritts heraus verlangen könne, weil der Eigentumsherausgabeanspruch gemäß §985 BGB lediglich voraussetze, daß ein Zahlungsverzug vorliegt[62]. Des weiteren wird diese Auffassung damit begründet, daß dem Vorbehaltsverkäufer wegen seiner besonderen Gefährdung gemäß § 455 BGB ein sofortiges Rückforderungsrecht zustehe. Diese Gefahren lägen aber auch dann vor, wenn der Verkäufer vom Vertrag nicht zurücktreten, sondern an ihm festhalten wolle[63].

Durch die Vereinbarung des Eigentumsvorbehalts will der Vorbehaltsverkäufer eine Sicherung für seinen Kaufpreisanspruch erlangen. Eigentlich ist der Verkäufer kaum daran interessiert, vom Kaufvertrag zurückzutreten, die Kaufsache zurückzunehmen und gleichzeitig den Kaufpreisanspruch zu opfern, denn im allgemeinen ist es schwer, die zurückgenommene Sache wieder zu verkaufen.

Der Rücktritt und die dadurch ausgelöste Rückabwicklung des Vertragsverhältnisses sind nur lästige Stationen der Realisierung der Sicherheit[64]. Der Vorbehaltsverkäufer muß als Sicherungsnehmer die Kaufsache aufgrund seines Vorbehaltseigentums zurücknehmen können, ohne vom Vertrag zurückzutreten, wenn der Vorbehaltskäufer mit der Zahlung in Verzug gerät und damit der Sicherungsfall eintritt[65].

---

[59] Münch-Komm/Westermann, §455, Rn. 37 ; Reinicke/Tiedtke, Kreditsicherung, S. 212.
[60] BGHZ 54, 214 .
[61] Anschließend zu diesem Urteil im Schrifttum ; Bauknecht, NJW 1955, 1251 ff ; Blomeyer, JZ 1968, 691 ff ; Stoll, ZHR 1966, 239 ff ; Diese Auffassung vom BGH ist in den Entwurf des neuen Schuldrechts übernommen worden. Begründet wird dies damit, daß der Vorbehaltsverkäufer die Vorbehaltsware solange beim Vorbehaltskäufer belassen muß, wie der darüber geschlossene Vertrag gilt, wenn er vorgeleistet und seine Ware aus der Hand gegeben hat. Es besteht kein Bedürfnis dafür, dem Verkäufer die Rücknahme seiner Ware zu gestatten und gleichzeitig den Vertrag - unter Wegfall der Vorleistungspflicht – aufrechtzuerhalten, BMJ-Regierungsentwurf Schuldrechtsmodernisierung, S. 567.
[62] Münch-Vertrag/Westphalen, S. 10 ; Staudinger-Komm/Honsell § 455, Rn. 30.
[63] Serick, Eigentumsvorbehalt und Sicherungsübertragung, Bd. I., S. 136 ff.
[64] Wochner, BB 1981, 1803.
[65] Gleich, Pottschmidt/Rohr, Kreditsicherung, S. 165, Rn. 395.

b. Rücktrittsrecht [66]nach dem Formularvertrag

Formular[67] I-1 :

§ 1 : „Bei schuldhaftem vertragswidrigem Verhalten des Käufers, insbesondere bei Zahlungsverzug sind wir berechtigt, den Liefergegenstand zurückzunehmen. Der Käufer ist zur Herausgabe verpflichtet. In der Zurücknahme des Liefergegenstandes durch uns liegt, sofern nicht die Bestimmungen des Verbraucherkreditgesetzes Anwendung finden, kein Rücktritt vom Vertrag, es sei denn, wir hätten dies ausdrücklich schriftlich erklärt. In der Pfändung des Liefergegenstandes durch uns liegt stets ein Rücktritt vom Vertrag".

Wie bereits erwähnt, hat der BGH im Urteil vom 01. 07. 1970 die Auffassung vertreten, daß der Vorbehaltsverkäufer die Herausgabe der Vorbehaltsware gemäß §985 BGB nicht schon bei Zahlungsverzug fordern, sondern erst dann verlangen könne, wenn er entweder nach § 455 BGB zurückgetreten oder die gemäß § 326 BGB gesetzte angemessene Nachfrist (mit Ablehnungsandrohung) fruchtlos abgelaufen sei.

Damit ist fraglich, ob die Klausel, derzufolge der Vorbehaltskäufer die Vorbehaltsware beim Zahlungsverzug ohne Rücktritt des Vorbehaltsverkäufers herauszugeben hat, nicht gemäß §9 AGBG unwirksam ist. Im vorliegenden Fall läßt der BGH den Vorbehaltsverkäufer nur zwischen Rücktritt und Schadensersatz wählen. Dennoch betont der BGH, daß abweichende Vereinbarungen getroffen werden können[68]. Eine solche Rücknahmeklausel ohne Rücktritt steht auch dem §9 AGBG nicht entgegen und ist damit nicht als unwirksam anzusehen, weil die Rücknahme nur als Reaktion auf einen vorliegenden Vertragsverstoß des Käufers erfolgt. Es dürfte nicht unangemessen sein, daß das Nutzungsrecht des Käufers, der nicht gemäß der vertraglichen Abmachung bezahlt, ausgeschlossen ist, weil grundsätzlich beim Abschluß des Kaufvertrages der Käufer verpflichtet ist, mit der Übergabe der Kaufsache den Kaufpreis vollständig zu zahlen (§ 433 Abs. 2 1. HS)[69]. Daher ist eine solche Rücknahmeklausel beim Eigentumsvorbehalt rechtswirksam und verstößt nicht gegen §9 AGBG[70].

---

[66] Eine Rücknahmeklausel war bis 1969 nicht notwendig, weil im Schrifttum und von der Rechtsprechung allgemein anerkannt war, daß der Lieferant dieses Rücknahmerecht ohne besondere Vereinbarung bereits aufgrund des Eigentumsvorbehalts erhält. Die grundlegende Änderung der Rechtsprechung mit dem Urteil vom 01. 07. 1970 hat eine Rücktrittsklausel in den Allgemeinen Bedingungen des Lieferanten erforderlich werden lassen ; Thamm, BB 1980, 1192.

[67] Formualr I-1 im Anhang.

[68] BGHZ 54, 221 u. 222.

[69] Thamm, BB 1980, 1192.

[70] A. A. Westphalen, ist der Auffassung, daß das Eigentum dem Vorbehaltsverkäufer zusteht, berechtigt ihn nicht dazu, ein Rücknahmerecht klauselmäßig zu verankern, ohne daß die Voraussetzungen des Verzugs im Sinne des § 326 BGB oder die des Rücktritts gemäß § 455 BGB vorliegen, Westphalen, DB 1985, 428, 429.

3. Rechtsstellung des Verkäufers in der Zwangsvollstreckung

a. Zwangsvollstreckung in die Vorbehaltsware

Beim Zahlungsverzug des Vorbehaltskäufers kann sich der Vorbehaltsverkäufer zunächst auf die §§ 455, 326 BGB berufen. Andererseits ist fraglich, ob der Verkäufer als Gläubiger mittels eines Vollstreckungstitels gegen den Käufer in die Vorbehaltsware vollstrecken kann oder ein Pfändungspfandrecht an ihr erwerben kann, obwohl das Eigentum an der Vorbehaltsware immer noch ihm selber zusteht.

Nach dem §808 ZPO kann der Gläubiger grundsätzlich die sich im Gewahrsam des Schuldners befindliche körperliche Sache pfänden, indem der Gerichtsvollzieher diese Sache in Besitz nimmt. Der Gerichtsvollzieher hat bei der Vornahme einer Pfändung gem. § 808 ZPO nicht zu prüfen, ob die Sache, die er im Gewahrsam des Vollstreckungsschuldners vorfindet, auch in dessen Eigentum steht[71].

Danach kann der Vorbehaltsverkäufer auf diese Weise die sich im Gewahrsam des Vorbehaltskäufers befindliche Sache pfänden. Die Pfändung in die eigene Sache ist also zulässig[72]. Der Vorbehaltsverkäufer kann jedoch kein Pfändungspfandrecht (§ 1256 Abs. 1 S.1 BGB) erwerben, weil das Eigentum an der gepfändeten Sache nicht dem Vollstreckungsschuldner (=Vorbehaltskäufer), sondern dem Vollstreckungsgläubiger zusteht. Der Vorbehaltsverkäufer kann aufgrund der durch die Pfändung bewirkten öffentlichrechtlichen Verstrickung die Sache verwerten, weil diese zur Verwertung der gepfändeten Sache genügt[73].

Fraglich ist, ob in einer Vollstreckungsmaßnahme in die eigene Sache eine Wiederansichnahme i.S.d. § 13 Abs. 3 VerbrKrG liegt und dieses Vorgehen damit eine Gesetzesumgehung der Schuldnerschutzvorschriften darstellt. Zunächst ist festzustellen, daß die Pfändung der Vorbehaltsware als solche keine Wiederansichnahme i.S.d. § 13 Abs. 3 VerbrKrG ist [74] Ein Eigentumserwerb des Vorbehaltskäufers an der Vorbehaltsware scheidet insoweit endgültig aus, als der Erwerber durch Versteigerung das Eigentum an der Ware erlangt. Deshalb ist die Wiederansichnahme i.S.d. § 13 Abs. 3

---

[71] Weber, Kreditsicherheiten, S. 163.

[72] BGHZ 15, 171 ff; BGHZ 39, 97 ; BGHZ 55, 59 ; Weber, Kreditsicherheiten, S. 183 ff; Baumbach-Lauterbach-Albers-Hartmann/Hartmann, ZPO, §804, Rn. 6 ; a. A. Honsell, JuS 1981, 711 ff, der die Zwangsvollstreckung durch den Vorbehaltskäufer mangels Rechtsschutzbedürfnisses generell für unzulässig hält.

[73] Baur/Stürner, Sachenrecht, S. 760 ff, Rn. 42 ff; Weber, Kreditsicherheiten, S. 185.

[74] Brox, JuS 1984, 666.

VerbrKrG der Versteigerung gleichzustellen[75]. Der Zweck des § 13 Abs. 3 VerbrKrG liegt darin, daß ein Käufer zur Zahlung des Kaufpreises nicht weiter verpflichtet bleibt, falls ihm durch eine Wiederansichnahme der Besitz und die Nutzung an der Sache vom Verkäufer entzogen worden sind[76].

Bei der Zwangsvollstreckung ist dies der Fall, wenn der Gerichtsvollzieher die Vorbehaltssache dem Käufer wegnimmt und erst recht, wenn er sie versteigert. Damit fallen Besitz- und Nutzungsmöglichkeit des Vorbehaltskäufers endgültig weg. Die Voraussetzungen des § 13 Abs. 3 VerbrKrG sind erfüllt. Damit gilt der Rücktritt als erklärt. Die titulierte Kaufpreisforderung besteht nicht mehr. Der Vorbehaltskäufer kann durch Erhebung einer Vollstreckungsgegenklage (§767 ZPO) die Zwangsvollstreckung aus dem Titel für unzulässig erklären lassen[77].

Wenn der Gerichtsvollzieher die Vorbehaltssache durch Anbringen eines Pfandsiegels gemäß § 808 Abs. 2 ZPO pfändet, die Sache aber immer noch im Gewahrsam des Käufers bleibt, liegt darin keine Wiederansichnahme der Sache vor, weil hier dem Käufer der Besitz und die Nutzung nicht entzogen worden sind. Damit sind die Voraussetzungen des §13 Abs. 3 VerbrKrG nicht erfüllt, so daß sich der Vorbehaltskäufer nicht auf Wiederansichnahme berufen kann[78].

Fraglich ist, ob ein anderer Gläubiger des Käufers, der nicht mit dem Verkäufer identisch ist, ein Pfändungspfandrecht erwerben kann, falls der Käufer die Ware unter Eigentumsvorbehalt kauft, den Kaufpreis jedoch noch nicht vollständig bezahlt hat.

In diesem Fall findet nach der herrschenden Meinung[79] zwar eine öffentlich-rechtliche Verstrickung statt, es entsteht aber kein Pfändungspfandrecht des anderen Gläubigers, weil der Vorbehaltskäufer den Kaufpreis noch nicht vollständig bezahlt hat, die Bedingung somit nicht eingetreten ist, weswegen die Vorbehaltsware wiederum nicht dem Vollstreckungsschuldner (=Vorbehaltskäufer) gehört. Der Vorbehaltsverkäufer kann daher als Eigentümer die Drittwiderspruchsklage (§771 ZPO) gegen den pfändenden Gläubiger erheben[80].

---

[75] Schumann, JuS 1975, 169.
[76] Brox, JuS 1984, 666.
[77] Brox, JuS 1984, 666, 667 ; Stein-Jonas/Münzberg, ZPO, §814, Rn. 12.
[78] Weber, Kreditsicherheiten, S. 185, 186 ; Palandt/Putzo, §13 VerbrKrG, Rn. 10 ; Serick, Eigentumsvorbehalt und Sicherungsübertragung, Bd. I, S. 186 ff ; Lücke, JZ 1959, 114 ; Schumann, JuS 1975, 169.
[79] Z. B. RGZ 156, 395 ff ; Baur/Stürner, Zwangsvollstreckung-, Konkurs- und Vergleichsrecht, S. 186, Rn. 434 ; Raacke, NJW 1975, 249.
[80] Vgl. BGHZ 54, 214 ff ; Frank, NJW 1974, 2213 ; Nirk, NJW 1971, 1918 ; Grunsky, JuS 1984, 503 ; anders, Raiser, Dingliche Anwartschaften, S. 91 ff. ; Schwertner, Jura 1980, 668, die dem Eigentumsvorbehaltsverkäufer nur das Recht aus §805 ZPO zubilligen.

b. Zwangsvollstreckung in das Anwartschaftsrecht

Wenn ein anderer Gläubiger (nicht der Vorbehaltsverkäufer) des Vorbehaltskäufers den Eigentumsvorbehalt kennt, dann kann er ins Anwartschaftsrecht vollstrecken. Die Vollstreckung in das Anwartschaftsrecht kann entweder durch Rechtspfändung (§§857, 829 ZPO), Sachpfändung (§§808 ff ZPO) oder Doppelpfändung geschehen.

Die Befürworter der Rechtspfändungstheorie[81] stützen sich darauf, daß das Anwartschaftsrecht ein anderes Vermögensrecht i. S. d. §857 Abs. 1 ZPO darstellt. Es kann daher in der Form der Rechtspfändung gepfändet werden. Dagegen gehen die Verfechter der Sachpfändungstheorie[82] davon aus, daß sich das Anwartschaftsrecht, ausgehend von seiner Rechtsnatur, dem Volleigentum annähert. Daher sind nicht die §§413, 398 BGB, sondern die für das Volleigentum geltende Vorschrift des §929 BGB anwendbar. Die Behandlung des Anwartschaftsrechts im materiellen Recht ist auf das Zwangsvollstreckungsrecht zu übertragen. Nach dieser Theorie ist das Anwartschaftsrecht auf den Erwerb einer beweglichen Sache so zu pfänden, wie es übertragen wird. Die Pfändung des Anwartschaftsrechts erfolgt daher in der Form der Sachpfändung durch den Gerichtsvollzieher nach den §§808 ff ZPO.

Die herrschende Meinung[83] vertritt die Doppelpfändungstheorie. Daher läßt der Gläubiger das Anwartschaftsrecht zunächst nach den Regeln der Pfändung eines Rechts (§§857, 828 ZPO) durch das Vollstreckungsgericht und außerdem die Sache nach den Regeln der Sachpfändung (§ 808 ZPO) durch den Gerichtsvollzieher pfänden.

Der Grund für diese zweimalige Pfändung liegt darin, daß sich das Pfandrecht an der Anwartschaft nicht durch eine reine Rechtspfändung an der Sache fortsetzt, wenn der Vorbehaltskäufer durch Bedingungseintritt Eigentümer der Sache wird. Mit anderen Worten reicht die Rechtspfändung durch das Vollstreckungsgericht zwar zur Entstehung des Pfandrechts am Anwartschaftsrecht aus, aber nur durch die Sachpfändung durch Gerichtsvollzieher kann sich bei Eintritt der Bedingung das Pfändungspfandrecht am Anwartschaftsrecht in ein solches an der Sache umwandeln[84].

Der Gläubiger des Käufers erwirbt jedoch kein Pfändungspfandrecht, soweit die Sache noch nicht dem Käufer gehört. Dagegen behält der Verkäufer vor

---

[81] Baur/Stürner, Sachenrecht, S. 759, Rn. 41 ; Flume, AcP 161, 404 ; Medicus, Bürgerliches Recht, S. 347, Rn. 486.

[82] Raiser, Dingliche Anwartschaften, S. 91 ; Kupisch, JZ 1976, 427 ; Schwertner, Jura 1980, 668 ; Hübner, NJW 1980, 733 ff.

[83] BGH, NJW 1954, 1325 ; Rosenberg-Gaul-Schilken, Zwangsvollstreckungsrecht, S. 894 ff ; Stein-Jonas/Brehm, ZPO, §857 Rn. 84 ff ; Jauernig, Zwangsvollstreckungs- und Insolvenzrecht, S. 99.

[84] Brox JuS 1984, 665 ; Tiedke, NJW 1972, 1404 f.

dem Bedingungseintritt immer noch sein volles Eigentum und damit „ein die Veräußerung hinderndes Recht". Er kann daher Drittwiderspruchsklage gemäß §771 ZPO erheben (h. M.)[85].

IV. Rechtsstellung des Vorbehaltskäufers

Formular[86] I-1 :

§ 2 : „Bei Pfändung oder sonstigen Eingriffen Dritter hat uns der Käufer unverzüglich schriftlich zu benachrichtigen, damit wir Klage gemäß §771 ZPO erheben können. Soweit der Dritte nicht in der Lage ist, uns die gerichtlichen und außergerichtlichen Kosten einer Klage gemäß §771 ZPO zu erstatten, haftet der Käufer für den uns entstandenen Ausfall."
§3 : „Der Käufer ist verpflichtet, den Liefergegenstand auf eigene Kosten gegen Diebstahl, Bruch-, Feuer- und Wasserschäden ausreichend zu versichern".

1. Rechtsstellung als Anwartschaftsberechtigter

a. Begriff und Wesen des Anwartschaftsrechts

Sobald beim Kauf unter Eigentumsvorbehalt die letzte Kaufpreisrate gezahlt wird, geht das Eigentum - ohne weiteres Zutun beider Parteien - automatisch vom Verkäufer auf den Käufer über. Bis zu diesem Zeitpunkt hat der Käufer zwar kein Eigentum an der Kaufsache, aber eine rechtlich geschützte Rechtsposition, die man als Anwartschaftsrecht[87] bezeichnet[88].

Infolge dieser rechtlich geschützten Rechtsposition des Käufers sind die Verfügungen des Verkäufers, die den Eigentumserwerb des Käufers behindern, gegenüber dem Käufer relativ unwirksam (§ 161 Abs. 1 BGB). Der Verkäufer ist nicht mehr in der Lage, den Eigentumsübergang auf den Käufer und den Eigentumsverlust bei sich selbst zu vereiteln. Der Käufer nimmt aufgrund seines Anwartschaftsrechts eine Rechtsstellung beinahe wie ein Eigentümer ein; die Rechtsstellung des Käufers ist also mehr als eine bloße Erwerbsaussicht und nicht nur ein obligatorisches Erwerbsrecht, sondern schon dinglich abgesichert[89].

---

[85] Serick, Eigentumsvorbehalt und Sicherungsübertragung, Bd. I, S. 296 ff ; Baumbach-Lauterbach-Albers-Hartmann/Hartmann, ZPO, §771 Rn. 17 ; BGHZ 54, 218.
[86] Münch-Vertrag/Westphalen, S. 1.
[87] Zur umfassenden Zusammenstellung s. Tiemann, Die Entwicklung der Eigentumsanwartschaft beim Vorbehaltskauf in der neuen deutschen Privatrechtsgeschichte, S. 109 ff.
[88] Brox, JuS 1984, 657.
[89] Bülow, Recht der Kreditsicherheiten, S. 202, Rn. 680.

Umstritten ist jedoch, wie die Anwartschaft des Vorbehaltskäufers zu erfassen ist. Die Eigentumsanwartschaft wird zum Teil als ein dingliches Recht betrachtet[90], als ein obligatorisches[91] oder als eine Art von Recht zwischen dem dinglichen und dem obligatorischen Recht[92]. In der Rechtsprechung wird die Anwartschaft umschrieben als „Vorstufe zum Eigentum", als dem Vollrecht „wesensgleiches Minus"[93]. Damit versteht sich das Anwartschaftsrecht als ein subjektives Recht. Daraus folgt, daß eine entsprechende Anwendung der für dingliche Rechte bestehenden Vorschriften in Betracht kommt[94].

Auf der anderen Seite sieht die Rechtsprechung das Anwartschaftsrecht des Käufers in der Praxis als ein relativ schwaches Sicherungsmittel an . So hat der BGH[95] in seinem Urteil vom 10. 04. 1961 einen Eigentumserwerb desjenigen, der vom Anwartschaftsberechtigten das Anwartschaftsrecht erlangt hat, verneint. Der Entscheidung liegt folgender Sachverhalt zugrunde: ein Hotelier hat die Einrichtungsgegenstände seines Hotels, d. h. Zubehörstücke des Hotelgrundstücks, unter Eigentumsvorbehalt gekauft und übereignete sein Anwartschaftsrecht zur Sicherung seiner Forderung. Gleichzeitig hat er das Hotelgrundstück zur Kreditsicherung mit einer Grundschuld durch eine Bank belastet.

In seinem Urteil hat der BGH die Auffassung vertreten, daß der Anwartschaftsberechtigte (=der Hotelier) grundsätzlich berechtigt sei, den Wert, der in der Chance auf Erwerb des Vollrechts liege, als Gegenwert zum Kreditzweck für sich auszunutzen. Dem Anwartschaftsberechtigten mehr als diese Möglichkeit zu geben, ihn nämlich besser als den Volleigentümer zu stellen, ist nach Auffassung des BGH jedoch nicht erforderlich[96].

Daher erstreckt sich ein Grundpfandrecht auch auf das Anwartschaftsrecht an den Zubehörstücken, wenn der Grundstückseigentümer Zubehörstücke des Grundstücks, d. h. des Hotels und seiner Einrichtungsgegenstände, unter Eigentumsvorbehalt erwirbt. In diesem Fall kann der Sicherungsnehmer, der vom Grundstückseigentümer ein Anwartschaftsrecht an den Zubehörstücken

---

90 Baur/Stürner, Sachenrecht, S.755, Rn. 33, S. 761, Rn. 45 ; Raiser, Dingliche Anwartschaften, S. 37 ff ; Soergel-Komm/Mühl, §929 Rn. 65 ff ; Münch-Komm/ Westermann, §455, Rn.51ff ; Westermann, Sachenrecht, S. 38 ff u. S. 294 ff.

91 Larenz, Schuldrecht BT, S. 112 ff ; Gudian, NJW 1967, 1789 ; Flume, AcP 1962, 385.

92 Serick, Eigentumsvorbehalt und Sicherungsübertragung, Bd.I., S. 247 ff..„es ist ein schuldrechtlich-dingliches Recht. Es untersteht grundsätzlich allen Regeln, die für Vollrechte gelten..." ; Pikart, WM 1959, 1234, 1235, ..„vor dem Eintritt der Vereinbarung erwirbt der Vorbehaltskäufer noch kein dingliches Recht, es entsteht daher für ihn kein gegen jedermann wirkendes Recht zum Besitz, sondern lediglich eine Anwartschaft, die auf dem Wege ist, zum vollen Eigentumsrecht zu erstarken und in mancher Hinsicht einem dinglichen Recht angenähert ist".

93 BGHZ 28, 16 ff.

94 BGHZ 34, 133, 124 ; BGHZ 75, 221.

95 BGHZ 35, 85 ff.

96 BGHZ 35. 91.

erwirbt, auch dann kein Eigentum an diesen Zubehörstücken erlangen, wenn der Grundstückseigentümer(=Hotelier) den Kaufpreis der Zubehörstücke vollständig zahlt.

Beim Kauf unter Eigentumsvorbehalt verfolgen die Vertragsparteien einen unterschiedlichen Sicherungszweck. Der Verkäufer will seine Kaufpreisforderung gegenüber dem Käufer sichern. Zu diesem Zweck dient sein Vorbehaltseigentum. Auf der anderen Seite will der Käufer seinen wirtschaftlichen Wert sichern, der wirtschaftlich um so wertvoller wird, je geringer der noch zu begleichende Kaufpreisrest ist[97]. Dabei ist zu beachten, daß der wirtschaftliche Wert der Rechtsposition des Käufers irgendwann nach vollständiger Kaufpreiszahlung zum Eigentum erstarkt. Die Rechtsposition des Käufers wird aus diesem Grund nicht als bloße Erwerbsaussicht, sondern als Anwartschaftsrecht betrachtet, d. h. die Rechtsstellung des Vorbehaltskäufers ist insoweit als die eines Anwartschaftsberechtigten zu bezeichnen, soweit er tatsächlich nach den Abreden Eigentum erwerben will und erwerben soll. In diesem Zusammenhang ist es gerechtfertigt, seine Rechtsstellung als quasi-dingliches Recht zu bezeichnen.

Wie die bereits dargestellten Beispiele aus der Rechtsprechung zeigen, ist der wirtschaftliche Wert des Anwartschaftsrechts besonders im kaufmännischen Verkehr zwar fragwürdig, aber die Vorschriften über dingliche Verfügungen, über den Gutglaubenserwerb und über den Schutz dinglicher Rechte können entsprechend angewendet werden, soweit der Vorbehaltskäufer das Eigentum an der Vorbehaltsware erwerben will[98].

b. Anwartschaftsrecht bei Verfügung des Verkäufers

Bevor die aufschiebende Bedingung, d.h. die Zahlung der letzten Kaufpreisrate eintritt, ist der Vorbehaltsverkäufer immer noch Eigentümer der Kaufsache. Er kann daher während dieser Schwebezeit als Eigentümer über die Sache weiterhin wirksam verfügen[99].

In diesem Fall steht dem Vorbehaltskäufer ein Schadensersatzanspruch gemäß § 160 Abs. 1 BGB zu. Weiterhin kann sich der Vorbehaltskäufer auf § 161 Abs. 1 BGB berufen, demzufolge der Vorbehaltskäufer mit dem Eintritt der Bedingung Eigentümer der Kaufsache wird und ein Dritter rückwirkend das durch die Zwischenverfügung des Verkäufers auf ihn übergegangene Eigentum verliert[100].

Der Schutz des Anwartschaftsrechts gegen Zwischenverfügungen des Vorbehaltsverkäufers ist insbesondere dann schwierig, wenn sich etwa ein Drit-

---

[97] Baur/Stürner, Sachenrecht, S. 743, Rn. 3.
[98] Alter-Komm/ Reich, §929, Rn. 26.
[99] Brox, JuS 1984, 658.
[100] Brox, JuS 1984, 658.

ter auf seinen guten Glauben hinsichtlich der Verfügungsmacht des Verkäufers gem. §161 Abs. 3, bzw. §932 ff BGB beruft. Beim Kauf unter Eigentumsvorbehalt ist der Vorbehaltsverkäufer mittelbarer Besitzer der Kaufsache und daher scheidet die Möglichkeit des Gutglaubenserwerbes gemäß den §§161 Abs. 3, 929, 932 BGB in den meisten Fällen aus, weil diese Vorschriften für den gutgläubigen Erwerb des Dritten die dingliche Einigung über den Eigentumsübergang und die reale Übergabe der Sache voraussetzen. Beim Eigentumsvorbehalt steht die Sache im unmittelbaren Besitz des Käufers, so daß die Voraussetzungen der §§ 161 Abs. 3, 929, 932 BGB regelmäßig nicht vorliegen. Ein Gutglaubenserwerb gemäß den §§161 Abs. 3, 929, 932 BGB ist daher kaum vorstellbar[101].

Anders als im oben erwähnten Fall kann der Vorbehaltsverkäufer jedoch seine Vorbehaltsware durch Einigung i.S.d. §929 BGB und Abtretung des Herausgabeanspruchs gemäß §931 BGB einem Dritten übergeben, so daß dieser gemäß § 934 S. 1 BGB gutgläubig Eigentum an der Vorbehaltsware erwerben kann, weil nach der ganz h. M[102] der Kaufvertrag unter Eigentumsvorbehalt ein Besitzmittlungsverhältnis zwischen Verkäufer und Käufer begründet und der Vorbehaltsverkäufer noch mittelbarer Besitzer (§ 868 BGB) bleibt[103].

In diesem Fall greift für den Vorbehaltskäufer § 936 Abs. 3 BGB ein[104]. Gemäß § 936 Abs. 3 BGB erlischt das Recht an einer Sache auch gegenüber einem gutgläubigen Erwerber nicht, wenn die Übereignung nach §931 BGB erfolgt und dem dritten Besitzer das Recht zusteht. Das Besitzrecht des Vorbehaltskäufers wird aufgrund der Vereinbarung des Eigentumsvorbehalts mit dem Vorbehaltsverkäufer insoweit begründet, als sich der Vorbehaltskäufer vertragsgemäß verhält. Das Besitzrecht des Vorbehaltskäufers an der Vorbehaltsware erlischt daher gegenüber einem gutgläubigen Erwerber nicht aufgrund des §936 Abs. 3 BGB.

c. Besitzrechtliche Verhältnisse beim Anwartschaftsrecht

Falls der Vorbehaltsverkäufer die Vorbehaltsware nach § 985 BGB vom Vorbehaltskäufer herausverlangt oder sein Eigentum während der Schwebezeit nach § 931 BGB an einen Dritten überträgt, dann kann sich der Vorbehaltskäufer gegenüber dem Vorbehaltsverkäufer auf sein obligatorisches Besitzrecht nach § 986 Abs. 1 S. 1 BGB und gegenüber dem neuen Eigen-

[101] Brox, JuS 1984, 658 u. 659.

[102] Ermann-Komm/Grunewald, §455, Rn. 16 ; Soerger-Komm/Mühl, §929, Rn. 62 ; Rühl, Eigentumsvorbehalt und Abzahlungsgeschäft, S. 104 ; Flume, AcP(1962) 397 ; BGHZ 10, 69 ; RGZ 95, 105.

[103] Münch-Komm/Joost, §868, Rn. 58 ; Palandt/Bassenge, §868, Rn. 15.

[104] Medicus, Bürgerliches Recht, S. 326 u. 327, Rn. 462 ; Jauernig/Jauernig, BGB, §929 Anm. 6Ea ; Münch-Komm/Westermann, §455, Rn. 47 ; Palandt/Bassenge §936 Rn. 3 ; Staudinger-Komm/Honsell, §455, Rn. 35.

tümer auf § 986 Abs. 2 BGB berufen[105]. Im umgekehrten Fall, in dem der Vorbehaltskäufer sein Anwartschaftsrecht einem Dritten überträgt, ist die Rechtslage insoweit fraglich, als dieser Dritte, der das Anwartschaftsrecht des Vorbehaltskäufers erwirbt, gegenüber dem Herausgabeverlangen des Vorbehaltsverkäufers von seinem dinglichen Besitzrecht ausgehen kann.

Im Schrifttum sind die Meinungen geteilt. Eine Auffassung geht von der Dinglichkeit des Anwartschaftsrechts aus und erkennt an, daß sie ein allgemeines Recht zum Besitz gegenüber jedermann, auch gegenüber dem Eigentümer ermöglicht[106]. Die andere Ansicht räumt dem Anwartschaftsberechtigten kein solches dingliches Recht zum Besitz ein[107].

Der BGH hat in seinem Urteil vom 21. 05. 1953[108] einen Fall über den gutgläubigen Erwerb eines Anwartschaftsrechts entschieden. Während das Berufungsgericht die aufschiebende Eigentumsübertragung als ein dingliches, gegen jedermann wirkendes Recht zum Besitz ansah, ist der BGH der Auffassung, daß sich für diese Sichtweise im Gesetz keine Grundlage finde. Daher erkannte der BGH ein Recht zum Besitz nicht allgemein, sondern lediglich unter dem Gesichtspunkt der Einrede der Arglist an, wenn die Abwicklung des Geschäfts bereits weit fortgeschritten und anzunehmen war, daß der Beklagte die restliche Kaufpreisforderung unverzüglich tilgen werde.

Abweichend von dieser Entscheidung des BGH ging das OLG Karlsruhe[109] in einer Entscheidung von der Dinglichkeit des Anwartschaftsrechts aus. Hierbei verweist es darauf, daß auch der BGH[110] neuerdings das Anwartschaftsrecht des Vorbehaltskäufers als sehr starkes Recht und als eine Vorstufe des Volleigentums werte. Im Ergebnis erkennt das OLG Karlsruhe einem Dritten, der vom Vorbehaltskäufer durch Einigung und Übergabe schon ein rechtlich geschütztes Anwartschaftsrecht gemäß §932 BGB erworben hat, ein dingliches Recht zum Besitz zu, das gegen jeden auch gegenüber dem Eigentümer wirkt.

Durch die Vereinbarung eines Eigentumsvorbehalts wird die Rechtsstellung des Vorbehaltsverkäufers durch sein Vorbehaltseigentum und die des Vorbehaltskäufers durch sein Anwartschaftsrecht gesichert. Der Vorbehaltsver-

---

[105] Brox, JuS 1984, 659.

[106] Raiser, Dingliche Anwartschaft, S. 75 ff ; Münch-Komm/Westermann, §455, Rn. 53 ; Bauknecht, NJW 1955, 1252 ; OLG Karlsruhe, NJW 1966, 885.

[107] BGHZ 10, 69 ff ; Duden, JZ 1954, 41 ff ; Gudian, NJW 1967, 1789, ein dingliches Besitzrecht des Anwartschaftsberechtigten ist abzulehnen und damit kann sich sein Rechtsnachfolger auf kein solches Recht berufen.

[108] BGHZ 10, 69 ff.

[109] OLG Karlsruhe, JZ 1966, 272.

[110] BGHZ 30, 377, zwar erkennt der BGH das Anwartschaftsrecht als ein sehr starkes Recht an und sieht es als eine Vorstufe des volles Eigentums an, verweist aber gleichzeitig darauf, daß das Anwartschaftsrecht kein gegen jedermann wirkendes dingliches Recht an einer fremden Sache ist.

käufer wird daher sein Sicherungsmittel verlieren, wenn z. B. der Vorbehaltskäufer sein Anwartschaftsrecht einem Dritten übereignet und dieser sich gegenüber dem Vorbehaltsverkäufer auf die Dinglichkeit seines Anwartschaftsrechtes berufen kann. Im Falle der Rechtsnachfolge auf Seiten des Vorbehaltskäufers würde seine Rechtsstellung daher nicht geschützt, wenn er sich nicht auf die Dinglichkeit des Anwartschaftsrecht stützen könnte.

Bei diesem Interessenkonflikt geht es darum, inwieweit die Dinglichkeit des Anwartschaftsrechts innerhalb des Rechtssystems anzuerkennen ist. Durch die Vereinbarung einer bedingten Übereignung hat der Vorbehaltskäufer die Möglichkeit, durch sein vertragsgemäßes Verhalten sein Anwartschaftsrecht zum vollem Eigentum erstarken zu lassen. Dabei braucht sich der Vorbehaltsverkäufer gar nicht zu beteiligen, d. h. sobald sich der Vorbehaltskäufer vertragsgemäß verhält, kann er allein das durch den schuldrechtlichen Vertrag entstandene Anwartschaftsrecht in volles Eigentum verwandeln.

Das Anwartschaftsrecht ist damit als ein von der schuldrechtlichen Seite zur dinglichen Seite wechselndes Recht anzusehen. Es ist daher als ein schuldrechtlich-dingliches Recht zu verstehen[111]. Bei der Behandlung des Anwartschaftsrechts sind daher diese beiden Seiten zu berücksichtigen. Die Dinglichkeit des Anwartschaftsrechts ist zwar einerseits anzuerkennen, kommt aber nur in einem geschlossenen und beschränkten Kreis zum Tragen [112]. Wie bereits erwähnt, ist die Dinglichkeit des Anwartschaftsrechts nur in dem Rahmen anzuerkennen, in dem der Vorbehaltskäufer, wie bei Vertragsschluß vereinbart wurde, das Eigentum an der Vorbehaltsware erwerben will. Zu diesem beschränkten Kreis müssen der Vorbehaltsverkäufer und der Vorbehaltskäufer, nicht aber jeder Dritte gezählt werden.

Der Vorbehaltskäufer ist berechtigt, nach der Zustimmung des Vorbehaltsverkäufers sein Anwartschaftsrecht mit der Dinglichkeit - d. h. im Grunde ist sie auf das Verhältnis zwischen Vorbehaltsverkäufer und Vorbehaltskäufer zu beschränken - einem Dritten zu übertragen, wobei dieser sich dann auf die Dinglichkeit gegenüber dem Vorbehaltsverkäufer berufen kann[113].

Hinsichtlich des Eigentumsrechts des Vorbehaltsverkäufers bleibt der Käufer Fremdbesitzer. Er weiß, daß er die Sache erst dann als ihm gehörig be-

[111]) Serick, Eigentumsvorbehalt und Sicherungsübertragung, Bd. I., S. 285.
[112]) BGHZ 30, 377.
[113] Vgl. Brox, JuS1984, 659, durch unterschiedliche Fallgruppen sind die Probleme lösbar : (1) Ist der Vorbehaltskäufer gegenüber dem Vorbehaltsverkäufer berechtigt oder (2)Ist der Vorbehaltskäufer gegenüber dem Vorbehaltsverkäufer zur Übertragung des Anwartschaftsrechts nicht befugt ; gleiches ist bei dem verlängerten Eigentumsvorbehalt schon anerkannt. Dabei kann der Vorbehaltskäufer „im ordnungsgemäßen Geschäftsgang“ mit der Weiterveräußerungsbefugnis des Vorbehaltverkäufers, über die Vorbehaltsware verfügen. Ein Dritter könnte aber kaum gutgläubig Eigentum erlangen, falls der Vorbehaltskäufer nicht „im ordnungsgemäßen Geschäftsgang“ die Ware verkauft, Lambsdorff, Handbuch des Eigentumsvorbehalts, S. 82, Rn. 187 u. S. 87, Rn. 197.

sitzen kann, wenn er den Kaufpreis vollständig gezahlt hat. Verfügt er jedoch über das Anwartschaftsrecht, so tut er dies insoweit als Eigenbesitzer. Diese Besitzverhältnisse sind jedoch dem vorrangigen Eigentümerrecht nachgeordnet, soweit der Verkäufer gem. § 455 BGB zum Rücktritt berechtigt ist. Auch insoweit wirkt sich das schuldrechtliche Verhältnis auf die sachenrechtliche Zuordnung aus, wie §986 Abs. 1 S. 2 BGB beweist[114]. Ein vom Recht des Vorbehaltverkäufers abgelöstes dingliches Besitzrecht hat der Käufer jedoch nicht[115]. Die Rechtsfigur des dinglichen Besitzrechts ist auch unnötig, um die auftretenden Konfliktsituationen zu lösen. Die vom BGH befürwortete Lösung, d.h. die Anwendung der Arglisteinrede, ist ebenfalls unnötig, weil sie dann nicht eingreift, wenn noch mehrere Kaufpreisraten nach dem Vertrag zu zahlen sind[116].

d. Gutglaubenserwerb des Anwartschaftsrechtes

Der Vorbehaltskäufer ist berechtigt, sein Anwartschaftsrecht ohne Zustimmung des Vorbehaltsverkäufers auf einen anderen zu übertragen[117]. Aufgrund dessen, daß die überwiegende Meinung das Anwartschaftsrecht als ein dingliches Recht betrachtet, sind die Bestimmungen der §§ 929 ff BGB und nicht etwa die der §§ 398 BGB für die Übertragung anwendbar [118]. Daher haben sich Vorbehaltskäufer und Anwartschaftserwerber zuerst über den Übergang der Anwartschaft zu einigen, wobei die Vorbehaltsware dem Erwerber tatsächlich übergeben oder die Übergabe ersetzt werden muß (§§929, 930 BGB)[119].

Zu berücksichtigen ist, daß die Übertragung des Anwartschaftsrechts von der Übertragung des Eigentums der Sache scharf zu unterscheiden ist. Der Vorbehaltskäufer erhält zwar ein Anwartschaftsrecht, jedoch ist er vor dem Eintritt der Bedingung kein Eigentümer. Die Eigentumsübertragung des Vorbehaltskäufers ist daher nur dann wirksam, wenn der Vorbehaltsverkäufer seine Zustimmung zur Eigentumsübertragung erteilt hat (§185 BGB). Ansonsten handelt der Vorbehaltskäufer als Nichtberechtigter.

Mit der Übertragung des Anwartschaftsrechts des Vorbehaltskäufers geht das Eigentum nach dem Eintritt der Bedingung - d. h. vollständiger Zahlung des Kaufpreises - unmittelbar vom Vorbehaltsverkäufer auf einen Dritten über. Der Vorbehaltskäufer wird zu keinem Zeitpunkt Eigentümer der Sache.

---

[114] Serick, Eigentumsvorbehalt und Sicherungsübertragung, Bd. I, S. 272.

[115] Alter-Komm/Reich, §929, Rn. 29.

[116] Alter-Komm/ Reich, §929, Rn. 30.

[117] BGHZ 20, 88 ff ; Staudinger-Komm/Honsell, §455, Rn. 38 ; Flume, AcP 1962, 393 u. 394, die Übertragbarkeit der Rechtsposition des Vorbehaltskäufers könne durch Vereinbarung zwischen Vorbehaltsverkäufer und Vorbehaltskäufer aufgrund der §§413, 399 BGB nicht ausgeschlossen werden.

[118] Bülow, Jura 1986, 234 ; BGH, NJW 1970, 699.

[119] Bülow, Jura 1986, 234.

Damit findet kein Durchgangserwerb statt, sondern ein Dritter erwirbt das Eigentum direkt vom Vorbehaltsverkäufer[120]. Diese unterschiedlichen Formen des Eigentumserwerbs des Dritten haben beim Konkurs des Vorbehaltskäufers erhebliche Bedeutung. Im Fall des Durchgangserwerbs würde das Eigentum, das eigentlich einem Erwerber gehören sollte, in die Konkursmasse fließen, wenn der Vorbehaltskäufer nach der Übertragung des Anwartschaftsrechts in Konkurs fiele.

Wie bereits erwähnt, kann der Vorbehaltskäufer über sein Anwartschaftsrecht ohne Zustimmung des Vorbehaltsverkäufers verfügen. Fraglich ist, ob das Anwartschaftsrecht vom Nichtberechtigten gutgläubig erworben werden kann. Daraus ergeben sich mehrere denkbare Fallkonstellationen. Beispielsweise kann der Käufer die Sache vom Nichteigentümer unter Eigentumsvorbehalt kaufen. Eine andere mögliche Konstellation liegt darin, daß der Veräußerer das ihm gar nicht zustehende Anwartschaftsrecht übereignet.

In der ersten Fallkonstellation wird der gutgläubige Anwartschaftserwerber mit Bedingungseintritt Eigentümer (§§1006, 932 ff BGB)[121]. In der zweit genannten Fallkonstellation ist danach zu unterscheiden, ob das Anwartschaftsrecht existiert oder nicht. Wenn das Anwartschaftsrecht zwar existiert, aber dem Veräußerer nicht gehört - z. B. der Veräußerer die Sache geliehen hatte- bejaht die herrschende Meinung[122] die analoge Anwendung der §§932 ff BGB auf den Erwerb eines bestehenden Anwartschaftsrechts, das nicht dem Veräußerer gehört[123]. Als Begründung wird von der herrschenden Meinung angeführt, daß das Anwartschaftsrecht nichts anderes ist, als das sich in der Entwicklung befindliche Eigentum.

---

[120] RGZ 140, 223 ff. entschied, daß ein Dritter das Eigentum grundsätzlich erst nach einem Durchgangserwerb des Vorbehaltskäufers erlange ; es käme nur dann zu einem Direkterwerb, wenn der Vorbehaltsverkäufer mit einer Veräußerung der Anwartschaften durch den Vorbehaltskäufer einverstanden gewesen sei. Seit BGHZ 20, 88, ständige Rechtsprechung, auch in der Literatur fast einhellig anerkannt, vgl. Staudinger-Komm/ Honsell, §455, Rn. 38 m. w. N. ; vgl. aber Kupisch, JZ 1976, 422.

[121] Bülow, Jura 1986, 235 ; Brox, JuS 1984, 661; Staudinger-Komm/Honsell, §455, Rn. 41. m. w. N ; Medicus, Bürgerliches Recht, S. 326, Rn. 465 u. S. 335, Rn. 474.

[122] Palandt/Bassenge, §929 Rn. 46 ; Soergel-Komm/Mühl, §929, Rn. 75 ; Baur/Stürner. Sachenrecht, S. 758, Rn. 39.

[123] Palandt/Bassenge, §929, Rn. 46 ; Soergel-Komm/Mühl, §929, Rn. 75 ; Baur/Stürner, a. a. O., S. 758, Rn. 38 u. 39 ; Raiser, Dingliche Anwartschaften, S. 38 ; Serick, Eigentumsvorbehalt und Sicherungsübertragung, Bd. I, S. 270 ; Hübner geht über die h. M. hinaus und will den Gutglaubenserwerb des Anwartschaftsrechtes auch bei Wegfall des Kaufvertrages annehmen, NJW 1980, 732 ; dagegen, Flume, AcP 1962, S. 396, der gutgläubige Erwerb soll nur möglich sein, wenn entweder das Anwartschaftsrecht zwar wirksam begründet oder wenn zwar der Kaufvertrag gültig, aber die bedingte Eigentumsübertragung unwirksam ist. Konsequenterweise müßte man also den gutgläubigen Erwerb zulassen, wenn nur überhaupt ein Kaufvertrag abgeschlossen worden ist.

Eine im Vordringen befindliche Mindermeinung[124] verneint mit unterschiedlichen Begründungen einen gutgläubigen Erwerb des Anwartschaftsrechts. Eine Ansicht begründet dies damit, daß nach den §§1006, 932 BGB nur der gute Glaube an das Eigentum und nicht an das Anwartschaftsrecht geschützt sei[125]. Die andere Auffassung wird damit begründet, daß das Anwartschaftsrecht in seinem Bestand von einer schuldrechtlichen Grundlage abhängig sei und eine wesentlich schwächere Rechtsposition als das Eigentum darstelle, somit weniger schützenswert sei[126].

Die Frage, ob das Anwartschaftsrecht vom Nichtberechtigten infolge einer analogen Anwendung der §§932 ff BGB gutgläubig erworben werden kann, wirft zudem die Frage auf, inwieweit die sachenrechtlichen Vorschriften überhaupt auf Anwartschaftsrechte anwendbar sind. Dabei geht es im Grunde um die Frage, inwieweit die Dinglichkeit des Anwartschaftsrechts anzuerkennen ist. Wie bereits erwähnt wurde, ist die Dinglichkeit des Anwartschaftsrechts zwar einerseits anzuerkennen, jedoch ist insoweit von einer beschränkten Wirkung auszugehen[127].

Zu diesem beschränkten Kreis müssen der Vorbehaltsverkäufer und der Vorbehaltskäufer, nicht aber jeder Dritte gehören. Deswegen kann sich die Dinglichkeit des Anwartschaftsrechts nicht auf den Fall erstrecken, in dem das Anwartschaftsrecht vom Nicht-Anwartschaftsberechtigten auf einen Vierten übereignet wird. Damit sind die §§ 932 ff BGB in diesem Fall nicht analog anzuwenden. Schließt man die analoge Anwendungsmöglichkeit der §§932 ff BGB in diesem Fall aus, indem das Anwartschaftsrecht von einem Nicht-Berechtigten einem Vierten übereignet wird, kann der Vierte vom Dritten nur eine schuldrechtliche Forderung erwerben. Diese schuldrechtliche Forderung kann nicht gutgläubig erworben werden[128].

Eine andere Fallkonstellation liegt darin, daß der Vierte das nicht bestehende Anwartschaftsrecht von einem dritten sog. Scheinanwärter - z. B. gibt der Entleiher vor, daß er die Sache unter Eigentumsvorbehalt gekauft habe - erwirbt. In diesem Fall schließen die herrschende Meinung[129] und die Rechtsprechung[130] einen gutgläubigen Erwerb des nicht existierenden Anwartschaftsrechts aus. Die §§ 932 ff BGB beseitigen zugunsten des Gutgläubigen

---

[124] Vgl. Flume, AcP 1962, 395 ; Wiegand, JuS 1974, 211ff ; Brox, JuS 1984, 662 ; Schwerdtner, Jura 1980, 665 ; Münch-Komm/Westermann, §455, Rn. 70 ; Medicus, Bürgerliches Recht, S. 337 ff, Rn. 475.

[125] Medicus, a. a. O., S. 337, Rn. 475 ; Schwerdtner, Jura 1980, 665 ; Wiegand, JuS 1974, 211; Bülow, Jura 1986, 235 u. 236.

[126] Brox, JuS 1984, 662.

[127] BGHZ 30, 377.

[128] Alter-Komm/Reich,§929, Rn. 28.

[129] Krüger JuS 1994, 907 ; Baur/Stürner, Sachenrecht, S. 759, Rn. 40.

[130] BGHZ 75 225, hat der Vorbehaltskäufer einer Sache das Anwartschaftsrecht auf den Erwerb des Volleigentums auf einen Dritten (Zweiterwerber) weiter übertragen, so kann er ohne dessen Zustimmung den im Kaufvertrag vereinbarten einfachen Eigentumsvorbehalt auf andere Forderungen des Verkäufers gegen ihn nicht mehr erweitern.

nur den Mangel der Berechtigung, nicht aber den Mangel, der darin liegt, daß der Verfügungsgegenstand überhaupt nicht existiert. Das BGB kennt bei Mobilien nur den Schutz des guten Glaubens an das Eigentum. Es besteht keine Veranlassung, darüber hinauszugehen. Selbst die Erweiterung des Schutzes des guten Glaubens nach § 366 HGB betrifft nur die Befugnis, über die Sache „für den Eigentümer“ zu verfügen[131]. Deshalb gibt es auch keinen gutgläubigen Erwerb nicht bestehender Forderungen.

e. Schutz des Anwartschaftsrechts gegenüber Eingriffen des Unberechtigten

aa. Besitzschutzanspruch des Anwartschaftsberechtigten

Da nach § 868 BGB der Anwartschaftsberechtigte unmittelbarer Besitzer ist, kommen ihm bei Besitzentziehung oder Besitzstörung die Besitzschutzansprüche gemäß den §§ 861, 862, 1007 BGB zugute. Wenn der Anwartschaftsberechtigte selbst die Sache an einen Dritten weiter übergibt und der Anwartschaftsberechtigte ein mittelbarer Besitzer wird, kann er sich auf die in den §§ 861, 862 BGB bestimmten Ansprüche nach § 869 BGB berufen, wenn eine verbotene Eigenmacht gegenüber dem unmittelbaren Besitzer (=Dritten) begangen wird[132].

Fraglich ist jedoch, ob der Anwartschaftsberechtigte die Herausgabe gemäß § 985 BGB von einem Dritten verlangen kann, dem durch einen Veräußerer ohne entsprechende Übertragungsbefugnis des Anwartschaftsberechtigten die Sache übereignet wurde. Dies wäre z.B. dann der Fall, wenn ein Entleiher die Vorbehaltsware einem Dritten übereignet. Legt man dies zugrunde, könnte sich eine Konkurrenz der Eigentumsansprüche an derselben Sache zwischen Vorbehaltseigentümer und Anwartschaftsberechtigtem ergeben.

Um diese Konkurrenz der Eigentumsansprüche zu vermeiden, wird von einer Mindermeinung[133] vorgeschlagen, daß der Eigentümer den Anwartschaftsberechtigten zur Geltendmachung des Herausgabeanspruchs nach §185 Abs.1 u. 3 BGB ermächtigen kann. Dadurch würde der Anwartschaftsberechtigte genügend geschützt. Der Eigentümer wäre in diesem Fall auch nicht unzumutbar belastet, weil er nur die Ermächtigungserklärung abzugeben bräuchte und keinen eigenen (Prozeß-) Risiken ausgesetzt sei und den Anspruch auf Herausgabe nicht selbst geltend machen müsse.

Nach der herrschenden Meinung[134] wird dem schutzwürdigen Anwartschaftsberechtigten jedoch die analoge Anwendung des § 985 BGB zuge-

---

[131] Flume, AcP 1962, 397.
[132] Palandt/Bassenge, §869, Rn.1 ; BGH, WM1977, 218.
[133] Brox, JuS 1984, 660.
[134] Vgl. Bauknecht, NJW1955, 1252 ; Raiser, Dingliche Anwartschaften, 1961, S. 42, 76.

billigt. Bezüglich der Konkurrenz beider Herausgabeansprüche ist die herrschende Meinung der Ansicht, daß diese Probleme durch die Anwendung des §986 Abs. 1 S. 2 BGB vermeidbar seien, wonach der Vorbehaltseigentümer die Herausgabe der Sache nicht an sich selbst, sondern nur an den Anwartschaftsinhaber verlangen kann.

Bei der Vereinbarung des Eigentumsvorbehalts wird die Rechtsstellung des Vorbehaltskäufers als Anwartschaftsberechtigten insoweit als dinglich betrachtet, soweit er die Vorbehaltsware nach der Abrede erwerben will. Insoweit sind daher die dinglichen Vorschriften anzuwenden. Im oben dargestellten Fall wollte der Anwartschaftsberechtigte über seine Vorbehaltsware nicht verfügen. Er hat die Vorbehaltsware dem Veräußerer lediglich geliehen. Aus diesem Grund ist seine Rechtsstellung durch Anwendung des §986 Abs. 1 S. 2 BGB zu schützen.

bb. Deliktsrechtlicher Schutz des Anwartschaftsberechtigten

Nach dem § 823 Abs. 1 BGB ist der Eigentümer berechtigt, wegen der Verletzung seines Eigentums Schadensersatz zu verlangen. Auch steht dem Anwartschaftsberechtigten ein Ersatzanspruch bezüglich des Schadens zu, der sich aus der Entziehung des Besitzes und der Nutzungen ergibt, da das Anwartschaftsrecht ganz allgemein als sonstiges Recht i. S. d. § 823 Abs. 1 BGB angesehen wird.

Fraglich ist, wem ein Anspruch auf Ersatz des Sachwertinteresses zusteht, wenn die unter Eigentumsvorbehalt gelieferte Kaufsache von einem Dritten beschädigt oder sogar zerstört wird und wie dieser Schaden zu berechnen ist[135]. Aus der Sicht des Schädigers ist diese Frage sehr sinnvoll, da es im Ergebnis nicht dazu kommen darf, daß er sowohl dem Verkäufer als auch dem Käufer den Schaden in voller Höhe zu ersetzen hat.

In der Literatur werden verschiedene Lösungen vorgeschlagen. Nach der herrschenden Meinung[136] konkurrieren die Ersatzansprüche des Vorbehaltseigentümers und die des Anwartschaftsberechtigten miteinander. Daher betrachtet sie den Vorbehaltsverkäufer und den Anwartschaftsberechtigten als Gesamtgläubiger durch entsprechende Anwendung der §§ 432, 1281 BGB[137].

---

[135] Serick, Eigentumsvorbehalt und Sicherungsübertragung, Bd. I., S. 277 ff ; Raiser, Dingliche Anwartschaften, S. 79 ff ; Brox, Jus 1984, 660 ff.

[136] Baur/Stürner, Sachenrecht, S. 761, Rn 45. ; Raiser, Dingliche Anwartschaften, S. 82 ff ; Reinicke/Tiedke, Kreditsicherung, S. 263, Rn.708.

[137] Wolf begründet die Anwendung des § 432 BGB damit, daß die Schadensteilung zwischen Vorbehaltsverkäufer und Anwartschaftsberechtigten ungewiss sei und schließlich die Leistung des Schadensersatzes unteilbar sei, Wolf JuS1976, 35 ff ; a.A. sieht die Geschädigten als Gesamtgläubiger gemäß § 428 BGB. Der Schuldner, der den Sachwert nur

Eine andere Auffassung[138] ist die, daß der Schädiger dem Vorbehaltseigentümer den Schaden zu ersetzen habe. Begründet wird dies damit, daß der Vorbehaltsverkäufer bis zur vollständigen Zahlung Eigentümer bleibe und deswegen den Anspruch aus §823 Abs. 1 BGB habe.

Schließlich wird noch die Auffassung[139] vertreten, daß der Anwartschaftsberechtigte den Anspruch auf Schadensersatz erhält. Diese Auffassung stützt sich darauf, daß der Anwartschaftsberechtigte damit die noch bestehende Kaufpreisforderung des Verkäufers befriedigen und auf diese Weise dessen Rücktritt verhindern könne. Diese Lösung entspricht auch der Gefahrtragungsregelung des § 446 BGB, weil mit der Übergabe die Gefahr des zufälligen Untergangs auf den Käufer gem. § 446 BGB übergeht. Die Rechtsprechung hat auch dem Anwartschaftsberechtigten Ersatz des vollen Sachwertes zugebilligt[140].

Zu Recht hat die Rechtsprechung eine Lösung aufgezeigt, nach der der Anwartschaftsberechtigte den vollen Anspruch auf Schadensersatz hat, weil der Zweck der Vereinbarung des Eigentumsvorbehalts eigentlich darin liegt, daß der Vorbehaltsverkäufer seine Kaufpreisforderung mit seinem Vorbehaltseigentum sichert. Indem der Anwartschaftsberechtigte den vollen Anspruch auf Schadensersatz hat, kann er die noch bestehende Kaufpreisforderung des Verkäufers befriedigen und auf diese Weise dessen Rücktritt verhindern. Diese Lösung entspricht auch der Gefahrtragungsregelung des § 446 BGB[141], weil mit der Übergabe die Gefahr des zufälligen Untergangs auf den Käufer gem. § 446 BGB übergeht.

f. Pfandrecht am Anwartschaftsrecht

Nach einhelliger Meinung kann das Anwartschaftsrecht verpfändet werden[142]. Die Bestellung eines vertraglichen Pfandrechts am Anwartschaftsrecht hat aber keine große Bedeutung, weil in einem solchen Fall die Sicherungsübertragung des Anwartschaftsrechts wegen weiterer Möglich-

---

einmal ersetzen muß, ist daher berechtigt, nach seinem Belieben an den einen oder den anderen Gläubiger zu leisten, Schwab/Prütting, Sachenrecht, Rn. 398.

138 Flume, AcP1962, 400.

139 Alter-Komm/Reich, §929, Rn. 33 ; auch Müller-Laube begründet dies damit, daß der Eigentümer durch die bedingte Verfügung über sein Eigentum seine uneingeschränkte Sachherrschaft verliere und damit auch die Rechte des Käufers aufgewertet werden würden, Müller-Laube, JuS 1993, 534.

140 Mit unterschiedlicher Begründung ; RGZ170, 1 ff ; OLG München, HRR 1942, Nr. 275, unter dem Gesichtspunkt der Drittschadensliquidation ; BGH, WM 1957, 514 ff, Zubilligung des Sachwertinteresses des Anwartschaftsberechtigten aufgrund seines Anwartschaftsrechtes im Zeitpunkt der unerlaubten Handlung.

141 Alter-Komm/Reich, §929, Rn. 33.

142 Brox, JuS 1984, 663 ; BGHZ 35, 85 ff ; Ermann-Komm/Weitnauer, §455, Rn. 29 ; Münch-Komm/Westermann, §455, Rn. 59 ; Raiser, Dingliche Anwartschaften, S. 24.

keiten zum Besitz der Sache bevorzugt wird. An dieser Stelle soll daher erörtert werden, inwieweit sich gesetzliche Pfandrechte an beweglichen Sachen (§§ 647, 559 BGB) und das Grundpfandrecht (§ 1120 BGB) auf das Anwartschaftsrecht anwenden lassen. Gesetzliche Pfandrechte, wie z. B. die des Vermieters und des Werkunternehmers, können nur entstehen, wenn der jeweilige Mieter oder Besteller Eigentümer der Sachen ist (§§559, 647 BGB) ; Grundpfandrechte wie Hypotheken und Grundschulden erstrecken sich auf solche Zubehörstücke, die dem Grundstückseigentümer gehören (§§ 1120, 1192 BGB)[143]. Nach diesem Grundsatz würde ein gesetzliches Pfandrecht an einer unter Eigentumsvorbehalt verkauften Sache erst mit der Zahlung der letzten Kaufpreisrate entstehen, weil erst zu diesem Zeitpunkt der Mieter, Besteller oder Grundstückseigentümer Eigentum an der Kaufsache erwirbt[144].

Heute wird nach herrschender Meinung das Anwartschaftsrecht und das Eigentum haftungsrechtlich gleich behandelt. Der Grund dafür ist, daß das Anwartschaftsrecht und das Eigentum sich wirtschaftlich gesehen gleichen und sie deshalb auch in Haftungsfragen rechtlich gleichzustellen sind. Bevor die Bedingung (vollständige Zahlung des Kaufpreises) eintritt, erhält der Pfandgläubiger ein Pfandrecht an dem Anwartschaftsrecht. Mit dem Bedingungseintritt wandelt sich dieses Pfandrecht in ein Pfandrecht an der Sache um[145]. Fraglich ist, wie sich die Rechtslage darstellt, wenn der Anwartschaftsberechtigte seine mit dem Pfandrecht belastete Anwartschaft auf einen Dritten übertragen hat. Es ist insoweit zu klären, ob der Dritte mit dem Ein- tritt der Bedingung das mit einem Pfandrecht belastete Eigentum oder unbe- lastetes Eigentum erwirbt. Die Antwort hängt davon ab, ob der Dritte das Eigentum direkt vom Vorbehaltsverkäufer (sog. Direkterwerb) oder von dem Vorbehaltskäufer erwirbt, und somit der logisch zweite Eigentümer wird (sog. Durchgangserwerb)[146].

Wie bereits erwähnt, ist diese Frage vor allem im Falle einer Insolvenz des Käufers erheblich. Bei Insolvenz des Käufers steht dem Insolvenzverwalter ein Wahlrecht zu (§ 103 InsO). Das Wahlrecht gemäß §103 Abs. 1 InsO gilt auch, wenn der Vorbehaltskäufer vor Eröffnung des Insolvenzverfahrens sein Anwartschaftsrecht an einen Dritten veräußert hat[147], da der Erwerber durch Ausübung seines Ablösungsrechts gemäß § 268 BGB den Bedingungseintritt und damit seinen Vollrechtserwerb herbeiführen kann[148]. Damit geschieht ein Direkterwerb. Der Anwartschaftsberechtigte erwirbt unbelastetes Eigentum vom Verkäufer. Das Anwartschaftsrecht gehört nicht mehr zur Masse. Bei einer Insolvenz des Käufers kann der gesetzliche Pfandgläubiger nach §50 InsO absondern.

---

[143] Brox, JuS 1984, 663.
[144] Brox, a. a. O., 663.
[145] Baur/Stürner, Sachenrecht, S. 691, Rn. 41.
[146] Brox, JuS 1984, 663.
[147] Kohlhammer-Komm/Smid, InsO, §107, S. 595, Rn. 6 ; a. A. Raiser, Dingliche Anwartschaften, S. 96.
[148] Kohlhammer-Komm/Smid, InsO, §107, S. 595, Rn. 6.

2. Rechtsstellung des Käufers nach dem Formularvertrag

Nach § 3 des Formulars[149] I-1 der einfachen Eigentumsvorbehaltssicherung ist der Käufer verpflichtet, den Liefergegenstand auf eigene Kosten gegen Diebstahl, Bruch-, Feuer- und Wasserschäden ausreichend zu versichern. Diese Versicherungspflicht des Käufers gilt natürlich nur dann, wenn der Vorbehaltskäufer keine Warenversicherung abgeschlossen hat. Der Vorbehaltsverkäufer trägt weiterhin die Sachgefahr und verliert mit dem Untergang der Vorbehaltsware seine Sicherheit, so daß er auf die Versicherungsleistung als Ersatz für seine ungesicherte Kaufpreisforderung angewiesen ist[150].

3. Rechtsstellung des Käufers in der Zwangsvollstreckung

In der Regel wird eine Pfändung der Vorbehaltssache durch den Gläubiger des Vorbehaltsverkäufers daran scheitern, daß sich die Vorbehaltsware im Gewahrsam des Vorbehaltskäufers befindet. Falls sich die Vorbehaltsware ausnahmsweise im unmittelbaren Besitz des Vorbehaltsverkäufers - z. B. wegen einer Reparatur - befindet, kann der Gläubiger des Vorbehaltsverkäufers die Sache pfänden. In diesem Fall ist der Vorbehaltskäufer berechtigt, eine Drittwiderspruchsklage zu erheben, weil er ein die Veräußerung hinderndes Recht an der Vorbehaltssache hat[151] . Versucht der Gläubiger des Vorbehaltsverkäufers nicht die Vorbehaltsware, sondern den Kaufpreisanspruch zu pfänden, ist der Vorbehaltskäufer aufgrund des § 268 BGB berechtigt, die Forderung des Gläubigers des Vorbehaltsverkäufers zu befriedigen. Der Käufer erwirbt gemäß § 268 Abs. 3 BGB die Forderung, die der pfändende Gläubiger gegenüber dem Verkäufer erhält[152].

Wenn dagegen der Kaufpreisrest von dem Käufer noch nicht vollständig bezahlt ist und der Gläubiger des Vorbehaltsverkäufers außer der Sache auch die restliche Kaufpreisforderung gepfändet hat, muß der Vorbehaltskäufer den Restkaufpreis an den Pfandgläubiger zahlen. Damit tritt die Bedingung mit der Folge ein, daß die Pfändung der Sache unwirksam wird (§161 BGB)[153].

Nach dem in dieser Arbeit verwendeten Formular[154] kann der Verkäufer mit der Pfändung des Liefergegenstandes gleichzeitig vom Vertrag zurücktreten und damit den Eigentumserwerb des Vorbehaltskäufers trotz Bezahlung des gesamten Kaufpreises verhindern. In einem solchem Fall würde es den

---

[149] Vgl. Formular I-1 im Anhang.
[150] Serick, Eigentumsvorbehalt und Sicherungsübertragung, Bd. I, S, 164 ff.
[151] Weber, Kreditsicherheiten, S. 187.
[152] Lambsdorff, Handbuch des Eigentumsvorbehalts, S. 223, Rn. 488.
[153] Lambsdorff, a. a. O., S. 223, Rn. 487.
[154] Formular I-1 im Anhang, §1 (Einfache Eigentumsvorbehaltssicherung) ; „...In der Pfändung des Liefergegenstandes durch uns liegt stets ein Rücktritt vom Vertrag".

Wirksamkeitskriterien von §9 Abs. 2 Nr. 1 AGBG widersprechen, wenn dem Vorbehaltsverkäufer (=AGB-Verwender) das Recht zustehen würde, trotz Pfändung der Vorbehaltssache durch den Vorbehaltskäufer weiter am Vertrag festzuhalten[155]. Auch hat nach § 2 des Formulares[156] I-1 der Käufer bei Pfändungen oder sonstigen Eingriffen Dritter den Verkäufer unverzüglich schriftlich zu benachrichtigen, damit der Verkäufer die Klage gemäß § 771 ZPO erheben kann. Des weiteren haftet der Käufer für den dem Verkäufer entstanden Ausfall, soweit der Dritte nicht in der Lage ist, dem Verkäufer die gerichtlichen und außergerichtlichen Kosten der Klage gemäß § 771 ZPO zu erstatten. Versäumt der Vorbehaltskäufer daher diese Anzeigepflicht, so macht er sich wegen positiver Vertragsverletzung schadensersatzpflichtig[157]. Es ist nicht zu beanstanden, daß der Vorbehaltskäufer in den AGB des Vorbehaltsverkäufers mit etwaigen Kosten belastet wird, die ihm aufgrund einer Widerspruchsklage (§771 ZPO) entstehen können[158]. Hierin liegt auch kein Verstoß gegen §9 Abs. 1 AGBG, weil der Vorbehaltsverkäufer in diesem Fall mit seiner Widerspruchsklage (oder seiner Intervention) gleichermaßen im eigenen wie im Interesse des anwartschaftsberechtigten Vorbehaltskäufers handelt[159].

V. Erlöschen des Eigentumsvorbehalts

Es gibt eine ganze Reihe von Erlöschensgründen, die teils durch schuldrechtliche Vereinbarung zwischen den Vertragsparteien, teils aber auch durch Einwirkungen auf die Kaufsache selbst entstehen können[160]. Beispielsweise kann der Eigentumsvorbehalt durch die Aufhebung des Kaufvertrages erlöschen. Weiterhin kann der Eigentumsvorbehalt durch Erfüllung des Vorbehaltskäufers, den Verzicht des Verkäufers auf den Eigentumsvorbehalt, usw. entfallen. Auf die Einzelheiten wird im weiteren Verlauf der Arbeit eingegangen.

VI. Insolvenz der Parteien

1. Neue Insolvenzordnung

Am 01. 01. 1999 ist die neue Insolvenzordnung in Deutschland in Kraft getreten. Damit trat sie an die Stelle der Konkursordnung vom 10. 02. 1877

---

155 Münch-Vertrag/Westphalen, S. 13.

156 Formular I-1 im Anhang.

157 Münch-Vertrag/Westphalen, S. 12 ; Serick, Eigentumsvorbehalt und Sicherungsübertragung, Bd. I, S. 295.

158 Ulmer-Brandner-Hensen/Brandner, AGBG, Anh. §§9-11, Rn.573.

159 BGH, NJW 1993, 657.

160 Lambsdorff, Handbuch des Eigentumsvorbehalts, S. 65, Rn. 153.

und der Vergleichsordnung vom 26. 02. 1935, sowie der Gesamtvollstreckungsordnung, die nur im Gebiet der ehemaligen DDR galt[161]. Die Reform des Insolvenzrechts verfolgt zwei wesentliche Ziele. Zum ersten wurde durch die Reform des Insolvenzrechts versucht, die Massearmut zu vermeiden. Eine weitere Intention der Reform ist die bessere Abstimmung von Liquidation und Sanierung. Um diese Reformziele zu erreichen, wurde ein einheitliches Verfahren eingeführt und außergerichtliche Sanierungen, die durch Maßnahmen wie die Abschaffung des § 419 BGB durch Art. 33 EGInsO erreicht werden sollen, gefördert.

Des weiteren wurde, um die Massearmut zu vermeiden und masseanreichernde Maßnahmen zu fördern, die drohende Zahlungsunfähigkeit in § 18 InsO unter anderem als neuer Eröffnungsgrund geschaffen[162]. Daneben wurde auf den konkursfreien Neuerwerb des Gemeinschuldners (§ 35 InsO) verzichtet. Um die Flexibilität des Verfahrens zu ermöglichen, stärkt die InsO die Gläubigerautonomie. Daraus folgt, daß die InsO Mitspracherechte der Gläubiger erhöht und die Abwicklung des durch die Mehrheitsentscheidungen der Gläubigergruppen geprägten Insolvenzplans ermöglicht (§§ 217-253 InsO)[163].

Damit das Ziel der Erhöhung der Verteilungsgerechtigkeit erreicht wird, wurde die Reihenfolge, nach der Masseverbindlichkeiten bei Masseunzulänglichkeit befriedigt werden müssen, in §209 InsO neu strukturiert und allgemeine Konkursvorrechte des Staates oder Arbeitnehmers aus § 61 KO abgeschafft[164]. Dazu kommt als grundlegende Neuerung die Einführung eines Verbraucherinsolvenzverfahrens und einer Restschuldbefreiung[165].

2. Gegenseitiger Vertrag im Insolvenzverfahren

a. Allgemein

Das Insolvenzverfahren wird nur auf Antrag eröffnet. Gläubiger und Schuldner sind berechtigt, den Antrag auf Eröffnung des Insolvenzverfahrens zu stellen (§ 13 Abs. 1 InsO). Manche Schuldner (z. B. Vertreter juristischer Personen) sind nicht nur berechtigt, sondern auch verpflichtet, den Antrag zu stellen, wenn ein Insolvenzgrund vorliegt. Beispielsweise hat nach § 64 Abs. 1 GmbHG der Geschäftsführer den Antrag spätestens 3 Wochen nach Eintritt der Zahlungsunfähigkeit zu stellen. Beim Unterlassen dieser Pflicht macht er sich schadensersatzpflichtig und strafbar[166]. Eröffnungsgründe

[161] Jauernig, Zwangsvollstreckungs- und Insolvenzrecht, S.175.
[162] Funk, Die Sicherungsübereignung in Einzelzwangsvollstreckung und Insolvenz, S. 66.
[163] Bork, Einführung in das neue Insolvenzrecht, S. 8, Rn. 15.
[164] Funk, Die Sicherungsübereignung in Einzelzwangsvollstreckung und Insolvenz, S. 66.
[165] Funk, a.a.O., S. 66.
[166] Obermüller, Insolvenzrecht in der Bankpraxis, S. 6, Rn. 1· 23.

sind Zahlungsunfähigkeit, drohende Zahlungsunfähigkeit bzw. Überschuldung des Schuldners (§§ 17-19 InsO). Die Eröffnung des Insolvenz- verfahrens erfolgt durch einen Eröffnungsbeschluß des Richters. Mit der Insolvenzeröffnung verliert der Schuldner das Verwaltungs- und Verfügungsrecht über sein zur Insolvenzmasse gehörendes Vermögen (§ 80 Abs. 1 InsO). Deswegen sind Verfügungen, die der Schuldner nach der Insolvenzeröffnung über zur Insolvenzmasse gehörende Gegenstände vornimmt, unwirksam (§81 Abs. 1 S. 1 InsO). Es handelt sich um ein absolutes Verbot. Diese Rechte gehen auf den Insolvenzverwalter über[167].

b. Gegenseitiger Vertrag

Wurde ein gegenseitige Vertrag im Zeitpunkt der Insolvenzeröffnung von einer Seite ganz erfüllt, werden die Parteien unterschiedlich behandelt. Ist ein gegenseitiger Vertrag vor Eröffnung des Insolvenzverfahrens auf Seiten des Gemeinschuldners bereits vollständig erfüllt worden, hat der Vertragspartner des Gemeinschuldners seine Leistung an die Insolvenzmasse, bzw. an den Insolvenzverwalter, nicht an den Gemeinschuldner zu erbringen (§ 82 InsO). Eine Leistung, die nach der Insolvenzeröffnung an den Schuldner (statt an den Insolvenzverwalter) erbracht wird, befreit den Leistenden nur ausnahmsweise (§ 82 InsO), nämlich wenn er gutgläubig ist, d.h. wenn ihm bei der Leistung die Insolvenzeröffnung unbekannt ist oder wenn die Leistung zur Insolvenzmasse gelangt ist.

Im umgekehrten Fall, d. h. wenn der Vertragspartner des Gemeinschuldners vor der Insolvenzeröffnung den Vertrag seinerseits vollständig erfüllt hat, kann er seine Leistung nicht aus der Insolvenzmasse zurückverlangen, sondern nur seinen Gegenanspruch als Insolvenzforderung geltend machen (§ 38 InsO)[168].

Wenn ein gegenseitiger Vertrag von den Parteien noch nicht vollständig erfüllt wurde, greift §103 InsO ein. Fraglich ist hier, was man unter „noch nicht vollständig erfüllt" zu verstehen hat. In der Literatur wird die Auffassung vertreten, daß beim Eigentumsvorbehaltskauf der Vorbehaltsverkäufer alle Handlungen vorgenommen haben müsse, um die bedingte Übereignung zu bewirken. Danach gehe das Eigentum an der Kaufsache auf den Käufer dann automatisch über, wenn der Vorbehaltskäufer seinen Kaufpreis vollständig gezahlt hat und damit die Bedingung eintritt. Der Vorbehaltsverkäufer sei nicht in der Lage, den Eigentumserwerb des Vorbehaltskäufers zu verhindern. Daher sei die Erfüllung auf Seiten des Verkäufers durch seine Leistungshandlung bereits erfolgt[169]. Nach dieser Meinung wäre für den Fall, daß über das Vermögen des Vorbehaltskäufers ein Insolvenzverfahren eröffnet ist, § 103 InsO nicht anzuwenden.

---

[167] Zimmermann, Insolvenzrecht, S. 62 ff.
[168] Zimmermann, a. a. O., S. 73.
[169] Staudinger-Komm/Honsell, §455, Rn. 50, 29 ; Blomeyer, AcP153, 243.

Geht man vom Vertragszweck des Eigentumsvorbehalts aus, vermag diese Meinung nicht zu überzeugen. Der Vertragszweck des Eigentumsvorbehalts liegt in der Sicherung der Kaufpreisforderung des Verkäufers. Er darf sich während der Zeit seiner Vertragsbindung nur im Rahmen des Sicherungszwecks bewegen, soweit er seine Kaufpreisforderung noch nicht befriedigt hat. Andererseits verpflichtet sich der Verkäufer durch diese Bindung, die Eigentumsverschaffung des Käufers nicht zu verhindern.

Daraus folgt, daß die bloße Leistungshandlung nicht ausreicht, um als Erfüllung angesehen zu werden. Die herrschende Meinung versteht daher unter der Erfüllung i. S. d. §103 InsO den Eintritt des Leistungserfolges. Beim Eigentumsvorbehaltskauf ist der Leistungserfolg noch nicht eingetreten, selbst wenn der Vorbehaltsverkäufer die unmittelbare Besitzübergabe der Kaufsache auf den Käufer vornimmt, weil der Vorbehaltsverkäufer aus dem Kaufvertrag verpflichtet ist, dem Käufer das Eigentum zu verschaffen und dies gerade noch nicht eingetreten ist[170]. Demnach steht dem Insolvenzverwalter ein Wahlrecht zu, wenn die beiden Parteien einen Eigentumsvorbehalt vereinbart haben und der Käufer nach der Eröffnung des Insolvenzverfahrens seinen Kaufpreis noch nicht vollständig gezahlt hat.

c. Erfüllungsansprüche

Im Hinblick auf §103 InsO ist umstritten, wie bei der Eröffnung des Insolvenzverfahrens die Erfüllungsansprüche behandelt werden sollen. Nach der herrschenden Meinung und der neueren Rechtsprechung[171]erlöschen sämtliche Erfüllungsansprüche aus gegenseitigen Verträgen mit der Eröffnung des Insolvenzverfahrens zunächst und werden in ein bestehendes Vertragsverhältnis i.S.d. §103 InsO umgewandelt. Falls sich der Insolvenzverwalter für die Erfüllung des Vertrages aufgrund seines Wahlrechts gemäß §103 InsO entscheidet, leben die Erfüllungsansprüche mit Wirkung ex nunc wieder auf. Lehnt der Insolvenzverwalter die Erfüllung des Vertrages ab, tritt an die Stelle der gegenseitigen Erfüllungsansprüche ein als Insolvenzforderung geltend zu machender einseitiger Schadensersatzanspruch wegen Nichterfüllung zugunsten des Vertragspartners (Vorbehaltsverkäufers), weil die gegenseitigen Erfüllungsansprüche aus dem nicht vollständig erfüllten gegenseitigen Vertrag mit der Insolvenzeröffnung schon erloschen sind. Entgegen dieser herrschenden Meinung läßt nach einer Gegenansicht[172] die Eröffnung des Insolvenzverfahrens die Erfüllungsansprüche unberührt. Nach §103 InsO steht dem Insolvenzverwalter ein Wahlrecht zwischen

---

170 BGHZ 48, 203 ; BGHZ 98, 168 m.w.N. ; Palandt/Bassenge, §929, Rn. 57 ; Jaeger-Henkel, KO §17, Rn. 49; Weber, Kreditsicherheiten, S. 188.

171 Jaeger-Henckel, KO, §17 KO Rn. 149, 162, 210, 212 ; Kuhn-Uhlenbruck, KO, §17, Rn. 1, 19, 36 ; Heilmann, KTS 1985, 640 ff ; Henkel, JZ 1987, 360 ; BGHZ 116, 158 ff ; BGHZ 106, 241 ff ; BGHZ 103, 252 ff.

172 Jauernig, Zwangsvollstreckungs- u. Insolvenzrecht, S. 223 ; Tintelnot, ZIP 1995, 618 ff ; Bork, in ; FS. für Zeuner, 302 ff.

Erfüllung und Nichterfüllung zu. Die Ausübung dieses Wahlrechts ist zwar unterschiedlich, jedoch wirkt sie sich stets gestaltend aus. Wenn sich der Insolvenzverwalter aufgrund des §103 InsO für die Erfüllung entscheidet, gestaltet sich das ursprüngliche Rechtsverhältnis lediglich um. Daraus folgt, daß die ursprünglichen Erfüllungsansprüche des Vorbehaltsverkäufers von einer bloßen Insolvenzforderung in eine Masseverbindlichkeit i. S. des § 55 Abs. 1 Nr. 2 InsO umgewandelt werden. Lehnt der Insolvenzverwalter die Erfüllung ab, wird der Vertrag umgewandelt, so daß an die Stelle der Erfüllungsansprüche ein einseitiger Anspruch des Vorbehaltsverkäufers auf Schadensersatz wegen Nichterfüllung tritt. Hierin ist die Gestaltungswirkung des Erfüllungsverlangens zu erblicken[173].

Der herrschenden Meinung kann jedoch schon aufgrund des § 107 InsO nicht gefolgt werden. Wird ein Insolvenzverfahren über das Vermögen des Vorbehaltsverkäufers eröffnet, steht dem Insolvenzverwalter gemäß § 107 Abs. 1 InsO dann kein Wahlrecht zu, wenn der Käufer, der eine Sache unter Eigentumsvorbehalt gekauft hat, bereits den Besitz an der Kaufsache erworben hat. In einem solchen Fall kann der Käufer seine restlichen Kaufpreisraten bezahlen und damit das Eigentum an der Kaufsache erwerben. Dies ist dann verständlich, wenn das ursprüngliche Vertragsverhältnis trotz der Eröffnung eines Insolvenzverfahrens gültig bleibt.

Nimmt man mit der herrschenden Meinung an, daß mit der Insolvenzeröffnung das ursprüngliche Vertragsverhältnis erlischt, ist es nicht möglich, daß der Käufer gemäß §107 Abs. 1 InsO seine restlichen Kaufpreisraten bezahlen und Eigentum erwerben kann. Nach der herrschenden Meinung stellt dies eine unsystematische Durchbrechung der Anwendung der §§103 und 107 InsO dar. Wenn man diese nicht unterstelllen will, ist anzunehmen, daß der Kaufvertrag im Regelfall des §103 InsO trotz der Eröffnung des Insolvenzverfahrens bestehen bleibt[174]. Damit ist der herrschenden Meinung nicht zuzustimmen.

3. Insolvenz des Vorbehaltskäufers

Wenn eine bewegliche Sache unter Eigentumsvorbehalt gekauft wurde, der Kaufpreis von dem Käufer noch nicht vollständig gezahlt und über das Vermögen des Käufers ein Insolvenzverfahren eröffnet wurde, steht dem Insolvenzverwalter ein Wahlrecht (§103 InsO vgl. §17 KO) zu. Nach §103 Abs. 2 InsO kann der Vorbehaltsverkäufer den Insolvenzverwalter zur Ausübung des Wahlrechts auffordern. Die fristgerechte Erklärung des Insolvenzverwalters ist bindend. Wenn der Verwalter sein Wahlrecht nicht unverzüglich wahrnimmt oder er seine Entscheidung überhaupt nicht äußert, gilt dies als Ablehnung (§103 Abs. 2 S. 3 InsO).

---

[173] Bork, in : FS für Zeuner, 302 ff ; Marotzke, BGH EwiR 1992, 72 ; Tintelnot, ZIP 1995, 618 ff.

[174] Musielak, AcP 1979, 210 ; Tintelnot, ZIP 1995, 619.

Grundsätzlich kann der Insolvenzverwalter sein Wahlrecht „unverzüglich"(§ 121 Abs. 1 S. 1 BGB), also nicht „sofort", sondern erst nach einer sachgerecht zügigen Prüfung der Vor- und Nachteile von Erfüllung und Nichterfüllung (§ 103, Abs.2 S. 2 InsO) ausüben. Bei Insolvenz des Käufers kann der Verwalter gemäß §107 Abs. 2 InsO die Ausübung des Wahlrechts bis zum Gerichtstermin (§§ 156 ff InsO) aufschieben[175].

Bei der Wahl der Erfüllung des Vertrages zahlt der Insolvenzverwalter den Restkaufpreis als Masseschuld (§ 59 Nr. 2 InsO). Damit tritt die Bedingung ein und das Eigentum an der Sache geht vom Verkäufer auf den Käufer über (§§ 929 S. 1, 158 Abs. 1 BGB). Wenn der Insolvenzverwalter die Erfüllung des Kaufvertrags endgültig ablehnt, wirkt sich diese Ablehnung im Hinblick auf das bestehende Vertragsverhältnis gestaltend aus. Damit liegt Unmöglichkeit bei Bedingungseintritt vor. Die Erfüllungsansprüche erlöschen jedoch nicht mit der Eröffnung des Insolvenzverfahrens, sondern mit Erfüllungsablehnung. Das Anwartschaftsrecht des Käufers erlischt, der Verkäufer kann aussondern (§47 InsO) und ihm steht ein Schadensersatzanspruch wegen Nichterfüllung zu, sofern ein Schaden entstanden ist. Der Verkäufer kann für seinen Schadensersatzanspruch als Insolvenzforderung eine quotenmäßige Befriedigung verlangen (§ 103 Abs. 2 S. 1 InsO)[176].

Fraglich ist, woraus sich die Grundlage des Schadensersatzanspruches ergibt. Die Rechtsprechung und die überwiegende Ansicht im Schrifttum finden die Grundlage im Bürgerlichen Recht, weil die Erfüllungsablehnung des Verwalters eine positive Vertragsverletzung oder einen Fall der §§ 325, 326 BGB darstellt[177].

Um die Höhe des Schadens als Insolvenzforderung zu bemessen, ist das Erfüllungsinteresse maßgebend [178]. Der Verkäufer kann den Erfüllungsschaden in dem durch das materielle Recht normierten vollen Umfang unverkürzt geltend machen. Der Verkäufer muß die vom Käufer geleisteten Raten als ungerechtfertigte Bereicherung an den Insolvenzverwalter zurückerstatten, weil der Erfüllungsanspruch des Verkäufers weggefallen ist (§ 812 Abs. 1, S. 2, 1. Alt. BGB). Im Rahmen des Schadensersatzanspruchs des Verkäufers aus §103 Abs. 2 InsO ist dieser Bereicherungsanspruch ein Abzugsposten[179].

---

[175] Wilhelm, Sachenrecht, S. 778, Rn. 1331.
[176] Weber, Kreditsicherheiten, S. 188.
[177] BGHZ 17, 129 ; BGH NJW 1963, 1870 ; Musielak, AcP 1979, 203 ff ; Kuhn-Uhlenbruck, KO, §17, Rn. 37 u. §26, Rn. 9 ; Kilger-Schmidt/Schmidt, KO, §17, Anm. 4c.; Gegen diese Meinung wird vorgebracht, daß da das von ihr bejahte Recht des Insolvenzverwalters, die Erfüllung des Vertrages abzulehnen, von dem Gesetz erlaubtes Verhalten ist, kann es weder rechtswidrig noch schuldhaft sein. Deshalb ist der Schadensersatzanspruch aus dem bürgerlichen Recht nicht abzuleiten, Jaeger-Henckel, KO, §17, Rn. 41 u. 171.
[178] Kilger-Schmidt/Schmidt, KO, §17, Anm. 4. C ; Kuhn-Uhlenbruck, KO, §17, Rn. 37a.
[179] BGHZ 68, 381 ; BGHZ 98, 397 ; Palandt/Thomas, §812 BGB Rn. 82.

Das Wahlrecht gemäß §103 Abs. 1 InsO gilt auch, wenn der Vorbehaltskäufer vor Eröffnung des Insolvenzverfahrens sein Anwartschaftsrecht an einen Dritten veräußert hat[180], da der Erwerber durch Ausübung seines Ablösungsrechts gemäß §268 BGB den Bedingungseintritt und damit sein Vollrechtserwerb herbeiführen kann[181]. Das Anwartschaftsrecht gehört nicht mehr zur Masse ; es ist der Verfügungs- und Verwaltungsbefugnis des Verwalters entzogen. Auch beim Bedingungseintritt erwirbt die Masse nicht das Vollrecht, sondern unmittelbar der Dritte. Überstieg die Ablösesumme, die der Dritte an den Vorbehaltsverkäufer gezahlt hat, den dem Gemeinschuldner geschuldeten Kaufpreis, so erwirbt der Dritte insoweit nur eine Insolvenzforderung ; §268 Abs. 3 BGB kommt nicht zum Zuge[182]. War das Anwartschaftsrecht dem Dritten zur Sicherung übereignet, fällt bei Bedingungseintritt das Eigentum an der Sache der Masse zu ; der Dritte erwirbt aber ein Absonderungsrecht gemäß §51 InsO. Zwischen dem insolventen Käufer und dem Vorbehaltsverkäufer greift so zwar § 103 Abs. 1 InsO ein ; lehnt der Verwalter die Erfüllung ab, steht dem Dritten aber eine Ablösungsbefugnis zu[183].

4. Insolvenz des Vorbehaltsverkäufers

Nach der alten Konkursordnung behielt der Konkursverwalter sein Wahlrecht bei einem Konkurs des Vorbehaltsverkäufers. Das war ein Spiegelbild der Auswirkung von §17 KO beim Konkurs des Vorbehaltskäufers. Wenn sich der Konkursverwalter des Vorbehaltsverkäufers für die Erfüllung entschieden hat, so erwarb der Käufer Eigentum, sobald er den Restkaufpreis bezahlt hatte[184]. Der Anspruch des Käufers auf Eigentumsverschaffung war dann eine Masseforderung gemäß §59 Nr. 2 KO[185]. Umgekehrt, wenn der Konkursverwalter des Vorbehaltsverkäufers die Erfüllung des Kaufvertrages ablehnte, war umstritten, wie das Anwartschaftsrecht des Käufers zu behandeln sei. Die Erfüllungsablehnung des Konkursverwalters des Verkäufers führte dagegen zu einem Anspruch seinerseits für die Masse auf Rückgabe des Vorbehaltseigentums gegen den Käufer, der möglicherweise bis auf einen geringen Restbetrag die Kaufsumme gezahlt hatte und zu einer nicht bevorrechtigten Schadensersatzforderung in Höhe der bisher geleisteten Raten. Um dies zu vermeiden, verneinte die wohl überwiegende Lehre[186] bislang im Hinblick auf § 17 KO ein Wahlrecht des Verwalters im Insol-

[180] Kohlhammer-Komm/Smid, InsO, §107, Rn. 6 ; a. A. Raiser, Dingliche Anwartschaften, S. 96.

[181] Kohlhammer-Komm/Smid, InsO, §107, Rn. 6.

[182] Kohlhammer-Komm/Smid, InsO, §107, Rn. 6 ; Jaeger-Henckel, KO, §17, Rn. 57.

[183] Jaeger-Henckel, KO, §17, Rn. 58 ; Kuhn-Uhlenbruck, KO, §17, Rn. 18 ; a. A. Heinze, JR 1974, 451 ff.

[184] BGHZ 27, 360 ff ; BGHZ 30, 374 ff.

[185] Serick, Eigentumsvorbehalt und Sicherungsübertragung, Bd., I, S. 357.

[186] Einzelheiten s. Liebl, Die dinglichen Anwartschaftsrechte und ihre Behandlung im Konkurs, S. 178 ff.

venzverfahren des Vorbehaltsverkäufers. Die ständige Rechtsprechung[187] ging dagegen von der Anwendbarkeit dieser Vorschrift aus. Durch die neue Insolvenzordnung hat sich aufgrund des §107, Abs. 1 S. 1 InsO diese streitige Frage erledigt. Nach §107 Abs. 1 S. 1 InsO kann der Käufer die Erfüllung des Kaufvertrages vom Insolvenzverwalter verlangen, wenn er vor Eröffnung des Insolvenzverfahrens die Sache unter Eigentumsvorbehalt gekauft hat und die Sache schon besitzt. In Bezug auf das vorbehaltene Eigentum steht dem Insolvenzverwalter des Verkäufers kein Wahlrecht nach §103 InsO zu. Damit wird das Anwartschaftsrecht des Käufers durch Ablehnung der Erfüllung des Insolvenzverwalters nicht gefährdet[188]. Zahlt der vertragstreue Vorbehaltskäufer, so erstarkt sein Anwartschaftsrecht zum Vollrecht. Die Vorbehaltsware gehört dann nicht mehr zur Masse.

Wenn die Ware vom Gemeinschuldner (=Verkäufer) unter Eigentumsvorbehalt verkauft wurde, kann sein Verwalter die noch nicht oder nicht vollständig bezahlte Vorbehaltsware nicht mehr in die Masse ziehen. Mit der Eröffnung des Insolvenzverfahrens verliert der Gemeinschuldner die Verfügungsmacht über die Insolvenzmasse (§ 80 Abs. 1 InsO). Die Verfügung des Gemeinschuldners ist unwirksam, wenn die Verfügung nach der Eröffnung des Verfahrens über die Gegenstände der Insolvenzmasse erfolgt (§ 81 Abs. 1 InsO). Dafür kommt es auf die Verfügungshandlungen des Gemeinschuldners, nicht auf den Eintritt des Verfügungserfolges an.

Hat der Schuldner vor der Eröffnung des Insolvenzverfahrens verfügt, ist aber der rechtliche Erfolg erst nach der Eröffnung eingetreten, so richtet sich die Wirksamkeit nicht nach §81 InsO, sondern nach §91 InsO. §91 Abs. 1 InsO bestimmt, daß Rechte an den Gegenständen der Insolvenzmasse nach der Eröffnung des Insolvenzverfahrens nicht mehr erworben werden können. Eine Verfügung des Verwalters über die Gegenstände während der Schwebezeit wäre im Fall des §161 Abs. 1 BGB insoweit unwirksam, als sie die von der Bedingung abhängige Wirkung vereiteln oder beeinträchtigen würde. Der Vollrechtserwerb hängt nach §161 Abs. 1 BGB davon ab, ob der Käufer den Kaufpreis bezahlt und damit die Bedingung für den Eigentumsübergang herbeiführt[189]. Diese Wertung setzt sich auch im Insolvenzverfahren fort[190]. Der aufschiebend bedingt veräußerte Gegenstand kann nicht mehr für die Masse verwertet werden. Das Recht, über das der Gemeinschuldner vor Eröffnung des Insolvenzverfahrens aufschiebend bedingt verfügt hat, gehört nicht zu der für die Gläubiger verwertbare Masse, solange die Bedingung noch eintreten kann. So hindert §91 InsO den Vollerwerb des Rechtes nicht, wenn sich die Bedingung nach Verfahrenseröffnung verwirklicht[191].

---

[187] BGH, NJW 1962, 2296 ; BGH, NJW 1980, 226 BGHZ 98, 169.

[188] Der Eigentumsvorbehalt stellt aus der Sicht des insolventen Verkäufers funktional nur ein besitzloses Pfandrecht an der Sache des Käufers dar., Kohlhammer-Komm/Smid, InsO, §107, Rn. 4.

[189] Kohlhammer-Komm/Smid, InsO, §91, Rn.5/11.

[190] Bork, Einführung in das neue Insolvenzrecht, S. 74, Rn. 149 ;

[191] Kuhn-Uhlenbruck, KO, §15, Rn. 11 ; Jaeger-Henckel, KO, §15, Rn. 60 ; Baur/Stürner, Zwangsvollstreckungsrecht Bd. II, S. 99, Rn. 8. 15 m. w. N.

B. Sicherungsübereignung

I. Begründung und Rechtsnatur

1. Begründung der Sicherungsübereignung

Nach §1204 BGB kann der Sicherungsnehmer ein Pfandrecht an der Sache, die dem Sicherungsgeber gehört, bestellen, um seine Forderung zu sichern. Dies ist in der Praxis wegen des Übergabeprinzips nicht praktikabel, denn in der Regel hat der Sicherungsgeber ohne Besitz der verpfändeten Sache keine Möglichkeit, „um sich unternehmerisch betätigen zu können“[1]. Um ein besitzloses Pfandrecht zu verschaffen, vereinbaren Sicherungsnehmer und -geber, daß der Schuldner dem Sicherungsnehmer sein Eigentum an beweglichen Sachen anstelle ihres unmittelbaren Besitzes verschafft, und als Besitzer die Sache weiter benutzt. Darin liegt die Sicherungsübereignung.

Die Sicherungsübereignung wird durch einen zweiseitigen Akt begründet. Einerseits ist es eine schuldrechtliche Sicherungsabrede, andererseits eine dingliche Übertragungsform. Mit der Sicherungsabrede wird ein schuldrechtliches Sicherungsverhältnis zwischen dem Sicherungsgeber und dem Sicherungsnehmer begründet. Das Sicherungseigentum geht durch die dingliche Übertragung an den Sicherungsnehmer über. Hier geschieht die Übertragung des Sicherungseigentums an beweglichen Sachen nicht durch §929 BGB, sondern durch Einigung und Vereinbarung eines Besitzkonstituts nach §930 BGB, weil sich der Sicherungsnehmer die Nutzungsmöglichkeit der Sache erhalten will[2].

Aufgrund der mangelnden Publizität wurden gegen die Vereinbarung der Sicherungsübereignung Bedenken eingebracht, denen zufolge sie ein Scheingeschäft oder eine Gesetzesumgehung der Regelungen des Besitzpfandrechts (§1205 BGB) darstellt[3]. Zur Zeit wird die überwiegende Ansicht vertreten, daß die Wirksamkeit der Sicherungsübereignung schon bei der Entstehung des BGB anerkannt wurde. Zuerst bietet das BGB in §455 eine Möglichkeit, daß eine Sache ohne Publizität zur Sicherung der Forderung dienen kann.

Dies bedeutet, daß der Verkäufer bei dem Verkauf einer beweglichen Sache unter Eigentumsvorbehalt, Eigentümer bis zur vollständigen Bezahlung des Kaufpreises durch den Vorbehaltskäufer bleibt. Der Vorbehaltskäufer kann die gekaufte Sache unmittelbar besitzen und nutzen, doch er ist kein Eigentümer. Der Ausgestaltung des Eigentumsvorbehalts ist zu entnehmen, daß das Gesetz ein besitzloses Sicherungsrecht an beweglichen Sachen offenbar

[1] Bülow, Recht der Kreditsicherheiten, S.306, Rn. 1089.

[2] Weber, Kreditsicherheiten, S.147.

[3] Weber, a. a. O., S.145, 146.

nicht kennt, es aber auch nicht vollkommen ausschließt. Damit wird indirekt ein besitzloses Sicherungsrecht an beweglichen Sachen durch das Gesetz anerkannt.

Auf der anderen Seite wird die Sicherungsübereignung in §223 Abs.2 BGB mittelbar angedeutet ; nach §223 Abs.2 BGB kann ein Recht zur Sicherung eines Anspruchs übertragen werden. Hiermit ist „keine Bestellung eines Pfandrechts"[4] gemeint. Auf diese Weise wird die Sicherungsübereignung nicht nur als gewohnheitsrechtlich, sondern auch als ein nach dem BGB anerkannter Typ der Kreditsicherheiten angegeben.

2. Rechtsnatur der Sicherungsübereignung

a. Sicherungsübereignung als Treuhandgeschäft

Bei der Sicherungsübereignung erhält einerseits der Sicherungsgeber die Möglichkeit, das Sicherungsgut weiter zu besitzen und zu nutzen, andererseits steht dem Sicherungsnehmer das Eigentum am Sicherungsgut zu, um seine Forderung zu sichern. Die Schwierigkeit liegt darin, die Rechtsstellung der beiden Parteien klar zu unterscheiden. Geht man vom Abstraktionsprinzip, das im BGB vorherrschend ist, aus, erstreckt sich die schuldrechtliche Vereinbarung, in der die beiden Parteien das Sicherungsgut zum Zweck der Sicherung der Forderung übereignen, nicht auf die dingliche Übereignung. Dann könnte der Sicherungsnehmer als ein Volleigentümer gegenüber Dritten auftreten - d. h. er kann über das Sicherungsgut als Eigentümer einem Dritten gegenüber frei verfügen. Diese Konsequenz ist auf Seiten des Sicherungsgebers nicht erträglich, weil er schließlich sein Eigentum am Sicherungsgut nur zum Zweck der Sicherung seiner Schuld auf den Sicherungsnehmer übereignet. Um diese widersprüchliche Folge zwischen dem inneren Übereignungszweck und der Formalität der Eigentümerstellung im Außenverhältnis zu vermeiden, wird die Rechtsnatur der Sicherungsübereignung auf unterschiedliche Weise begründet.

Zuerst hat das Reichsgericht[5] in einer Entscheidung seine Lehre vom „wirtschaftlichen Eigentum" des Sicherungsgebers und vom „juristischen", „formellen" Eigentum des Sicherungsnehmers eingeführt. Daneben betrachtet eine andere Ansicht die Sicherungsübereignung als atypisches Pfandrecht, indem sie die Vereinbarung der Sicherungsübereignung in ihrem wirtschaftlichen Zweck ähnlich wie die Pfandbestellung begreift[6].

Weiterhin wird die Auffassung vertreten, daß wenn die Erwerbs- und Schutzlage des Vorbehaltskäufers beim Eigentumsvorbehalt mit der des

---

[4] Baur/Stürner, Sachenrecht, S. 698, Rn. 4.
[5] RGZ 91, 12, 14 ; RGZ 84, 214, 217.
[6] Jaeger-Lent, KO, §43, Anm.39.

Sicherungsgebers bei der Sicherungsübereignung vergleichbar ist, lediglich ein quantitativer und konstruktiver, nicht aber qualitativer Unterschied besteht, womit sich die Anwartschaft des Sicherungsgebers, d. h. seine Rechtsstellungals„dingliche“ oder wenigstens als „quasidingliche“ versteht[7].

Heute wird die Sicherungsübereignung allgemein als Treuhandgeschäft anerkannt[8]. Unter dem rechtsgeschäftlichen Treuhandverhältnis versteht man ein Rechtsverhältnis, bei dem eine Person (der Treuhänder) Vermögensrechte als eigener Rechte innehat, sie aber ausschließlich oder doch teilweise im Interesse eines anderen(des Treugebers) ausüben soll[9].

Die verschiedenen Formen der Treuhandgeschäfte werden in zwei Gruppen unterteilt. Zur ersten Gruppe gehören diejenigen Fälle, in denen jemand (Treugeber) sein Recht nicht selbst, sondern durch einen Dritten ausüben will. Daher soll der Dritte zwar im eigenen Namen, doch im Interesse des Treugebers handeln. Hier redet man von fremdnütziger Treuhand. Die zweite Gruppe bilden solche Fälle, in denen dem Treuhänder eine dingliche Sicherung, d. h. eine Art Zugriffsrecht auf bestimmte Gegenstände zusteht und der Treugeber in gleichem Maße in seinem Recht beschränkt sein soll (eine eigennützige Treuhand). Überwiegend verstehen die Rechtsprechung und Lehre die Sicherungsübereignung als eine eigennützige Treuhand[10].

Wie bereits erwähnt, widerspricht das Treuhandverhältnis scheinbar dem sachenrechtlichen Abstraktionsprinzip, wonach der Sicherungsnehmer nicht gehindert wäre, wirksam über das Sicherungsgut zu verfügen. Dabei würde es keine Rolle spielen, ob der Erwerber des Sicherungsguts gutgläubig oder bösgläubig ist, weil er schließlich vom Berechtigten - d. h. dem Eigentümer des Sicherungsguts - Eigentum erlangt hat[11].

Man könnte hieraus entnehmen, daß das Konzept der Sicherungsübereignung als Treuhandverhältnis die ursprüngliche Schwierigkeit der Rechtsstellung zwischen beiden Parteien - d. h. die Diskrepanz zwischen dem Außenverhältnis, bei dem der Sicherungsnehmer eine Eigentümerstellung hat, und der inneren Gebundenheit, bei der diese Eigentümerstellung aufgrund des Übereignungszwecks des Sicherungsguts beschränkt ist - nicht ganz deutlich erklärt[12].

---

[7] Reich, AcP 1969, S. 262 ff.

[8] Serick, Eigentumsvorbehalt und Sicherungsübertragung, Bd. II, S. 71 ff. ; Reinhardt/Erlinghagen, JuS 1962, 41ff.

[9] Gernhuber, JuS 1988, 355 ff ; Palandt/Bassenge, §903, Rn.33ff.

[10] Weber, Kreditsicherheiten, S. 153.

[11] Weber, Kreditsicherheiten, S. 152 ; BGH, NJW 1968, 1471 ; dazu, Schlosser, NJW 1970, 681 ff.

[12] Ebenso Becker-Eberhardt, „die entscheidende Frage ist nicht, ob das Sicherungsverhältnis tatsächlich ein echtes Treuhandverhältnis ist, sondern welcher Gewinn für das Verständnis des Sicherungsverhältnisses und seine praktische Abwicklung mit dieser Einordnung unter die Treuhandgeschäfte verbunden ist“, ders., Die Forderungsgebundenheit der Sicherungsrechte, S. 88.

Der Sicherungsnehmer darf auf den Vermögensgegenstand des Sicherungsgebers nur dann zugreifen, wenn der Sicherungszweck es erfordert. Nach Beendigung des Sicherungszwecks muß er ihn an den Sicherungsgeber zurückübertragen. Bei einem dem Sicherungszweck widersprechenden Gebrauch macht sich der Sicherungsnehmer gegenüber dem Sicherungsgeber schadensersatzpflichtig. Das durch die Sicherungsübereignung begründete Treuhandverhältnis bedeutet, daß der Sicherungsgeber das Sicherungsgut an den Sicherungsnehmer in der Erwartung überträgt, daß dieser die Bindung an den Sicherungsvertrag beachtet [13]. Der durch den Sicherungsvertrag bestimmte Sicherungszweck des Sicherungseigentums ist indessen nicht nur im Innenverhältnis, sondern in einzelnen Beziehungen, auch hinsichtlich der dinglichen Rechtsstellung des Sicherungseigentums zu binden.

Damit ist die Rechtsmacht des Sicherungsnehmers auch nach außen zu beschränken[14]. Die durch den Sicherungsvertrag begründete Rechtsstellung ist so zu verstehen, daß der Sicherungseigentümer sachenrechtlich nur sehr beschränkt eine effektive Verfügungsmöglichkeit hat und schuldrechtlich die Eigentümerstellung durch den Sicherungsvertrag und durch den Sicherungszweck begrenzt ist[15].

b. Nicht-akzessorisches Sicherungsmittel

Anders als das Pfandrecht ist die Sicherungsübereignung ein nicht-akzessorisches Sicherungsmittel, d. h., das Bestehen des Sicherungseigentums hängt nicht von der gesicherte Forderung ab. Damit geht das Sicherungseigentum nicht automatisch auf den Zessionar über, wenn der Sicherungsnehmer die gesicherten Forderung abtritt. Ein automatischer Übergang gemäß §401 BGB kommt nicht in Betracht.

Möglich ist aber freilich, daß Zessionar und Zedent durch eine ausdrückliche oder stillschweigende Vereinbarung das Sicherungseigentum auf den Zessionar übergehen lassen[16]. Fraglich ist, wie die Rechtslage ist, wenn eine solche Vereinbarung fehlt. In diesem Fall hat das Reichsgericht §401 BGB in der Weise analog angewendet, daß der Abtretungsvertrag nach dem vermuteten Parteiwillen die schuldrechtliche Verpflichtung des Sicherungsnehmers enthalte, dem Zessionar die Sicherheit zu übertragen[17].

Bedenklich ist diese Auffassung des Reichsgerichts, weil eine schuldrechtliche Übertragungspflicht des Sicherungsnehmers seine Treupflicht gegen-

---

[13] Münch-Komm/Quack, Anh. §§929-936, Rn. 5.

[14] Pottschmidt/Rohr, Kreditsicherungsrecht, S. 206, Rn. 496 ; so auch Münch-Komm/Quack, Anh. §§929-936, Rn. 15, man kann die Sicherungstreuhand dogmatisch als eine gewisse Durchbrechung des Abstraktionsprinzips werten.

[15] Münch-Komm/Quack, Anh. §§929-936, Rn. 5.

[16] Weber, Kreditsicherheiten, S. 147 ; OLG Schleswig, WM 1993, 15.

[17] Reich, Die Sicherungsübereignung, S. 71 ; RGZ 89, 193 ; RGZ 91, 277.

über dem Sicherungsgeber verletzen könnte, wenn der Sicherungsgeber mit der Übertragung des Sicherungsgegenstandes nicht einverstanden ist[18]. Dieser Lösungsansatz geht davon aus, daß der Sicherungsgeber durch die Verpflichtung des Sicherungsnehmers, dem Zessionar die Sicherheit zu übertragen, weder Nachteile noch eine Verschlechterung seiner Rechtsstellung erfährt, denn der Zessionar hat alle Pflichten des Sicherungsnehmers aus der Sicherungsabrede zu übernehmen. Im Kreditverkehr wird die Sicherungsübereignung als eine Art Vertrag angesehen, bei dem „der Zessionar automatisch in die Rechtsstellung des Sicherungsnehmers einrückt, sobald ihm dieser sein Sicherungsgut übertragen hat"[19].

II. Sicherungsgegenstände

1.Allgemeines

Grundsätzlich kann jede Sache als Sicherungsgut dienen, die im Eigentum des Sicherungsgebers steht. Wenn dem Sicherungsgeber kein Eigentum, sondern nur ein Anwartschaftsrecht an der Sache zusteht, kann er dieses Anwartschaftsrecht zum Zweck der Sicherungsübereignung übertragen[20]. Der Sicherungsgeber kann hierdurch, noch nicht voll bezahlte, bewegliche Sachen als Kreditgrundlage verwenden[21]. Auch ein Miteigentumsanteil kann zum Zweck der Sicherungsübereignung übertragen werden. Danach übernimmt der Sicherungsnehmer die Rechtsstellung der Bruchteilseigentümer in der Gemeinschaft[22]. Unpfändbare Gegenstände gemäß §811 ZPO können nach der herrschenden Meinung sicherungshalber übertragen werden[23]. Eine Sicherungsübereignung einer unpfändbaren Sache verstößt allerdings gegen die guten Sitten und ist unwirksam, wenn sich ein Gläubiger, ohne neuen Kredit zu gewähren, eine unpfändbare Sache nur deswegen zur Sicherung übereignen läßt, um auf diese Weise eine Zugriffsmöglichkeit auf ein Vermögensstück zu haben[24].

---

[18] Baur/Stürner, Sachenrecht, S. 710, Rn. 10 ; Westermann, Sachenrecht, S. 349.

[19] Reich, Die Sicherungsübereignung, S.72.

[20] Serick, Eigentumsvorbehalt und Sicherungsübertragung, Bd. I. S.258

[21] BGHZ 20, 88 ; BGH, WM 1956, 454 ; BGH, WM 1959, 52.

[22] Reich, Die Sicherungsübereignung., S.46.

[23] Weber, NJW 1976, 1604 ; Soergel-Komm/Mühl, §930 Rn.35 ; OLG Frankfurt, NJW 1973, 104, 105 ; OLG Braunschweig, MDR 1962, 303 ; OLG München, MDR 1971, 580, entgegen der herrschenden Meinung verneinte das OLG Stuttgart die Möglichkeit einer Sicherungsübereignung unpfändbarer Sachen mit der Begründung der Sittenwidrigkeit, so daß die Sicherungsübereignung gemäß §138 I BGB für nichtig erklärt wurde, OLG Stuttgart, NJW 1971, 50.

[24] Serick, Eigentumsvorbehalt und Sicherungsübertragung, Bd. II, S. 15 ; vgl. LG Göttingen, BB 1951, 769.

Wesentliche Bestandteile[25] einer anderen Sache, insbes. eines Grundstücks, sind nicht sonderrechtsfähig. Gebäude sind im Allgemeinen nicht sonderrechtsfähig, sofern sie nicht zu einem bloß vorübergehenden Zweck mit Grund und Boden verbunden sind. Daher kann mit ihnen keine Sicherungsübereignung vorgenommen werden (§93 BGB)[26].

Fraglich ist, ob ein Unternehmen Gegenstand der Sicherungsübereignung sein kann. Der BGH[27] hat in seiner Entscheidung vom 11. 10. 1967 die Auffassung vertreten, daß die Sicherungsübereignung eines Zeitschriftenunternehmens als Ganzes oder als Teil eines Gesamtunternehmens durch eine sich nur auf die Übertragung des Unternehmens beziehende Willenseinigung nicht möglich sei, da dieses weder eine Sache noch ein Recht, sondern ein Inbegriff von Vermögensgegenständen ist. In seiner Begründung[28] führt der BGH aus, daß ein Unternehmen zwar veräußert werden könne, die Übereignung jedoch nicht durch eine lediglich auf das Unternehmen Bezug nehmende bloße Einigung erfolgen könne. Vielmehr müsse der Sicherungsgeber die einzelnen, zum Unternehmen gehörenden Gegenstände gesondert übertragen - d. h. bewegliche Sachen sind durch ihre Übergabe oder deren Ersatz, Forderungen durch Abtretung zu übertragen.

Die Gesamtheit der einzelnen Gegenstände kann jedoch unter einer Sammel bezeichnung als solche sicherungshalber übereignet werden, wenn sie dem Bestimmtheitserfordernis genügt[29]. Zulässig ist hingegen die Sicherungsübereignung von Sachgesamtheiten (z. B.Warenlager) und von Sachgesamtheiten mit wechselnden einzelnen Sachen (z. B. wechselnder Bestand eines Warenlagers). Um solche Sachen zur Sicherung zu übereignen, ist nach der Rechtsprechung die Bestimmtheit der übereigneten Sachen erforderlich[30].

2. Sicherungsübereignung von Warenlagern

a. Bestimmtheitsgrundsatz

Durch den Bestimmtheitsgrundsatz kann der Dritte Eigentumsverhältnisse bzw. Sicherungsverhältnisse bezüglich eines Warenlagers deutlich erkennen[31]. Die Erkennbarkeit der Verhältnisse sind daher nötige Informationen zum Schutz des Dritten. Den Bestimmtheitsgrundsatz bei der Sicherungsübereignung eines Warenlagers anzuwenden, führt zu gewissen Problemen

---

[25] BGH, NJW 1953, 1180 ; BGH, NJW 1970, 895.
[26] Serick, Eigentumsvorbehalt und Sicherungsübertragung, Bd. I, S. 7.
[27] BGH, NJW 1968, 392.
[28] BGH, NJW 1968, 393.
[29] Reich, Die Sicherungsübereignung, S.49, 50.
[30] Weber, Kreditsicherheiten, S. 142 ; BGH, NJW-RR 1994, 1537 ; BGH, NJW 1994, 133 ; BGH, NJW 1992, 1161 ; Pikart, WM 1959, 798.
[31] Jauernig/Jauernig, BGB, §930 Anm. 3, Rn. 16.

im Vergleich zur Sicherungsübereignung einzelner Sachen, weil die Sicherungsübereignung sowohl den gegenwärtigen, als auch den künftigen Bestand (z. B. Neuzugänge, Surrogate, Fertigprodukte) umfaßt.

In Anbetracht des Bestimmtheitsgrundsatzes hat der BGH[32] am 13. 06. 1956 einen Fall entschieden, bei dem der Sicherungsgeber das Eigentum an den sich gegenwärtig und künftig in seinem Lager befindlichen Waren dem Sicherungsnehmer zur Sicherheit übereignet hat und sich dort sowohl Sachen, die dem Sicherungsgeber gehörten, als auch solche, an denen noch ein Eigentumsvorbehalt der Lieferfirma bestand, befanden.

In seiner Entscheidung hat der BGH den Eigentumserwerb des Sicherungsnehmers an dieser Ware mangels genügender Bestimmbarkeit verneint. Zur genügenden Bestimmbarkeit hat der BGH in seiner Begründung gefordert, daß sich aus der über die Sicherungsübereignung aufgenommenen Urkunde selbst ergeben müsse, welche einzelnen individuellen Gegenstände übereignet seien. Es genüge nicht, wenn diese Bestimmung erst aufgrund außerhalb dieser Urkunde liegender Umstände, z. B. durch Heranziehung von Lagerbüchern, Schriftwechseln, Rechnungen und Zahlungsbelegen, vorgenommen werden könne. Also betrachtet der BGH „die bloße Bestimmtbarkeit nicht als genügend“[33].

In einem weiteren Fall[34] hat sich die Bank vom Kreditnehmer (einem Sägewerk) alle Waren übereignen lassen. Nachdem der Kreditnehmer insolvent geworden ist, stellte sich heraus, daß er einen Teil der Ware auf dem Holzplatz des Sägewerks einem Warengläubiger zur Sicherung übereignet hatte. Der Sicherungsübereignungsvertrag zwischen Bank und Schuldner enthielt folgende Klausel : „Nr. 3 : Als Sicherheiten dienen zunächst alle Waren, die sich gegenwärtig in den Sicherungsräumen befinden oder während der Dauer der Geschäftsverbindung. . . .in die Sicherungsräume verbracht werden. . . “. „Nr. 4 : Sicherungsräume sind die nachstehenden Räume (K-Straße „vor dem Sägewerk“, „hinter dem Sägewerk“, „beiderseits des Anschlußgleises“), deren mit Datum und Unterschrift versehene Lageskizze diesem Vertrag als Anlage beigefügt ist. . .“. Die Allgemeinen Geschäftsbedingungen der Bank enthielten folgende Klausel : „Die Firma ist verpflichtet, der Bank nur endgültig bezahlte Ware zu übereignen, so daß keine Eigentumsvorbehalte oder sonstige Rechte Dritter an ihr bestehen. . .. Die Firma versichert, daß sie auch in Zukunft nur solche Waren übereignen wird, an denen solche Rechte Dritter nicht bestehen“.

Der BGH vertrat die Auffassung, daß dieser Vereinbarung zwischen Bank und Schuldner die erforderliche Bestimmtheit fehlt. Als Begründung verweist der BGH darauf, daß wer den Sicherungsvertrag zwischen Bank und Schuldner kenne, die Frage nicht beantworten könne, welche der Waren-

---

[32] BGHZ 21, 56, 57.

[33] BGHZ 21, 56 ; BGHZ 28, 16, 19 ; BGH, JZ 1988, 471 ; Paulus, JZ 1957, 7 ff und 41 ff.

[34] BGH, WM 1962, 740.

vorräte unter den vom Sicherungsvertrag erfaßt werden, wenn sich die Sicherungsräume nach dem Vertrag zwischen Schuldner und Bank auf dem unbebauten Betriebsgeländen befinden. Dabei waren die Holzstapel nicht nach ihren Eigentümern gekennzeichnet und ein etwaiger Lieferanteneigentumsvorbehalt konnte nur aufgrund der Bürounterlagen des Schuldners festgestellt werden[35]. Damit fehlt es nach der ständigen Rechtsprechung des BGH an der Bestimmtheit des Vertragsgegenstandes, wenn außerhalb des Vertrages liegenden Umstände zur Klarstellung herangezogen werden müssen. Solche Sicherungsverträge sind daher unwirksam.

Des weiteren entschied der BGH einen Fall[36], bei dem ein landwirtschaftlicher Pächter das lebende und tote Inventar des gepachteten Hofes einer Bank (der öffentlichen Hand) zur Sicherheit übereignet hatte. Als der Pächter in Schwierigkeiten geriet, veräußerte er das Vieh an einen Händler und bezahlte mit dem Erlös andere Schulden. Die Bank verlangte als Eigentümerin vom angeblich bösgläubigen Viehhändler gemäß den §§990 Abs. 1, 989 BGB Schadensersatz. Dieser wandte ein, der Sicherungsübereignungsvertrag zwischen Pächter und Bank sei wegen mangelnder Bestimmtheit des Sicherungsgutes unwirksam.

Im Sicherungsübereignungsvertrag war der im Zeitpunkt des Vertragschlusses vorhandene Anfangsbestand des Inventars im Einzelnen bezeichnet. Der Vertrag bestimmte ferner, daß der Pächter für „abgängige" Stücke Ersatz beschaffen müsse und daß die Ersatzstücke ohne eine neue Vereinbarung mit der Anschaffung in das Eigentum der Bank übergehen sollten. Der BGH hat in seinem Urteil diese Klausel nicht gebilligt und führt aus, daß es beim Sicherungsübereignungsvertrag in dem vereinbarten Zeitpunkt für den Eigentumsübergang durch ein einfaches, nach außen erkennbares Geschehen ohne weiters ersichtlich sein müsse, welche individuell bestimmten Sachen übereignet seien; in diesem Fall aber seien von den später angeschafften Teilen des Inventars nur diejenige übereignet gewesen, die an Stelle von „abgängigen" Stücken getreten waren. Es sei für einen Dritten nicht ohne weiteres ersichtlich, bei welchen Inventarstücken es sich um Ersatz für „abgängige" Stücke handelt und bei welchen nicht. Durch diese Entscheidungen hat der BGH für die hinreichende Bestimmbarkeit bei der Sicherungsübereignung einer Sachgesamtheit mit wechselndem Bestand eine feste Linie gefunden. Danach hängt die Wirksamkeit eines solchen Vertrages davon ab, daß hinsichtlich der nicht im Ursprungsbestand enthaltenen, sondern später hinzutretenden einzelnen Sachen durch einfaches, nach außen erkennbares Geschehen in dem für den Eigentumsübergang maßgeblichen Zeitpunkt für jeden Dritten, der die Parteiabrede kennt, ohne weiteres ersichtlich ist, welche individuell bestimmten Sachen übereignet sein sollen[37].

---

[35] BGH, WM 1962, 740, 741.

[36] BGH, WM 1963, 504 ff.

[37] BGH, WM 1956, 918 ff ; BGH, WM 1958, 891ff ; BGH, WM 1960, 1227 ff ; BGH, WM 1962, 741 ff ; BGH, WM 1963, 505.

Dabei wird leicht übersehen, daß eine detaillierte Regelung häufig nicht vollständig ist. Bei der Formulierung von Sicherungsübereignungsverträgen und in sie aufgenommene „Allgemeinen Bedingungen“ empfiehlt es sich daher, allzu detaillierte Regelungen zu vermeiden[38]. Unter diesen Voraussetzungen entschied der BGH einen Fall[39], bei dem ein Fabrikant, der Öfen herstellte, der Bank zur Sicherung eines Betriebsmittelkredits von 150.000,00 DM ein Lager (Lager 1) seiner Erzeugnisse mit wechselndem Bestand übereignet hat, die Bank am Tage vor der Konkurseröffnung die Firma veranlaßte, ihr eine letzte Bestandsliste der verbliebenen Waren in der üblichen Form einzureichen und diese Liste die Öfen, die noch in einem weiteren Lagerhaus (Lager 2) eingelagert waren, enthielt. Der Konkursverwalter behauptete, daß infolge der Vielfalt der zum Teil widersprüchlichen Bestimmungen in den AGB die Sicherungsmaßnahmen nicht hinreichend klargestellt wurden. Das Berufungsgericht hatte den Vertrag dahingehend ausgelegt, daß alle im Lager 1 befindlichen Öfen, und nur diese, übereignet seien. Die Revision der Bank, die den bei der Verwertung erzielten Erlös der in beiden Lagern befindlichen Öfen für sich in Anspruch nahm, wurde zurückgewiesen.

In einem weiteren Fall vom 18. 11. 1974 ging es um folgenden Sachverhalt : Ein Bauunternehmer übereignete seiner Bank durch schriftlichen Vertrag im einzelnen bestimmte Baumaschinen zur Sicherung, dem Sicherungsübereignungsvertrag wurden Maschinenlisten beigegeben, die vom Sicherungsgeber in unregelmäßigen Abständen ersetzt und ergänzt wurden. Bei dem Streit ging es um zwei nachträglich als Ersatz für ausgeschiedene Geräte angeschaffte Maschinen. Der BGH verneinte den Erwerb von Sicherungseigentum der Bank. Begründet wurde die Entscheidung damit, daß die Qualität der „Ersatzstücke“ durch Nr. 5 des Vertrages[40] nicht hinreichend bestimmt sei. Eine hinreichende Bestimmtheit liege nur vor, wenn jeder Dritte, der die Vertragsabrede kenne, ohne weitere Ermittlungen oder Befragungen entscheiden könne, ob es sich bei einer Neuanschaffung um ein Ersatzstück für ein verbrauchtes Sicherungsgut handele oder nicht, nicht jedoch, wenn außerhalb des Vertrages liegende Umstände zur Klarstellung herangezogen werden müßten.

Die Verwendung der Sammelbezeichnung, z. B. „Hausinventar“ bei einem gemeinsam bewohnten Einfamilienhaus, genügt dem Bestimmtheitsgrundsatz[41]. Ausreichend ist auch, daß sich die Sicherungsübereignung auf „sämtliche Gegenstände der Wohnungseinrichtung im Haus X“ bezieht[42].

---

[38] Mormann, WM 1964, 897.

[39] BGH, WM 1965, 1248 ff.

[40] BGH, LM Nr. 12 zu §930 BGB ; Nr. 5 ; „ Werden Teile der übereigneten Gegenstände ausgewechselt, so einigen sich der Sicherungsgeber und die Bank schon jetzt, daß das Eigentum an den neu eingefügten Gegenständen zu dem Zeitpunkt unmittelbar auf die Bank übergeht, in dem der Sicherungsgeber das Eigentum an diesen Gegenständen erwirbt.“

[41] BGH, ZIP 1984, 34 ; Münch-Vertrag/Westphalen, S. 113.

[42] OLG München, WM 1986, 1521 ; Münch-Vertrag/Westphalen, S. 113

Wenn sich die Parteien jedoch darauf berufen, daß dem Sicherungsgeber nur ein Teil der Gegenstände in der Wohnung gehört, müssen diese Gegenstände notwendigerweise individualsiert werden[43].

Folglich ist es erforderlich, die Gegenstände von den Gegenständen, die von der Sicherungsübereignung erfaßt werden sollen, exakt abzugrenzen, wenn ein Warenlager nur teilweise zur Sicherheit übereignet werden soll. Demzufolge gelingt dann eine zweifelsfreie Sicherungsübereignung, wenn die zu übereignenden Waren in bestimmten, abgetrennten Räumen des Lagers untergebracht werden. Die teilweise Übereignung eines Warenlagers nach mengen-, wert- oder quotenmäßiger Bezeichnung ist nichtig[44].

b. Warenlager mit wechselndem Bestand[45]

Nach der herrschenden Meinung[46] ist eine bewegliche Sache, die der Veräußerer erst in Zukunft erwirbt, zur Sicherheit, durch vorweggenomme Einigung über den Eigentumsübergang und antizipiertes Konstitut zu übereignen. In einem solchen Fall muß der Bestimmtheitsgrundsatz zwingend eingehalten werden[47]. Um dem Bestimmtheitsgrundsatz zu genügen, dienen in der Praxis in der Regel sowohl der Raumsicherungsvertrag als auch der Markierungsvertrag.

aa. Raumsicherungsvertrag[48]

Ein Raumsicherungsvertrag liegt vor, wenn die Parteien im Sicherungsübereignungsvertrag ein bestimmtes Sicherungsgebiet - hierbei kann es sich um einen Raum oder mehrere Räume, aber auch um ein Grundstück oder einen exakt bezeichneten Grundstücksteil handeln[49]- festlegen und vereinbaren, daß sämtliche in dem Gebiet befindlichen und noch hinzukommenden Waren Sicherungsgut sein sollen[50].

Im Raumsicherungsvertrag muß das Lager, seine Kennzeichnung, sein Bestand (sog. Mindestdeckungsklauseln), die Verfügungsbefugnis des Siche-

---

[43] Münch-Vertrag/Westphalen, S. 113

[44] BGH, NJW 1984, 803, 805 ; BGH, WM 1962, 1350, 1353.

[45] Vgl Formular II-2 im Anhang.

[46] Serick, Eigentumsvorbehalt und Sicherungsübertragung, Bd. II, S. 126 ff ;Enneccerus/ Nipperdey, Allgemeiner Teil des Bürgerlichen Rechts, Bd. I/2, S. 1099 f ; Wolf/Raiser, Sachenrecht, S. 243 ; Baur/Stürner, Sachenrecht, S. 581, Rn. 31; BGHZ 21, 52 ff ; BGHZ 7, 111 ff ; OLG Nürnberg, WM, 1958, 1485 ff ; RGZ 135, 366 ff.

[47] BGHZ 21, 52 ff ; BGHZ 28, 16 ff.

[48] Vgl. Formular II-3 im Anhang.

[49] OLG Köln, WM 1985, 119.

[50] BGH, WM 1965, 1248 ; BGH, BB 1966, 12 ; BGH, DB 1965, 1902.

rungsgebers, die Vorausabtretung der Ansprüche bei berechtigter Verfügung und die Eingliederung von Neuzugängen bezeichnet werden. Wenn eine Klausel nur die getrennte Lagerung fordert, genügt sie damit dem Bestimmtheitserfordernis nicht[51]. Die genaue Beschreibung des Sicherungsgebietes hat im Vertrag selbst oder auch in einer Lageskizze, die zum Vertragsbestandteil erklärt wird und zweckmäßigerweise vom Sicherungsgeber unterzeichnet ist, zu erfolgen.

Je nach den Umständen des konkreten Falles kann es sich als notwendig erweisen, daß die Lageskizze z. B. das gesamte Betriebsgelände des Sicherungsgebers darstellt und das vereinbarte Sicherungsgebiet in der Skizze etwa z. B. durch farbliche Umrandung oder Schraffierung besonders kenntlich gemacht wird. Mit Hilfe einer Lageskizze und einer in ihr vorgenommenen besonderen Kennzeichnug läßt sich weiterhin erreichen, daß nur ein Teil eines im Sicherungsübereignungsvertrag genau beschriebenen Raumes als Sicherungsgebiet festgelegt wird.

Zulässig ist aber auch die Übereignung sämtlicher auf dem Betriebsgelände des Sicherungsgebers gegenwärtig und künftig vorhandenen Bestände einer bestimmten Gattung (etwa Maschinen, Fertigfabrikate an Textilien), wenn das Betriebsgelände als solches eindeutig festgelegt wird[52].

Mit dem Vertragschluss erwirbt die Bank das Eigentum an allen Gegenständen, die sich im Sicherungsgebiet befinden und gegebenenfalls ihrer Gattung nach näher umschrieben sind. Falls später in das Sicherungsgebiet eingebrachte Gegenstände Sicherungsgut werden sollen, ist dies ausdrücklich im Sicherungsübereignungsvertrag festzulegen. „Der BGH erstreckt die Übereignung des gesamten Bestandes einer bestimmten Warengattung oder sämtlicher Fertigwaren nur im Zweifel auf spätere Zugänge[53], so daß für die Bank unter Umständen Beweisschwierigkeiten auftreten können[54]"

Daß das Sicherungsgut aus dem Sicherungsgebiet nachträglich entfernt wird, führt nicht zum Verlust des Eigentums für die Bank[55]. „Eine völlige oder teilweise Umlagerung von Sicherungsgut berührt die bis dahin entstandenen Rechte der Bank ebenfalls nicht ; doch fallen danach hinzukommende Gegenstände nur dann unter die Sicherungsübereignung, wenn der neue Lagerort durch Vertragsänderung bzw. -ergänzung - gegebenenfalls zusätzlich - als Sicherungsgebiet vereinbart worden ist." Eine Umlagerung bewirkt eine solche Vertragsänderung nicht, falls diese Umlagerung ohne Wissen des Sicherungsnehmers durch den Sicherungsgeber vorgenommen wird[56].

---

[51] BGH, LM 8 zu §930.
[52] Hellner-Steuer/Eberding, Bankrecht und Bankpraxis, S.4/94, Rn. 4/318.
[53] BGH, WM 1959, 52.
[54] Scholz-Lwowski, Das Recht der Kreditsicherung, S.478 ff, Rn. 560.
[55] Scholz-Lwowski, a. a. O., S. 477 ff , Rn. 558.
[56] Scholz-Lwowski, a.a.O., S. 478 ff, Rn. 560.

bb. Der Markierungsvertrag

„Wenn etwa nicht der gesamte Bestand einer bestimmten Gattung oder nur ein Teil eines Warenlagers übereignet werden soll, ohne daß sich eine exakte räumliche Trennung durchführen läßt, muß ein Markierungsvertrag in Betracht gezogen werden[57]". Die Gegenstände, die entsprechend der vertraglichen Vereinbarung gekennzeichnet sind, gehen, soweit sie bereits vorhanden sind, mit dem Abschluß des Sicherungsübereignungsvertrages oder, soweit sie später hinzukommen, mit der vereinbarten Kennzeichnung in das Eigentum der Bank über.

Bezüglich des künftigen Sicherungsgutes ist in der Kennzeichnung das von der Rechtsprechung zur Individualisierung geforderte einfache, nach außen erkennbare Geschehen erforderlich[58]. Ein nachträgliches Abhandenkommen der Kennzeichnung führt nicht zur Unwirksamkeit der Übereignung[59]. In der Regel wird die Markierung an den einzelnen Gegenständen, die nach dem Willen der Parteien Sicherungsgut sein sollen, selbst vorgenommen. In besonderen Fällen ist aber auch eine Vereinbarung im Sicherungsübereignungsvertrag denkbar, wonach der Sicherungsgeber für die Bank ein spezielles Lagerbuch führt, in das er das Sicherungsgut nach besonderen, im Vertrag genau festgelegten Merkmalen einträgt.

Dieses Lagerbuch muß allerdings zum Vertragsbestandteil erklärt und der Bank übereignet werden. Nur so kann hier dem Bestimmtheitserfordernis und damit dem Grundsatz Rechnung getragen werden, daß zur Feststellung des Sicherungsgutes nicht auf außervertragliche Umstände zurückgegriffen werden darf. Das Eigentum an dem auf diese Weise gekennzeichneten Sicherungsgut geht mit Eintragung in das spezielle Lagerbuch auf die Bank über[60].

cc. Bestimmtheitsgrundsatz nach dem Formularvertrag

Formular[61] II-1 :

§1 : „(1) Der Sicherungsgeber übereignet der Bank den gesamten jeweiligen Bestand an (Bezeichnung des Sicherungsgutes), der sich in (Beschreibung des Sicherungsgebietes) befindet und in Zukunft dorthin verbracht wird.
(2) Der gegenwärtige Bestand des Sicherungsgutes ist aus der beigefügten

[57] Scholz-Lwowski, a.a.O., S. 474 ff, Rn. 556 ; Serick, Eigentumsvorbehalt und Sicherungsübertragung, Bd.II, S. 148 ff.
[58] BGH, WM 1962, 740, 741 ; BGH, WM 1965, 1248.
[59] Scholz-Lwowski, Das Recht der Kreditsicherung, S. 474 ff, Rn. 556.
[60] Klee, BB 1952, 790.
[61] Formular II-1 im Anhang.

Liste nach Art, Menge, Einkaufs-/Verkaufspreisen, Gesamtwert und etwaigen sonstigen Merkmalen ersichtlich. Der Sicherungsgeber ist verpflichtet, der Bank bis zum 15. eines jeden Monats den Bestand an Sicherungsgut per Ultimo des Vormonats in der gleichen Weise zu melden. Der tatsächlich vorhandene Bestand ist auch dann übereignet, wenn die Bestandslisten oder die Bestandsmeldungen unvollständig sind.
(3) Das Sicherungsgebiet ist in der beigefügten Lageskizze durch nähere Kennzeichnung, wie z. B. rote Schraffur, gekennzeichnet. Die Lageskizze bildet einen Bestandteil dieses Vertrages".

Das in dieser Arbeit verwendete Formular II-1 geht von einer Sicherungsübereignung mit wechselndem Bestand aus. Dafür gilt auch der Bestimmtheitsgrundsatz. Das Sicherungsgut, das im Zeitpunkt des Abschlusses des Sicherungsübereignungsvertrages bereits im Sicherungsgebiet vorhanden ist, wird Eigentum des Sicherungsnehmers.

Für die nicht im Ursprungsbestand enthaltenen, sondern später hinzutretenden einzelnen Sachen muß infolge eines einfachen, nach außen erkennbaren Geschehens jedem Dritten, der die Parteiabreden kennt, ohne weiteres ersichtlich sein, welche individuell bestimmten Sachen übereignet werden sollen.

Der erforderlichen Bestimmtheit ist Genüge getan, wenn z. B. der Sicherungsgeber diese Gegenstände deutlich markieren läßt. Soweit sich eine Markierung nicht durchführen läßt, reicht es zur Bestimmtheit, wenn der Sicherungsgeber ein gesondertes Lagerbuch führt, nach dem der Gegenstand des Sicherungsübereignungsvertrages dem Sicherungsnehmer übereignet ist und das der Sicherungsgeber damit nur treuhänderisch besitzt[62].

§1 Abs. 2 S. 1 des Formulars II-1 verweist auf eine Liste, in der das Sicherungsgut nach Art, Menge, Einkaufs-/Verkaufspreisen, Gesamtwert und etwaigen sonstigen Merkmalen aufgeführt ist. In Bezug auf erst später eingebrachtes, dem Sicherungsnehmer übereignetes Sicherungsgut kommt es nicht auf die Richtigkeit der Bestandsliste, sondern darauf an, daß sich das Sicherungsgut tatsächlich in dem vertraglich bestimmten Sicherungsgebiet befindet.

Damit wird dem Grundsatz der Bestimmtheit ausreichend Rechnung getragen. Wenn es der Sicherungsgeber versäumt, dem Sicherungsnehmer die im Sicherungsübereignungsvertrag vorgesehenen Bestandslisten zu übersenden, so wird dadurch die Wirksamkeit des Sicherungsvertrages nicht beeinträchtigt[63], denn diese Listen sind rein informativ[64].

---

[62] Münch-Vertrag/Westphalen, S. 114.
[63] OLG Köln, WM 1985, 119.
[64] Scholz-Lwowski, Das Recht der Kreditsicherung, S. 474, Rn. 555.

III. Schuldrechtliche Beziehung

1. Sicherungsabrede

Formular[65] II-1 :

(Sicherungszweck) z. B. : „Der Raumsicherungsvertrag wird zur Sicherung aller bestehenden und künftigen – auch bedingten oder befristeten – Ansprüche, die der Bank und allen anderen Geschäftsstellen des Gesamtinstituts aus der Geschäftsverbindung (insbesondere aus laufender Rechnung und aus der Gewährung von Krediten jeder Art), aus Haftung für Verbindlichkeiten eines anderen Kunden der Bank (z. B. als Bürge) und aus abgetretenen oder kraft Gesetzes übergangenen Forderungen sowie aus Wechseln (auch soweit diese von Dritten hineingegeben worden sind) gegen den Sicherungsgeber und oder gegen „Namen und Anschrift des Kreditnehmers„ zusteht, vereinbart".

Die Sicherungsabrede ist ein Rechtsgrund der abstrakten Sicherungsübereignung. Die Sicherungsabrede enthält zunächst die Verpflichtung des Sicherungsgebers, dem Sicherungsnehmer Eigentum an der bestimmten beweglichen Sache des Sicherungsgebers zu verschaffen[66] und das Sicherungsgut ordnungsgemäß zu behandeln und zu versichern[67].

Außerdem enthält die Sicherungsabrede auch die Pflicht des Sicherungsnehmers, das Sicherungsgut zurückzuübereignen, soweit Sicherungsgeber und Sicherungsnehmer das Sicherungsgut nicht auflösend bedingt übertragen haben[68]. Die Verpflichtungen des Sicherungsnehmers aus der Sicherungsabrede sind jedoch nicht alles Hauptpflichten, sondern nur die Nebenpflichten, die dem Sicherungszweck entspringen. „Die Sicherungsabrede ist deshalb kein gegenseitiger Vertrag im Sinne der §§320 ff BGB[69]". Die das Recht der gegenseitigen Verträge regelnden Normen sind nicht auf die Sicherungsabrede anwendbar[70].

Hinsichtlich der Wirksamkeit der Sicherungsübereignung ist immer noch umstritten, welche Rechtsfolge eintritt, wenn die Sicherungsabrede unwirksam ist. Eine Auffassung geht davon aus, daß die Nichtigkeit der Sicherungsabrede auch die Nichtigkeit der nach §930 BGB vollzogenen Sicherungsübereignung erfaßt[71].

---

[65] Formular II-1 im Anhang ; Vgl. §4 Formular II-3 im Anhang.
[66] Weber, Kreditsicherheiten, S. 154 ; Münch-Vertrag/ Westphalen, S. 109.
[67] Baur/Stürner, Sachenrecht, S. 713, Rn. 15.
[68] Weber, Kreditsicherheiten, S.154.
[69] Bülow, Jura 1987, 511.
[70] Reich, Die Sicherungsübereignung, S.64.
[71] Baur/Stürner, Sachenrecht, 16. Aufl., S.624, Rn.1 ; dagegen scheint es, daß diese Auffassung geändert wurde, „ist die Sicherungsabrede nichtig, so erfaßt deren Nichtig-

Entgegen dieser Ansicht wird darauf verwiesen, daß die Vereinbarung des Besitzmittlungsverhältnisses, wie z. B. die dingliche Einigung über den Eigentumsübergang, nicht Teil der Sicherungsabrede ist. Falls ein Besitzmittlungsverhältnis in der Sicherungsabrede vereinbart wird, ist schließlich die Verpflichtung zur Begründung dieses Verhältnisses oder die Einigung, nach der bestimmte Sachen sicherungshalber übereignet werden sollen, Teil der Sicherungsabrede. „Was darüber hinausgeht, ist ausschließlich Teil der abstrakten Übereignung“[72]. Damit erstreckt sich die Nichtigkeit der Sicherungsabrede nicht auf die Sicherungsübereignung.

Grundsätzlich ist die durch die Sicherungsabrede zustandegekommene Sicherungsübereignung wie jedes sachenrechtliche Geschäft abstrakt, d. h. die Wirksamkeit der Sicherungsübereignung ist nicht von der zugrunde liegenden Sicherungsabrede abhängig. Daher wird die Sicherungsübereignung durch die Nichtigkeit der Sicherungsabrede nicht unmittelbar beeinflußt. Der Sicherungsgeber hat aber in diesem Fall einen Rückübertragungsanspruch aus §812 Abs. 1 S. 1 BGB, da der Sicherungsnehmer das Sicherungseigentum durch seine Leistung ohne rechtlichen Grund erlangt hat[73].

Im Allgemeinen enthält das in der Praxis verwendete bankgeschäftliche AGB-Formular eine Zweckbestimmungsklausel[74]. Im Einzelfall ist deshalb zu prüfen, ob aus der Unwirksamkeit des Kreditvertrages die Nichtigkeit des Sicherungsvertrages gemäß §139 BGB folgt. Konkret ist diese Zweckbestimmungsklausel dann unwirksam, wenn sie eine überraschende Klausel darstellt (§§ 3, 9 AGBG).

Eine formularmäßige Zweckbestimmungsklausel ist nach §3 AGBG dann überraschend, wenn sie über den Sicherungszweck oder über eine später vereinbarte Erweiterung hinaus das Geschäft in einem nicht zu erwartenden Ausmaß verändert[75]. Überraschend ist es insbesondere, wenn der Sicherungsgeber zur Absicherung einer bestimmten Forderung eine Sicherheit leistet, z. B. ein privates Bankdarlehen aufgenommen wird, die Zweckerklärung bei diesem Anlaß aber auf alle bestehenden und künftigen Schulden eines Dritten erweitert wird[76]. Grundsätzlich ist die umfassende Zweckbestimmungsklausel aber für alle gegenwärtigen und künftigen - auch bedingten und befristeten Ansprüche- wirksam[77]. Eine solche umfassende Zweckbestimmungsklausel könnte jedoch problematisch sein, weil bei Vereinbarung der Sicherungsübereignung die Erledigung des Siche-

---

keit die Sicherungsübereignung nicht automatisch...“, Baur/Stürner, a.a.O., 17. Aufl., S.714, Rn. 15.

[72] Reinicke/Tiedtke, DB 1994, 2179.

[73] Weber, Kreditsicherheiten, S. 155.

[74] Formular II-1 ; §1. Formular II-2 ; §4 Formular II-3 im Anhang.

[75] BGH, NJW 1992, 1822.

[76] BGHZ 83, 56, 57 ; BGH, NJW 1992, 1822 ; Wolf-Horn-Lindacher/Wolf, AGBG, §9, Rn. S 96.

[77] Wolf-Horn-Lindacher/Wolf, a.a.O., §9, Rn. S 97.

rungszwecks nur einen schuldrechtlichen Rückgewähranspruch des Sicherungsgebers auslöst und der Sicherungsnehmer das Eigentum am Sicherungsgut auch weiterhin behält.

Aufgrund dessen, daß gewährleistet sein muß, daß der Sicherungsgeber Inhalt und Umfang seines Engagements exakt überprüfen und beeinflussen kann, wird man bei Personenverschiedenheit von Sicherungsgeber und Darlehensnehmer eine eindeutige inhaltliche Beschränkung auf die zu sichernde Forderung vornehmen müssen. Folglich wird man die Klausel an §3 AGBG scheitern lassen müssen, sofern sie sich formularmäßig auf andere Forderungen bezieht[78]. Eine überraschende Wirkung im Sinne des §3 AGBG ist ebenfalls anzunehmen, wenn die Sicherung auf Schulden Dritter erstreckt wird, die außerhalb der vorliegenden Sicherungsverhältnisse stehen, z.B. die des Ehegatten des Sicherungsgebers[79].

2. Innenverhältnis zwischen den Parteien

a. Rechtsstellung des Sicherungsnehmers

aa. Allgemeines

Nach der herrschenden Lehre und der Rechtsprechung wird die Sicherungsübereignung als Treuhandverhältnis betrachtet. Dabei erhält der Sicherungsnehmer als Treuhänder volles Eigentum[80]. Da das BGB den Begriff eines relativen Eigentums, nach dem der Sicherungsnehmer im Außen-, nicht aber im Innenverhältnis Eigentümer ist, nicht kennt, ist der Sicherungsnehmer nicht nur gegenüber dem Sicherungsgeber, sondern auch gegenüber Dritten ein Eigentümer. Er kann als Eigentümer über das Sicherungsgut verfügen.

Aufgrund der Sicherungsabrede mit dem Treugeber (=Sicherungsgeber) ist diese Befugnis im Innenverhältnis beschränkt. Der Sicherungsnehmer darf wegen der vereinbarten Sicherungsabrede seine Eigentümerstellung entgegen dem Sicherungszweck nicht ausnutzen[81]. Er kann jedoch zum Zweck einer weiteren Sicherungsübereignung über das Sicherungsgut verfügen, falls der Sicherungszweck dadurch nicht gefährdet wird[82]. Weiter ist der Sicherungsnehmer verpflichtet, das übereignete Sicherungsgut dem Siche-

[78] BGH, ZIP 1988, 12 ; BGH, ZIP 1989, 85 ; BGH, ZIP 1990, 299.
[79] BGHZ 102, 152 ff ; BGHZ 106, 19 ff ; BGH, NJW 1992, 1822 ; Münch-Vertrag/ Westphalen, S.112.
[80] Weber, Kreditsicherheiten, S. 152.
[81] RGRK-Komm/Pikart, §930 Rn.56.
[82] Reich, Die Sicherungsübereignung, S.83.

rungsgeber zurückzuübereignen, wenn der Sicherungszweck erfüllt ist[83]. Nachdem die Schuld des Sicherungsgebers beglichen ist, darf der Sicherungsnehmer das Recht des Sicherungsgebers auf Rückübertragung nicht gefährden. Andernfalls macht er sich aufgrund einer unerlaubten Handlung (§§ 823 ff BGB) oder einer Vertragsverletzung schadensersatzpflichtig[84].

Auf der anderen Seite kann der Sicherungsnehmer gegenüber dem Sicherungsgeber einen Anspruch auf Schadensersatz aus positiver Vertragsverletzung haben, wenn der Sicherungsgeber seine Pflicht aus der Sicherungsabrede nicht auf die vereinbarte Weise erfüllt, wie z. B. durch Beschädigung des Sicherungsgutes, abredewidrige Verfügung, Unterlassen der Rechtsverfolgung und Rechtsverteidigung usw. Dazu bedarf es des Verschuldens des Sicherungsgebers (§§276, 278 BGB)[85].

Wie ist die Rechtslage des Sicherungsnehmers, wenn der Sicherungsgeber nicht Eigentümer des Sicherungsgutes ist oder ihm nur eine Teilberechtigung (z. B. Anwartschaftsrecht oder Miteigentum) zusteht? Der Sicherungsnehmer vermag sich in diesem Fall sein Eigentum entweder nach den Voraussetzungen des gutgläubigen Erwerbs gemäß den §§932 ff BGB oder aufgrund seines guten Glaubens an die Verfügungsbefugnis (§366 HGB) im kaufmännischen Verkehr zu verschaffen[86]. Damit der Erwerber das Eigentum gutgläubig erlangen kann, braucht er sich nur einen bestimmten Besitzstand zu verschaffen. Bei diesem Besitzstand des Erwerbers kommt es darauf an, in welcher Form das Eigentum übertragen wird. Haben die Parteien die Einigung und Übergabe gewählt (§929 BGB), so stellt das Gesetz auch beim Erwerb vom Nichtberechtigten auf den Erwerb des unmittelbaren Besitzes ab (§932 BGB) ; wird durch Einigung und Besitzkonstitut (§930 BGB) übereignet, so müssen dem Erwerber die Sachen vom Veräußerer übergeben werden (§933 BGB).

Im Falle der Übereignung durch Abtretung des Herausgabeanspruches (§931 BGB) kommt es darauf an, ob der Veräußerer dem Erwerber den mittelbaren Besitz verschafft - dann genügt die Abtretung des schuldrechtlichen Herausgabeanspruchs (§934 S.1 BGB) oder ob der Veräußerer nicht mittelbarer Besitzer ist - hier ist es erforderlich, daß der Erwerber den Besitz der Sache von dem Dritten erlangt (§934 S. 2 BGB).

Die Sicherungsübereignung wird in der Regel durch Besitzkonstitut (§§929, 930 BGB) vorgenommen. Ein gutgläubiger Sicherungsnehmer erwirbt je-

---

[83] Ermann-Komm/A. Schmidt, Anh. Zu §§929-931 Rn.13 ; Soergel-Komm/Mühl, §930 Rn.50.

[84] BGH, WM 1959, 1004, „Allerdings käme ein Ersatzanspruch auch gegen den Beklagten (=Sicherungsnehmer) und zwar aus unerlaubter Handlung gemäß §823 Abs. 1 BGB in Betracht, weil durch die Veräußerung der zur Sicherheit übereigneten Gegenstände ein dingliches Anwartschaftsrecht des B (=Sicherungsgeber) auf Rückerwerb der Sachen nach Zahlung der Schuld verletzt sein könnte".

[85] Reich, Die Sicherungsübereignung, S. 98.

[86] Reich, a. a. O., S. 35.

doch das Sicherungseigentum nicht schon bei Vereinbarung des Besitzkonstitutes, vielmehr erst, wenn ihm der Sicherungsgeber die Vorbehaltsware übergibt und der Sicherungsnehmer zur Zeit der Übergabe noch gutgläubig ist[87]. Daran fehlt es in der Regel beim unmittelbaren Besitz des Sicherungsnehmers und damit scheitert oft dessen gutgläubiger Erwerb.

Die Rechtsprechung hat den Sorgfaltsmaßstab bezüglich des Sicherungsnehmers verschärft, indem sie ihm eine Nachforschungspflicht für den typischen Fall aufbürdet, bei dem die Ware im Allgemeinen unter Eigentumsvorbehalt geliefert und durch Sicherungsübereignung weiter übertragen werden soll[88].

bb. Rechtsstellung des Sicherungsnehmers nach dem Formularvertrag

Formular[89] II-1 :

§6 (Ablösung von Eigentumsvorbehalten) : „Der Sicherungsgeber ist verpflichtet, einen eventuell bestehenden Eigentumsvorbehalt durch Zahlung des Kaufpreises zum Erlöschen zu bringen. Die Bank ist befugt, eine Kaufpreisrestschuld des Sicherungsgebers für dessen Rechnung an die Lieferanten zu zahlen. Gleichzeitig tritt der Sicherungsgeber an die Bank die Ansprüche ab, welche ihm im Fall der Auflösung oder Nichterfüllung von Kaufverträgen gegen seine Lieferanten zustehen, insbesondere die Ansprüche auf Rückgewähr etwa bereits geleisteter Zahlungen".

§9 (Gesetzliche Pfandrechte Dritter) : „ (1) Soweit ein gesetzliches Pfandrecht Dritter (z. B. Vermieter, Verpächter, Lagerhalter) an dem Sicherungsgut in Betracht kommt, hat der Sicherungsgeber auf Wunsch der Bank jeweils drei Tage nach Fälligkeit des Mietzinses, Pachtzinses und Lagergeldes deren Zahlung der Bank nachzuweisen und zu versichern, daß keine sonstigen Ansprüche des Vermieters, Verpächters oder Lagerhalters gegen den Sicherungsgeber bestehen.

(2) Befindet sich das Sicherungsgut in gemieteten oder gepachteten Räumen, so ist die Bank befugt, zur Abwendung des Vermieter- oder Verpächterpfandrechts den Miet- oder Pachtzins für die Rechnung des Sicherungsgebers zu bezahlen".

§11(Prüfungsrecht der Bank) : „ (1) Die Bank ist berechtigt, das Sicherungsgut am jeweiligen Lagerort zu überprüfen oder durch ihre Beauftragten überprüfen zu lassen. Der Sicherungsgeber hat jede zu diesem Zweck erforderliche Auskunft zu erteilen und betreffende Unterlagen zur Einsicht vorzulegen.

(2) Soweit sich das Sicherungsgut im unmittelbaren Besitz Dritter (z.B. Lagerhalter) befindet, werden diese vom Sicherungsgeber hiermit ange-

[87] Serick, Eigentumsvorbehalt und Sicherungsübertragung, Bd. II., S. 226 ff.

[88] Einzelheiten in Kapitel. 2 C. IV. ff.

[89] Formular II-1 im Anhang.

wiesen, der Bank Zutritt zum Sicherungsgut zu gewähren".
§12 (Inbesitznahme durch die Bank) : „Die Bank ist zur Wahrung ihrer berechtigten Belange befugt, die Verfügungsbefugnis zu widerrufen und die Herausgabe des Sicherungsgutes zu verlangen. Berechtigte Belange liegen insbesondere vor, wenn der Sicherungsgeber erheblich gegen seine Pflicht zur sorgfältigen Behandlung des Sicherungsgutes verstößt oder über das Sicherungsgut Verfügungen trifft, die nicht im Rahmen eines ordnungsgemäßen Geschäftsbetriebes liegen. Dies gilt auch, wenn der Sicherungsgeber seine Zahlungen eingestellt hat oder die Eröffnung eines gerichtlichen Insolvenzverfahrens über sein Vermögen beantragt worden ist. Die Bank darf die Herausgabe von Sicherungsgut ferner verlangen, wenn sie gemäß §14 Abs.1 wegen des Zahlungsverzuges des Kreditnehmers zur Verwertung des Sicherungsgutes befugt ist".

(1) Kontrollrecht des Sicherungsnehmers

Nach dem oben erwähnten Formular II-1 hat der Sicherungsnehmer vor allem Kontrollrechte bezüglich des Zustandes des Sicherungsgutes (§11). Das Formular läßt den Umfang dieses Kontrollrechts nicht deutlich erkennen. Damit sollten alle Kontrollbefugnisse erfaßt werden, die erforderlich sind, um dem Sicherungsnehmer den Nachweis zu erbringen, daß der Sicherungsgeber die ihn nach dem Sicherungsübereignungsvertrag treffenden Pflichten ordnungsgemäß und pünktlich erfüllt[90]. Konkret werden die Kontrollmaßnahmen erfaßt, nach denen Zu- und Abgänge, und Be- und Zustandsänderung des Sicherungsgutes in den Geschäftsbüchern des Sicherungsgebers zu erkennen sind. Aufgrund der Kontrollbefugnis des Sicherungsnehmers ist evident, daß der Sicherungs-geber verpflicht ist, Bilanz sowie Gewinn- und Verlustrechnung vorzulegen und ihm Einblick in seine Geschäftsbeziehung zu seinen Lieferanten zu gewähren[91].

In dem Formular II-1 steht nicht, in welchem Zeitpunkt der Sicherungsnehmer seine Kontrollbefugnisse vornehmen kann. Daraus ist abzuleiten, daß der Sicherungsnehmer seine Kontrollrechte jederzeit während der üblichen Betriebs- und Geschäftsstunden des Sicherungsgebers durchführen kann[92]. Soweit das Sicherungsgut im unmittelbaren Besitz eines Dritten ist, bestimmt das Formular II-1 weiter, daß der Sicherungsgeber den Dritten anweist, dem Sicherungsnehmer den erforderlichen Zutritt zu gewähren, damit dieser in der Lage ist, die erwähnten Kontrollen und Prüfungen ordnungsgemäß vorzunehmen[93].

---

[90] Münch-Vertrag/Westphalen, S. 127 ; Serick, Eigentumsvorbehalt und Sicherungsübertragung, Bd. II, S. 63.
[91] Münch-Vertrag/Westphalen, S. 127.
[92] a. a. O., S. 127.
[93] a. a. O, S. 127.

(2) Besitzrecht des Sicherungsnehmers

Soweit der Sicherungsgeber (=Kreditnehmer) seinen vertraglichen Verpflichtungen nicht ordnungsgemäß nachgekommen ist und damit ein Verhalten des Sicherungsgebers das Sicherungseigentum des Sicherungsnehmers erheblich beeinträchtigt, kann der Sicherungsnehmer das Sicherungsgut zur Wahrung seiner berechtigten Belange in unmittelbaren Besitz nehmen (§12 des Formulars II-1). Der Sicherungsnehmer kann von diesem Recht erst dann uneingeschränkt Gebrauch machen, wenn er die dem Sicherungsgeber zustehende Veräußerungsbefugnis nach §4 Abs. 1 des Formularvertrages und die Be- und Verarbeitungsbefugnis nach §12 Abs. 1 des Formularvertrages widerrufen hat[94].

(3) Rechte des Sicherungsnehmers gegenüber einem Pfandrecht Dritter

Wenn der Sicherungsgeber (=Mieter) Sachen, die mit einem Vermieter- oder Verpächterpfandrecht behaftet sind, zur Sicherheit übereignet, erlischt das Vermieter- oder Verpächterpfandrecht nicht, obwohl der Sicherungsnehmer gutgläubig war[95]. Wer Sachen in Mieträumen erwirbt, muß mit dem Bestehen eines Vermieterpfandrechts rechnen und ist deshalb verpflichtet, sich danach zu erkundigen.

Verstößt der Sicherungsnehmer gegen seine Nachforschungs- und Erkundigungspflicht, handelt er grob fahrlässig im Sinne der §§ 932 Abs. 2 BGB, 366 HGB[96]. In diesem Fall läßt das Formular II-1 den Sicherungsgeber dem Sicherungsnehmer nachweisen daß er Mietzins, Pachtzins und Lagergeld mit der Fälligkeit gezahlt hat und versichern, daß keine sonstigen Ansprüche des Vermieters, Verpächters oder Lagerhalters gegen ihn bestehen (§9 Abs. 1 des Formulars II-1).

Des weiteren ist der Sicherungsnehmer befugt, zur Abwendung des Vermieter- oder Verpächterpfandrechts den Miet oder Pachtzins für Rechnung des Sicherungsgebers zu bezahlen (§9 Abs. 2 des Formulars II-1). Dies gilt auch für den Fall, daß der Sicherungsgeber die zur Sicherheit übereigneten Sachen unter Eigentumsvorbehalt gekauft hat. In erster Linie ist der Sicherungsgeber verpflichtet, dem Sicherungsnehmer ein ihm zustehendes Anwartschaftsrecht zu übertragen. Die Bank als Sicherungsnehmerin ist berechtigt, die Kaufpreisrestschuld für Rechnung des Sicherungsgebers an den Lieferanten zu zahlen. Es handelt sich um die Zahlung eines Dritten gemäß §267 BGB (§6 des Formulars II-1).

---

[94] a. a. O., S. 127.

[95] a. a. O., S. 122, 123 ; Serick, Eigentumsvorbehalt und Sicherungsübertragung, Bd. II, S. 13.

[96] Münch-Vertrag/Westphalen, S. 125 ; Serick, a. a. O., S. 13, Fn.40.

An einem Anwartschaftsrecht kann ein Vermieter- oder Verpächterpfandrecht entstehen. Folglich entsteht mit Erstarken des Anwartschaftsrechts zum Vollrecht, an der Sache mit Eintritt der Bedingung das gesetzliche Vermieter- oder Verpächterpfandrecht[97]. In diesem Fall erwirbt der Sicherungsnehmer mit Eintritt der Bedingung das Anwartschaftsrecht am Sicherungsgut, das mit einem gesetzlichen Vermieter- oder Verpächterpfandrecht belastet ist[98].

b. Rechtsstellung des Sicherungsgebers

aa. Allgemeines

Mit der Übereignung gem. §930 BGB ist der Sicherungsgeber nicht mehr Eigenbesitzer, sondern besitzt die Sache als Fremdbesitzer und Besitzmittler für den Sicherungsnehmer[99]. Der Sicherungsgeber erhält ein Besitzrecht i. S. d. §986 BGB und ist verpflichtet, die in seinem Besitz verbleibende Sache ordnungsgemäß zu behandeln. Dazu gehören notwendige Reparaturen, Wartungsarbeiten und eine sachgemäße Aufbewahrung oder Unterbringung[100].

Der Sicherungsgeber erthält einen Anspruch auf Rückübertragung des Sicherungsgutes unter einer aufschiebenden Bedingung[101]. Nach der vollständigen Schuldtilgung kann der Sicherungsgeber seinen Anspruch auf Rückübertragung realisieren. Der Sicherungsgeber erwirbt jedoch sein Eigentum am Sicherungsgut nicht automatisch[102], sondern dadurch , daß der Sicherungsnehmer seine Pflicht, nach der er dem Sicherungsgeber das Sicherungsgut rückübertragen muß, erfüllt.

Die Rückübereignung geschieht in Form des §929 BGB[103]. Der Sicherungsgeber ist zwar berechtigt, über seinen Rückübertragungsanspruch zu verfügen, jedoch kann er über das Sicherungsgut selbst nicht verfügen. Falls der Sicherungsnehmer der Verfügung zugestimmt hat, kann er über

---

[97] BGH, WM 1965, 701 ; BGH, NJW 1992, 1156 ff.

[98] Münch-Vertrag/Westphalen, S. 123 ; Serick, Eigentumsvorbehalt und Sicherungsübertragung, Bd. I, S.284 ff.

[99] RGZ 143, 113 ; RGRK-Komm/Pikart, §930, Rn.57.

[100] Staudinger-Komm/Wiegand, Anh. §§929ff, Rn.220.

[101] BGH, LM 53 zu §242 ; Scholz, in : FS für Möhring, 1965, S.422.

[102] Darin liegt der dogmatische Unterschied zwischen der Sicherungsübereignung und dem Eigentumsvorbehalt. Der Eigentumsvorbehaltskäufer erwirbt gem. §455 BGB nach vollständiger Bezahlung automatisch das Eigentum an der Vorbehaltssache, Reich, AcP 1969, 262.

[103] In der Praxis geschieht die Rückübereignung durch einen einseitigen Akt des Sicherungsnehmers, z. B. durch den Verzicht auf die Sicherheit, die Freigabeerklärung oder die Bestätigung der vollständigen und endgültigen Schuldtilgung, Reich, Die Sicherungsübereignung, S. 92.

das Sicherungsgut verfügen. Beim Warenlager steht dem Sicherungsgeber über Gegenstände des Umlaufvermögens ein gesetzliches Verfügungsrecht zu. Eine umfassende Ausschlußklausel würde wegen Sittenwidrigkeit unwirksam sein[104].

bb. Rechtsstellung des Sicherungsgebers nach dem Formularvertrag

Formular[105] II-1 :

„§8 (Versicherung des Sicherungsgutes) (1) Der Sicherungsgeber verpflichtet sich ferner, das Sicherungsgut für die Dauer der Übereignung auf eigene Kosten in voller Höhe gegen die üblichen Gefahren und gegen diejenigen, gegen die der Bank Versicherungsschutz erforderlich erscheint, versichert zu halten. Alle daraus entstehenden gegenwärtigen und künftigen Ansprüche gegen die Versicherungsgesellschaft tritt der Sicherungsgeber hiermit an die Bank ab. Der Sicherungsgeber hat der Versicherungsgesellschaft davon Mitteilung zu machen, daß das Sicherungsgut Eigentum der Bank ist, daß sämtliche Rechte aus dem Versicherungsvertrag, soweit sie das Sicherungsgut betreffen, der Bank zustehen, sowie daß die Bank nur in die Rechte und nicht in die Pflichten des Versicherungsvertrages eintritt mit der Maßgabe, daß der Sicherungsgeber zur Aufhebung der Versicherung ohne Zustimmung der Bank nicht berechtigt ist. Der Sicherungsgeber wird die Versicherungsgesellschaft ersuchen, der Bank einen entsprechenden Sicherungsschein zu übersenden.
(2) Wenn der Sicherungsgeber die Versicherung nicht oder nicht ausreichend bewirkt hat, darf die Bank das auf seine Gefahr und Kosten tun. Auf Wunsch der Bank wird der Sicherungsgeber die Versicherung zugunsten dessen, den es angeht oder auf den Namen der Bank nehmen".

(1) Versicherungspflicht

Gemäß § 8 des Formulars II- 1 ist der Sicherungsgeber verpflichtet, daß Sicherungsgut auf eigene Kosten in voller Höhe „gegen die üblichen Gefahren" zu versichern. Zu denken ist in diesem Zusammenhang an eine Wasser-, Feuer-, Einbruchsdiebstahlversicherung, möglicherweise auch an eine Maschinenversicherung, welche u. a. das sog. „Bruchrisiko" erfaßt. Des weiteren kann der Sicherungsnehmer nach dem Formular einen Siche-

---

[104] BGH, WM 1961, 671 ; BGH, NJW 1962, 102. Beim verlängerten Eigentumsvorbehalt ist anerkannt, daß der Verkäufer das Verfügungsrecht nicht nach freiem Belieben widerrufen kann, solange sich der Käufer vertragsgemäß verhält, BGH, NJW 1969, 1171. Das muß auch für die Sicherungsübereignung gelten, Reich, Die Sicherungsübereignung, S. 90, Fn.115.

[105] Formular II-1 im Anhang.

rungsschein verlangen. Soweit der Sicherungsnehmer keine Möglichkeit hat, einen Sicherungsschein zu erhalten, ist zugunsten der kreditierenden Bank als Sicherungsnehmerin eine Sicherungsbestätigung zu verlangen : Darin sichert die Versicherung dem Sicherungsnehmer die Geltendmachung aller Rechte zu, die dem Versicherungsnehmer in einem Schadensfall gegenüber dem Versicherer zustehen. Der Sicherungsnehmer ist berechtigt, sich vor Abschluß des Sicherungsübereignungsvertrages Kenntnis vom Inhalt des Versicherungsvertrages zu verschaffen[106].

(2) Sonstige Pflichten des Sicherungsgebers

Der Sicherungsgeber ist berechtigt, über das Sicherungsgut im Rahmen eines ordnungsgemäßen Geschäftsbetriebes zu verfügen (§ 5 des Formulars II-1). Der Sicherungsgeber ist verpflichtet, der Bank (=Sicherungsnehmerin) unverzüglich anzuzeigen, wenn die Rechte der Bank an dem Sicherungsgut durch Pfändung oder sonstige Maßnahmen Dritter beeinträchtigt oder gefährdet werden sollten, soweit die gepfändeten Sachen mit dem Sicherungsgut identisch sind. Außerdem hat der Sicherungsgeber den Pfändungsgläubiger oder sonstige Dritte unverzüglich schriftlich von dem Eigentumsrecht der Bank in Kenntnis zu setzen[107]. Der Sicherungsgeber hat der Bank unverzüglich Mitteilung zu machen, wenn ein, das Sicherungsgut betreffendes Ereignis, insbesondere ein Schadensfall vorliegt[108].

c. Freigabeklausel und Übersicherungsproblem

Die Verpflichtung des Sicherungsgebers, dem Sicherungsnehmer Sicherheit zu leisten kann einerseits dazu führen, daß sie in die Interessen Dritter eingreift - insbesondere in die Interessen der anderen Gläubiger des Sicherungsgebers - und andererseits kann sie, über ihr Sicherungsinteresse hinaus, die wirtschaftliche Selbständigkeit des Sicherungsgebers beeinträchtigen. Bezüglich dieser Probleme spricht man von der Sittenwidrigkeit der Sicherungsübereignung. Die für die Sittenwidrigkeit von Sicherungsübereignungen entwickelten Typen („Ausbeutung", „Knebelung", „Gläubigergefährdung" und „Kreditbetrug" sowie Konkursverschleppung) beschreiben typische Fallgestaltungen. Diese sind aber nicht als Abgrenzungskriterien für das Vorliegen und Nichtvorliegen einer sittenwidrigen Sicherungsübereignung zu verstehen[109]. In Anbetracht des Innenverhältnisses zwischen dem Sicherungsgeber und dem Sicherungsnehmer wird das Übersicherungsproblem diskutiert. Seit dem Erlaß des AGBG werden einzelne Klauseln in den AGB des Sicherungsnehmers anhand der §§9 Abs. 1, 6

[106] Münch-Vertrag/Westphalen, S. 121 u.122.
[107] §10 Abs. 1 des Formulars II-1.
[108] §10 Abs.2 des Formulars II-1
[109] Münch-Komm/Quack, Anh. §§929-936 Rn. 90.

AGBG überprüft und nach diesem Maßstab hat sich die Rechtsprechung des BGH dahingehend entwickelt, den Sicherungsgeber vor der Übersicherungsgefahr zu schützen[110].

IV. Verwertung des Sicherungsguts

Mit dem Eintritt der Fälligkeit der gesicherten Forderungen steht dem Sicherungsnehmer ein Verwertungsrecht zu. Mit der Verwertung wird bezweckt, daß ein Verwertungserlös erwirtschaftet werden kann, aus dem sich der Sicherungsnehmer in Höhe der gesicherten Forderungen befriedigt[111]. In der heutigen Zeit finden sich die Voraussetzungen und die Art und Weise der Verwertung regelmäßig in den Allgemeinen Geschäftsbedingungen des Sicherungsnehmers (z. B. Banken-AGB).

1. Vor der Einführung des AGBG

a. Anwendbarkeit der pfandrechtlichen Bestimmungen

Im Hinblick auf die Anwendbarkeit der pfandrechtlichen Bestimmungen stellt sich vor allem die Frage, ob überhaupt die gesetzlichen Vorschriften über die Pfandverwertung zur analogen Anwendung kommen, wenn eine ausdrückliche Vereinbarung fehlt. Darüber hat der Bundesgerichtshof keine endgültige Stellungnahme abgegeben[112]. Im Schrifttum nimmt die herrschende Meinung eine teilweise Anwendung der pfandrechtlichen Bestimmungen an[113]. Also kommt eine generelle Anwendung der pfandrechtlichen Vorschriften auf die Sicherungsübereignung nicht in Betracht[114].

---

[110] Einzelheiten in Kapitel. 2 C. V. ff.

[111] Bülow, Recht der Kreditsicherheiten, S. 357, Rn. 1035.

[112] Reich, Die Sicherungsübereignung, S 149 ; BGH, WM, 1961, 243 ; vgl., BGH, WM 1956, 1353, der Sicherungsnehmer ist bei der Sicherungsabtretung nicht „schlechthin" den Beschränkungen unterworfen, die das BGB dem Pfandgläubiger auferlegt ; BGH, WM 1960, 171, der BGH prüft die Anwendbarkeit von §1238 Abs.2 BGB – Pflicht zum Barverkauf.

[113] „Eine pauschale Lösung der Regelungsproblematik etwa dahingehend, daß in Ermangelung vertraglicher Bestimmungen stets und durchgängig die vom Regelungsgegenstand her zutreffenden Pfandrechtsvorschriften eingreifen, ist nicht überzeugend. Sie läßt die Unterscheidung zwischen dem Innen- und Außenverhältnis vermissen, ...Inwieweit pfandrechtliche Bestimmungen bei der Sicherungsübereignung zur Anwendung kommen, entscheidet sich somit im Einzelfall anhand der Zielsetzung jener Normen", Schreiber, JR 1984, 488, so auch Serick, Eigentumsvorbehalt und Sicherungsübertragung, Bd.III, S.454 ff

[114] Bülow, Recht der Kreditsicherheiten, S. 358, Rn. 1039 ; Serick, BB 1970, 542.

Hinsichtlich der teilweisen Anwendbarkeit der pfandrechtlichen Vorschriften ist die Frage von Bedeutung, ob der Verkauf im Wege der öffentlichen Versteigerung zu bewirken ist (§1235 Abs.1 BGB) oder der freihändige Verkauf zulässig ist, falls eine abweichende Abrede der Parteien über den Verkauf des Sicherungsgutes fehlt[115].

Das Reichsgericht[116] vertrat die Ansicht, daß ein Sicherungsnehmer das Sicherungsgut ohne Beachtung der gesetzlichen Bestimmungen über die Art und Weise des Pfandverkaufes (§1233 ff , BGB) zwar veräußern könne, doch nur, wen er dabei keine Sorgfaltspflichten verletze. Anders als das Reichsgericht hat der BGH diese strittige Frage noch nicht deutlich entschieden[117]. Im Schrifttum wird teilweise die Auffassung des Reichsgerichtes vertreten, dem Sicherungsnehmer grundsätzlich das Recht zum freihändigen Verkauf einzuräumen[118]. Auf der anderen Seite wird die Auffassung vertreten, nach der der Sicherungsnehmer dem Sicherungsgeber die Pflicht auferlegt, die Verwertung des Sicherungsgutes mangels anderweitiger Vereinbarung in entsprechender Anwendung der Regeln über den Pfandverkauf durchzuführen[119].

In der Regel ist der Erlös bei einem freihändigen Verkauf höher als der bei einer öffentlichen Versteigerung. Damit dient die öffentliche Versteigerung keinesfalls den Interessen des Sicherungsgebers. Ein freihändiger Verkauf durch den Sicherungsnehmer gefährdet nicht die Interessen des Sicherungsgebers. Wegen der Treuhandabrede verpflichtet sich der Sicherungsnehmer, bei der Verwertung die Interessen des Sicherungsgebers zu beachten. Beim freihändigen Verkauf verletzt der Sicherungsnehmer keine Sorgfaltspflichten[120].

b. Verfallklausel

§1229 BGB nach ist die Vereinbarung über die Verfallklausel beim Pfandrecht verboten. Zweifelhaft ist, ob §1229 BGB auf die Sicherungsübereignung anwendbar ist. Es handelt sich um die Frage, ob bei der Sicherungsübereignung die beiden Parteien vereinbaren können, daß das Sicherungsgut nach Fälligkeit der gesicherten Forderung an Erfüllung statt dem Sicherungsnehmer zufällt oder daß aufgrund von §1229 BGB ein solcher Verfall

---

[115] Pottschmitt/Rohr, Kreditsicherungsrecht, S. 212, Rn. 584.

[116] RGZ 143, 117..

[117] BGH, WM1961, 245 verweist darauf, daß streitig ist, ob dann, wenn die Parteien über die Rechte der Verwertung des Sicherungsgutes nichts vereinbart haben, die Befriedigung des Sicherungsnehmers nur im Wege des Pfandverkaufs oder auch im Wege des freihändigen Verkaufes erfolgen darf. Der BGH meint, daß auf diese Streitfrage nicht eingegangen zu werden braucht.

[118] Trinkner, BB 1962, 80 ; Selb, NJW 1962, 1952 ; Lange, NJW 1950, 565 ff.

[119] Wolf/Raiser, Sachenrecht, §179 III 2c, S.737.

[120] Auch, Serick, Eigentumsvorbehalt und Sicherungsübertragung, Bd. III, S. 458, 459.

bei der Sicherungsübereignung nicht gestattet werden soll[121]. Die Möglichkeit der Vereinbarung der Verfallklausel ist besonders in den Fällen bedenklich, in denen eine Übersicherung vorliegt, weil der Sicherungsnehmer dann nach Fälligkeit der Forderung mehr erhält, als ihm nach seiner Forderung zusteht[122].

Das Reichsgericht[123] hat in seinem Urteil aus dem Jahre 1913 die Zulässigkeit einer Vereinbarung, nach der bei Fälligkeit die Sache endgültig verfallen sollte, ausdrücklich bejaht. Anders als das Reichsgericht hat der BGH keine ausdrückliche Stellungnahme abgegeben[124].

Die herrschende Meinung[125] im Schrifttum hielt das Verbot der Verfallklausel auf die Sicherungsübereignung nicht für anwendbar. Die Argumente dafür waren sehr unterschiedlich. Als Begründung ging die überwiegende Ansicht von Wucherschutz gemäß §138 Abs. BGB aus. Unter diesem Aspekt wurde darauf verwiesen, daß da §1229 BGB nur ein Anwendungsfall von §138 BGB ist, d. h. da diese Vorschrift eine bestimmte Art des Verstoßes gegen die guten Sitten regelt, sie für rechtgeschäftliches Verhalten keine Anwendung finden solle[126].

Anders als die herrschende Meinung hielt die Gegenansicht[127] eine Verfallklausel bei der Sicherungsübereignung für unzulässig. Begründet wurde diese Auffassung damit, daß das Verbot der Verfallklausel ein allgemeines Prinzip der deutschen Rechtsordnung sei[128] und bei der Sicherungsübereignung die von der Verfallklausel ausgehende spezifische Ausbeutunggefahr

---

[121] Gaul, AcP 1968, 352 ; Weber, Kreditsicherheiten, S. 161 ; Wolf/Raiser, §179 III 2c, S.737 ff ; Ermann-Komm/A.Schmidt, Anh. §§929-931, Rn.15 ; RGRK-Komm/Pikart, §930, Rn.72 ; Staudinger-Komm/Wiegand, Anh. §§929 ff, Rn.234.

[122] Reich, Die Sicherungsübereignung, S.157.

[123] RGZ 83, 50 ff.

[124] Soergel-Komm/Mühl, §930, Rn. 61-62.

[125] Wolf/Raiser, Sachenrecht, S. 737 ff ; Ermann-Komm/Schmidt, Anh. §§929-931, Rn. 15 ; RGRK-Komm/Pikart, §930, Rn. 72 ; Staudinger-Komm/Wiegand, Anh. §§929 ff, Rn. 234.

[126] Serick, Eigentumsvorbehalt und Sicherungsübertragung, Bd. III, S. 486. Die anderen noch vertretbaren Argumente für die Gültigkeit der Verfallklausel sind wie folgt ; 1. Da der Sicherungsnehmer schon vorher Eigentümer ist, gibt es keinen Grund dafür, daß der Sicherungsnehmer nicht endgültig Eigentümer bleiben darf. 2. Wenn auch §1229 BGB verbietet, bei einer Pfandbestellung die Verfallklausel für den Eigentumsübergang einzuführen, handelt es sich um die dingliche Ebene, d. h. §1229 BGB bezieht sich nicht auf die schuldrechtliche Abrede bei einer Eigentumsübertragung. 3. Bei der Sicherungsübereignung ist der Schutz des §1229 BGB für den Schuldner nicht erforderlich, weil er durch sein Besitzrecht hinreichend geschützt ist. 4. Grundsätzlich ist die Verfallklausel zulässig, aber als Vertragsstrafe zu behandeln, Gaul, AcP 1968, 365 ff.

[127] Gaul, AcP 1968, 351 ff ; Soergel-Komm/Mühl, §930, Rn. 60 ; v. Thur, Allgemeiner Teil des Bürgerlichen Rechts, Bd. II/2, S. 194.

[128] Gaul, AcP 1968, 379.

genau so groß wie bei der Bestellung eines Pfandrechts sei[129]. Daher könne eine Verfallklausel bei der Sicherungsübereignung nicht wirksam vereinbart werden und daher sei sie unwirksam[130].

2. Nach der Einführung des AGBG

Nachdem am 01. 01. 1977 das Gesetz zur Regelung des Rechts der Allgemeinen Geschäftsbedingungen (AGB-Gesetz) in Kraft trat, bildet es den Prüfungsmaßstab für jede einzelne Klausel in vorformulierten Kreditsicherungsverträgen. Die Verfallklausel wird seitdem anhand des AGBG gerichtlich kontrolliert. Anders als bei der Verpfändung verliert der Sicherungsgeber nicht sein Eigentum durch das Eingreifen der Verfallklausel, da der Sicherungsgeber bereits sein Eigentum auf den Sicherungsnehmer übertragen hat.

Die Gefahr der Verfallklausel bei der Sicherungsübereignung liegt aber darin, daß nachdem der Sicherungsgeber seine gesicherte Forderung, wenn auch verspätet, erfüllt hat, er die Chance verlieren könnte, sein Eigentum zurückzuerhalten. Außerdem kann der Sicherungsgeber durch eine Verfallklausel der Rechte verlustig gehen, die ihm zustehen würden, wenn das Sicherungsgut sachgemäß verwertet wird. Das bedeutet, daß wenn z. B. bei sachgemäßer Verwertung der Erlös die gesicherte Forderung übersteigt, dieser grundsätzlich dem Sicherungsgeber auszuhändigen ist, er aber bei Eingreifen der Verfallklausel dieses Recht verliert. Die Verfallklausel bei der Sicherungsübereignung ist für den Sicherungsgeber ebenso ungünstig und riskant wie bei der Verpfändung. Aus diesem Grund ist die Vereinbarung einer Verfallklausel nach §9 Abs. 1 AGBG unwirksam[131]. Anstelle der unwirksam gewordenen Verfallklausel gelten die gesetzlichen Vorschriften gemäß §6 Abs. 2 AGBG, §157 BGB.

Bei der Sicherungsübereignung vereinbaren die Parteien in der Regel eine Verfallklausel auf die Weise, daß das Sicherungsgut zwar auch beim Eintritt des Sicherungsfalls verfällt, aber der Sicherungsnehmer verpflichtet ist, dem Sicherungsgeber den Betrag zu zahlen, der über dem Schätzwert des Sicherungsgutes liegt. Eine solche Verfallklausel ist auch für den Sicherungsgeber ungünstig, weil der Schätzwert, d. h. der Verkehrswert der Sache, fast immer an dem Händlereinkaufswert bemessen wird und nicht nach dem Betrag, der dem Endverbraucher für die Sache berechnet wird. Dieser Betrag, den der Endverbraucher zahlt, ist aber häufig wesentlich höher als der Einkaufswert. Damit verstößt eine solche Verfallklausel gegen §9 AGBG[132].

---

[129] Gaul, a.a.O., 380.
[130] Gaul, a.a.O., 382.
[131] Reinicke/Tiedtke, DB 1994, 2608.
[132] Reinicke/Tiedtke, DB 1994, 2608 ; OLG Düsseldorf, WM 1990, 1062, ein Kreditinstitut verletzt seine Verpflichtung, das Interesse des Sicherungsgebers an der günstigen

3. Verwertung nach dem Formularvertrag

Formular[133] II-1 :

§14 ; (Verwertungsrecht der Bank) : „(1) Die Bank ist berechtigt, das Sicherungsgut zu verwerten, wenn der Kreditnehmer mit fälligen Zahlungen auf die durch diesen Vertrag gesicherten Forderungen in Verzug ist. Die Bank wird das Sicherungsgut nur in dem Umfange verwerten, als dies zur Erfüllung der rückständigen Forderungen erforderlich ist.
(2) Die Verwertung wird die Bank dem Sicherungsgeber unter Fristsetzung schriftlich androhen. Stellt der Abschluß dieses Vertrages für den Sicherungsgeber ein Handelsgeschäft dar, beträgt die Frist mindestens eine Woche. In allen übrigen Fällen beträgt sie einen Monat.
(3) Die Bank darf das Sicherungsgut auch im freihändigen Verkauf im eigenen Namen oder im Namen des Sicherungsgebers veräußern. Sie wird auf die berechtigten Belange des Sicherungsgebers Rücksicht nehmen. Sie kann auch von dem Sicherungsgeber verlangen, daß dieser nach ihren Weisungen das Sicherungsgut bestmöglich verwertet oder bei der Verwertung mitwirkt. Der Sicherungsgeber hat alles bei der Verwertung des Sicherungsgutes Erlangte unverzüglich an die Bank herauszugeben.
(4) Nach Verwertung des Sicherungsgutes wird die Bank den Erlös abzüglich etwa von ihr zu entrichtender Umsatzsteuer zur Abdeckung der gesicherten Forderung verwenden. Soweit die Sicherheit nicht vom Kreditnehmer gestellt wird, ist die Bank bis zur vollständigen Befriedigung ihrer Forderung befugt, den Verwertungserlös als Sicherheit zu behandeln, ungeachtet ihres Rechts, sich jederzeit daraus zu befriedigen.
(5) Einen etwaigen Überschuß wird die Bank dem Sicherungsgeber herausgeben".

Gemäß §14 Abs.2 des Formulars II-1 setzt die Verwertung des Sicherungsgutes durch den Sicherungsnehmer grundsätzlich voraus, daß dies dem Sicherungsgeber zuvor unter Fristsetzung angedroht wird. Diese vorherige Androhung der Verwertung ist für den Sicherungsgeber von essentieller Bedeutung, weil er auf diese Weise Gelegenheit erhält, die gesicherte Forderung zu tilgen. Deshalb sind auch Verwertungsklauseln, die die Pflicht zur vorherigen Verwertungsandrohung außer acht lassen, gem. §9 AGBG zu beanstanden, es sei denn, die vorherige Androhung ist im Sinne von §1234 Abs. 1 BGB untunlich[134].

Um das Sicherungsgut verwerten zu können, hat der Sicherungsnehmer zunächst den unmittelbaren Besitz an der Sache zu erlangen. Mit der Fälligkeit der gesicherten Forderung entsteht für den Sicherungsnehmer ein Her-

---

Verwertung des Sicherungsguts zu beachten, wenn es einen fast neuwertigen Lastkraftwagen einem Endverbraucher zum Händlereinkaufspreis veräußert.

[133] Formular II-1 im Anhang.

[134] Löwe-Westphalen-Trinkner/Westphalen, AGB, Sicherungsübertragung, Rn. 17 ; Serick, Eigentumsvorbehalt und Sicherungsübertragung,Bd. III, S.468 ff.

ausgabeanspruch gem. §985 BGB, falls der Sicherungsgeber seine Schuld bis zu diesem Zeitpunkt noch nicht getilgt hat[135]. Falls der Sicherungsgeber seine Hauptpflicht nicht erfüllt, wird er dadurch ein unberechtigter Besitzer gem. den §§ 987 ff BGB. In dem Fall ist der Sicherungsnehmer berechtigt, durch Klage Herausgabe zu verlangen und in die übereignete Sache vollstrecken zu lassen[136].

In dem hier verwendeten Formular II-1 wird davon ausgegangen, daß dem Sicherungsnehmer das freie Entscheidungsrecht darüber zusteht, in welcher Weise die Verwertung des Sicherungsguts vollzogen werden soll. Hier ist der Sicherungsnehmer verpflichtet, bei den hier eingeräumten Verwertungsmöglichkeiten äußerste Rücksicht auf die Interessen des Sicherungsgebers zu nehmen. Damit gilt das allgemeine ungeschriebene Prinzip der schonenden und bestmöglichen Verwertung für die gesamte Verwertung des Sicherungsgutes[137].

Bei der Verwertung des Sicherungsgutes erkennt vor allem das verwendete Formular einen freihändigen Verkauf vom Sicherungsnehmer an. Der Sicherungsnehmer darf dem Sicherungsgeber keine unangemessenen Nachteile bereiten, weil er durch die Treuhandabrede gegenüber dem Sicherungsgeber gebunden ist. Jede schuldhafte Verletzung der Interessen des Sicherungsgebers, insbesondere jegliche Verschleuderung des Sicherungsgutes, macht den Sicherungsnehmer schadensersatzpflichtig.

Um dem eventuellen Vorwurf des Sicherungsgebers die Sache, verschleudert zu haben, entgegentreten zu können, dürfte es sich in der Praxis empfehlen, ein Schätzgutachten durch einen öffentlich bestellten und vereidigten Sachverständigen einzuholen. Nach dem BGH ist der Sicherungsnehmer aufgrund seiner Pflicht zur bestmöglichen Verwertung zwar gehalten, eine vom Sicherungsgeber nachgewiesene günstige Verwertungsmöglichkeit sorgfältig zu prüfen und diese auszunutzen. Das bedeutet aber nicht, daß der Sicherungsnehmer verpflichtet ist, mit jedem vom Sicherungsgeber benannten angeblichen Interessenten von sich aus Kontakt aufzunehmen und zu verhandeln. Es ist vielmehr Sache des Sicherungsgebers, mit dem Interessenten die erforderlichen Verhandlungen zu führen, einen Kaufvertrag mit gesicherter Finanzierung vorzubereiten und dann den Sicherungsnehmer zur Mitwirkung an diesem Vertrag aufzufordern[138]. Weitergehende Pflichten treffen den Sicherungsnehmer, wenn er den Sicherungsgeber über den Eintritt eines Interessenten in die Sicherungsabrede und das Schuldverhältnis, aus dem die gesicherte Forderung resultiert, verhandeln läßt und er das Verhandlungsergebnis billigt oder seine Billigung in Aussicht stellt[139].

---

[135] BGHZ 31, 337 ff; Staudinger-Komm/Wiegand, Anh. §§929 ff, Rn. 230.
[136] BGH, NJW 1961, 243 ff; Bülow, Recht der Kreditsicherheiten, S. 361, Rn. 1048.
[137] BGH, WM 1961, 243 ; BGH, WM 1967, 397 ; OLG Düsseldorf, BB 1973, 116 ; Scholz/Lwowski, Das Recht der Kreditsicherung, S. 517, Rn. 615. ; Münch-Vertrag/Westphalen, S. 129.
[138] BGH, NJW 1997, 2672 ; BGH, NJW 2000, 353.
[139] BGH, NJW 2000, 353.

4. Haftung des Sicherungsnehmers bei schlechter Verwertung-pVV

Der Sicherungsnehmer darf das Sicherungsgut nicht verschleudern[140]. Die schuldhafte Verschleuderung macht den Sicherungsnehmer schadensersatzpflichtig. Das gleiche gilt bei einer sonstigen verschuldeten unsachgemäßen Verwertung[141]. Auch eine unzeitgemäße Veräußerung des Sicherungsgutes kann eine Pflichtverletzung darstellen[142]. Schließlich hat ein Sicherungsnehmer, der zur Verwertung verpflichtet ist, sie aber nicht vornimmt, für den Schaden einzustehen, der durch sein schuldhaftes Zögern entsteht[143].

Indem die gesicherte Forderung bereits durch einen Teil des Werts der übereigneten Sache vollständig abgedeckt wurde, der Sicherungsnehmer aber auch den restlichen Teil verwertet hat, verstößt er gegen die ihm aus dem Sicherungsvertrag obliegende Treupflicht. Der Sicherungsnehmer macht sich aufgrund einer positiven Vertragsverletzung gegenüber dem Sicherungsgeber schadensersatzpflichtig[144]. Fraglich ist, wen die Beweislast dafür trifft, daß der Sicherungsnehmer bei Verwertung des Sicherungsgutes die Belange des Sicherungsgebers angemessen berücksichtigt hat. Der BGH[145] bürdet dem Sicherungsgeber die Beweislast für einen Schadensersatzanspruch in vollem Umfang auf. In seiner Entscheidung vom 30. 06. 1967 hat der BGH die Auffassung vertreten, daß der Sicherungsnehmer nicht die Beweislast dafür trage, welche Vorkehrungen er bei Verwertung des Sicherungsgutes für die Erzielung eines marktgerechten Preises getroffen habe, weil die bloße Möglichkeit, daß ein Kunde des Sicherungsgebers aus Entgegenkommen einen höheren als den marktgerechten und vorher vom Sicherungsgeber selbst erzielten Preises bezahlt hätte, nicht genüge, um die hohe Wahrscheinlichkeit eines Schadensersatzanspruchs zu begründen, die für den Erlaß eines Grundurteils erforderlich sei.

Diese Entscheidung ist in mehreren Aspekten fraglich. Zuerst ist bei dieser Frage davon auszugehen, daß der Sicherungsübereignungsvertrag ein Treuhandverhältnis darstellt und somit der Sicherungsnehmer als Treuhänder auch bei Verwertung des Sicherungsgutes stets auch die Interessen des Sicherungsgebers (Treugebers) wahren muß. Diese Interessenwahrung wird sich im Allgemeinen darauf erstrecken, daß der Sicherungsnehmer Schritte unternimmt, um das Sicherungsgut zu einem möglichst hohen Preis veräußern zu können. Anhaltspunkt für die Preisgestaltung wird in der Regel der Marktpreis des Sicherungsgutes sein[146].

---

140 OLG Nürnberg, JR 1958, 22.
141 Vgl. OLG Nürnberg, JR 1958, 22 ff; OLG Hamm, BB 1951, 974.
142 BGH, WM 1959, 563.
143 BGH, WM 1966, 756 ; Serick, Eigentumsvorbehalt und Sicherungsübertragung, Bd. III, S. 470, 471.
144 Bülow, Recht der Kreditsicherheiten, S. 361, Rn. 1049 .
145 BGH, WM 1967, 1008 ff.
146 Trinkner, BB 1967, 1224.

Verletzt nun der Sicherungsnehmer seine Pflicht, das Sicherungsgut zweckentsprechend zu verwerten, so kann ihn der Sicherungsgeber unter dem Gesichtspunkt der positiven Vertragsverletzung in Anspruch nehmen. Überlegt man, daß der Sicherungsnehmer beim Sicherungsvertrag gewöhnlich alle Befugnisse des Sicherungsgebers über das Sicherungsgut in seiner Person vereinigt und diesen auch von der tatsächlichen und rechtlichen Einwirkung darauf ausschließt, ergibt sich, daß die Verwertung des Sicherungsgutes daher in aller Regel dem Gefahrenbereich des Sicherungsnehmers zuzurechnen sein dürfte. Ergibt sich ein Gefahrenbereich des Schuldners, auf den der Gläubiger keine tatsächliche oder rechtliche Einwirkungsmöglichkeit hat, so steht einer analogen Anwendung des §282 BGB im Fall der positiven Vertragsverletzung nichts entgegen.

Der BGH hat schon für eine Reihe von Vertragstypen in analoger Anwendung der Bestimmungen der §§282, 285 BGB die Umkehrung der Beweislast, über den Rahmen der Unmöglichkeit hinaus, auch auf Fälle der positiven Vertragsverletzung ausgedehnt[147]. In analoger Anwendung der §§ 282, 285 BGB muß der Sicherungsnehmer die Beweislast dafür tragen, daß er bei der Verwertung alles Zumutbare unternommen hat, um den Treugeber vor Schaden zu bewahren. Voraussetzung für diese Entlastungspflicht ist jedoch, daß der Sicherungsgeber zunächst nachweist, daß der Sicherungsnehmer z. B. unter dem Marktpreis verkauft hat (Beweislastverteilung)[148]. Der BGH hat in seiner Entscheidung vom 05. 10. 1999 die Auffassung vertreten, dass es Sache des Sicherungsgebers sei, mit dem Interessenten des Sicherungsguts die erforderlichen Verhandlungen zu führen, einen Kaufvertrag mit gesicherter Finanzierung vorzubereiten und den Sicherungsnehmer zur Mitwirkung an diesem Vertrag aufzufordern[149].

V. Rechtsstellung der Parteien im Außenverhältnis

1.Einzelzwangsvollstreckung

Bei der Sicherungsübereignung besitzt der Sicherungsgeber das Sicherungsgut unmittelbar. Damit ist eine Zwangsvollstreckung durch den Gläubiger des Sicherungsnehmers kaum vorstellbar. Wenn sich das Sicherungsgut ausnahmsweise im Gewahrsam des Sicherungsnehmers, z. B. wegen Reparatur, usw. befindet, kann der Gläubiger des Sicherungsnehmers vollstrecken. Bei der Pfändung beweglicher Sachen ist der Gerichtsvollzieher nicht verpflichtet, die Eigentumsverhältnisse des Sicherungsgutes zu überprüfen, sondern hat nur auf den Gewahrsam des Schuldners zu achten (i.V.m. §808 Abs.1 ZPO). In diesem Fall kann der Sicherungsgeber nach der herrschen-

---

[147] Serick, Eigentumsvorbehalt und Sicherungsübertragung, Bd. III, S. 473 ; Trinkner, BB 1967, 1224 ff.
[148] Trinkner, BB 1967, 1225 ; Münch-Vertrag/Westphalen, S. 130.
[149] BGH, NJW 2000, 353.

den Meinung dieser Vollstreckung mit der Drittwiderspruchsklage (§771 ZPO) entgegentreten, weil das Sicherungsgut dem Sicherungsnehmer nur treuhänderisch übereignet wird und deshalb nicht dessen volles Eigentum ist, sondern dem Vermögen des Sicherungsgebers zugeordnet werden muß[150].

Da bei der Sicherungsübereignung in der Regel der Sicherungsgeber das Sicherungsgut unmittelbar besitzt, kann sein Gläubiger in das Sicherungsgut vollstrecken. Damit wird das Recht des Sicherungsnehmers gefährdet, falls die Schuld des Sicherungsgebers noch nicht getilgt ist. Das Reichsgericht[151] hat in einem Urteil im Jahre 1929 festgestellt, daß das durch Sicherungsübereignung erworbene Eigentum, d. h. das Sicherungseigentum, ein die Veräußerung hinderndes Recht i. S. d. §771 ZPO darstellt. Die Besitzübertragung durch ein Besitzmittlungsverhältnis gemäß §930 BGB begründet volles bürgerliches Eigentum des Sicherungsnehmers. Damit ist die dingliche Wirksamkeit der Übertragung auch nicht durch eine Vereinbarung der Beteiligten zu ändern. Der BGH hat an dieser Ansicht des Reichsgerichts festgehalten[152]. Im Schrifttum schließt sich die herrschende Auffassung dem Reichsgericht an, d. h. auch sie betrachtet das Sicherungseigentum als ein die Veräußerung hinderndes Recht im Sinne von §771 ZPO gesteht dem Sicherungsnehmer eine Drittwiderspruchsklage zu[153].

Dagegen steht dem Sicherungsnehmer nach der Mindermeinung lediglich ein Recht auf vorzugsweise Befriedigung gem. §805 ZPO zu. Diese Auffassung beruht vor allem auf der Annahme, daß die Sicherungsübereignung in Wahrheit eine verschleierte Pfandbestellung ist und der Sicherungsnehmer in der Insolvenz bloß ein Recht auf Absonderung hat[154].

---

[150] Soergel-Komm/Mühl, §930, Rn.23 ; Palandt/Bassenge, §930 4e, Rn. 22 ; Weber, Kreditsicherheiten, S. 164, 165.

[151] RGZ 124, 73 ff ; Serick, Eigentumsvorbehalt und Sicherungsübertragung, Bd. III, S.202 ff.

[152] BGHZ 12, 232 ; deutlich angewendet.....„Das Bundesgericht hat angenommen, die Klägerin habe als die Sicherungsnehmerin ein die Veräußerung hinderndes Recht an den von den Beklagten gefährdeten Gegenständen. Diese Annahme entspricht der ständigen Rechtsprechung des Reichsgerichts, der sich auch der Bundesgerichtshof bereits angeschlossen hat..." ; so auch BGHZ 72, 142. ...„Das auf der Sicherungsübereignung beruhende Treuhandverhältnis konnte...ein Widerspruchsrecht nach §771 ZPO begründen."

[153] Serick, Eigentumsvorbehalt und Sicherungsübertragung, Bd. III, S. 203.

[154] Wolf/Raiser, Sachenrecht, S.742 ; LG Berlin (west), JR 1952, 249 ff, ...„doch ist in der Rechtsprechung seit langem anerkannt, RGZ 118, 209, daß im Konkursfall das Eigentum nicht von den zugrundeliegenden schuldrechtlichen Beziehungen völlig getrennt werden kann. ...Es kann daher der bisher herrschenden, vom Reichsgericht vertretenen Ansicht, nicht gefolgt werden, daß zwar im Konkurs das Sicherungseigentum seiner Wirkung als absolutes, dingliches Recht entkleidet werden und wie ein Pfandrecht nur zur Absonderung, nicht Aussonderung führen kann, während es bei Einzelzwangsvollstreckung wiederum seine volle, dingliche Wirkung als ein die Veräußerung hinderndes Recht äußern solle. Eine unterschiedliche Behandlung kann

In der Praxis läßt die Bank (=Sicherungsnehmerin) in ihrem Formular den Sicherungsgeber sich verpflichten, sie unverzüglich darüber zu unterrichten, wenn und soweit das Sicherungsgut durch Pfändung oder sonstige Maßnahmen Dritter beeinträchtigt oder gefährdet wird.

Wenn der Sicherungsnehmer die rechtzeitige Erhebung der Drittwiderspruchsklage gemäß §771 ZPO versäumt und während dieser Zeit das Eigentum an dem Sicherungsgut durch Zwangsvollstreckung an den Erwerber übergegangen ist, dann kann der Sicherungsnehmer ihm gegenüber den Anspruch gemäß § 812 Abs. 1 S. 1 2. Alt. BGB (Eingriffskondiktion) geltend machen, weil die Pfändung stets zur Konsequenz hat, daß das Sicherungsgut staatlich beschlagnahmt wird. Damit wird es öffentlichrechtlich verstrickt, was dann die Grundlage für die vollstreckungsrechtliche Verwertung des Sicherungsguts ist[155]. Dies wird auch von der Judikatur des BGH anerkannt[156]. Der Anspruch aus §812 Abs. 1. S. 1 2. Alt. BGB bezweckt die Herausgabe des Erlöses [157]. Der Erlös tritt in analoger Anwendung von §1274 S. 2 BGB an die Stelle des Sicherungseigentums, so daß zunächst der Sicherungsnehmer Eigentümer des Erlöses wird[158]. Infolge der Aushändigung des Erlöses an den Vollstreckungsgläubiger büßt der Sicherungsnehmer jedoch sein Eigentum ein. Kraft staatlichen Zwangsaktes hat der Pfändungsgläubiger Eigentum auf Kosten des Sicherungsnehmers an dem Erlös erlangt. Somit liegt eine Bereicherung gemäß. §812 Abs. 1 S. 1 BGB vor. Darüber hinaus bleibt dem Sicherungsnehmer die Möglichkeit offen, Schadensersatzansprüche gegenüber dem Pfändungsgläubiger gemäß den §§823 Abs. 1 u. 826 BGB geltend zu machen[159].

2. Insolvenzverfahren

a. Verstärkte Rechtsstellung des Insolvenzverwalters bei Verwertung

§127 Abs. 1 KO sah für die Verwertung beweglicher Gegenstände ein Verwertungsvorrecht zugunsten des Konkursverwalters vor. Der Absonderungsberechtigte konnte die Ausübung des Verwertungsrechts des Konkurs-

---

auch deshalb nicht anerkannt werden".

[155] RGZ 156, 399.

[156] BGH, WM 1972, 760, 761, hat eine kreditgebende Bank als Sicherungsnehmerin durch eine Versteigerung aufgrund vorangegangener Pfändung ihr Eigentum an dem Sicherungsgut verloren und wurde der Versteigerungserlös vom Gerichtsvollzieher dem Pfändungspfandgläubiger überwiesen, hat sie gegen diesen in Höhe des Pfanderlöses einen Anspruch aus ungerechtfertigter Bereicherung auch dann, wenn sie die Erhebung der Drittwiderspruchsklage oder der Klage auf vorzugsweise Befriedigung versäumt hat.

[157] RGZ 156, 399.

[158] Serick, Eigentumsvorbehalt und Sicherungsübertragung, Bd. I, S. 299.

[159] Münch-Vertrag/Westphalen, S. 132.

verwalters durch eine vom Gericht anberaumte Frist zeitlich begrenzen, um einer Verzögerung der Verwertung des Schuldnervermögens vorzubeugen. Gemäß §127 Abs. 2 KO stand dem Absonderungsberechtigten ausnahmsweise das Verwertungsrecht zu[160].

In der Rechtspraxis unter der alten KO hat sich das Regel-Ausnahme-Verhältnis der beiden Absätze des §127 KO umgekehrt, so daß die Selbstverwertung durch den Gläubiger den Regel- und die Verwertung durch den Konkursverwalter den Ausnahmefall dargestellt hat[161]. Dem Sicherungsnehmer stand nach der herrschenden Meinung im Konkurs des Sicherungsgebers ein Herausgabeanspruch zum Zweck der abgesonderten Befriedigung zu. Dies ergab sich daraus, daß der Sicherungsnehmer grundsätzlich berechtigt sein sollte, sich ohne ein gerichtliches Verfahren zu befriedigen[162]. Dieser Herausgabeanspruch des Sicherungsnehmers zur abgesonderten Befriedigung gegenüber der Masse störte ein geordnetes Verwertungsverfahren erheblich, weil eine Gesamtverwertung des Gemeinschuldnervermögens weitestgehend unmöglich gemacht wurde[163].

Nach der neuen Insolvenzordnung kommt es bei der Verwertung des Sicherungsguts darauf an, wer es im Zeitpunkt der Verfahrenseröffnung im unmittelbaren Besitz hat (§166 InsO). Wenn der Insolvenzverwalter das Sicherungsgut in Besitz nimmt, darf er es selbst verwerten. Zwar hat die neue InsO rechtstechnisch das Regel-Ausnahme-Verhältnis über das Verwertungsrecht der KO übernommen und berührt daher das Selbstverwertungsrecht des Sicherungsgläubigers nicht; die Bedeutung des Verwertungsrechts hängt jedoch in der Praxis davon ab, wieviel Raum der Anwendungsbereich der Ausnahmeregelung inhaltlich einnimmt. Dazu führt §166 Abs. 1 InsO aus, daß der Insolvenzverwalter stets dann zur freihändigen Verwertung von beweglichen Gegenständen mit Absonderungsrechten befugt sein soll, wenn er die Sache in seinem Besitz hat. Gemeint ist in diesem Zusammenhang nur der unmittelbare Besitz des Insolvenzverwalters. Dies wird regelmäßig nach Eröffnung des Insolvenzverfahrens der Fall sein (§148 Abs. 1 InsO). Für die Verwertungsbefugnis des Insolvenzverwalters ist es jedoch ausreichend, wenn er den Besitz bereits im Antragsverfahren als vorläufiger Insolvenzverwalter erworben hat und diese Besitzsituation sodann aufgrund eines Veräußerungsverbots auch gegenüber dem Gläubiger verteidigen kann[164]. Den Insolvenzverwalter, der die Sicherungsgegenstände unmittelbar besitzt und sie verwerten darf, trifft kein Verwertungszwang. Vielmehr kann der Insolvenzverwalter gemäß §170 Abs. 2 InsO dem Sicherungsgläubiger das Sicherungsgut zur Verwertung überlassen[165].

---

160 Hilgers, Besitzlose Mobiliarsicherheiten im Absonderungsverfahren unter besonderer Berücksichtigung der Verwertungsprobleme, S. 85 ; OLG Schleswig, NJW 1967, 988.
161 Hilgers, a.a.O., S. 85 ; KG, JZ 1956, 123, 124.
162 Hilgers, a. a. O., S. 87 u. 88.
163 Hilgers, a. a. O., S. 87.
164 Funk, Die Sicherungsübereignung in Einzelzwangsvollstreckung und Insolvenz, S. 76.
165 Funk, a. a. O., S. 78

Grundsätzlich sind zwei Möglichkeiten denkbar, auf welche Weise der Insolvenzverwalter dem Gläubiger die Verwertungsbefugnis an seinem Sicherungsgut nachträglich verschaffen kann. Die erste besteht darin, daß er dem Sicherungsgläubiger den unmittelbaren Besitz am Sicherungsgut verschafft. Damit verliert er das Verwertungsrecht über die Sicherungsgegenstände und der Sicherungsgläubiger erwirbt automatisch das Verwertungsrecht. Er kann nach §173 Abs. 1 InsO die Sicherungsgegenstände selbst verwerten. Die andere Möglichkeit liegt darin, daß der Insolvenzverwalter die Sicherungsgegenstände aus der Insolvenzmasse freigibt. Die Sicherungsgegenstände werden dadurch zum insolvenzfreien Vermögen des Gemeinschuldners. Im Unterschied zu einer Besitzüberlassung resultiert die Verwertungsbefugnis des Gläubigers sodann nicht aus der InsO, sondern aus der zwischen dem Gemeinschuldner als Sicherungsgeber und dem Sicherungsgläubiger ursprünglich getroffenen Sicherungsabrede[166].

Etwas anderes gilt, sofern der Sicherungsnehmer vor Eröffnung des Insolvenzverfahrens bereits seinen Herausgabeanspruch geltend gemacht und das ihm so übereignete Sicherungsgut zum Zweck der Verwertung an sich gezogen hat[167]. Da §166 Abs. 1 InsO nur auf die Besitzsituation am Sicherungsgut abstellt und nicht nach bestimmten Sicherungsformen unterscheidet, darf der Sicherungsnehmer in diesem Fall seine Verwertung fortsetzen. Eine Rückgabepflicht an den Insolvenzverwalter besteht nicht[168].

Die Ausführlichkeit der insolvenzrechtlichen gegenüber der konkursrechtlichen Regelung hat ihren Grund darin, daß der Verlust des Selbstverwertungsrechts für den Sicherungsgläubiger möglichst keine wirtschaftliche Entwertung des Sicherungsguts mit sich bringen soll und daher entsprechende Ausgleichsregelungen erfordert. Inhaltlich schafft die Insolvenzordnung diesen Ausgleich damit, daß der Insolvenzverwalter zunächst zur Auskunft über den Zustand des Sicherungsgutes (§167 InsO) sowie zur Mitteilung der Veräußerungsabsicht (§168 InsO) verpflichtet ist. Weiterhin wird in §169 InsO eine Zinspflicht des Insolvenzverwalters statuiert, die diesen von einer verzögerten Verwertung des Sicherungsgutes abhalten soll und auf diese Weise dem Schutz des Sicherungsnehmers zu dienen bestimmt ist. Unabhängig von diesen Schutzmaßnahmen hat der Gesetzgeber in den §§170 und 171 InsO die Gelegenheit ergriffen, die in der KO bisher unbehandelte Frage zu regeln, wer die Kosten der Verwer-tung des Sicherungsguts tragen soll[169].

Der Insolvenzverwalter ist verpflichtet, dem absonderungsberechtigten Gläubiger über den Zustand der Sache zu informieren (§167 InsO). Vor Veräußerung (also Verwertung) muß der Insolvenzverwalter den Gläubiger davon verständigen, an wen und zu welchem Preis dies geschehen soll (sog. modifiziertes Eintrittsrecht des Sicherungsnehmers, §168 InsO).

---

166 Funk, a. a. O., S. 79.
167 Funk, a. a. O., S. 77 ; Obermüller/Hess, InsO, S.205, Rn. 772.
168 Funk, a. a. O., S. 77.
169 Funk, a. a. O., S. 75.

Damit bietet sich dem Sicherungsnehmer ein guter Schutz vor unvorteilhaften Veräußerungen des Sicherungsguts durch den Insolvenzverwalter. Es gibt dem Sicherungsgläubiger die Möglichkeit, das Verwertungsgeschehen an dem für ihn entscheidensten Punkt zu beeinflussen, ohne selbst verwertungsbefugt zu sein[170]. Zusätzlich ist der Insolvenzverwalter dazu verpflichtet, die gesicherte Forderung des Sicherungsgläubigers zu verzinsen, solange er den betroffenen Gegenstand noch nicht verwertet hat (§169 S. 1 InsO).

Die Zinspflicht des Insolvenzverwalters wäre jedoch ungerechtfertigt, sofern der Wert des Sicherungsgutes so gering, die sonstige vorrangige Belastung des Sicherungsgutes und die Höhe der von dem Gläubiger zu sichernden Forderung hingegen so hoch wäre, daß der Gläubiger nach realistischer Einschätzung gar nicht damit rechnen darf, aus dem Verwertungserlös befriedigt zu werden. Die Zinspflicht aus §169 S. 1 InsO stellt nur einen Ausgleich für die ihm durch eine verzögerte Verwertung entzogene Liquidität dar.

Vorzeitige Liquidität geht aber nur demjenigen Gläubiger verloren, der aller Wahrscheinlichkeit nach auch tatsächlich aus dem finanziellen Wert des Sicherungsgutes befriedigt werden wird. Lediglich formal gesicherten Gläubigern, ohne eine reelle Chance auf eine bevorzugte Befriedigung, steht aus diesem Grund nach §169 S. 3 InsO kein Zinsanspruch zu[171]. Ab dem Berichtstermin bis zur Verwertung sind u. U. an den absonderungsberechtigten Gläubiger Zinsen aus der Masse zu zahlen (§169 InsO). Die Ausklammerung des Zeitraumes von der Verfahrenseröffnung bis zum Berichtstermin bedeutet allerdings nicht, daß die Forderung in dieser Zeit unverzinst bleibt. Dabei dient die übertragene Sicherheit auch als Absicherung für die auf diesen Zeitraum anfallenden Zinsen.

Im Unterschied zu §169 InsO werden diese Zinsen aber erst berücksichtigt, wenn die gesicherte Forderung und der Verwertungserlös miteinander verrechnet werden, und nicht bereits zuvor aus der Masse gezogen worden sind[172]. Schließlich führt §169 InsO in finanzieller Hinsicht zur schnellen Verwertung der Insolvenzmasse[173], indem an die Stelle des Selbstverwaltungsrechtes des Sicherungsnehmers gemäß §127 Abs. 2 KO das Fremdverwertungsrecht des Insolvenzverwalters tritt (§§166 bis 173 InsO).

[170] Funk, a. a. O., S. 85.
[171] Funk, a.a.O., S. 90.
[172] Funk, a.a.O., S. 91.
[173] §169 und §159 InsO dienen demselben Ziel. §159 InsO verpflichtet den Insolvenzverwalter, die Insolvenzmasse und damit auch das Sicherungsgut „unverzüglich" zu verwerten. Eine schuldhafte Verletzung dieser Pflicht macht ihn bereits gemäß §60 InsO gegenüber allen Beteiligten des Verfahrens schadensersatzpflichtig, Schmidt-Räntsch, Insolvenzordnung mit Einführungsgesetz, §169, S. 336, Rn.2.

b. Insolvenz des Sicherungsgebers

Mit der Eröffnung des Insolvenzverfahrens hat der Insolvenzverwalter die Pflicht, das gesamte zur Insolvenzmasse gehörige Vermögen des Schuldners in Besitz zu nehmen (§148 Abs. 1 InsO). Allein der Besitz der zur Insolvenzmasse gehörenden Gegenstände eröffnet ihm aber auch die Möglickeit, das schuldnerische Unternehmen nach seiner Inbesitznahme ungehindert fortzuführen.

Während bei der Einzelzwangsvollstreckung eines anderen Gläubigers des Sicherungsgebers der Sicherungsnehmer als Volleigentümer Drittwiderspruchsklage erheben kann, erhält er bei Insolvenz des Sicherungsgebers nur die Rechtsstellung eines Pfandgläubigers und dementsprechend nur das Absonderungsrecht gemäß §51 Nr. 1 InsO. Dies zeigt deutlich den Unterschied der Rechtsstellung des Sicherungsnehmers bei der Zwangsvollstreckung und im Insolvenzverfahren. Heute wird diese unterschiedliche Behandlung durchaus als sachgerecht und sinnvoll anerkannt. Begründet wird sie damit, daß das Sicherungsgut nicht dauerhaft aus dem Vermögen des Sicherungsgebers ausscheidet, weil der Sicherungsnehmer dafür kein Entgelt geleistet hat. Dadurch, daß das Sicherungsgut an den Sicherungsgeber zurückfällt, kann vermieden werden, daß es dauerhaft aus dem Vermögen des Sicherungsgebers ausscheidet.

Da, wie bereits ausgeführt, §166 InsO das Verwertungsrecht davon abhängen läßt, wer den unmittelbaren Besitz an der Sache hat, ist der Sicherungsnehmer nicht in der Lage, das im Besitz des Insolvenzverwalters liegende Sicherungsgut von ihm zur Verwirklichung seines Absonderungsrechts herauszuverlangen und es selbst zu verwerten. Nach §166 InsO haben die notleidenden Unternehmen die Möglichkeit, sich sanieren zu lassen. Durch das Verwertungsrecht des Insolvenzverwalters wird verhindert, daß die absonderungsberechtigten Gläubiger verwertungsreife Gegenstände an sich ziehen und ohne Rücksicht auf die übrigen Gläubiger nur zur Befriedigung ihrer eigenen Forderungen zu ungünstigen Preisen verwerten können[174]. Zu diesem Zweck ist der Insolvenzverwalter darauf angewiesen, alle zur wirtschaftlichen Einheit des Unternehmens gehörenden Gegenstände weiter verwenden zu dürfen. Darunter ist sowohl das Recht zur Nutzung von Gegenständen, als auch die Entscheidung darüber zu ver-stehen, ob eine Sache verarbeitet oder mit einer anderen verbunden oder vermischt werden soll.

Dies gilt allerdings nur solange, wie das Recht des Gläubigers an der Sache durch diese Vorgänge nicht beeinträchtigt wird (§172 Abs. 2 S. 1, 2. HS. InsO). Das Bedürfnis des Insolvenzverwalters, bestimmte Massegegenstände zu verwenden, besteht im gleichen Umfang bei unbelasteten und belasteten Gegenständen. Gerade zur Absonderung berechtigende Gegenstände sind zumeist Teil des Vermögensverbundes und als solche für die Fortfüh-

[174] Baur/Stürner, Sachenrecht, S. 723, Rn. 31.

rung des Unternehmens unentbehrlich. Aus diesem Grund normiert §172 Abs. 1 S. 1 InsO zunächst das Recht des Insolvenzverwalters, die seiner Verwertungsbefugnis unterliegenden Gegenstände bis zum Zeitpunkt der Verwertung auch zu nutzen. Der durch eine Benutzung entstehende Wertverlust des Sicherungsgutes führt zu einer Wertminderung und diese beeinträchtigt die Absicherung des Gläubigers. Daher ist der Insolvenzverwalter ab Beginn der Nutzung zu laufenden Ausgleichszahlungen an den Gläubiger aus der Masse verpflichtet (§172 InsO). Unterbleiben die Ausgleichszahlungen, kann der Gläubiger die Rückstände als Masseforderung geltend machen[175]. Diese Ausgleichszahlungspflicht kann verhindert werden, wenn der Insolvenzverwalter dem Gläubiger eine Ersatzsicherheit anbietet[176].

Wird das Sicherungsgut vom Insolvenzverwalter verwertet, hat der Gläubiger zunächst zwar nur einen Anspruch auf rangmäßige Befriedigung aus dem Reinerlös, doch besteht das Absonderungsrecht am Erlös fort, solange der Erlös unterscheidbar vorhanden ist (z. B. bei Hinterlegung des Geldes). Wird dagegen der Erlös mit Massegeldern ununterscheidbar vermengt (z. B. Bargeld in derselben Kasse), besteht nur noch ein Masseschuldanspruch des Gläubigers nach §55 Abs. 1 Nr. 3 od. Nr. 1 InsO, so daß sich bei unzulänglicher Masse, aufgrund der in §209 InsO geregelten Rangordnung, die Stellung des Gläubigers erheblich verschlechtern kann. Zum Ausgleich hat der Gläubiger dann u.U. Schadensersatzansprüche gegen den Insolvenzverwalter nach §60 InsO, weil dieser die Gelder vermengt hat[177]. Nach der alten Konkursordnung konnte sich der Sicherungsnehmer, der aus dem Sicherungsgut nicht vollständig zu befriedigen war, mit seiner Ausfallforderung als Insolvenzgläubiger aus der Insolvenzmasse befriedigen (§64 KO). Darüber hinaus hat die neue Insolvenzordnung in §52 InsO klar gemacht, daß die Absonderungsberechtigten, denen gegenüber der Schuldner persönlich haftet, im Grundsatz mit der vollen Höhe ihrer Forderungen als Insolvenzgläubiger zu betrachten sind[178].

Gemäß §170 InsO sind im unmittelbaren Anschluß an die Verwertung und vor Befriedigung des Gläubigers aus dem Verwertungserlös, die Kosten der Feststellung und der Verwertung des Sicherungsgutes vorweg der Insolvenzmasse zu entnehmen. Unter den Kosten der Verwertung faßt der Gesetzgeber die bei dem eigentlichen Verwertungsvorgang entstehenden Ausgaben zusammen, eine eventuell anfallende Umsatzsteuerforderung des Staates inbegriffen. Demgegenüber zählen die Kosten der Erhaltung und der Verwaltung des Sicherungsgutes nicht zu den Verwertungskosten aus §170 Abs. 1 InsO[179].

---

[175] Funk, Die Sicherungsübereignung in Einzelzwangsvollstreckung und Insolvenz, S. 87-88.

[176] Funk, a.a.O., S. 88.

[177] Zimmermann, Insolvenzrecht, S.106, 107.

[178] Wimmer-Ahrens, InsO, §52, Rn.1.

[179] Funk, Die Sicherungübereignung in Einzelzwangsvollstreckung und Insolvenz, S. 92, 93.

Wie bereits erörtert, ist die Umsatzsteuerforderung in den Verwertungskosten enthalten, d.h., die Umsatzsteuerforderung gehört zu den vom Gläubiger zu tragenden Kosten (vgl. §§170 Abs. 2 u. 171 Abs. 2 S. 3 InsO). Bei genauer Betrachtung handelt es sich in §171 Abs. 2 S. 3 InsO um eine gesetzlich vorgeschriebene Ausgleichsregelung. Inhaltlich wird der Sicherungsgläubiger gegenüber dem Insolvenzverwalter verpflichtet, die der Insolvenzmasse bei der Verwertung des Sicherungsguts nach dem UStG gegenüber dem Staat entstehenden Umsatzsteuerkosten aus dem Erlös des Sicherungsgutes zu ersetzen, wenn der Insolvenzverwalter das Sicherungsgut verwertet. Erst nachdem dies geschehen ist, soll der Sicherungsgläubiger berechtigt sein, sich aus dem verbleibenden Betrag vorab zu befriedigen (§ 170 Abs.1 S. 2 InsO). Bei der Selbstverwertung durch den Gläubiger (§ 173 InsO) kann dieser eine eventuell anfallende Umsatzsteuer faktisch auf die Masse abwälzen[180].

Wie schon in §171 Abs. 2 S. 3 InsO handelt es sich bei dem vom Gläubiger zu leistenden Umsatzsteuerbetrag aus §170 Abs. 2 InsO nicht um eine eigene Steuerschuld des Gläubigers, sondern erneut um den Ausgleich derjenigen Steuerschuld, die der Insolvenzmasse durch die Überlassung des Sicherungsgutes an den Gläubiger entsteht[181]. Gemäß §12 Abs. 1 UStG beträgt die Höhe der Umsatzsteuer momentan 16% ihrer Bemessungsgrundlage. Als Bemessungsgrundlage ist der bei der Veräußerung des Sicherungsgutes erzielte Erlös anzusetzen (§10 Abs. 1 S. 1 UStG).

Aufgrund von § 48 S.1 InsO hat der Aussonderungsberechtigte einen Ersatzanspruch auf die ausstehende Gegenleistung für die Veräußerung. Wenn diese Veräußerung schon durchgeführt worden ist, kann der Aussonderungsberechtigte einen Anspruch gegen die Masse haben (§ 48 S.2 InsO). Es fragt sich, ob für den Fall der Absonderung § 48 InsO angewendet werden kann. Zwar fehlt es an einer gesetzlichen Regelung, doch ist ein Ersatzabsonderungsrecht zu bejahen[182], denn der Absonderungsberechtigte soll nicht schlechter gestellt werden, als ein aussonderungsberechtigter Eigentümer[183].

Nach §103 InsO kann, wenn ein gegenseitiger Vertrag zur Zeit der Eröffnung des Insolvenzverfahrens des Schuldners vom anderen Teil (Gläubiger) nicht oder nicht vollständig erfüllt wurde, der Insolvenzverwalter sein Wahlrecht ausüben. Er kann anstelle des Schuldners den Vertrag erfüllen und die Erfüllung vom anderem Teil verlangen[184]. Bezüglich §103 InsO fragt sich, ob der Insolvenzverwalter den Sicherungsvertrag erfüllen und die Rückübertragung des zur Sicherheit auf den Sicherungsnehmer übertrageen Gegenstandes verlangen kann. Dies ist zu verneinen, „weil es sich bei dem

---

180 Zimmermann, Insolvenzrecht, S. 107.

181 Funk, Die Sicherungsübereignung in Einzelzwangsvollstreckung und Insolvenz, S. 98-99.

182 Bülow, Recht der Kreditsicherheiten, S.367, Rn. 1063.

183 Zimmermann, Insolvenzrecht, S. 54.

184 Vgl. Kapitel. 2 A. V. 2. ff.

Sicherungsvertrag nicht um einen gegenseitigen Vertrag handelt“[185]. Falls der Anspruch auf Rückübertragung des Sicherungsgebers vor der Verfahrenseröffnung von ihm abgetreten worden ist, wird der Zessionar Inhaber des Anspruchs. Da der Rückübertragungsanspruch kein zukünftiger, sondern ein bereits mit Übertragung des Gegenstandes auf den Sicherungsnehmer aufschiebend bedingt entstandener An-spruch ist, greift §91, Abs.1 InsO hier nicht ein[186].

c. Insolvenz des Sicherungsnehmers

§51 Nr. 1 InsO beschäftigt sich nur mit dem einseitigen Fall, daß der Sicherungsgeber insolvent ist und deshalb über sein Vermögen das Insolvenzverfahren eröffnet werden muß. Die umgekehrte Situation, in der der Sicherungsnehmer nicht mehr in der Lage ist, seine fälligen Verbindlichkeiten zu erfüllen und daher insolvent wird, regelt die InsO nicht explizit[187]. Bezüglich dieses Problems war die überwiegende Ansicht bei Geltung der Konkursordnung der Meinung, daß dem Sicherungsgeber im Konkurs des Sicherungsnehmers ein Aussonderungsrecht nach §43 KO zusteht, dessen Voraussetzung darin liegt, daß der Sicherungsgeber seine Schuld vollständig getilgt hat[188].

Für das Aussonderungsrecht des Sicherungsgebers gab es unterschiedliche dogmatische Begründungen. So soll z. B. der Sicherungsgeber etwa aussonderungsberechtigt sein, weil er infolge des relativen Eigentums des Sicherungsnehmers im Verhältnis zu diesem nach wie vor Eigentümer sei[189].

Weiterhin ergebe sich das Aussonderungsrecht des Sicherungsgebers aus dessen materiellem Eigentum[190], seiner Stellung als Treugeber[191] oder aus der quasi-dinglichen Wirkung des Sicherungsvertrages bzw. dem Umwandlungsprinzip[192], durch das der Sicherungsgeber mit der Eröffnung des Insolvenzverfahrens automatisch wieder Eigentümer des Sicherungsguts werde. Schließlich erhalte der Sicherungsgeber seine Aussonderungsberechtigung

[185] Bülow, a.a.o., S.368, Rn.1065.

[186] Bülow, a.a.O., S.368, Rn.1065a.

[187] Die überwiegende Ansicht ging früher davon aus, daß dem Sicherungsgeber im Konkurs des Sicherungsnehmers ein Aussonderungsrecht nach §43 KO zustehe, dessen Vorliegen zumeist noch daran geknüpft wurde, daß der Sicherungsgeber die gesicherte Forderung des Sicherungsnehmers vorher erfüllt haben soll, Funk, Die Sicherungsübereignung in Einzelzwangsvollstreckung und Insolvenz, S. 160.

[188] Baur/Stürner, Zwangsvollstreckungs-, Konkurs- und Vergleichsrecht, S. Rn. 14. 24 ; Serick, Eigentumsvorbehalt und Sicherungsübertragung, Bd. III, S. 296 ; Reich, Die Sicherungsübereignung, S. 105 ; Bülow, Recht der Kreditsicherheiten, S.369, Rn. 1067.

[189] Wolf/Raiser, Sachenrecht, S. 355.

[190] RGZ 45, 81 ff.

[191] Siebert, Das rechtsgeschäftliche Treuhandverhältnis, S. 167

[192] Serick, Eigentumsvorbehalt und Sicherungsübertragung, S. 214.

aus seiner bei einer unbedingten Sicherungsübereignung durch Anwartschaftsrecht „verdinglichten" Rechtsposition[193] und aus der haftungsrechtlichen Zurechnung zum Vermögen des Sicherungsgebers[194].

Die Aussonderungsberechtigung des Sicherungsgebers ergibt sich meines Erachtens nach daraus, wie die Rechtsnatur der Sicherungsübereignung verstanden werden muß. Da die Sicherungsübereignung ein Treuhandverhältnis ist (hM), ist es auch bei der Insolvenz des Sicherungsnehmers durchzusetzen. Die Eigenschaft des Treuhandverhältnisses besteht darin, daß der Treuhänder (=Sicherungsnehmer) volles Eigentum an den Sicherungsgegenständen erhält, aber über das Sicherungsgut aufgrund der Sicherungsabrede mit dem Treugeber (=Sicherungsgeber) nicht frei verfügen darf. Wegen dieser Sicherungsabrede soll das volle Eigentum des Treuhänders zum Zweck der Sicherheit dienen. Außer zu diesem Zweck kann der Treuhänder sein volles Eigentum nicht durchsetzen. Hier tritt der Sicherungsgeber als Eigentümer auf. Damit ist der Sicherungsgeber aus-sonderungsberechtigt.

Umstritten ist vor allem, ob der Sicherungsgeber vor Fälligkeit seiner Darlehensforderung gleichwohl die gesicherte Forderung tilgen darf, um seinen Aussonderungsanspruch durchzusetzen. Die herrschende Lehre[195] erkennt einerseits dem Sicherungsgeber vor Fälligkeit der gesicherten Darlehensforderung einen Aussonderungsanspruch gegen den unmittelbar besitzenden Insolvenzverwalter zu, andererseits gewährt sie diesem bis zur Tilgung der Forderung das Recht, die Herausgabe zu verweigern. Es kommt jedoch nur selten vor, weil zumeist bei Vereinbarung der Sicherungsübereignung die Übergabe des Sicherungsguts durch ein Besitzkonstitut gem. §930 BGB ersetzt wird und damit der Sicherungsgeber unmittelbarer Besitzer bleibt. In diesem Fall steht dem Sicherungsgeber dem Sicherungsnehmer gegenüber ein Besitzrecht nach §986 BGB zu[196].

---

[193] Reich, AcP 1969, 262 ff.

[194] Gaul, in : FS für Serick, 1992, S. 141ff.

[195] Serick, Eigentumsvorbehalt und Sicherungsübertragung, Bd. III, S. 295.

[196] Funk, Die Sicherungsübereignung in Einzelzwangsvollstreckung und Insolvenz, S. 160.

C. Revolvierende Globalsicherheiten

Revolvierende Globalsicherheit ist kein rechtlicher Begriff. Er resultiert aus den Besonderheiten der Verwendung von Umlaufvermögen zur Kreditsicherung. Dazu gehören auf Seiten der Warenkreditgeber der verlängerte und erweiterte Eigentumsvorbehalt und auf Seiten der Geldkreditgeber die Sicherungsübereignung eines Warenlagers mit wechselndem Bestand und die Globalzession. Es handelt sich dabei um die Übereignung und Abtretung von Rechten, die bereits entstanden sind, und solchen, die erst in der Zukunft entstehen. Wirtschaftlich sind Globalsicherheiten von erheblicher Bedeutung, weil sie zur Erweiterung der Sicherungsgegenstände des Sicherungsgebers dienen und dadurch die Kapitalzirkulation fördern.

Eine gesetzliche Normierung hat diese Rechtsmaterie in den §§47, 50, 51 Nr. I, der Insolvenzordnung erfahren. Das BGB selbst enthält keine entsprechenden Vorschriften. Hier ist die Rechtspraxis in der Tat gestaltend tätig geworden. Die einzelnen Inhalte der Globalsicherheiten werden in den Allgemeinen Geschäftsbedingungen der jeweiligen Verwender (Banken oder Warenlieferanten) geregelt. Dabei werden Sicherungsrecht und Veräußerungsbefugnis miteinader kombiniert. Eine Rechtskontrolle wird durch die gerichtliche Überprüfung der verwendeten Klauselwerke nach dem Maßstab des AGBG gewährleistet.

I. Verlängerter Eigentumsvorbehalt

1.Vereinbarung

Formular[1] I-2 :

§1 : „Wir behalten uns das Eigentum an dem Liefergegenstand bis zum Eingang aller Zahlungen aus dem Liefervertrag vor. Bei vertragswidrigem Verhalten des Käufers, insbesondere bei Zahlungsverzug, sind wir berechtigt, den Liefergegenstand zurückzunehmen ; der Käufer ist zur Herausgabe verpflichtet. In der Zurücknahme des Liefergegenstandes durch uns liegt, sofern nicht die Bestimmungen des Verbraucherkreditgesetzes Anwendung finden, kein Rücktritt vom Vertrag, es sei denn, wir hätten dies ausdrücklich schriftlich erklärt. In der Pfändung des Liefergegenstandes liegt stets ein Rücktritt vom Vertrag. Bei Pfändungen oder sonstigen Eingriffen Dritter hat uns der Käufer unverzüglich schriftlich zu benachrichtigen, damit wir Klage gemäß §771 ZPO erheben können. Soweit der Dritte nicht in der Lage ist, uns die gerichtlichen und außergerichtlichen Kosten einer Klage gemäß §771 ZPO zu erstatten, haftet der Käufer für den uns entstandenen Ausfall".

[1] Formular I-2 im Anhang.

Die Vereinbarung eines verlängerten Eigentumsvorbehalts liegt dann vor, wenn der Eigentumsvorbehalt mit denjenigen Käufern vereinbart wird, die mit der gekauften Sache ein neues Produkt herstellen (§ 950 BGB) oder die gekaufte Sache weiter veräußern möchten. Dies kann dadurch möglich werden, daß der Vorbehaltsverkäufer den Vorbehaltskäufer ermächtigt hat, die Vorbehaltsware weiter zu veräußern oder zu verarbeiten.

In diesem Fall verliert der Verkäufer sein Vorbehaltseigentum, sobald der Vorbehaltskäufer die Vorbehaltsware an einen Dritten veräußert und dieser gemäß den §§929, 185 Abs. 1 BGB das Eigentum an der Sache erwirbt[2] oder durch Verarbeitung der Käufer Eigentümer gemäß §950 BGB wird. Geht man vom Sicherungszweck des Eigentumsvorbehalts aus, bedeutet dies für den Verkäufer den Verlust seines Sicherungsmittels. Um die ungesicherte Rechtsstellung des Verkäufers zu vermeiden, läßt sich der Verkäufer entweder die Forderungen, die aus der Weiterveräußerung der unter Eigentumsvorbehalt gelieferten Sache gegenüber einem Dritten entstehen oder in der Zukunft entstehen würden, im voraus abtreten oder durch eine Verarbeitungsklausel, derzufolge der Verkäufer der Eigentümer an der neu hergestellten Sache wird, vereinbaren[3].

Typischerweise kommt der verlängerte Eigentumsvorbehalt durch eine Vereinbarung zwischen Verkäufer und Käufer nach den Allgemeinen Geschäftsbedingungen des Verkäufers zustande[4]. Die generelle Annahme einer stillschweigenden Vereinbarung aufgrund eines Handelsbrauchs ist insoweit zweifelhaft[5]. Branchenüblicherweise sollte im unternehmerischen Verkehr (§24, S. 1, Nr. 1 AGBG) die stillschweigende Unterwerfung des Vertragspartners des Verwenders unter die AGB als Annahme genügen, d.h., insofern müßte der unternehmerische Vorbehaltskäufer der Einbeziehung seinerseits widersprechen, wenn er sie nicht will[6]. Falls in den Einkaufs-AGB des Käufers eine Abwehrklausel enthalten ist, so ist stets zu prüfen, ob der Käufer trotz dieser Abwehrklausel mit der Geltung einer verlängerten Eigentumsvorbehaltsklausel in den Verkäufer-AGB einverstanden war[7].

Grundsätzlich ist in einem solchen Fall die Vereinbarung eines verlängerten Eigentumsvorbehalts zu verneinen[8]. Im normalen Geschäftsgang wäre die Weiterveräußerungsermächtigung des Verkäufers nur unter der Bedingung zu erteilen, daß der Verkäufer trotz des Untergehens seines Vorbehaltseigentums durch die Weiterveräußerung des Käufers stets die Sicherheit erhält und mit dieser seine Forderung gegenüber dem Käufer zu jeder Zeit begleichen

---

[2] Weber, Kreditsicherheiten, S. 163.
[3] Bülow, Recht der Kreditsicherheiten, S. 438, Rn. 1256/1260.
[4] Bülow, a. a. O., S. 439, Rn. 1261.
[5] Ulmer-Brandner-Hensen/Ulmer, AGBG, §2, Rn. 105.
[6] Bülow, Recht der Kreditsicherheiten, S. 360, Rn. 1261 ; BGH NJW 1971, 2127.
[7] Münch-Vertrag/Westphalen, S. 16, Ulmer-Brandner-Hensen/Ulmer, AGBG, §2, Rn. 104.
[8] Münch-Vertrag/Westphalen, S. 16 ; BGH, NJW 1985, 1838 ff ; BGH, ZIP 1968, 1052 ; Lambsdorff, ZIP 1987, 1370 ff.

kann[9]. Nach dem in der Abwehrklausel des Käufers enthaltenen Veräußerungsverbot ist die Abtretung der Forderung aus der Weiterveräußerung ausgeschlossen und damit fehlt die Voraussetzung für eine Weiterveräußerungsermächtigung[10]. Die Weiterveräußerung der Vorbehaltsware wäre dann die eines Nichtberechtigten[11].

2. Verlängerung durch Vorausabtretung der Forderung

Formular[12] I-2 :

§2 : „Der Käufer ist berechtigt, die Liefergegenstände im ordentlichen Geschäftsgang weiter zu verkaufen ; er tritt uns jedoch bereits jetzt alle Forderungen in Höhe des Fakura-Endbetrags (einschließlich MWST) ab, die ihm aus der Weiterveräußerung gegen seine Abnehmer oder gegen Dritte erwachsen, und zwar unabhängig davon, ob der Liefergegenstand ohne oder nach Vereinbarung weiter verkauft worden ist. Zur Einziehung dieser Forderung ist der Käufer nach deren Abtretung ermächtigt. Unsere Befugnis, die Forderung selbst einzuziehen bleibt hiervon unberührt , jedoch verpflichten wir uns, die Forderung nicht einzuziehen, solange der Käufer seinen Zahlungsverpflichtungen ordnungsgemäß nachkommt und nicht in Zahlungsverzug ist. Ist jedoch der Fall, dann können wir verlangen, daß der Käufer uns die abgetretenen Forderungen und deren Schuldner bekannt gibt, alle zum Einzug erforderlichen Angaben macht, die dazugehörigen Unterlagen aushändigt und den Schuldnern (Dritten) die Abtretung mitteilt".

a. Zulässigkeit der Vorausabtretung

Die Verkäufer-AGB zum verlängerten Eigentumsvorbehalt enthalten im Allgemeinen die Ermächtigungsklausel zur Weiterveräußerung. Durch diese Klausel ist der Käufer berechtigt, den Liefergegenstand weiter zu verkaufen. Der Verkäufer läßt seine Kaufpreisforderung gegenüber dem Käufer sichern, indem er die in der Zukunft entstehenden Forderungen aus der Weiterveräußerung an sich abtreten läßt.

Zwar ist die Abtretung erst künftig entstehender Forderungen (Vorausabtretung) gesetzlich nicht geregelt, aber an der Zulässigkeit der Vorausabtretung der Forderung gibt es im Schrifttum kaum Zweifel[13]. Eine Vorausab-

---

[9] BGHZ 30, 176 ff.

[10] BGH, ZIP 1986, 1052 ff.

[11] Lambsdorff, ZIP 1987, 1370 u. 1371ff ; Münch-Vertrag/Westphalen, S. 17.

[12] Fomular I-2 im Anhang.

[13] Serick, Eigentumsvorbehalt und Sicherungsübertragung, Bd. IV., S. 270 ff ; Palandt/Heinrichs §398 Rn. 11 , Lambsdorff, Handbuch des Eigentumsvorbehalts, Rn. 293 ff , Staudiger-Komm/Honsell, §455, Rn. 53 ; BGH, WM 1965, 1049 ; BGH, BB 1970,

tretungsklausel in AGB im unternehmerischen Verkehr ist nach §9 AGBG grundsätzlich wirksam.[14] Jedoch ist zur Wirksamkeit dieser Klausel einerseits dem Bestimmtheitserfordernis hinsichtlich der abgetretenen Forderungen, andererseits der Gefahr einer unverhältnismäßigen, die wirtschaftliche Bewegungsfreiheit des Käufers unerträglich beschränkenden Übersicherung des Verkäufers Rechnung zu tragen[15].

Für die Bestimmheit ist es als genügend anzusehen, wenn im Augenblick der Abtretungserklärung der Entscheidungsgrund der künftigen Forderung und der Umfang der Abtretung so fixiert sind, daß im Zeitpunkt des Entstehens der Forderung auch die Person des Drittschuldners und der Inhalt der Forderung zweifelsfrei bestimmt werden können[16]. Die Bestimmtheit muß bereits im Zeitpunkt der Entstehung der im voraus abzutretenden Forderung gewährleistet sein[17]. In Anbetracht der Übersicherung entsteht nach der Rechtsprechung[18] der Freigabeanspruch des Zedenten dann, wenn der Nennwert der zur Sicherung abgetretenen Forderungen 150% der gesicherten Forderungen ausmacht[19].

b. Weiterveräußerungsbefugnis

aa. Im ordnungsgemäßen Geschäftsgang

Der Verkäufer ermächtigt den Käufer „im ordnungsgemäßen Geschäftsgang„ die Sache weiter zu veräußern[20]. Der Zweitkäufer erwirbt das Eigentum an der Sache mit Einwilligung des Berechtigten (=Verkäufer) vom Nichtberechtigten (=Käufer, §§ 929, 185 BGB)[21]. Hier ist das Kriterium des „ordnungsgemäßen Geschäftsgangs" objektiv, d. h. auch für einen Drittabnehmer erkennbar, zu beurteilen[22]. Daher sind z. B. Finanzkrisen oder nicht ordnungsgemäßes kaufmännisches Verhalten, das nicht nach außen erkennbar wird, für die Beurteilung des „ordnungsgemäßen Geschäftsgangs" uner-

---

821 ; BGH, BB 1974, 670 ; BGH, BB 1978, 222 ; BGH, WM 1981, 167 ; BGH, NJW 1985, 1836 ff.

[14] Wolf-Horn-Lindacher/Wolf, AGBG, §9 Rn. E42 ; BGH, NJW 1985, 1836 ff ; BGH, NJW 1987, 487 ff ; auch vor Inkrafttreten des AGBG, BGHZ 26, 185 ff.

[15] Wolf-Horn-Lindacher/Wolf, AGBG, §9 Rn. E42 ; BGH, NJW 1987, 488 u. 489 ; OLG Stuttgart, ZIP 1984, 463.

[16] Baur/Stürner, Sachenrecht, S. 739, Rn. 19.

[17] Serick, Eigentumsvorbehalt und Sicherungsübertragung, Bd. IV., S. 274 ff ; RGRK-Komm/Mezger, §455, Rn. 12.

[18] BGH, NJW 1998, 672 ff.

[19] Einzelheiten in Kapitel 2 C. V. ff.

[20] Vgl. Formular I-2 im Anhang.

[21] Reinicke/Tiedke, Kreditsicherung, S. 277, Rn. 740.

[22] Münch-Vertrag/Westphalen, S. 19 ; BGH, WM 1977, 483 ff ; BGH, NJW 1969, 1452 ; BGH, ZIP 1986, 1052 ff.

heblich[23]. Liegt z. B. ein Schleuderverkauf oder der Verkauf des gesamten Lagers vor, kommt eine Ermächtigung des Vorbehaltsverkäufers nicht in Betracht, weil und soweit derartige Geschäfte in der betreffenden Branche nicht gewöhnlich oder üblich sind[24].

Nicht gedeckt ist auch die Weiterveräußerung im Rahmen eines „Sale-and-lease-back„-Verfahrens[25]. Der BGH[26] hatte in seinem Urteil vom 30. 03. 1988 über einen Sachverhalt zu entscheiden, bei dem der Beklagte unter erweitertem und verlängertem Eigentumsvorbehalt Baukranteile an seine Vertragshändlerin (=Firma G) geliefert und diese die Teile an die Klägerin (=Leasinggeber) weiter veräußert hat. Zwischen der Firma G und der Klägerin sind Leasingverträge abgeschlossen worden. In seiner Entscheidung hat der BGH geäußert, daß die Veräußerung im Sale-and-Lease-Back-Verfahren an die Klägerin mit dem Sicherungsbedürfnis des Beklagten nicht mehr vereinbar sei und daher die Weiterveräußerung der Firma G nicht von der Einwilligung des Beklagten gedeckt sei. Hierbei werde der Vorbehaltskäufer (Firma G) einem zusätzlichen Gläubiger gegenüber zu laufenden Zahlungen verpflichtet, so daß sich das Risiko des Vorbehaltsverkäufers erhöhe und der Wert seines Warenkredits geschmälert werde.

bb. Ausschluß der Weiterveräußerungsermächtigung

Die Weiterveräußerungsermächtigung dient der Ausübung des Geschäftsbetriebs des Käufers. Daher ist der Ausschluß der Weiterveräußerungsermächtigung ohne sachlich gerechtfertigten Grund gemäß §9 AGBG unwirksam. Der BGH[27] ist der Ansicht, daß sich die Einschränkung generell aus dem Sinn und Zweck des Liefervertrages ergebe. Der Vorbehaltskäufer muß sich bei seinen Dispositionen darauf verlassen können, daß die Einwilligung des Verkäufers zu einer Weiterveräußerung der Ware Bestand hat, solange er sich selbst vertragsgemäß verhält. Finanzielle Schwierigkeiten des Käufers seien kein ausreichender Grund für den Ausschluß oder die Beschränkung der Weiterveräußerungsermächtigung, solange sich die Weiterveräußerung im üblichen ordnungsgemäßen Geschäftsrahmen bewege[28].

Der Ausschluß der Weiterveräußerungsermächtigung ist aber dann gerechtfertigt, wenn der Zweitkäufer, der durch die Weiterveräußerung die Sache erwirbt, die Abtretung der gegen sie gerichteten Entgeltforderung ausschließt oder beschränkt und dadurch die Vorausabtretung vereitelt wird[29]. Eine Er-

[23] Münch-Vertrag/Westphalen, S. 19 ; BGH, WM 1977, 483 ff.
[24] Münch-Vertrag/Westphalen, S. 19 ; Lambsdorff, Handbuch des Eigentumsvorbehalts, S. 82, Rn. 188.
[25] BGH, ZIP 1988, 781 ff.
[26] BGH, ZIP 1988, 782.
[27] BGH, NJW 1969, 1171.
[28] Wolf-Horn-Lindacher/Wolf, AGBG, §9, Rn. E 40 ; BGHZ 68, 199.
[29] BGH, NJW 1988, 1213 ; Wagner, JZ 1988, 700 ff.

mächtigung umfaßt lediglich solche Fälle, bei denen der Vorbehaltsverkäufer die mit dem verlängerten Eigentumsvorbehalt angestrebte Sicherung auch erhält.

cc. Gutgläubiger Erwerb des Zweitkäufers (§932 BGB, §366 HGB)

Besonders fraglich ist, ob der Zweitkäufer aufgrund seines guten Glaubens das Eigentum an der weiterveräußerten Sache nach § 366 HGB oder gemäß den §§ 932 ff. BGB erwerben kann. In der Praxis des Warenverkehrs richtet sich die Gutgläubigkeit des Zweitkäufers regelmäßig nicht nach dem Eigentum des Vorbehaltskäufers gemäß §932 BGB, sondern nach seiner Veräußerungsbefugnis i. S. d. §366 HGB. Heutzutage ist es bei einem normalen Zwischenhandelsgeschäft kaum denkbar, daß der Vorbehaltskäufer ohne Weiterveräußerungsbefugnis die Ware verkaufen würde. Daher ist im Allgemeinen der zweite Käufer gutgläubig i. S. d. §366 HGB. Zu beachten ist jedoch, daß die Veräußerungsbefugnis heute stets auf den „ordnungsgemäßen Geschäftsgang“ beschränkt ist. Daher könnte der Zweitkäufer kaum gutgläubig Eigentum erwerben, falls der Vorbehaltskäufer seiner Pflicht zuwiderhandelt, d. h. die Ware nicht im „ordnungsgemäßen Geschäftsgang“ verkaufen würde[30].

Anders als § 366 HGB schützt § 932 BGB den guten Glauben an das Eigentum des Veräußerers. Die tatsächlichen konkreten Voraussetzungen des §932 BGB sind in der Rechtsprechung eingeschränkt. Nach der Rechtsprechung[31] bedarf es für einen gutgläubigen Erwerb einer angemessenen Nachforschung[32] bezüglich des Eigentums des Vorbehaltskäufers. Falls der Erwerber einer beweglichen Sache diese Nachforschung nicht einholt, handelt er grob fahrlässig und ist somit bösgläubig[33].

dd. Kollision mit Abtretungsverbot (§354a HGB)

Wenn der Zweitkäufer die Abtretung aus der Weiterveräußerung gem. § 399 BGB von seiner vorherigen Zustimmung abhängig macht, ist die Abtretung der Forderung aus der Weiterveräußerung vom Käufer auf den Verkäufer ausgeschlossen. In der Praxis enthalten Einkaufs-AGB des Käufers sehr oft

[30] Lambsdorff, Handbuch des Eigentumsvorbehalts, S. 87, Rn. 197, S. 82, Rn. 187.

[31] RGZ 141, 131 ; RGZ 143, 14 ; RGZ 147, 331 ; BGHZ 10, 14 ; BGH, NJW 1958, 1485.

[32] Die Anforderungen an die Nachforschungspflicht des Erwerbers sind heute außerordentlich verschärft. Selbst eine schriftliche Erklärung des Vorbehaltskäufers, die Ware sei vollständig bezahlt oder sie stehe in seinem uneingeschränkten Eigentum, genügt nicht, BGH, WM 1959, 118 ; BGH, WM 1968, 540 ; BGH, WM 1970, 120.

[33] Lambsdorff, Handbuch des Eigentumsvorbehalts, S. 87 ff, Rn. 198 ; Serick, Eigentumsvorbehalt und Sicherungsübertragung, Bd. IV., S. 691.

solche Abtretungsverbotsklauseln. Danach würde der Vorbehaltsverkäufer nach der Veräußerung der Sache seine Sicherheit verlieren. Es stellt sich daher die Frage, ob eine solche Abtretungsverbotsklausel zulässig ist.

Anders als die frühere Rechtsprechung[34] hat der BGH[35] entschieden, daß nach dem Inkrafttreten des AGBG ein Abtretungsverbot sowohl im nichtkaufmännischen Verkehr als auch im kaufmännischen Verkehr nach §9 Abs. 2 Nr. 1 AGBG nicht zu beanstanden ist. Als Begründung verweist der BGH[36] darauf, daß einerseits der Abtretungsausschluß an sich zu keiner unangemessenen Benachteiligung des Gläubigers führt und er andererseits die berechtigten Interessen des Schuldners an der Klarheit und Übersichtlichkeit der Vertragsabwicklung schützt. Dem Verwender von Allgemeinen Geschäftsbedingungen kann deshalb grundsätzlich nicht verwehrt werden, durch Vereinbarung eines Verbotes oder zumindest einer Beschränkung der Abtretungsmöglichkeit die Vertragsabwicklung übersichtlich zu gestalten und damit zu verhindern, daß ihm eine im Voraus nicht übersehbare Vielzahl von Gläubigern gegenüber steht.

Beim verlängerten Eigentumsvorbehalt führt das wirksame Abtretungsverbot dazu, daß der Käufer als zur Weiterveräußerung Ermächtigte dem Zweitkäufer kein Eigentum verschaffen kann, wenn die Vorausabtretung des Käufers auf den Verkäufer aufgrund des Bestehens einer Abtretungsausschlußklausel des Zweitkäufers scheitert, da dann ein Eigentumserwerb des Zweitkäufers gemäß den §§ 929, 185 Abs. 1 BGB nicht möglich ist[37]. Dies resultiert daraus, daß der Vorbehaltslieferant dem Vorbehaltskäufer eine Weiterveräußerungsermächtigung nur insoweit erteilt, als diese ihm die Forderung aus dem Weiterverkauf der Ware zu verschaffen vermag[38]. Verfehlt ist es allerdings, im Umkehrschluß zu folgern, daß die Vorausabtretung bei einem verlängerten Eigentumsvorbehalt nur insoweit Wirkung zu entfalten vermag, als die Weiterveräußerung der Vorbehaltssache an den Zweitabnehmer wirksam vorgenommen wurde[39]. Der Zweitkäufer wird wegen des bestehenden Abtretungsverbotes bösgläubig i.S.d. §932 BGB. Der Vorbehaltslieferant kann von dem Zweitabnehmer, der sich nicht auf seinen guten Glauben berufen kann, die Herausgabe der Vorbehaltsware verlangen (§ 985 BGB).

Falls der bösgläubige Zweitabnehmer die Vorbehaltsware in der Zwischenzeit rechtswirksam einem gutgläubigen dritten Abnehmer weiterveräußert (§§ 932 BGB, § 366 HGB) hat, muß er den Erlös dem Vorbehaltslieferanten nach §816 Abs.1 S.1 BGB herausgeben[40]. Weiterhin macht sich der Zweit-

---

[34] BGHZ 51, 117.
[35] BGH, ZIP 1988, 175 ff; BGH, ZIP 1989, 1131 ff; BGH, WM 1991, 555 ff.
[36] BGH, WM 1991, 556.
[37] Hübner, ZIP 1980, 743.
[38] Serick, Eigentumsvorbehalt und Sicherungsübertragung, Bd. IV., S. 690.
[39] Serick, a.a.O., S. 690, Fn. 75.
[40] Serick, a.a.O., S. 631, der Umfang der bereicherungsrechtlichen Herausgabepflicht umfaßt nach der Rechtsprechung das „durch die Verfügung Erlangte auch den vom

abnehmer dem Vorbehaltslieferanten gegenüber schadensersatzpflichtig[41], wenn er die Sache nicht mehr herausgeben kann. Ihn trifft insoweit die Haftung des unrechtmäßigen bösgläubigen Besitzers (§§ 990, 989 BGB)[42].

Am 25. 07. 1994 wurde die gesetzliche Beschränkung einer Abtretungsverbotsklausel hinsichtlich des Handelsgeschäfts gemäß § 354a HGB eingeführt. Danach ist die Abtretung einer Geldforderung durch Vereinbarung mit dem Schuldner (Zweitkäufer) gemäß § 399 BGB ausgeschlossen und das Rechtsgeschäft, das diese Forderung begründet hat, ist für beide Teile ein Handelsgeschäft. Ist der Schuldner eine juristische Person des öffentlichrechtlichen Sondervermögens, so ist die Abtretung gleichwohl wirksam (§ 354a S.1 HGB), d.h. gemäß § 354a S. 1 HGB geht die Forderung auf den Zessionar (Lieferanten) über und zwar nicht nur mit relativer Wirkung gegenüber dem Schuldner, sondern mit Wirkung für und gegen jedermann. Der Schuldner (Zweitkäufer) kann jedoch befreiend an den bisherigen Gläubiger(Zedenten) leisten (§ 354a S. 2 HGB) [43] und hat damit ein Wahlrecht[44]. Leistet der Schuldner an den Zessionar, so ist er nach § 362 Abs. 1 BGB befreit, weil er mit Erfüllungswirkung an den richtigen Gläubiger die geschuldete Leistung erbracht hat. Leistet er an den Zedenten, so misst § 354a S. 2 HGB auch dieser Leistung Erfüllungswirkung bei, wenn sie denn erfolgt[45]. Aus diesem Grund werden trotz des § 354a HGB Abtretungsverbotsklausel in AGB auch weiterhin von nicht unerheblicher Bedeutung sein[46].

c. Einziehungsermächtigung des Käufers

Regelmäßig wird zugunsten des Käufers auch eine Einziehungsermächtigung erteilt, die sich inhaltlich mit der Weiterveräußerungsbefugnis deckt[47]. Die Einziehungsermächtigung deckt die Entgegennahme des Kaufpreises auf die Forderung aus dem Zweitgeschäft auch dann, wenn der Kaufpreis nicht von dem Kunden des Vorbehaltskäufers, sondern von einem Finanzierungsinstitut bezahlt wird[48]. Die Weiterveräußerungs- bzw. Einziehungsermächti-

---

Nichtberechtigten erzielten Gewinn„, BGHZ 29, 157 ff ; darüber herrscht im Schrifttum keine Einigkeit, ausführlich dazu Serick, a.a.O., S. 693, Fn. 81.

[41] Münch-Vertrag/Westphalen, S. 20 ; BGHZ 77, 274/277 ; kritisch, Klamroth, BB 1984, 1842 ff ; Wolf, in FS. für Baur, 1981, S. 152 ff.

[42] Serick, Eigentumsvorbehalt und Sicherungsübertragung, Bd.IV., S. 694.

[43] Schmidt, in : FS. für Schimansky, S. 507.

[44] Hinsichtlich des Schuldnerschutzes ist fraglich, inwieweit sich die Grenze abgesteckt sind, dazu siehe Canaris, Handelsrecht, S. 364 ; Baumbach-Hopt/Hopt, HGB, §354a, Rn. 2 ; Koller-Roth-Morck/Koller, HGB, §354a, Rn. 4 ; Wagner, WM 1996, Beilage, 1, S. 11.

[45] Schmidt, in : FS. für Schmansky, S. 510 u. 515.

[46] Ulmer-Brandner-Hensen/Brandner, AGBG, Anh. §§9-11, Rn. 1 ; Baukelmann, in : FS. für Brandner, S. 199.

[47] Serick, Eigentumsvorbehalt und Sicherungsübertragung, Bd. IV., S. 568 ff ; Flume, NJW 1959, 913 ff.

[48] BGHZ 72, 15 ; dagegen BGH, BB 1981, 2024 ff ; Einzelheiten in Kapitel. 2 C. IV. 3. ff.

gung kann widerruflich ausgestaltet werden für den Fall, daß der Käufer seinen Vertragspflichten gegenüber dem Lieferanten nicht ordnungsgemäß nachkommt[49]. Der BGH[50] vertritt jedoch die Auffassung, daß „der Vorbehaltsverkäufer die Einwilligung nicht nach freiem Belieben widerrufen darf und dadurch dem Vorbehaltskäufer den von beiden Parteien als Zweck des Vertrages gebilligten Warenumschlag und die Erfüllung eines mit einem Zweitkäufer geschlossenen Belieferungsvertrages unmöglich machen kann. Vielmehr muß sich der Vorbehaltskäufer bei seinen Dispositionen darauf verlassen können, daß die Einwilligung zu einer Weiterveräußerung der Ware Bestand hat, solange der Vorbehaltskäufer selbst sich vertragsgemäß verhält".

Konkret kann die Einziehungsermächtigung nur dann beschränkt werden, wenn der Vorbehaltslieferant mit diesen Beschränkungen eigene berechtigte Interessen wahrnimmt. Berechtigte Interessen ergeben sich insbesondere aus seinem Sicherungsbedürfnis. Daher ist der Vorbehaltslieferant berechtigt, die Einziehungsermächtigung auszuschließen, wenn der Vorbehaltskäufer z. B. in Zahlungsverzug gerät, in Konkurs fällt, zahlungsunfähig wird oder sonst das Sicherungsinteresse des Vorbehaltslieferanten gefährdet[51].

Das verwendete Formular I-2 verweist hinsichtlich der Verpflichtung des Käufers darauf, daß sich der Verkäufer (=AGB-Verwender) nur dann auf sein Widerrufsrecht berufen kann, wenn die Tatbestandsvoraussetzungen des Zahlungsverzugs gemäß den §§ 284 ff BGB vorliegen[52]. Nach der Einführung des neuen §284 Abs. 3 BGB am 30. 03. 00 setzt der Schuldnerverzug voraus, daß seit Fälligkeit der Forderung 30 Tage vergangen sein müssen und dem Schuldner eine „Rechnung oder gleichwertige Zahlungsaufforderung" zugegangen sein muß. Eine Mahnung ist nicht mehr erforderlich. Dies führt dazu, daß dem Gläubiger auch die weiteren an den Schuldnerverzug geknüpften Sanktionen während dieser 30 Tage nicht zur Verfügung stehen. Daher kann der Vorbehaltsverkäufer sein Rücktrittsrecht innerhalb der 30-tägigen Frist nicht geltend machen. Er hat zuerst die Rechnung zu erteilen und ab Fälligkeit 30 Tage nach dem Zugang der Rechnung abzuwarten. Danach kann er sein Widerrufsrecht verwirklichen[53].

Mit dem wirksam vorgenommenen Widerruf der Einziehungsermächtigung verpflichtet sich der Käufer, dem Vorbehaltsverkäufer (=Lieferanten) seine Kunden/-Gläubiger bekanntzugeben und ihm alle erforderlichen Unterlagen,

---

[49] Ulmer-Brandner-Hensen/Brandner, AGBG, Anh. §§9-11 Rn. 656b.

[50] BGH, BB 1969, 774 ; gleiche Ansicht : Thamm, BB 1978, 1040, die betreffende Klausel lautet : „Mit Zahlungseinstellung, Beantragung oder Eröffnung des Konkurses, eines gerichtlichen Vergleichsverfahrens erlöschen das Recht zur Weiterveräußerung....", diese Klausel wird von ihm zwar als zulässig betrachtet, jedoch ist die Ausübung des Widerrufs nicht nach freiem Belieben, sondern nur aus besonderen Gründen (z. B. bei objektiver wesentlicher Vermögensverschlechterung) möglich.

[51] Wolf-Horn-Lindacher/Wolf, AGBG, §9, Rn. E43.

[52] Münch-Vertrag/Westphalen, S. 21.

[53] Fabis, ZIP 2000, 866.

Anschriften, Debitorenlisten usw. herauszugeben, welche zur Geltendmachung der Forderung zweckdienlich sind[54]. Obwohl der Vorbehaltsverkäufer den Vorbehaltskäufer zur Einziehung der Forderung ermächtigt hat, bleibt seine Befugnis, die Forderung selbst einzuziehen unberührt (vgl. §2 des Formulars I-2). Der Vorbehaltsverkäufer ist deshalb berechtigt, nach Offenlegung der Vorausabtretung, gegenüber den Kunden des Vorbehaltskäufers sein Recht auszuüben, soweit diese nicht gezahlt haben[55]. Auf der anderen Seite kann sich der Kunde des Vorbehaltskäufers gemäß § 407 Abs. 1 BGB gegen den Vorbehaltsverkäufer darauf berufen, daß er seine Forderung bereits gegenüber dem Vorbehaltskäufer getilgt hat[56].

In der Regel ist die Einziehungsermächtigung mit einer Erlösabführungsverpflichtung verbunden. Das bedeutet, daß der Vorbehaltskäufer zugunsten des Vorbehaltsverkäufers die eingehenden Erlöse gesondert verwahren muß. In der Praxis könnte auf die Erlösklausel wegen der praktischen Schwierigkeiten (z. B. Einrichtung eines Sonderkontos) verzichtet werden. Beispielsweise enthält das hier erwähnte Formular I-2 keine Erlösklausel. In einem solchen Fall können Probleme dahingehend entstehen, daß der Vorbehaltskäufer mangels einer Verpflichtung, den Erlös gesondert aufzubewahren, das erlangte Geld mit anderen Geldern vermengt. Falls dies geschehen ist, erwirbt der Vorbehaltsverkäufer das Miteigentum an dem vermischten Geld nach § 948 BGB [57]. Dies dürfte in der Praxis des bargeldlosen oder elektronischen Zahlungsverkehrs keine Rolle spielen, weil bei diesen Arten der Geldzirkulation die herkömmlichen Formen der Sicherung nicht durchführbar sind.

3. Verlängerung durch Verarbeitungsklausel

a. Verarbeitungsklausel

Formular[58] I-2 :

§3 : „Die Verarbeitung oder Umbildung des Liefergegenstandes durch den Käufer wird stets für uns vorgenommen. Wird der Liefergegenstand mit anderen, uns nicht gehörenden Gegenständen verarbeitet, so erwerben wir das Miteigentum an der neuen Sache im Verhältnis des Wertes des Liefergegenstandes zu den anderen verarbeiteten Gegenständen zur Zeit der Verarbeitung. Für die durch Verarbeitung entstehende Sache gilt im übrigen das gleiche wie für die Vorbehaltsware".

---

[54] Münch-Vertrag/Westphalen, S. 21 ; Thamm, BB 1978, 1038 ff.
[55] Münch-Vertrag/Westphalen, S. 22 ; BGH, NJW 1985, 1836 ff.
[56] Münch-Komm/Roth, §407, Rn. 11.
[57] Münch-Vertrag/Westphalen, S. 22.
[58] Formular I-2 im Anhang.

aa. Ausschließbarkeit des § 950 BGB durch eine Verarbeitungsklausel

Wenn die Sache unter verlängertem Eigentumsvorbehalt geliefert und von dem Käufer vor dem Weiterverkauf verarbeitet wird, erlischt das Vorbehaltseigentum daran schon bei der Verarbeitung und nach dem Wortlaut des §950 BGB erwirbt der Käufer das Eigentum an der neuen Sache, sofern der Wert der Verarbeitung oder der Umbildung nicht erheblich geringer ist, als der Wert des Stoffes. Für das Begriffsmerkmal der Verarbeitung[59] ist entscheidend, daß durch die Verarbeitung eine neue bewegliche Sache entsteht. Dies entscheidet sich nach der Verkehrsanschauung[60]. Wenn der Käufer gemäß § 950 BGB Eigentümer wird, steht dem Verkäufer nur ein Bereicherungsanspruch gegen den Käufer nach den §§ 951 Abs. 1, 812 Abs. 1, S. 1, 2. Alt. BGB zu. Damit würde die Rechtsstellung des Vor-behaltsverkäufers erheblich geschwächt werden.

In der Praxis enthalten die Verkäufer-AGB daher eine Verarbeitungsklausel, um eine solche schwächere Rechtsstellung des Vorbehaltsverkäufers zu vermeiden. Durch diese Klausel nimmt der Käufer die Verarbeitung für den Vorbehaltsverkäufer vor und der Eigentumserwerb des Käufers ist nach § 950 BGB ausgeschlossen. Für die Frage, ob die Anwendung des § 950 BGB durch die Vereinbarung einer Verarbeitungsklausel zwischen dem Vorbehaltsverkäufer und dem Vorbehaltskäufer ausgestaltet werden kann, ist zunächst auf die Rechtsnatur dieser Vorschrift einzugehen.

Der BGH ist der Ansicht, daß die Privatvereinbarung darüber entscheidet, wer Hersteller gemäß §950 BGB ist[61]. Diese Auffassung wird ebenfalls in der Literatur vertreten. Die herrschende Meinung betrachtet § 950 BGB zwar als zwingende Vorschrift, läßt aber eine Vereinbarung darüber zu, wer Hersteller im Sinne der Vorschrift ist. Diese Entscheidung ist von der Lebensanschauung und zwar vom Standpunkt eines objektiven Betrachters aus zu treffen.[62]

---

[59] Die Verarbeitung i. S. d. §950 BGB ist dabei ein Realakt im Sinne einer Tathandlung, Serick, Eigentumsvorbehalt und Sicherungsübertragung, Bd. IV., S. 115.

[60] BGH, WM 1971, 564 ff ; der Wert der Verarbeitung ist dann i. S. v. §950 BGB wesentlich geringer als der Wert der verarbeiteten Stoffe, wenn ersterer halb so groß ist wie letzterer, Serick, a. a. O., Bd. IV., S. 123 ff.

[61] BGHZ 14, 117, „Herstellen“ bedeutet i. S. d. §950 BGB nicht selbst verarbeiten oder umbilden. Die Verkehrsanschauung sieht vielmehr als den Hersteller den Geschäftsherren des Verarbeitungs- oder Umbildungsvorganges an. Daher kann auch derjenige, der einen Stoff aufgrund eines Werkvertrages zu einer neuen Sache verarbeiten läßt, deren Hersteller im Verkehrssinn sein ; BGHZ 20, 163 ff ; BGHZ 46, 117.

[62] Serick, BB 1975, 384 ; Staudinger-Komm/Honsell, §455 Rn. 63 ; Walde, JuS 1982, 482 ff ; Staudinger-Komm/Wiegand, §950, Rn. 21 ff ; a. A. Wilhelm, Sachenrecht, 1993, S. 367, Rn. 542 ff danach muß, da an der Unabdingbarkeit des §950 BGB festzuhalten ist, die Wirksamkeit von Verarbeitungsklauseln abgelehnt werden, ; Medicus, Bürgerliches

Im Allgemeinen ist eine Abrede zwischen dem Vorbehaltsverkäufer und dem Vorbehaltskäufer, wonach der unter Eigentumsvorbehalt kaufende Käufer für den Vorbehaltsverkäufer die Be- oder Verarbeitung vornehmen soll und damit der Vorbehaltsverkäufer als Hersteller i. S. d. §950 BGB gilt, zum festen Bestandteil des Vertrags zum verlängerten Eigentumsvorbehalt geworden. Über die Wirksamkeit dieser Klausel, auch wenn sie in AGB vereinbart worden ist, läßt sich insofern nicht mehr streiten[63]. Eine Verarbeitungsklausel, solange sie der BGH als dogmatisch und praktisch vertretbar ansieht, ist grundsätzlich nach §9 AGBG wirksam, da sie dem berechtigten Sicherungsbedürfnis des Vorbehaltseigentümers dient[64].

bb. Rechtsstellung der Parteien nach der Verarbeitung

Formular[65] I-2 :

§2 :„Der Käufer ist berechtigt, den Liefergegenstand im ordentlichen Geschäftsgang weiter zu verkaufen ; er tritt uns jedoch bereits jetzt alle Forderungen in Höhe des Fakura- Endbetrages ab, die ihm aus den Weiterveräußerungen gegen seine Abnehmer oder gegen Dritte erwachsen, und zwar unabhängig davon, ob der Liefergegenstand ohne oder nach Verarbeitung weiter verkauft worden ist".
§3 : ...„Wird der Liefergegenstand mit anderen, uns nicht gehörenden Gegenständen verarbeitet, so erwerben wir das Miteigentum an der neuen Sache im Verhältnis des Wertes des Liefergegenstandes zu den anderen verarbeiteten Gegenständen zur Zeit der Verarbeitung. Für die durch Verarbeitung entstehende Sache gilt im übrigen das gleiche wie für die Vorbehaltsware".

(1) Anwartschaftsrecht des Vorbehaltskäufers

Erwirbt ein Vorbehaltsverkäufer kraft einer Verarbeitungsklausel das Eigentum an einer neu hergestellten Sache, so ist fraglich, ob der Käufer sein früheres Anwartschaftsrecht nach der Verarbeitung der Sache behält.

Gemäß §950 Abs. 2 BGB erlischt das Anwartschaftsrecht des Käufers, wenn er als Hersteller i.S.d. §950 Abs. 1 BGB das Eigentum an der neuen Sache erwirbt. Bei der Vereinbarung einer Verarbeitungsklausel wird jedoch der Vorbehaltsverkäufer, nicht der Vorbehaltskäufer, als Hersteller betrachtet und damit erwirbt der Vorbehaltsverkäufer unbedingtes Eigentum an der neu

---

Recht, S. 369 ff, Rn. 519 hält §950 BGB für dispositiv, Flume, NJW 1950, 845 ; Baur/Stürner, Sachenrecht, S. 625 ff, Rn. 15.
[63] Lambsdorff, Handbuch des Eigentumsvorbehalts, S. 96 ff, Rn. 210.
[64] Wolf-Horn-Lindacher/Wolf, AGBG, §9 Rn. E44,
[65] Formular I-2 im Anhang.

hergestellten Sache, d. h. vor der Verarbeitung erhält der Vorbehaltsverkäufer das Vorbehaltseigentum an den Rohmaterialen und dem Vorbehaltskäufer steht ein Anwartschaftsrecht zu. Nach der Verarbeitung erwirbt der Vorbehaltsverkäufer aufgrund einer Verarbeitungsklausel unbedingtes Eigentum an dem neu hergestellten Sache. Dagegen verliert der Vorbehaltskäufer sein Anwartschaftsrecht an den Rohmaterialen, weil die Rechtsfolge des §950 Abs. 2 BGB zwingend ist[66]. Er könnte ein Anwartschaftsrecht infolgedessen nur durch eine neue rechtsgeschäftliche Vereinbarung erwerben. Wenn es den beiden Parteien an einer solchen ausdrücklichen Vereinbarung fehlt, ist zu prüfen, ob die Verarbeitungsklausel insoweit auslegungsfähig ist[67].

Viele Verarbeitungsklauseln enthalten Zusätze; so soll zum Beispiel die verarbeitete Ware als Vorbehaltsware gelten (vgl. §3 S. 2 des obigen Formulars I-2). Die Klausel ist nach Treu und Glauben und der Verkehrsanschauung auszulegen. Danach soll der Vorbehaltsverkäufer nach der Verarbeitung rechtlich nicht weniger, aber auch nicht mehr Sicherheit haben, als er sie mit der nicht verarbeiteten Vorbehaltsware hatte. Dies bedeutet, die angeführten Klauseln lassen sich dahingehend auslegen, daß der Vorbehaltsverkäufer für die Zeit nach der Verarbeitung sein gemäß §950 BGB erworbenes Eigentum dem Vorbehaltskäufer unter der aufschiebenden Bedingung der vollständigen Zahlung überträgt. Bei dieser Auslegung erwirbt der Vorbehaltskäufer nach der Verarbeitung nicht kraft Gesetze, wohl aber kraft Rechtsgeschäft ein Anwartschaftsrecht an der neu hergestellten Sache[68].

(2) Rechtsstellung des Vorbehaltsverkäufers als Miteigentümer

Wenn der Vorbehaltsverkäufer in seiner Verarbeitungsklausel lediglich vorsieht, daß die Verarbeitung für ihn zu erfolgen hat, dann wird er als Hersteller im Sinne des § 950 BGB zum Eigentümer an der neu hergestellten Sache, und zwar ohne irgendwelche Einschränkungen[69]. Zu klären ist, wie die Rechtslage aussieht, wenn der Käufer (Verarbeiter) mit Rohstoffen von verschiedenen Lieferanten eine neue Sache hergestellt hat und mit den verschiedenen Stofflieferanten unterschiedliche Herstellerklauseln vereinbart wurden.

---

[66] Jauernig/Jauernig, §950, Rn. 5 „die Rechte Dritter am verarbeiteten Stoff erlöschen, auch bei Verarbeitung eigener Sachen (h. M.)“.
[67] Serick, Eigentumsvorbehalt und Sicherungsübertragung, Bd. IV., S. 159.
[68] Serick, Eigentumsvorbehalt und Sicherungsübertragung, Bd. IV., S. 160, anders als Serick meint Wolf, daß wenn die Verarbeitungsklausel keine Vorsorge für den Vorbehaltskäufer an der alten Sache oder auch an der neuen Sache trifft, beeinträchtigt sie die Interessen des Vorbehaltskäufers und kann nach §9 AGBG unwirksam sein ; Wolf-Horn-Lindacher/Wolf, AGBG, §9 Rn. E45.
[69] BGHZ 20, 163 ; BGHZ 46, 117.

Der BGH hat in seinem Urteil vom 23. 10. 1963[70] über einen Sachverhalt entschieden, bei dem der Stofflieferant einem Textilfabrikanten Stoff unter Vereinbarung allgemeiner Lieferbedingungen verkauft hatte. In den Lieferbedingungen verwendete er den Begriff des Wertes der Vorbehaltsware dreimal. In Abschnitt d) (einfacher Eigentumsvorbehalt) der Lieferbedingungen wurde für den Fall der Verarbeitung mit anderen Gegenständen bestimmt, daß der Verkäufer das Miteigentum an der neuen Sache im Verhältnis des Wertes der Vorbehaltsware zu den anderen verarbeiteten Gegenständen erwirbt. Nach Abschnitt e) Abs. 1 S. 2 (verlängerter Eigentumsvorbehalt) sollten die abgetretenen Forderungen zur Sicherung des Vorbehaltsverkäufers nur in Höhe des Wertes der jeweils verkauften Vorbehaltsware dienen. Nach Abschnitt e) Abs. 2 (ebenfalls verlängerter Eigentumsvorbehalt) galt im Falle der Verarbeitung mit fremden Waren die Abtretung der Kaufpreisforderung nur in Höhe des Wertes der Vorbehaltsware. Das Oberlandesgericht hielt diese Klausel für nichtig, weil sie unklar ist. Demgegenüber hat der BGH den Begriff „Wert der Vorbehaltsware" als auslegungsfähig betrachtet.

In seinem Urteil verweist der BGH darauf, daß wenn die Vorbehaltsware durch Verarbeitung in einer neuen Sache aufgeht, sich der Verkäufer nicht einen Wertanteil an der neuen Sache in Höhe des Wertes der Vorbehaltswaren vorbehalten kann, sondern nur einen Bruchteil am Eigentum. Dieser kann als Verhältniszahl begrifflich nur als den Wert der neuen Sache mitbestimmender Faktor bestimmt werden. Hingegen kann der Vorbehaltsverkäufer, bei der Vereinbarung eines verlängerten Eigentumsvorbehalts, der sich den Wert der Vorbehaltsware erhalten will, diesen unmittelbar zum Maßstab dafür nehmen, in welchem Umfang die Kaufpreisforderung gegen den Zweitkäufer von der Vorausabtretung erfasst wird[71]. Daher ist bei der Vereinbarung eines einfachen Eigentumsvorbehalts mit Verarbeitungsklausel die Klausel „der Wert der Vorbehaltsware im Verhältnis zu den anderen verarbeiteten Gegenständen" zulässig. Für den Fall, daß die gelieferte Ware mit oder ohne Verarbeitung weiter verkauft und die Forderung aus der Weiterveräußerung dem Vorbehaltsverkäufer abgetreten wird, versteht sich „der Wert der Vorbehaltsware" als solcher, nicht aber das Verhältnis dieses Wertes zum Wert anderer Faktoren oder zum Gesamtwert des Fertigstücks[72].

Des weiteren führte der BGH aus, daß der Zeitpunkt der Lieferung der Ware an den Vorbehaltskäufer maßgeblich sei und der Wert der Vorbehaltsware der vereinbarte Aufpreis zwischen dem Vorbehaltsverkäufer und dem Vorbehaltskäufer sei[73].

[70] BGH, BB 1963, 1354 ff.

[71] BGH, BB 1963, 1355.

[72] BGH, a. a. O., 1355.

[73] BGH, a. a. O., 1355, vgl. mit der Entscheidung des BGH vom 24. 04. 1968, wonach der „Wert der Vorbehaltsware" so auszulegen ist, daß der Vorbehaltskäufer seine Forderung gegen seinen Abnehmer zu dem Betrag abtritt, der dem zwischen Vorbehaltsverkäufer und Vorbehaltskäufer vereinbarten Preis der Vorbehaltsware entspricht, BGH, DB 1968, 1019 : kritisch Serick, BB 1972, 280 ff, unter dem Aspekt, daß die §§ 947, 950 BGB in

In seinem Urteil vom 19. 10. 1966 hat der BGH[74] eine Klausel beanstandet, derzufolge sich „während der Verarbeitung das Eigentum des Vorbehaltslieferanten an den Teilen und dem Endprodukt fortsetzt ; der Vorbehaltslieferant erwirbt Eigentumsrechte in Höhe des Wertes der aus seinen Lieferungen stammenden Rohware und in Höhe sämtlicher vom Vorbehaltskäufer aufgewendeten Arbeitslöhne und Betriebskosten am jeweiligen Halb- und Fertigfabrikat". Der Grund für die Beanstandung des BGH liegt darin, daß das BGB eine solche Aufteilung nach absolut bestimmten Wertteilen zwar für Forderungen kennt, nicht aber für das Eigentum[75]. Der BGH hat diese Klausel jedoch nicht verworfen. Er war der Auffassung, daß die Auslegung des Berufungsgerichts - ohne weitere Begründung - zwar nicht selbstverständlich, aber im Ergebnis nicht zu beanstanden sei. Daher erklärt er eine Herstellerklausel für zulässig, durch die der Vorbehaltsverkäufer Miteigentümer am Fertigfabrikat zu dem Bruchteil werden soll, der dem Verhältnis des Wertes aller gelieferten Sachen und der Lohn- und Betriebskosten zu dem Gesamtwert des Fertigproduktes im Zeitpunkt der Herstellung entspricht[76].

Die in der Praxis verwendeten Verarbeitungsklauseln sind häufig Verarbeitungsklauseln mit einer Wertveräußerungsbefugnis zugunsten des Vorbehaltskäufers verbunden[77]. Hierbei ist darauf zu achten, ob bei der Abtretung eine Übersicherungsgefahr vorhanden ist. In der Regel sind die durch Verarbeitung hergestellten Sachen viel wertvoller als die Rohstoffe. Daher kann eine Übersicherungsgefahr vorliegen, wenn sich z. B. der Warenlieferant alle Forderungen abtreten läßt, die aus der Weiterveräußerung der durch Verarbeitung hergestellten Sachen entstanden sind und in der Zukunft entstehen würden oder er allein Eigentümer an den neuen Produkten wird, obwohl diese nicht nur mit den gelieferten Rohstoffen sondern auch mit eigenen Sachen des Vorbehaltskäufers hergestellt wurden[78]. Um eine Übersicherung zu vermeiden, sind in der Regel die Vorausabtretungen der Höhe nach auf den Fakuraendbetrag zu beschränken, der sich aus dem Rechtsverhältnis zwischen Vorbehaltsverkäufer und Vorbehaltskäufer ergibt[79] oder es ist Miteigentum des Vorbehaltsverkäufers an dem Gesamtgegenstand zu begründen. Im Zusammenhang mit dem Wert des Miteigentumsanteils schließt das Formular sich an diese Entscheidung des BGH an und schätzt daher den Wert des Miteigentumsanteils im Verhältnis des Wertes des Liefergegenstandes zu den anderen verarbeiteten Gegenständen[80].

---

beiden Punkten abweichen, d.h. diese Vorschriften gehen hinsichtlich der Bewertung der Vorbehaltsware von dem objektiven Wert aus und der Bewertungszeitpunkt nach §950 BGB ist der der Verarbeitung.

[74] BGHZ 46, 117.

[75] BGHZ 46, 119.

[76] BGHZ 46, 117.

[77] Westphalen, ZIP 1980, 728 : Vgl. §2 des Formulars I-2 im Anhang.

[78] Münch-Vertrag/Westphalen, S. 24.

[79] Westphalen, ZIP 1980, 728.

[80] Vgl. §3 des Formulars I-2 im Anhang.

In Anbetracht der Wertschätzung der im voraus abgetretenen Forderungen oder des begründeten Miteigentums ist der Zeitpunkt der Wertschätzung zu beachten. Der BGH hat in seinem Urteil vom 23. 10. 1963 geäußert, daß für den Zeitpunkt der Wertschätzung die Lieferungszeit maßgeblich sei. Diese Entscheidung ist schon im Schrifttum kritisiert worden, weil der Zeitpunkt der Wertschätzung von den §§ 947, 950 BGB abweicht, nach denen der Bewertungszeitpunkt nicht der der Lieferung, sondern der der Verarbeitung sei[81]. Daher ist eine auf Einräumung des Miteigentumsanteils zielende Klausel auch dann nach §9 Abs. 2 Nr. 1 AGBG unwirksam, wenn sie – entgegen der gesetzlichen Vorgabe – auf einen anderen Zeitpunkt als den in § 947 Abs. 1 2. HS BGB abstellt, weil dort ausschließlich der Zeitpunkt der „Verbindung" Beachtung findet[82]. Das verwendete Formular berücksichtigt dieses und regelt schließlich den Zeitpunkt als „Zeit der Verarbeitung".

(3) Problemstellung der Verarbeitungsklausel

Gegen die bereits erwähnte Verarbeitungsklausel wird eingewandt, daß sie nach dem Aspekt des Bestimmtheitskriteriums und der sachenrechtlichen Ebene unwirksam sei. Zunächst wird darauf verwiesen, daß „die Verarbeitung keinen auf einen bestimmten Zeitpunkt zu beziehenden, abgrenzbaren Zustand, sondern einen sich ständig wechselnden Prozeß beinhaltet". Dies trifft insbesondere für komplexe moderne Fertigungsvorgänge zu. Die Miteigentumsanteile sind zu keinem Zeitpunkt des Verarbeitungsvorganges bestimmbar. Es mag sein, daß im Insolvenzfall bei Beendigung des Produktionsprozesses nachträglich die Anteile der verschiedenen Produktionsfaktoren einschließlich der unter Eigentumsvorbehalt gelieferten Waren festgestellt werden können. Diese ex-post Feststellung reicht jedoch nicht aus, um dem Bestimmtheitskriterium zu genügen[83]. Des weiteren geht diese Ansicht auf der sachenrechtlichen Ebene davon aus, daß der Tatbestand und die Rechtsfolge des § 950 BGB zwingend seien, so daß die Vorschrift nicht durch eine Vereinbarung zwischen dem Lieferanten und dem Verarbeiter ausgeschlossen werden könne[84].

Zu Recht ist es schwer, bei komplexen modernen Fertigungsvorgängen die Miteigentumsanteile von verschiedenen Lieferanten zu bestimmen. Diese sollte jedoch nicht zur Unwirksamkeit der Verarbeitungsklausel führen, denn eine Verarbeitungsklausel zielt nicht darauf ab, im Produktverfahren die Miteigentumsanteile zu bestimmen, sondern der eigentliche Vereinbarungszweck liegt darin, daß verschiedene Rohstofflieferanten beim Eintritt des

---

[81] Serick, BB 1972, 279.

[82] Löwe-Westphalen-Trinkner/Westphalen, AGBG, Eigentumsvorbehaltssicherung, Rn. 33.

[83] Alter-Komm/Reich, §929, Rn. 71.

[84] Alter-Komm/Reich, §950, Rn. 11 ; Westermann, BGB-Sachenrecht, S. 60, Rn. 186 ; Medicus, Bürgerliches Recht, S. 369 ff, Rn. 519 ; Staudinger-Komm/Wiegand, §950, Rn. 519.

Insolcenzfalls des Vorbehaltskäufers ihre Kaufpreisforderung sichern möchte. Wie bereits erwähnt, können im Insolvenzfall bei Beendigung des Produktionsprozesses nachträglich die Anteile der verschiedenen Produktionsfaktoren einschließlich der unter Eigentumsvorbehalt geliederten Waren festgestellt werden. Die Verarbeitungsklausel ermöglicht es, über die Klarheit der Eigentumsvorbehaltsverhältnisse der verschiedenen konkurrierenden Herstellerklauseln zu schaffen. Dabei liegt die Besonderheit darin, die unterschiedlichen Produktionsvorgänge zu berücksichtigen, weil meiner Meinung nach der „Wert der Rohmaterialien" nur dann bestimmt werden kann, wenn klar ist, inwieweit die Rohmaterialien in die Produktionsvorgänge einbezogen worden sind.

b. Verbindung und Vermischung

Formular[85] I-2 :

§4 : „Wird der Liefergegenstand mit anderen, uns nicht gehörenden Gegenständen untrennbar verbunden oder vermischt, so erwerben wir das Miteigentum an der neuen Sache im Verhältnis des Wertes des Liefergegenstandes zu den anderen verbundenen oder vermischten Gegenständen zum Zeitpunkt der Verbindung oder Vermischung. Erfolgt die Verbindung oder Vermischung in der Weise, daß die Sache des Käufers als Hauptsache anzusehen ist, so gilt als vereinbart, daß der Käufer uns anteilmäßig Miteigentum überträgt".

Wird nach §947 Abs. 1 BGB eine bewegliche Sache wesentlicher Bestandteil einer einheitlichen Sache, so geht zuerst das Eigentum an dieser beweglichen Sache unter und die Parteien erhalten dann Miteigentum an der durch die Verbindung hergestellten neuen Sache. Die Miteigentumsanteile bestimmen sich nach dem Verhältnis des Wertes der Sachen im Zeitpunkt der Verbindung gemäß § 947 Abs. 1 BGB[86]. Im Fall des §947 BGB ist eine abweichende Parteivereinbarung unzulässig.

In dem hier verwendeten Formular I-2 wird jedoch deutlich entgegen der Bestimmung von § 947 Abs. 1 BGB festgelegt, daß bei Vorliegen eines Verbindungs- und Vermischungstatbestandes Miteigentum an der einheitlichen Sache eingeräumt wird. Dies ist so zu verstehen, daß diese Privatvereinbarung auf die von dem Verbindungs- oder Vermischungstatbestand betroffenen Miteigentümer beschränkt ist[87]. Der Wert i. S. d. § 947 Abs. 1 BGB ist stets der objektive Verkehrswert, d. h. der Marktwert der Vorbehaltsware, nicht aber notwendigerweise deren Fakuraendbetrag.

---

[85] Formular I-2 im Anhang.

[86] Lambsdorff, Handbuch des Eigentumsvorbehalts, S. 103 ff, Rn. 223 u. 224.

[87] Münch-Vertrag/Westphalen, S. 25.

Der zwingende Charakter des § 947 Abs. 1 BGB gilt auch für den Bewertungszeitpunkt. Eine abweichende Parteivereinbarung durch AGB-Klauseln von § 947 Abs. 1 BGB über den Bewertungszeitpunkt ist unzulässig[88]. Dagegen entsteht nach dem § 947 Abs. 2 BGB kein Miteigentum, falls eine der Sachen als Hauptsache anzusehen ist. Dafür maßgebend ist die nach der Verkehrsauffassung zu beurteilende allgemeine Bedeutung der Teile für das Wesen des Ganzen, aber nicht deren Wertverhältnis[89]. Die Bestimmung des § 947 Abs. 2 BGB stellt zwingendes Recht dar[90]. Deshalb kann die Rechtsfolge nicht durch eine Vereinbarung ausgeschlossen werden. Eine auf das Alleineigentum des Vorbehaltsverkäufers (=AGB-Verwender) abzielende AGB-Klausel verstößt gegen § 9 Abs. 2 Nr. 1 AGBG und ist daher unwirksam[91]. Ebenso kann der Lieferant einer Nebensache nicht mit seinem Abnehmer vereinbaren, daß er zusammen mit dem Liefe-ranten der Hauptsache Miteigentümer der einheitlichen Sache wird. Die Re-gelung des § 947 Abs. 2 BGB kann nicht rechtsgeschäftlich durch §947 Abs. 1 BGB ersetzt werden[92].

c. Verbindung mit einem Grundstück – Vorausabtretung der Werklohnforderung

aa. Allgemeine Grundsätze

Formular[93] I-2 :

§5 : „ Der Käufer tritt uns auch die Forderungen zur Sicherung unserer Forderungen gegen ihn ab, die ihm durch die Verbindung des Liefergegenstandes mit einem Grundstück gegen einen Dritten erwachsen“.

Wenn eine bewegliche Sache nach §946 BGB durch Verbindung mit einem Grundstück wesentlicher Bestandteil des Grundstücks wird, geht das Eigentum an der Sache auf den Grundstückseigentümer über[94].

---

[88] Lambsdorff/Hübner, Eigentumsvorbehalt und AGB-Gesetz, S. 170, Rn. 166.

[89] Palandt/Bassenge, §947 Rn. 3.

[90] Löwe-Westphalen-Trinkner/Westphalen, AGBG, Eigentumsvorbehaltssicherung, Rn. 34 ; Serick, BB 1973, 1405 ff.

[91] Lambsdorff/Hübner, Eigentumsvorbehalt und AGB-Gesetz, S. 167, Rn. 159 ; Münch-Komm/Westermann, §455, Rn. 97.

[92] Lambsdorff, Handbuch des Eigentumsvorbehalts, S. 104, Rn. 225 ; Serick, BB 1973, 1405 ff hat darauf hingewiesen, daß eine solche Abmachung nach erfolgter Verbindung nach den §§ 929 ff BGB möglich ist, vorausgesetzt, daß nicht ein Dritter Eigentümer der Hauptsache ist.

[93] Formular I-2 im Anhang.

[94] Lambsdorff, Handbuch des Eigentumsvorbehalts, S. 105, Rn. 228.

Der Eigentumsübergang gemäß §946 BGB ist davon abhängig, ob die eingefügte Sache wesentlicher Bestandteil des Grundstücks i. S. d. §94 BGB wird. Die wesentlichen Bestandteile eines Grundstücks gemäß §94 BGB sind die Sachen, die mit dem Grund und Boden fest verbunden sind, z. B. gehören daher Gebäude zu den wesentlichen Bestandteilen des Grundstücks (§94 Abs. 1 S. 1 BGB) und gemäß §94 Abs. 2 BGB sind alle zur Herstellung eines Gebäudes eingefügten Sachen wesentliche Bestandteile des Gebäudes und damit auch wesentliche Bestandteile des Grundstücks §§94, 946 BGB[95]. Selbstverständlich werden z. B. die herkömmlichen Baumittel stets zu Bestandteilen des Grundstücks, es sei denn, daß sie nur zu einem vorübergehenden Zweck mit dem Grundstück verbunden wurden (§95 BGB). Die Frage, ob eine Maschine wesentlicher Bestandteil eines Grundstücks wird, taucht zumeist bei Fabriken auf. Allgemein ist festzustellen, daß Maschinen regelmäßig nicht als wesentliche Bestandteile anzusehen sind, da sie in der Regel nicht zur Herstellung des Gebäudes eingefügt werden[96].

Sobald die gelieferte Sache mit dem Grundstück verbunden worden ist und somit wesentlicher Bestandteil wird, verliert der Materiallieferant sein Eigentum an dieser gelieferten Ware nach §946 BGB. Diese Folge ist unabdingbar. Somit verliert der Lieferant zwar seine Sicherungsmittel, kann sich aber dadurch absichern, daß er den Vorbehaltskäufer ermächtigt, den unter Vorbehalt gelieferten Liefergegenstand mit dem Grundstück des Bestellers untrennbar miteinander zu verbinden. Gleichzeitig ist er verpflichtet, dem Vorbehaltskäufer die Forderung, die er gegenüber dem Grundstückseigentümer erlangt hat, in Höhe des Fakuraendbetrages der Vorbehaltsware im voraus abzutreten[97]. Eine andere, weitergehende Sicherungsmöglichkeit gegen die Rechtsfolge des §946 BGB besteht nicht ; da diese zwingend ist, verstößt insbesondere ein Ausbau- oder Wegnahmerecht des Vorbehaltsverkäufers gegen §9 Abs. 2 Nr. 1 AGBG[98].

bb. Abtretungsverbotsklauseln des Bauherren

Bezüglich der Verbindung mit einem Grundstück liegt ein besonderes Problem vor, wenn die Abtretungsverbotsklauseln des Bauherren mit der verlängerten Eigentumsvorbehaltsklausel kollidieren. Eine konkrete Fallkonstellation ist die, daß ein Lieferant Baustoffe unter verlängertem Eigentumsvorbehalt liefert, der Bauunternehmer (=Vorbehaltskäufer) ein Abtretungsverbot mit dem Bauherren vereinbart und dadurch die Vorausabtretung der Forderung scheitert, die eigentlich der Baustoffhändler erhalten sollte.

---

95 Palandt/Heinrichs, §94, Rn. 2. 3. u. 5.

96 Lambsdorff, Handbuch des Eigentumsvorbehalts, S. 108, Rn. 232.

97 Serick, Eigentumsvorbehalt und Sicherungsübereignung, Bd. IV., S. 137 ff ; Münch-Vertrag/Westphalen, S. 26.

98 Münch-Vertrag/Westphalen, S. 26 ; Lambsdorff/Hübner, Eigentumsvorbehalt und AGB-Gesetz, S. 168, Rn. 162.

Wenn der Bauunternehmer die Baustoffe mit dem Grundstück des Bauherren verbindet, wird der Bauherr (= Eigentümer des Grundstücks) insoweit Eigentümer an den Baustoffen gemäß den §§946, 93, 94, BGB, als sie wesentliche Bestandteile des Grundstücks werden. Dabei spielt es keine Rolle, ob der Bauherr gutgläubig oder bösgläubig ist. Hier geht das Vorbehaltseigentum des Baustofflieferanten nach den gesetzlichen Vorschriften (§§946, 93, 94 BGB) unter.

Im Zusammenhang mit diesem Problem wurden früher verschiedene Lösungen vorgeschlagen. Dem Lieferanten sollten Bereicherungsansprüche oder Schadensersatzansprüche zustehen (§§946, 951, 812, 823 BGB). Fraglich ist, gegen wen der Lieferant seinen Anspruch geltend machen kann. Diese Frage wurde bisher von der Rechtsprechung nicht einheitlich beantwortet. Zunächst hat der BGH in seinem Urteil[99] vom 27. 05. 1971 Schadensersatzansprüche aus unerlaubter Handlung und Bereicherungsansprüche des Baustofflieferanten gegen den Bauherren verneint. Der BGH erörterte in seiner Begründung, daß die Vereinbarung der Abtretungsbeschränkung zwischen Bauherren und Bauunternehmer zwar zur Mißachtung des von diesem mit dem Baulieferanten verabredeten Eigentumsvorbehalt führe, jedoch sei es gänzlich seine (=Bauunternehmer) Sache. Damit werde aber keine Haftung des Bauherren aus positivem Tun begründet .

Entgegen dieser Entscheidung hat der BGH in einem weiteren Urteil[100] vom 18. 06. 1980 die Erkundigungspflicht des Zweitkäufers nach den Eigentumsverhältnissen anerkannt, indem er erwähnte, daß er die Frage, ob ein Zweitkäufer zur Erkundigung über die Eigentumsverhältnisse verpflichtet sei, wenn seine Allgemeinen Geschäftsbedingungen ein Abtretungsverbot enthalten, bisher zwar nicht entschieden habe, diese Frage in der Literatur teilweise[101] positiv beantwortet werde. In diesem Fall hat der BGH wegen Verletzung der Erkundigungspflicht einen gutgläubigen Eigentumserwerb des Zweitkäufers nach §932 BGB verneint und diesen gegenüber dem Lieferanten nach den §§989, 990 BGB für schadensersatzpflichtig gehalten.

Des weiteren hat der BGH[102] am 09. 07. 1990 einen Fall entschieden, bei dem das Baumaterial unter verlängertem Eigentumsvorbehalt geliefert wurde und der Bauunternehmer und der Bauherr individualvertraglich ein Abtretungsverbot vereinbart hatten. In seiner Entscheidung hat sich der BGH der Entscheidung[103] vom 27. 05. 1971 angeschlossen und festgestellt, daß dem Bauherren im Falle der Vereinbarung eines Abtretungsverbots von vornherein grundsätzlich keine allgemeine Erkundigungspflicht nach den Eigentumsverhältnissen auferlegt werde. Als Begründung wird ausgeführt, daß sich der Eigentumsübergang an den Baumaterialien ohne Zutun des

---

[99] BGHZ 56, 228 ff.

[100] BGHZ 77, 277 ff.

[101] Huber, NJW 1968, 1906 ; Hübner, ZIP 1980, 743 ff ; Serick, Eigentumsvorbehalt und Sicherungsübertragung, Bd. IV., S. 691

[102] BGH, NJW-RR 1991, 343 ff.

[103] BGHZ 56, 228 ff.

Bauherren kraft Gesetzes nach §946 BGB vollziehe und daher der Bauherr in der Regel gar nicht wissen könne, unter welchen Umständen und zu welchem Zeitpunkt die Baustoffe zur Baustelle gelangen, wann der Bauunternehmer die Baumaterialien mit seinem Grundstück verbindet und von welchem Lieferanten er die erforderlichen Baustoffe beziehen wird.

Nach der herrschenden Meinung[104] steht dem Baustofflieferanten kein Bereicherungsanspruch nach §951 Abs. 1 BGB gegen den Bauherren zu. Ob der Bauunternehmer das Material unter Verletzung des mit dem Lieferanten vereinbarten verlängerten Eigentumsvorbehaltes einbaue, sei unerheblich[105].

Seit dem Einfügen des §354a HGB am 25. 07. 1994 gilt die Forderung vom Käufer (Zedent) auf den Lieferanten (Zessionar) als wirksam abgetreten und zwar ohne Rücksicht auf die Vereinbarung eines Abtretungsverbotes, wenn das Rechtsgeschäft, welches die Forderung begründet hat, ein Handelsgeschäft für beide Teile ist (§354a S. 1 1. Fall HGB) oder der Schuldner eine juristische Person des öffentlich rechtlichen Sondervermögens ist (§354a S. 1 2. Fall HGB). Gemäß §354a S. 1 1. Fall HGB muß das die Geldforderung begründende Rechtsverhältnis nicht nur für den Schuldner (Abtretungsverbotsverwender) sondern auch für den Gläubiger ein Handelsgeschäft sein[106].

Nach §343 Abs. 1 HGB beschränkt sich der Kreis der Handelsgeschäfte auf die Geschäfte eines Kaufmanns i.S.d. §1 Abs. 1 HGB. Somit fallen alle Bauhandwerksbetriebe, unabhängig von ihrer Größe und alle Betriebe, die weder kaufmännisch noch handwerksmäßig betrieben werden, aus dem Regelungsbereich des §354a HGB heraus. Dies wiederum bedeutet, daß diese Vorschrift nicht auf Sollkaufleute, also i. d. R. Bauunternehmer und Bauhandwerker, die es pflichtwidrig unterlassen haben, ihre Eintragung ins Handelsregister herbeizuführen (vgl. §2 S. 2 HGB), anwendbar ist. Bei der Frage, ob das Geschäft eines Bauunternehmers bzw. eines Bauherren ein Handelsgeschäft darstellt und damit vom Anwendungsbereich des §354a HGB umfaßt wird, kommt es darauf an, ob es vom Schuldner bzw. vom Gläubiger kaufmännisch betrieben wird.

Meiner Meinung nach wäre es besser gewesen, wenn die neue Regelung auch für die Fälle anwendbar wäre, wo zwar die Parteien nicht in das Handelsregister eingetragen sind, sie aber ihre Geschäfte unter Verwendung eigener AGB vereinbaren. Daraus läßt sich schließen, daß die Parteien im Rahmen ihrer gewerblichen oder beruflichen Tätigkeit handeln[107]. Bei einer solchen Konstellation ist es meines Erachtens nach den Parteien zuzumuten, daß sie aufgrund der Eigenheiten der Baubranche mit Abtretungsverbots-

---

[104] Baur/Stürner, Sachenrecht, S. 635, Rn. 28. ; Medicus, Bürgerliches Recht, S. 549 ff, Rn. 729 ; Palandt/Bassenge, §951, Rn, 6 ; a. A., RGRK-Komm/Pikart, §951, Rn. 11, dem Materialeigentümer wird bei Verfolgung seines Anspruchs auf Vergütung des eingetretenen Rechtsverlustes der Durchgriff gegen den Erwerber gestattet.

[105] Serick, Eigentumsvorbehalt und Sicherungsübertragung, Bd. IV., S. 697.

[106] Wagner, WM (Beil)1996, 8.

[107] Auch, Wagner, a. a. O., 8.

klauseln in den AGB der Vertragspartei rechnen müssen. Daher müßten die Forderungen vom Bauunternehmer (Zedent) auf den Baustofflieferanten wirksam abgetreten werden.

II. Erweiterter Eigentumsvorbehalt

Formular[108] I-3 :

§1 : „ Wir behalten uns das Eigentum an dem Liefergegenstand bis zum Eingang aller Zahlungen aus der Geschäftsverbindung mit dem Käufer vor. Der Eigentumsvorbehalt erstreckt sich auch auf den anerkannten Saldo, soweit wir Forderungen gegenüber dem Käufer in laufende Rechnung buchen (Kontokorrent-Vorbehalt)„

1.Wirksamkeit des erweiterten Eigentumsvorbehalts

a. Kontokorrentvorbehalt, erweiterter Eigentumsvorbehalt

Unter dem Kontokorrentvorbehalt versteht man eine Vereinbarung, nach der der aufschiebend bedingte Eigentumsübergang erst dann stattfinden soll, wenn der Vorbehaltsverkäufer wegen aller seiner Forderungen, die er gegen den Vorbehaltskäufer aus den zwischen ihnen (neben dem Kaufverhältnis) bestehenden (Miet-, Darlehens- usw.) Verhältnissen hat, befriedigt worden ist.

Der Kontokorrentvorbehalt ist nochmals danach zu differenzieren, ob ein echtes Kontokorrentverhältnis vorliegt oder nicht. Insofern wird zwischen einem echten Kontokorrentvorbehalt und einem Kontokorrentvorbehalt im weiteren Sinne unterschieden[109].

---

[108] Formular I-3 im Anhang.

[109] Weber, BB 1989, 1769 ; im Zusammenhang mit dem Vorhandensein des echten Kontokorrentverhältnisses ist der Begriff des Kontokorrentvorbehalts nicht einheitlich erklärt, z. B. spricht Schmidt vom Kontokorrentvorbehalt im engeren Sinne, wenn ein echtes Kontokorrentverhältnis besteht, von einer Saldo- oder Geschäftsverbindungsklausel, wenn mehrere oder alle Forderungen aus wechselseitiger Geschäftsverbindung einbezogen sind, ohne daß ein echtes Kontokorrentverhältnis begründet worden ist, Kilger-Schmidt/Schmidt, KO, §17, S. 113, Anm. 3d ; Henkel hat die Bezeichnung „Kontokorrentvorbehalt„ den Fällen vorbehalten, in denen ein Kontokorrentverhältnis i. S. d. §355 HGB besteht. Fehlt es an einem solchen Verhältnis, soll der Eigentumsvorbehalt aber auch andere Forderungen als die Kaufpreisforderung die unter Eigentumsvorbehalt gelieferte Sache sichern, Jaeger-Henckel, KO, §17 Anm. 61 ff.

Für die Kontokorrentvorbehaltsklausel setzt die Rechtsprechung[110] nur eine Geschäftsverbindung zwischen dem Vorbehaltslieferanten und dem Vorbehaltskäufer voraus. Ein echtes Kontokorrentverhältnis ist nicht erforderlich. Der Kontokorrentvorbehalt erlischt, wenn alle zwischen den Parteien bestehenden Forderungen des Verkäufers erfüllt sind[111].

In Anbetracht der Zulässigkeit der erweiterten Form des Eigentumsvorbehalts werden in der Literatur unterschiedliche Meinungen vertreten. Zum Teil wird diese Form in der Literatur grundsätzlich für bedenklich gehalten[112], weil niemand mehr damit rechnen könne, daß das Eigentum des Lieferanten bei einer laufenden Geschäftsverbindung für eine Fülle von Waren, selbst für länger zurückliegende Lieferungen, noch besteht[113]. Deswegen stehe eine derartige Erweiterung nicht nur mit dem Sinn des Kaufvertrages nicht mehr in Einklang, sondern laufe auch auf einen Mißbrauch der Vertragsfreiheit hinaus[114]. Darüber hinaus zerreiße sie den „inneren Zusammenhang zwischen Sicherungsmittel und zu sichernder Forderung".

Obwohl gegen die Zulässigkeit eines erweiterten Eigentumsvorbehalts Bedenken bestehen, werden im Allgemeinen die Erweiterungsklauseln des Eigentumsvorbehalts auf andere, insbesondere auf alle gegenwärtigen und zukünftigen Forderungen aus der Geschäftsverbindung grundsätzlich theoretisch für zulässig gehalten, auch in Kombination mit Verlängerungsformen[115]. Andererseits ist auch fraglich, ob der erweiterte Eigentumsvorbehalt und der Kontokorrentvorbehalt nach den §§3, 9 AGBG wirksam ist. Im Verhältnis zu Nichtkaufleuten ist eine den erweiterten Eigentumsvorbehalt betreffende Klausel als durchaus überraschend i. S. d. §3 AGBG[116] anzusehen. Hingegen ist eine solche Klausel für einen Kaufmann, der im Handelsverkehr Waren auf Kredit unter Zugrundelegung von AGB bezieht, regelmäßig

---

[110] BGH, WM 1977, 1422 ; BGH, BB 1971, 285 ; OLG Karlsruhe, DB 1977, 2324.

[111] Weber, Kreditsicherheiten, S. 161, 162 ; vgl. RGZ 147, 321 ff ; BGH, NJW 1978, 632, ein erweiterter (kontokorrent-) Eigentumsvorbehalt erlischt mit dem Ausgleich der zwischen den Parteien bestehenden Forderungen ; Lambsdorff, Handbuch des Eigentumsvorbehalts, S. 112, Rn. 238 ff ; Serick, Eigentumsvorbehalt und Sicherungsübertragung, Bd., IV., S. 10 ff ; Flume, NJW 1950, 849 ; Westphalen, DB 1985, 475.

[112] Weber, BB 1989, 1769 ; Wolf-Horn-Lindacher/Wolf, AGBG, §9 Rn. E33 ; OLG Frankfurt a. M., NJW 1981, 130 ; Larenz, Schuldrecht, Bd.II/1, S. 126 ; a. A. Braun, BB 1981, 634, „soweit Kontokorrent- bzw. Globalerweiterungsklauseln individuell vereinbart werden, steht ihrer Zulässigkeit weder der Wortlaut des §455 BGB noch das Prinzip der Bestimmtheit bzw. Bestimmbarkeit entgegen... Ein solcher Eigentumsvorbehalt begegnet somit auch bedingungsrechtlich keinen Bedenken, weil die Bedingung zu Lebzeiten der Parteien eintreten kann, der Eigentumsverlust des Vorbehaltslieferanten also absehbar ist".

[113] Flume, NJW1950, 849.

[114] Weber, BB 1989, 1769 ; dazu ausführlich, Lambsdorff/Hübner, Eigentumsvorbehalt und AGB-Gesetz, S. 105 ff ; Lambsdorff, Handbuch des Eigentumsvorbehalts, S. 112 ff, Rn. 238 ff.

[115] Braun,Kontokorrentvorbehalt und Globalvorbehalt, S. 132.

[116] Weber, BB 1989, 1771 ; offen gelassen, Ulmer-Brandner-Hensen/Ulmer, AGBG, §3, Rn. 34 ; Lambsdorff/Hübner, Eigentumsvorbehalt und AGB-Gesetz, S. 110, Rn. 90.

schon wegen der Üblichkeit der Kontokorrentklauseln nicht überraschend, wenn sich der Lieferant dabei formularmäßig das Eigentum bis zur vollständigen Tilgung aller Forderungen aus der gemeinsamen Geschäftsverbindung vorbehält[117]. Im Hinblick auf die Generalklausel des §9 AGBG ergeben sich aber auch im kaufmännischen Verkehr Bedenken. Diese Bedenken stützen sich auf den Gesichtspunkt einer Gefährdung der Erreichung des Vertragszwecks nach §9 Abs. 2 Nr. 2 AGBG[118]. Eine unangemessene Benachteiligung des Käufers gemäß §9 Abs. 1 AGBG wird hier als nicht so problematisch angesehen.

Anders als in der Literatur bestehen nach der Rechtsprechung keine Bedenken bezüglich der Wirksamkeit des erweiterten Eigentumsvorbehalts. Der BGH[119] hat in seinem Urteil vom 20. 03. 1985 über die Wirksamkeit einer Klausel nach der „Gesamtforderung aus der Geschäftsverbindung" entschieden. Der BGH vertritt die Ansicht, daß gegen eine Klausel, die den verlängerten Eigentumsvorbehalt in der Form des erweiterten Eigentumsvorbehalts regelt, im kaufmännischen Geschäftsverkehr (§§24, 9 AGBG) weder unter dem Gesichtspunkt der Erweiterung noch einer Verlängerung grundsätzlich Bedenken bestehen. Das AGB-Gesetz sei zwar auch auf Vereinbarungen mit Verfügungscharakter anzuwenden, doch entspräche die inhaltliche Ausdehnung des Eigentumsvorbehalts den im Handelsverkehr geltenden Gewohnheiten und Gebräuchen. Darüber hinaus sei eine über den einfachen Eigentumsvorbehalt hinausgehende Sicherung der Lieferantenforderung die rechtliche Anerkennung dann zu versagen, wenn sie eine Übersicherung bewirke[120].

Anders als bei dem verlängerten Eigentumsvorbehalt besteht bei dem erweiterten Eigentumsvorbehalt kein vom Recht unmittelbar geschütztes Sicherungsbedürfnis des Verkäufers ; dieser benutzt vielmehr die Gelegenheit der Lieferung dazu, sich zusätzliche Sicherheiten für sonst ungesicherte Forderungen zu verschaffen. Dennoch ist die Wirksamkeit des erweiterten Eigentumsvorbehaltes im kaufmännischen Verkehr grundsätzlich zu bejahen, weil dies den im Handelsverkehr geltenden Gewohnheiten und Gebräuchen entspricht.

Hinsichtlich der Übersicherungsgefahr durch einzelne Klauseln im Formularvertrag hat der Große Senat des BGH in seinem Beschluß[121] vom 27. 11. 1997 eine andere Auffassung vertreten. Danach ist eine ausdrückliche Freigabeklausel keine Wirksamkeitsvoraussetzung des Sicherungsvertrags, denn

---

[117] Braun, Kontokorrentvorbehalt und Globalvorbehalt, S. 143 ; BGH, WM 1977, 1354 ; Staudinger-Komm/Honsell, §455, Rn. 66 ;

[118] Weber, BB 1989, 1771 ; dazu OLG Frankfurt, NJW 1981, 130 ; Wolf-Horn-Lindacher/ Wolf, AGBG, §9, Rn. E33 ; a. A. Braun, BB 1981, 634.

[119] BGH, NJW 1985, 1836 ff, betreffende Klausel lautet ; „Wir behalten uns das Eigentum an sämtlichen von uns gelieferten Waren bis zur Bezahlung unserer Gesamtforderungen aus der Geschäftsverbindung vor„.

[120] BGH, NJW 1985, 1837, im Anschluß an diese Entscheidung BGH, NJW 1987, 487 ff.

[121] BGH, NJW 1998, 672 ff.

der Vorbehaltskäufer erhält in jedem Fall einen ermessensunabhängigen Freigabeanspruch, obwohl der Sicherungsvertrag keine oder eine ermessensabhängige Freigabeklausel enthält. Aufgrund dieses Beschlusses sind die Klauseln zum erweiterten Eigentumsvorbehalt auch ohne ausdrückliche Freigabeklausel wirksam. Eine ausdrückliche Freigabeklausel ist nicht mehr Maßstab für die Wirksamkeit des erweiterten Eigentumsvorbehalts[122].

Trotz deren Wirksamkeit ist der erweiterte Eigentumsvorbehalt rechtlich schärfer zu kontrollieren als die verlängerte Form des Eigentumsvorbehalts[123]. Konkret ist etwa die Erweiterung des Eigentumsvorbehalts auf die Forderungen, die in enger Verbindung mit dem Vertrags- und Austauschzweck stehen, zugelassen. Eine Forderung auf Ersatz des Verzugsschadens oder eine Forderung aus Reparatur oder Zubehörlieferung, also zur Werterhöhung oder Werterhaltung der Vorbehaltsware beitragen, kommt hier beispielsweise in Betracht [124].

b. Konzernvorbehalt

Unter dem Konzernvorbehalt versteht man einen Vorbehalt, der den Eigentumsvorbehalt auf alle künftigen Forderungen aller konzernangehöriger Unternehmen aus der Geschäftsverbindung erstreckt[125]. Die überwiegende Meinung im Schrifttum betrachtet den Konzernvorbehalt als nicht akzeptabel[126].

---

[122] Einzelheiten in Kapitel. 2 C. V. ff.

[123] Alter-Komm/Reich, §455, Rn 7.

[124] Der BGH hat einen Fall entschieden, bei dem die Klägerin (=Lieferant) dem Beklagten Baumaschinen in den Jahren 1970 u. 1972 unter erweitertem Eigentumsvorbehalt geliefert hat. Trotz der vollständigen Zahlung der Baumaschinen verlangte die Klägerin, nachdem der Beklagte in Konkurs gefallen war, aufgrund des erweiterten Eigentumsvorbehalts die Herausgabe der Sachen, weil sie unstreitig noch Forderungen, die erst nach dem Kauf der beiden Maschinen infolge von Reparaturarbeiten bzw. Ersatzteillieferungen entstanden sind, gegen die Beklagte aus ihrer laufenden Geschäftsverbindungen hatte. In seiner Entscheidung hat der BGH ausgeführt, daß ein Eigentumsvorbehalt auch wegen künftig erst entstehender Forderungen in der Form des Kontokorrenteigentumsvorbehalts wirksam vereinbart werden könne. Die Anerkennung eines solchen Eigentumsvorbehalts müsse jedoch da ihre Grenze finden, wo seine Ausdehnung auf andere Forderungen einen Mißbrauch der Vertragsfreiheit zur Folge hat. Ein solcher Fall läge hier nicht vor. Die Klägerin kann den Eigentumsvorbehalt geltend machen, weil Reparaturen, Ersatzteillieferungen sowie Wechsel- und Diskontspesen ersichtlich mit den Lieferungen von Baumaschinen in engem Zusammenhang stehen BGH, BB 1978 ; Wolf-Horn-Lindacher/Wolf, AGBG, §9, Rn. 35 ; a. A. Weber, BB 1989, 1771.

[125] Weber, BB 1989, 1769 ; Serick, Eigentumsvorbehalt und Sicherungsübertragung, Bd. IV., S. 52 ff ; Ulmer-Brander-Hensen/Ulmer, AGBG, §3, Rn. 35 ; Münch-Komm/Westermann, §455, Rn. 93.

[126] Reich, JZ 1976, 466, gegen eine solche Erstreckung ist grundsätzlich nach den Kriterien der AGB-Kontrolle einzuwenden, daß sie vom Sicherungszweck im Zweifelsfall nicht gedeckt werden. Damit sollte sie unzulässig sein ; Serick, Eigentumsvorbehalt und

Als Begründung wird zunächst ausgeführt, daß der Konzernvorbehalt die wirtschaftliche Bewegungsfreiheit des Schuldners stärker als der einfache Eigentumsvorbehalt einschränke. Außerdem laufe er auf eine dauerhafte Reservierung des Vorbehaltseigentums durch eine unter Umständen ganz unüberschaubare Gläubigergruppe hinaus[127]. Schließlich könne er nicht zuletzt zu einer indirekten Aushöhlung der Konkursmasse des jeweiligen Vorbehaltsgläubigers beitragen[128].

Des weiteren ist der Konzernvorbehalt unter dem Aspekt des §3 AGBG sowohl im nicht- kaufmännischen Verkehr, als auch im kaufmännischen Verkehr als überraschend und ungewöhnlich anzusehen und muß daher regelmäßig als unwirksam betrachtet werden[129]. Darüber hinaus ist die Konzernvorbehaltsklausel im kaufmännischen Verkehr gemäß der Angemessenheitskontrolle nach §9 Abs. 2 Nr. 2 AGBG nicht haltbar, da mit der Verzögerung des Eigentumsübergangs die Erfüllung der Hauptpflichten aus dem Kaufvertrag oder einem sonstigen entgeltlichen Veräußerungsvertrag in einer Weise eingeschränkt wird, durch die der Austauschzweck als wesentlicher Vertragszweck als gefährdet anzusehen ist[130].

Der BGH hat in seinem Urteil vom 09. 02. 1994[131] im Anschluß an das Urteil vom 13. 03. 1988[132] offen gelassen, ob der Konzernvorbehalt gültig ist. Seitdem 01. 01. 1999 ist gemäß §455 Abs. 2 BGB die Vereinbarung eines Eigentumsvorbehalts zur Sicherung von Forderungen Dritter, z. B. eines zum Konzern des Vorbehaltsverkäufers gehörenden Unternehmens, unwirksam[133]

2. Unwirksame Klausel auf sachenrechtlicher Ebene

Die in den AGB des Verkäufers (=Warenlieferant) enthaltene Klausel zum erweiterten Eigentumsvorbehalt könnte unwirksam sein, weil sie z. B. eine Konzernvorbehaltsklausel enthält. Wenn der Verkäufer die Ware trotz dieser

---

Sicherungsübertragung, Bd. IV., S. 63 ff ; Larenz, Schuldrecht, Bd. II/1, S. 126 ; Münch-Komm/Westermann, §455, Rn. 93 ; Wolf-Horn-Lindacher/Wolf, AGBG, §9, Rn. E36; Kuhn WM 1972, 206 ff ; a. A., Thamm, BB 1978, 21.

[127] Weber, BB 1989, 1770.

[128] Münch-Komm/Westermann, §455, Rn. 91 u. 93.

[129] Ulmer-Brandner-Hensen/Ulmer, AGBG, §3, Rn. 35 ; Tiedke, ZIP 1988, 784 ; Münch-Komm/Westermann, §455, Rn. 93.

[130] Wolf-Horn-Lindacher/Wolf, AGBG, §9, Rn. E33 ; Lambsdorff/Hübner, Eigentumsvorbehalt und AGB-Gesetz, S. 112 ff, Rn. 93.

[131] BGHZ 125, 87, die betreffende Klausel lautet ; „die Gesellschaft behält sich das Eigentum an den gelieferten Teilen solange vor, bis der Haupthändler sämtliche Forderungen aus der Geschäftsverbindung mit F oder F. C. Bank (ein Tochterunternehmen der F) einschließlich aller Nebenforderungen bezahlt hat".

[132] BGHZ 104, 129 ff.

[133] Jauernig/Vollkommer, §455, Rn. 6a ; vgl. Art 33 Nr. 17 und Art. 110 EGInsO v. 5. 10. 1994 (BGBI, I 1994, 2911)

unwirksamen Klausel an den Käufer übereignen würde, ist umstritten, ob sich die Unwirksamkeit der Klausel auf die Übereignung, d. h. auf die sachenrechtliche Ebene erstreckt. Der BGH hat in seinem Urteil vom 30. 03. 1988 den Anspruch des Käufers auf die unbedingte Übereignung auf der schuldrechtliche Ebene anerkannt[134]. Hinsichtlich der sachenrechtlichen Ebene hat er jedoch den unbedingten Eigentumserwerb des Käufers abgelehnt. Der BGH hat dazu ausgeführt, daß „die Unwirksamkeit einer Klausel kein Hindernis sei, ihren Inhalt bei der Auslegung der sachenrechtlichen Willenserklärung des Verwenders zu berücksichtigen". Als Begründung verweist er darauf, daß „der Verkäufer (=Beklagte) sein unbedingtes Eigentum weder abgeben wollte, noch abgegeben habe"[135].

Gemäß §6 Abs. 1 AGBG bleibt der Vertrag, obwohl die AGB des Verkäufers eine unwirksame Klausel enthalten, im übrigen wirksam und der Inhalt des Vertrags richtet sich gemäß §6 Abs. 2 AGBG nach gesetzlichen Vorschriften[136]. Keine Einigkeit besteht darüber, was man unter den „gesetzlichen Vorschriften" verstehen kann. Im Hinblick auf §6 AGBG wird darunter zum Teil verstanden, daß die Einigung über den Übergang des Eigentums wirksam bleibt und die Bedingungen, unter denen die Übereignung vorgenommen werden soll, wegfallen. Danach steht dem Vorbehaltskäufer ein Anspruch auf unbedingte Übereignung zu, obwohl der Vorbehaltsverkäufer (=Lieferant) einen derartigen Anspruch nicht gewähren wollte. Schließlich erwirbt der Vorbehaltskäufer das unbedingte Eigentum[137]. Als Begründung dafür wird darauf verwiesen, daß die Übereignung als solche nicht gegen §9 AGBG verstößt, aber ein Verstoß dann vorliegt, wenn die Übereignung unter einem erweiterten Eigentumsvorbehalt oder einem Konzernvorbehalt vorgenommen wird[138].

Eine andere Auffassung versteht unter den „gesetzlichen Vorschriften" i. S. d. §6 AGBG gleichermaßen das geschriebene und ungeschriebene, in der Rechtsprechung konkretisierte und im Wege der Analogie herangezogene Recht. Unter diesen Bedingungen ist die unwirksame Klausel im Wege der geltungserhaltenden Reduktion auszulegen. Nach dieser Auffassung wird als Lösung vorgeschlagen, daß im Ergebnis ein einfacher Eigentumsvorbehalt an die Stelle der unwirksamen Klausel tritt[139].

Der BGH hat in seinem Urteil vom 30. 03. 1998[140] offen gelassen, ob in diesem Fall an die Stelle der unwirksam gewordenen erweiterten Eigentumsvorbehaltsklausel ein einfacher Eigentumsvorbehalt treten soll.

---

[134] BGHZ 104, 136.
[135] BGHZ 104, 136, 137.
[136] Tiedke, ZIP 1988, 786.
[137] Tiedke, ZIP 1988, 784 ff; Trinkner, BB 1983, 924 u. 925.
[138] Tiedke, ZIP 1988, 786.
[139] Weber, BB 1989, 1773.
[140] BGHZ 104, 137 ; im Ergebnis ist der Auffassung des BGH nicht zu folgen, Tiedke, ZIP 1988, 786 : dagegen ist die Auffassung des BGH überzeugend, Weber, JZ 1988, 930.

Wie bereits ausgeführt, versteht man §6 AGBG auf die Weise, daß die Einigung über den Übergang des Eigentums wirksam bleibt und die Bedingungen wegfallen, so daß dann der Käufer unbedingtes Eigentum bei Anwendung des §6 AGBG erwerben könnte. Auf Seiten des Vorbehaltsverkäufers ist die gerade erwähnte Auslegung deshalb ungünstig, weil dadurch seine geschäftlichen Möglichkeiten eingeschränkt werden würden. Der Vorbehaltsverkäufer hat immer ein Interesse daran, nicht nur mit demjenigen, der zur sofortigen Zahlung bereit ist, sondern auch mit demjenigen, der keine sofortige Zahlung leisten kann oder will, Geschäfte zu tätigen, soweit er seine Forderungen sichern kann.

Diese Auslegung ist aber sowohl auf Seiten des Vorbehaltsverkäufers, als auch auf Seiten des Vorbehaltskäufers nicht als zweckmäßig anzusehen, wenn man überlegt, warum die beiden Parteien den erweiterten Eigentumsvorbehalt vereinbart haben. Bei der Überlegung ist zu beachten, daß der erweiterte Eigentumsvorbehalt in erster Linie ein Sicherungsmittel des Vorbehaltsverkäufers ist. Der erweiterte Eigentumsvorbehalt dient aber nicht nur den Interessen des Vorbehaltsverkäufers, sonden auch denen des Vorbehaltskäufers. Dieser kann aufgrund dieser Möglichkeit Verträge schließen, obwohl er nicht in der Lage ist, den Kaufpreis sofort zu bezahlen. Durch die Vereinbarung eines erweiterten Eigentumsvorbehalts kann er die Ware ohne sofortige Zahlung des Kaufpreises nutzen. Zum Zweck der Sicherung der Kaufpreisforderung dient grundsätzlich der Warenkredit. Deswegen ist es sachgemäß, daß an die Stelle der unzulässigen Klausel zum erweiterten Eigentumsvorbehalt mindestens der einfache Eigentumsvorbehalt tritt.

3. Verlängerter und erweiterter Eigentumsvorbehalt im Insolvenzverfahren

a. Absonderungsrecht

Anders als bei der Vereinbarung eines einfachen Eigentumsvorbehalts gewährt die Rechtsprechung[141] dem Verkäufer bei einem verlängerten- und erweiterten Eigentumsvorbehalt im Falle der Insolvenz des Käufers kein Aussonderungsrecht, sondern nur ein Absonderungsrecht. Dies bedeutet, daß die Rechtsprechung die Rechte des Verkäufers in diesen Fällen auf ein pfandähnliches Recht auf abgesonderte Befriedigung reduziert[142].

Der Grund für diese Auffassung liegt darin, daß der verlängerte und erweiterte Eigentumsvorbehalt seine praktische Bedeutung fast ausschließlich erst bei Insolvenz des Käufers erlangt. Dies liegt daran, daß der Verkäufer eigentlich kein Interesse am Sicherungsgut selbst hat, sondern durch die Ver-

[141] BGH, BB 1971, 17 ; BGH, BB 1978, 1030 ff ; BGH, WM 1980, 67 ff ; auch, Flume, NJW 1950, 849.
[142] Alter-Komm/Reich, vor §§ 929 ff, Rn. 28.

arbeitungsklausel bzw. die Vorausabtretung der Forderungen im Insolvenzfall eine bevorzugte Stellung erhalten will. Wenn z. B. die unter Eigentumsvorbehalt stehende Sache einen anderen Rechtsträger hat oder untergegangen ist, erwirbt der Vorbehaltsverkäufer aufgrund der Verarbeitungsklausel Eigentum.

Nach der herrschenden Meinung[143] ist sein durch die Verarbeitung entstandenes Eigentum nur Sicherungseigentum, weil die durch Verarbeitung entstandene neue Sache mit der ursprünglichen Vorbehaltsware nicht mehr identisch ist und der Verkäufer das Eigentum an der neu hergestellten Sache ausschließlich zu dem Zweck erwirbt, seinen Anspruch aus dem Kaufvertrag zu sichern. Damit dient das Eigentum, das im Wege der Verarbeitungsklausel an ihn zulässigerweise übertragen worden ist, nicht dazu, Sachenrechte zu begründen, sondern dazu, im Insolvenzfall des Vorbehaltskäufers eine Eigenverwertung zu ermöglichen bzw. bei Verwertung durch den Insolvenzverwalter dem Lieferanten den anteiligen Erlös zu sichern. Daher wird dem Vorbehaltsverkäufer im Insolvenzverfahren des Vorbehaltskäufers nur ein Absonderungsrecht eingeräumt [144].

Diese Erwägungen gelten auch für den erweiterten Eigentumsvorbehalt. Der Verkäufer verbessert seine Rechtsstellung durch Einbeziehung eigener anderer Forderungen im Insolvenzverfahren des Käufers[145]. Die Rechtsprechung geht einhellig davon aus, daß dem Verkäufer bei einem erweiterten Eigentumsvorbehalt lediglich ein Absonderungsrecht und kein Aussonderungsrecht zusteht[146].

---

[143] Henckel, Aktuelle Probleme der Warenlieferanten beim Konkurs, S. 6 ff ; Serick, Eigentumsvorbehalt und Sicherungsübertragung, Bd. IV., S. 100 ff ; ders, a. a. O., Bd. V., S. 271 ff ; Münch-Vertrag/Westphalen, S. 30.

[144] Henckel, a.a.O., S. 6 ff ; gegen diese Ansicht verweist Jauernig darauf, daß die Begründung nach der herschenden Meinung inkonsequent sei, da auch der einfache Eigentumsvorbehalt, der Aussonderungsrechte gewährt, im wesentlichen dem Sicherungszweck dient. Weiter weist er darauf hin, daß vom Standpunkt der herrschenden Meinung aus nur ein Eigentumsvorbehalt, aber keine Sicherungsübereignung in Betracht käme. Er meint, daß ein bloßes Absonderungsrecht des Veräußerers insoweit zu bejahen sei, als man den Ausgangspunkt der herrschenden Meinung aufgibt und annimmt, der Verarbeiter sei trotz der Verarbeitungsklausel „Hersteller„ i. S. d. §950 BGB. Im Ergebnis stimmt er jedoch der herrschenden Meinung zu, Jauernig, Zwangsvollstreckungs- und Insolvenzrecht, S. 212, 213 ; anschließend auch Häsemeyer, Insolvenzrecht, S. 325, Rn. 18. 32 ; vgl., Staudinger-Komm/Wiegand, §950, Rn. 45, 46.

[145] Alter-Komm/Reich, §929, Rn. 91.

[146] Alter-Komm/Reich, §929, Rn. 92 ; BGHZ 31, 174 ; BGH, NJW, 1971, 799, ein erweiterter Eigentumsvorbehalt in Form eines sogenannten Kontokorrentvorbehalts ist dann zu gewähren, wenn die Sache, deren Eigentum vorbehalten ist, bereits voll bezahlt wurde und kein Aussonderungsrecht, sondern lediglich ein Absonderungsrecht besteht ; BGH, NJW 1978, 632, 633, in dieser Entscheidung bejaht der BGH, daß dem Vorbehaltsverkäufer beim erweiterten Eigentumsvorbehalt ein Anspruch auf die Herausgabe zusteht, auch wenn er nur ein Absonderungsrecht erhält. Als Begründung hat der BGH ausgeführt, daß der Sicherungseigentümer, der kraft der Sicherungsvereinbarung

b. Rechte der Parteien im Insolvenzverfahren

Mit der Eröffnung des Insolvenzverfahrens verliert der Gemeinschuldner die Befugnis, sein zur Insolvenzmasse gehörendes Vermögen zu verwalten oder darüber zu verfügen. Der Insolvenzverwalter tritt an seine Stelle. Wie bereits dargestellt, ist die Weiterveräußerungsbefugnis des Vorbehaltskäufers auf den „ordnungsgemäßen Geschäftsgang" beschränkt. Daher kann der Vorbehaltsverkäufer sein Rücktrittsrecht geltend machen, wenn der Vorbehaltskäufer seine Zahlungen einstellt bzw. den Antrag auf Eröffnung des Insolvenzverfahrens gestellt hat.

Die Weiterveräußerung vom Vorbehaltskäufer oder später vom Insolvenzverwalter ist unter diesen Bedingungen nicht mehr zulässig. In einem solchen Fall steht dem Vorbehaltsverkäufer ein Ersatzaussonderungsrecht zu[147]. Gemäß §91 Abs. 1 InsO können Rechte an den Gegenständen, die zur Insolvenzmasse gehören, nach der Eröffnung des Insolvenzverfahrens nicht mehr wirksam erworben werden. Beim verlängerten Eigentumsvorbehalt kann daher der Vorbehaltsverkäufer sein Absonderungsrecht nur dann geltend machen, wenn die vor Insolvenzeröffnung erfolgte Abtretung künftiger Forderungen bereits vor Insolvenzeröffnung erfolgte. Anderenfalls stehen dem Erwerber die vor Insolvenzeröffnung abgetretenen, aber noch nicht entstandenen Forderungen gemäß §91 InsO entgegen, denn der Erwerbstatbestand bei der Abtretung künftiger Forderungen ist nicht mit der Abtretung, sondern erst mit der Entstehung der Forderung abgeschlossen[148].

Daher scheidet eine Absonderung der Forderung gegen den Zweitkäufer aus, wenn dieser den Kaufpreis vor Eröffnung des Insolvenzverfahrens über das Vermögen des Vorbehaltskäufers an diesen gezahlt hat. In diesem Fall wäre die Forderung nach §362 BGB bereits erloschen. Dann steht dem Vorbehaltsverkäufer lediglich ein Anspruch gemäß §816 Abs. 2 BGB gegen den Vorbehaltskäufer zur Seite. Bei diesem Anspruch handelt es sich um eine einfache Insolvenzforderung, weil er bereits vor der Eröffnung des Insolvenzverfahrens entstanden ist,[149]. In diesem Fall ist der Verkäufer ein Insol-

---

berechtigt sei, sich aus dem Sicherungsgut zu befriedigen, vom Konkursverwalter als Besitzer des Sicherungsgutes die Herausgabe zum Zweck der abgesonderten Befriedigung aufgrund seines dingliches Rechts verlangen könne.

[147] BGHZ 73, 266, ist der Weiterverkauf einer unter Eigentumsvorbehalt gelieferten Ware aber „im ordnungsgemäßen Geschäftsgang„ erfolgt, dann scheiden Ersatzaussonderungsansprüche nach §46 KO aus ; der BGH hat in seiner Entscheidung geäußert, daß ob ein solcher Geschäftsgang anzunehmen sei, allein durch das objektive Verhalten bei der Vornahme eines Verkaufsgeschäfts bestimmt wird. Aus diesem Grund verneint der BGH in dem Fall ein Ersatzaussonderungsrecht des Vorbehaltsverkäufers, bei dem der Vorbehaltskäufer nach der Eröffnung des Insolvenzverfahrens die zum alsbaldigen Verbrauch bestimmten Erzeugnisse weiter veräußert ; Vgl. BGHZ 68, 199/203 ; BGHZ 73, 259/266.

[148] Heiland, KTS 1960, 18.

[149] Münch-Vertrag/Westphalen, S. 29.

venzgläubiger und kein absonderungsberechtigter Gläubiger. Er muß seine Forderungen nach Eröffnung des Insolvenzverfahrens zur Tabelle anmelden (§§87, 174 InsO), damit ihre Quote bestimmt werden kann. Der Vorbehaltsverkäufer als Insolvenzgläubiger kann nicht in die Masse hinein vollstrecken (§89 InsO). Er wird gemeinschaftlich und gleichmäßig aus der Masse befriedigt, erhält also grundsätzlich denselben Prozentsatz wie die anderen Gläubiger. Wenn er seine Forderung nicht zur Tabelle anmeldet, verliert er sie nicht, sondern bleibt Gläubiger ; während des Insolvenzverfahrens kann er seine Forderung allerdings nicht geltend machen, sondern erst wieder nach dessen Beendigung[150].

Dies gilt auch dann, wenn ein vom Zweitkäufer erfüllungshalber akzeptierter Wechsel vor der Eröffnung des Insolvenzverfahrens diskontiert wurde[151]. Entscheidend ist dabei nicht, daß die Erfüllung erst bei Leistung des Kunden aufgrund des Wechsels eintritt, sondern daß der Wert der Gegenleistung durch die Diskontierung bereits vor der Eröffnung des Insolvenzverfahrens in das Vermögen des Vorbehaltskäufers (=des späteren Gemeinschuldners) eingeflossen ist.

Eine andere denkbare Konstellation liegt darin, daß die Forderung aufgrund einer Vorausabtretung vor der Eröffnung des Insolvenzverfahrens entstanden ist, aber erst danach gegenüber dem Insolvenzverwalter beglichen wurde. In diesem Fall steht dem Vorbehaltsverkäufer ein Ersatzaussonderungsanspruch gemäß §48 InsO zu[152]. Voraussetzung eines solchen Anspruchs ist, daß die vom Zweitkäufer gezahlten Geldmittel noch unterscheidbar in der Konkursmasse vorhanden sind. Fehlt diese Voraussetzung, kommt ein Anspruch des Vorbehaltsverkäufers gegenüber der Masse gemäß §55 Abs. 1 Nr. 1 oder 3. InsO in Betracht[153]. Der Vorbehaltsverkäufer als Massegläubiger (§53 InsO) kann seinen An-spruch gegen die Masse geltend machen. Anders als die Insolvenzgläubiger melden Massegläubiger ihre Forderungen nicht „zur Tabelle“ an. Sie teilen ihre Ansprüche einfach dem Insolvenzverwalter mit. Ein gerichtliches Verteilungsverfahren findet nicht statt. Der Vorbehaltsverkäufer als Massegläubiger ist in voller Höhe aus der Insolvenzmasse zu befriedigen (§53 InsO). Zu dem Zeitpunkt, in dem der Verwalter Kenntnis von der Masseunzulänglichkeit erlangt hat, muß er sie dem Insolvenzgericht mitteilen (§208 Abs. 1 S. 1 InsO). Das Gericht stellt den Zeitpunkt nicht fest ; es veröffentlicht lediglich die Anzeige und stellt sie den Massegläubigern förmlich zu (§208 Abs. 2 InsO). Bis zur Anzeige der Masseunzulänglichkeit sind alle Massegläubiger voll zu befriedigen ; sie müssen

---

[150] Zimmermann, Insolvenzrecht, S. 30, 31.

[151] OLG Düsseldorf, NJW-RR 1993, 1072, eine Ersatzabsonderung durch den Vorbehaltseigentümer aufgrund eines verlängerten Eigentumsvorbehalts im Konkurs des Vorbehaltskäufers scheidet aus, wenn der Abnehmer des späteren Gemeinschuldners für die ihm obliegende Gegenleistung Wechsel gegeben hatte, welche der Gemeinschuldner vor Konkurseröffnung diskontiert und dessen Abnehmer diese am Fälligkeitstag nach Konkurseröffnung eingelöst hat.

[152] BGH, WM 1971, 71 ff.

[153] BGH, WM 1971, 71 ff; Pikart, WM 1980, 515.

nichts zurückzahlen, wenn später die Masseunzulänglichkeit veröffentlicht wird. Ab Anzeige der Masseunzulänglichkeit wird nach Rangordnung befriedigt. Dafür werden die früheren Ränge zuerst voll befriedigt, die folgenden Ränge, zu deren voller Befriedigung die Insolvenzmasse nicht mehr ausreicht, werden nur im Verhältnis zueinander befriedigt (§209 Abs. 1 InsO)[154].

Hat der Vorbehaltsverkäufer nach Insolvenzeröffnung noch Forderungen egenüber dem Zweitkäufer, die bereits vor der Eröffnung des Insolvenzverfahrens entstanden sind, kann er diese Forderungen absondern (§50 InsO). Wenn der Vorbehaltsverkäufer durch die Vereinbarung der Abbedingung des §950 BGB Eigentümer an der vom Vorbehaltskäufer hergestellten Sache wird und über dessen Vermögen ein Insolvenzverfahren eröffnet wird, steht dem Vorbehaltsverkäufer ein Absonderungsrecht, kein Aussonderungsrecht zu[155]. Dies resultiert daraus, daß die durch Verarbeitung entstandene Sache mit der ursprünglichen Vorbehaltsware nicht mehr identisch ist und das Eigentum des Vorbehaltsverkäufers an der hergestellten Sache eigentlich dem Sicherungszweck seiner Forderung gegenüber dem Vorbehaltskäufer dient. Weiterhin wird dieser Sicherungszweck aufgrund der Vereinbarung einer Verarbeitungsklausel zum Hauptzweck, während er bei der Vereinbarung des einfachen Eigentumsvorbehalts einen Nebenzweck darstellt. Damit wird der Vorbehaltsverkäufer bei der Vereinbarung einer Verarbeitungsklausel anders als bei der Vereinbarung eines einfachen Eigentumsvorbehalts behandelt[156].

Beim erweiterten Eigentumsvorbehalt haben beide Vertragspartner in Wirklichkeit keine Bedingung im Sinne von §455 BGB vereinbart, sondern das Vorbehaltseigentum ist nach dem Eintritt des Erweiterungsfalles mit dem Sicherungseigentum vergleichbar[157]. Daher ist der Vorbehaltsverkäufer nicht berechtigt, bei Insolvenz des Vorbehaltskäufers eine Aussonderung gemäß §47 InsO zu verlangen.

Fraglich ist die Rechtslage, bei der der Vorbehaltskäufer seinen Kaufpreis bereits an den Vorbehaltsverkäufer gezahlt hat, jedoch die Forderungen aus Reparatur- oder Ersatzteillieferungskosten noch nicht getilgt wurden.

Der BGH[158] vertritt in seinem Urteil vom 23. 11. 1977die Auffassung, daß ein Eigentumsvorbehalt auch wegen erst künftig entstehender Forderungen in der Form des Kontokorrents wirksam vereinbart werden könne. Dabei dürfe nicht verkannt werden, daß die Anerkennung eines solchen Eigentumsvorbehalts dort ihre Grenze finden muß, wo die Ausdehnung auf andere For-

[154] Zimmermann, Insolvenzrecht, S. 42.
[155] Flume, NJW 1950, 843 u. 844 ; Staudinger-Komm/Honsell, §455, Rn. 70 ; Palandt/ Bassenge, §950, Rn. 13
[156] Münch-Vertrag/Westphalen, S. 30 ; a. A. Lambsdorff, Handbuch des Eigentumsvorbehalts, S. 252, Rn. 546 ff ; auch OLG Frankfurt, BB 1977, 1172.
[157] Serick, BB 1978, 1480.
[158] BGH, BB 1978, 18 ; Flume, NJW 1950, 849.

derungen als die ursprüngliche Kaufpreisforderung dem Sinn eines Kaufvertrages so sehr widerspricht, daß der Eigentumsvorbehalt als Sicherungsmittel einen Mißbrauch der Vertragsfreiheit beinhalten würde.

Der BGH hat festgestellt, daß in diesem Fall ein solcher Mißbrauch nicht vorliegt, weil die Reparatur- und Ersatzteillieferungskosten in engem Zusammenhang mit der Forderung, derentwegen der Eigentumsvorbehalt geltend gemacht worden ist, stünden. Dies bedeutet, daß es nicht als Mißbrauch des Eigentumsvorbehalts angesehen werden kann, wenn sich der Lieferant einer Kaufsache sein Eigentum auch für alle Forderungen vorbehält, die ihm für Arbeiten zur Unterhaltung der Sache erwachsen. In einem späteren Insolvenzverfahren über das Vermögen des Käufers hat der Verkäufer ein Absonderungsrecht gegenüber diesen offenen Forderungen. Im Schrifttum hat sich die herrschende Mei-nung[159] diesem Urteil angeschlossen.

Im Zusammenhang mit diesem Fall stellt sich die Frage, ob dem Insolvenzverwalter bei Insolvenz des Vorbehaltskäufers ein Wahlrecht gemäß §103 InsO (vgl. §17 KO) zusteht. Dieses Problem war bereits bei Geltung der alten Konkursordnung umstritten. Die überwiegende Meinung[160] verneint die Anwendbarkeit des §17 KO (vgl. §103 InsO), wenn die Tilgung der durch die Vorbehaltssache zunächst gesicherten Kaufpreisforderung zwar erfolgt ist, doch der erweiterte Eigentumsvorbehalt bezüglich anderer Forderungen vor der Eröffnung des Konkursverfahrens noch vorliegt und ein derart gesicherter Vorbehaltslieferant am Konkursverfahren teilnimmt.

Des weiteren wird ausgeführt, daß die Absonderungsbefugnis, die dem Vorbehaltslieferanten nach dem Eintritt des Erweiterungsfalles in einem späteren Konkursverfahren über das Vermögen des Käufers noch zusteht, zu dem Ergebnis führt, daß §17 KO (§103 InsO) unanwendbar geworden ist. Aufgrund dieser Absonderungsbefugnis muß das Vorbehaltseigentum auf dieselbe Weise wie das Sicherungseigentum behandelt werden. Der Sicherungsgegenstand ist zwar hier nicht Sicherungseigentum, sondern Vorbehaltseigentum, aber der Erfüllungszweck, der der Vorbehaltsware bezüglich der ursprünglich gesicherten Kaufpreisforderung zukommt, fehlt nunmehr. Deswegen ist bei einer neuen zu sichernden Forderung allein noch dem Sicherungszweck der Vorbehaltsware im Rahmen der Sicherungsabrede Rechnung zu tragen[161].

Das gleiche Prinzip gilt für das Insolvenzverfahren. Der Vorbehaltsverkäufer kann nur eine abgesonderte Befriedigung verlangen, wenn bei der Vereinbarung des erweiterten Eigentumsvorbehalts die Kaufpreisforderung der ursprünglichen Vorbehaltswaren schon vor der Eröffnung des Insolvenzverfahrens über das Vermögen des Vorbehaltskäufers getilgt ist. Dies wiederum bedeutet, daß auch die Anwendbarkeit von §103 InsO auf der

---

[159] Thamm, Der Eigentumsvorbehalt im deutschen Recht, S. 89 ff ; Kuhn, WM1972, 206 ff ; Gravenhorst, JZ 1971, 494 ff.
[160] Jaeger-Lent, KO, §17, Rn. 11.
[161] Serick, BB 1978, 1481.

schuldrechtlichen Ebene mit der Bezahlung der ursprünglich gesicherten Forderung ausscheidet, so daß hinsichtlich der sonstigen kontokorrentfähigen Forderungen ein Absonderungsrecht besteht[162].

Nach der herrschenden Meinung erlischt durch die Eröffnung des Insolvenzverfahrens über das Vermögen des Vorbehaltskäufers das Kontokorrentverhältnis[163]. Daher steht in diesem Fall dem Vorbehaltsverkäufer das Verwertungsrecht gemäß den §§166 Abs. 2, 173 InsO zu. Der Insolvenzverwalter kann die Sache, an der ein Absonderungsrecht besteht, freihändig verwerten, wenn sie in seinem Besitz bleibt (§166 Abs. 1 InsO). Nach der neuen Insolvenzordnung gilt der Besitzstand, d. h. es kommt darauf an, wer die Sache besitzt, als Maßstab des Verwertungsrechts. Im umgekehrten Fall, bei dem die Vorbehaltsware im Besitz des Vorbehaltsverkäufers z. B. wegen einer Reparaturen bleibt, kann der Vorbehaltsverkäufer die ursprünglich gesicherte Sache zum Zweck der abgesonderten Befriedigung selbst verwerten. Die Verwertungsrechte des Vorbehaltsverkäufers bleiben in diesem Fall unberührt (§173 Abs. 1 InsO)[164]. Obwohl der Vorbehaltsverkäufer zur Verwertung berechtigt ist, steht ihm nur der Wert der Vorbehaltssache zu, den er mit dem Wert der durch sie gesicherten Forderung verrechnen muß. Wenn der Insolvenzverwalter dem Vorbehaltsverkäufer den Wert dieser Sache anbietet, dann kann er die Vorbehaltsware nach Auszahlung des Wertes endgültig für die Zwecke der Masse einsetzen. Bei der zu tilgenden Schuld handelt es sich um eine Masseschuld (§55 Abs. 1 Nr. 1 InsO, vgl. §59 Abs. 1 Nr. 1 KO)[165]. Der Isolvenzverwalter kann auch im Insolvenzfall des Verkäufers unter Berufung auf §103 InsO, bei Vereinbarung eines erweiterten Eigentumsvorbehalts, die Erfüllung insoweit nicht ablehnen, als einzelne Waren voll bezahlt wurden[166]. Die gleiche Erwägung gilt, soweit ein erweiterter Eigentumsvorbehalt in Form eines Kontokorrentvorbehalts vereinbart wurde[167].

III. Sonstige Formen der Kreditsicherung in der Praxis

1. Globalzession

Während es sich beim verlängerten und erweiterten Eigentumsvorbehalt um die Forderungsabtretung an einen Warenlieferanten und damit um einen Warenkredit handelt, geht es bei der Globalzession um die Forderungsabtretung an eine Bank. Daher stellt die Globalzession die Sicherung eines Bankenkredits dar.

---

[162] Serick, Eigentumsvorbehalt und Sicherungsübertragung, Bd. V, S. 669 ff.
[163] BGH, BB 1978, 222 ff.
[164] Funk, Die SÜ in Einzelzwangsvollstreckung und Insolvenz, S. 75 ff.
[165] Serick, BB 1978, 1485.
[166] grundlegend BGH, ZIP 1986, 1059 ff.
[167] Serick, BB 1978, 1478 ff.

a. Begriff

Wenn die Kreditforderung erheblich höher als die alleinige gesicherte Forderung ist und der Kreditgeber mit der einzelnen Forderung nicht genügend gesichert wird, kann dem Sicherungsinteresse des Kreditgebers dadurch genügt werden, daß er sich nicht nur eine, sondern mehrere Forderungen abtreten läßt. Selbst wenn die gegenwärtigen bestehenden Forderungen der Höhe nach als Sicherheit ausreichen würden, kann die Sicherheit nach und nach zusammenschmelzen, wenn die Forderungen durch Erfüllung seitens der Schuldner zum Erlöschen gemäß §362 BGB gebracht werden. Der Kreditgeber kann dies dadurch vermeiden, daß er sich nicht nur alle gegenwärtigen, sondern auch alle erst in der Zukunft entstehenden Forderungen des Kreditnehmers abtreten läßt. Darin liegt die Globalzession[168].

b. Bestimmtheitsprinzip

Formular[169] III-1 ;

§1 : „(1) Zur Sicherung aller bestehenden und künftigen – auch bedingten oder befristeten – Ansprüche, die der Bank und allen anderen Geschäftsstellen des Gesamtinstituts gegen den Sicherungsgeber und oder gegen „Name und Anschrift des Kreditnehmers„ aus der Geschäftsverbindung (insbesondere aus laufender Rechnung und aus der Gewährung von Krediten jeder Art), aus der Übernahme der Haftung für Verbindlichkeiten eines anderen Kunden der Bank (z. B. als Bürge) und aus abgetretenen oder kraft Gesetzes übergegangenen Forderungen sowie aus Wechseln (auch soweit diese von Dritten herein gegeben worden sind) zustehen, tritt der Sicherungsgeber an die Bank hiermit seine sämtlichen bestehenden und künftigen

---

[168] Bülow, Recht der Kreditsicherheiten, S. 348, Rn. 1227 ; Unterschied zur Mantelzession : Sowohl vom Sachverhalt her als auch begrifflich besteht zwischen der Globalzession und der Mantelzession der Unterschied darin, daß hier nicht nur die gegenwärtigen, sondern auch die künftigen Forderungen durch Abschluß des Zessionsvertrags auf den Sicherungsnehmer übertragen werden ; demgegenüber verpflichtet sich der Zedent (=Sicherungsgeber) bei einem Mantelzessionsvertrag künftig entstehende Forderungen fortlaufend – nach deren Entstehung – auf den Sicherungsgeber zu übertragen. Demzufolge ist der Zedent (=Sicherungsgeber) – bei Vereinbarung eines Mantelzessionsvertrages – verpflichtet und der Zessionar (=Sicherungsnehmer) ist darauf angewiesen, daß sich der Zedent (=Sicherungsgeber) vertragsgemäß verhält, weil sonst das Risiko besteht, daß der Bestand der abgetretenen Forderungen ausgehöhlt wird, indem der Zedent (=Sicherungsgeber) dem Zessionar (=Sicherungsnehmer) nicht pünktlich die erforderlichen Zessionslisten/Rechnungskopien, etc. übermittelt, aus denen sich eine Individualisierung der neu abzutretenden Forderungen ersehen läßt. Diese Meldepflicht hat beim Mantelzessionsvertrag konstitutiven die Einzelzession begründenden Charakter, Münch-Vertrag/Westphalen, S. 90.

[169] Formular III-1 im Anhang.

Forderungen ab aus Warenlieferungen und Leistungen sowie aus- Bezeichnung des Rechtsverhältnisses – gegen a) Name/Firma und Anschrift des Drittschuldners b) alle Schuldner des Sicherungsgebers mit den Anfangsbuchstaben von....bis...einschließlich...".

Die Vereinbarung der Globalzession kommt dadurch zustande, daß der Zedent (=Sicherungsgeber) von vornherein, d. h. schon bei Abschluß des Globalzessionsvertrags, die künftig entstehenden Forderungen an den Zessionar (=Sicherungsnehmer) abtritt. Die Vorausabtretung erst künftig entstehender Forderungen ist nach allgemeiner Meinung und der Rechtsprechung zulässig und auch wirksam. „Bei Abschluß eines Globalzessionsvertrages reicht es aus, wenn die Bestimmbarkeit der künftig abzutretenden Forderungen sichergestellt ist"[170]. Die Bestimmbarkeit war nach der Ansicht des Reichsgerichts nur dann genügend, wenn kein Fall denkbar war, bei dem ihre nur gattungsmäßige Bezeichnung Anlaß zu Zweifeln geben konnte. Es sei als nicht genügend anzusehen, daß die Bestimmbarkeit in dem einzelnen zur Entscheidung stehenden Falle möglich ist. Vielmehr müsse die Bestimmbarkeit der abgetretenen Forderung in allen Fällen gewährleistet sein, bei denen die Verkaufsbedingungen denkbarerweise eingreifen könnten[171].

Der BGH hat in seiner Entscheidung vom 25. 10. 1952[172] geäußert, daß die dargelegte Rechtsauffassung des Reichsgerichtes zu strenge Anforderungen an die Bestimmbarkeit der aufgrund typischer Urkunden im voraus abgetretenen Forderungen stelle. Der BGH hat aus diesem Grund in diesem Fall abweichend von der Auffassung des Reichsgerichtes entschieden, daß es nicht erforderlich sei, daß die Bestimmbarkeit der im voraus abgetretenen Forderungen zum Zeitpunkt der Wirksamkeit für jeden Fall gewährleistet sein müsse. Des weiteren vertritt der BGH die Auffassung, daß die Abtretung einer von der allgemeinen Vorausabtretung mitumfaßten Einzelforderung dann genügend bestimmt und damit wirksam sei, wenn diese Forderung individualisierbar ist[173].

Konkret geht das in der Praxis verwendete Formular[174] davon aus, daß der Globalzessionsvertrag im Hinblick auf alle Forderungen aus Warenlieferungen/Leistungen gegenüber einem bestimmten Drittschuldner abgeschlossen wird. Daneben kommt die Variante in Betracht, daß sich die Globalzession auf alle Drittschuldner mit bestimmten Anfangsbuchstaben bezieht. Dies muß dann klar zum Ausdruck kommen, z. B. durch den Anfangsbuchstaben des Namens oder der Firmenbezeichnung. Des weiteren ist die Bestimmbarkeit durch eine klare Fixierung des Entstehungszeitpunkts erreichbar. Soweit sich der Globalzessionsvertrag auf gegenwärtige Forderungen bezieht, gehen diese auf die Bank über, sobald der Globalzessions-

---

[170] RGZ 136, 100 ff ; BGHZ 7, 365 ff ; BGHZ 26, 185 ff ; BGHZ 53, 60 ff ; BGH, WM 1976, 151 ; Münch-Vertrag/Westphalen, S. 91.
[171] RGZ 155, 28 ff.
[172] BGHZ 7, 369.
[173] BGHZ 7, 369 ; BGHZ 26, 188 ff ; BGH, WM 1976, 151.
[174] Vgl. Formular III-1 im Anhang.

vertrag wirksam zustande gekommen ist ; für erst künftig entstehende Forderungen gilt indessen, daß diese jeweils im Zeitpunkt ihres Entstehens auf die Bank als Sicherungsnehmerin übergehen, weil diese spätestens zu diesem Zeitpunkt hinreichend bestimmbar sind[175].

2. Factoring

a. Erscheinungsformen des Factoring

Unter dem Factoring versteht man einen Vertragstyp, bei dem sich der Factor die Forderungen seines Kunden durch Global - oder Mantelzession übertragen läßt und den Gegenwert der Forderungen abzüglich der Factoring-Gebühren und Zinsen auszahlt und er selbst Dienstleistungsfunktionen, d. h. Buchhaltung, Mahnwesen und Inkasso übernimmt[176]. Das Factoring ist nach seinen wirtschaftlichen und rechtlichen Auswirkungen in zwei unterschiedliche Formen, d. h. echtes und unechtes Factoring, zu unterteilen. Wenn der Factor sämtliche drei Funktionen, d. h. Finanzierungs-, Service- und Versicherungsfunktion) übernimmt, spricht man vom „echten Factoring" oder „vollständigen Factoring". Dagegen fehlt beim unechten Factoring die Versicherungs- oder Delkredefunktion : Hier verbleibt das Bonitätsrisiko beim Klienten, der vom Factor bei Uneinbringlichkeit einer abgetretenen Forderung zurück belastet wird. Meist erfolgt eine automatische Rückbelastung, wenn der Drittschuldner nicht innerhalb einer bestimmten Frist bezahlt. Der die Forderung übertragende Klient haftet also sowohl für die Verität als auch für die Bonität der Forderung[177].

b. Rechtsnatur der Factoring

Beim echten Factoring wird die Rechtsnatur von der herrschenden Meinung[178] im Schrifttum kaufvertraglich bestimmt. Danach ist das der konkreten Forderungsübertragung zugrunde liegende Kausalgeschäft als ein Forderungskauf nach §433 BGB anzusehen, und zwar in der Form des in §433 Abs. 1 S. 2 BGB ausdrücklich erwähnten Rechtskaufs. Den Anschlußkunden trifft als Forderungsverkäufer die in §437 Abs. 1 BGB normierte Haftung für die Verität, aber nicht eine Haftung für die Bonität der Forderung[179].

---

[175] Vgl. BGHZ 7, 365 ff ; BGHZ 53, 60 ff.
[176] Münch-Vertrag/Rabstein, S. 272.
[177] Martinek, Moderne Vertragstypen, S. 232, 233.
[178] Serick, Eigentumsvorbehalt und Sicherungsübertragung, Bd. IV, S. 546 ; Blaulock, ZHR 1978, 341 ; Bette, Das Factoring-Geschäft, S. 53.
[179] Martinek, Moderne Vertragstypen, S. 245.

Das unechte Factoring wird sowohl von der herrschenden Meinung[180] als auch von der Rechtsprechung[181] aufgrund fehlender Delkredefunktion als ein Darlehnsvertrag gemäß §607 BGB angesehen. Der Rückzahlungsanspruch des Factors nach §607 Abs. 1 BGB gegen den Anschlußkunden wird durch die erfüllungshalber abgetretene Forderung des Anschlußkunden gegen Drittschuldner gesichert[182].

Anders als die herrschende Meinung betrachtet eine andere Auffassung[183] sowohl unechtes Factoring als auch echtes Factoring als Darlehn nach §607 BGB, und zwar in Verbindung mit einer Abtretung der Forderung an Erfüllungs statt beim echten und erfüllungshalber beim unechten Factoring. In der Forderungsübertragung seitens des Anschlußkunden ist eine atypische Rückzahlungsvereinbarung zu sehen, auf die §365 BGB und damit die Regeln über den Forderungskauf entsprechende Anwendung findet[184]

IV. Kollisionsproblem

Die Kollisions-probleme kommen immer zwischen einem Warenkredit und einem Bankenkredit zustande, wie z. B. wenn der Kreditnehmer die unter Eigentumsvorbehalt gekaufte Sache zur Sicherung übereignet oder alle Forderungen aus Geschäftsbeziehungen, die dem Warenlieferanten bereits im voraus abgetreten wurden, noch einmal an eine Bank abtritt.

1. Kollision zwischen Sicherungsübereignung und Eigentumsvorbehalt

a. Problemstellung

Ein Kollisionsproblem zwischen Sicherungsübereignung und Eigentumsvorbehalt liegt vor, wenn der Kreditnehmer(=Sicherungsgeber) wegen seiner wirtschaftlichen Not die noch unter Eigentumsvorbehalt stehenden beweglichen Sachen vor der vollständigen Kaufpreiszahlung dem Kreditgeber (=Bank) als Sicherheit übereignet. Der Sicherungsnehmer hat keine vorrangigen Rechte gegenüber dem Vorbehaltsverkäufer. Er kann sein Sicherungseigentum an der übereigneten Sache insoweit erwerben, als er gutgläubig ist (§§930, 933, 931, 934 BGB).

---

[180] Roth, Jura 1979, 297, 298 ; Serick, Eigentumsvorbehalt und Sicherungsübertragung, Bd. IV, S. 546, 548 ; ders., NJW 1981, 794.

[181] BGH, NJW 1972, 1715.

[182] Martinek, Moderne Vertragstypen, S. 251.

[183] Canaris, NJW 1981, 249, 250.

[184] Martinek, Moderne Vertragstypen, S. 247.

b. Nachforschungspflicht nach der Rechtsprechung

Die Rechtsprechung hat zum gutgläubigen Erwerb des Sicherungsnehmers diesem einen besonders verschärften Sorgfaltsmaßstab auferlegt. Danach ist der Sicherungsnehmer verpflichtet, die Eigentumsverhältnisse bezüglich solcher Waren, die im Allgemeinen unter Eigentumsvorbehalt geliefert werden, z. B. eine größere Anzahl fabrikneuer Schreibmaschinen[185], zu erforschen[186]. Daher genügen die bloße Versicherung des Sicherungsgebers, daß er Eigentümer sei oder generell Zusicherungen seinerseits der Nachforschungspflicht nicht[187]. Dies hängt vielmehr von den einzelnen Umständen ab[188]. Insbesondere bei wirtschaftlichen Schwierigkeiten, bei schlechter Konjunkturlage oder bei eigenem Mißtrauen kann sich der Sicherungsnehmer nicht mit Zusicherungen des Sicherungsgebers zufrieden geben. Das Wort des ordentlichen Kaufmannes ist im Recht der Sicherungsübereignung von geringem Wert[189].

Der BGH ist der Meinung, daß dem Erwerber von Vorbehaltswaren der Vorwurf grober Fahrlässigkeit zu machen sei, wenn er nach den gesamten Umständen des Falles die im Geschäftsverkehr erforderliche Sorgfalt dadurch in ungewöhnlich hohem Maße verletzt habe[190], daß er verschiedene Tatsachen nicht beachtet habe die im gegebenen Fall jedermann aufgefallen wären[191].

Als genügend erfüllt wurde diese strenge Nachforschungspflicht des Sicherungsnehmers angesehen, wenn er z. B. bei einer verbrieften Sache das Papier erwirbt. In diesem Fall ist der Sicherungsnehmer im Allgemeinen gutgläubig. Dabei spielt es keine Rolle, ob es sich um echte Traditionspapiere oder nur um Legitimationspapiere handelt[192]. Wenn z.B. der Vorbehaltsverkäufer dem Käufer den Kraftfahrzeugbrief zu dem Zeitpunkt, in dem das Vorbehaltseigentum noch besteht, überläßt, verursacht er einen besonderen Rechtsschein, der es als glaubwürdig erscheinen läßt, wenn der Vorbehaltskäufer einem Dritten gegenüber versichert, die Bedingung sei eingetreten und das Eigentum auf ihn übergegangen. In diesem Fall kann dem Erwerber nichts vorgeworfen werden. Umgekehrt fehlt der gute Glaube in der Regel, wenn sich der Sicherungsnehmer den KFZ-Brief nicht vorlegen läßt[193].

---

185 OLG Nürnberg, WM, 1962, 95.
186 Reich, Die Sicherungsübereignung, S. 35, 36.
187 BGH, WM 1956, 527 ; OLG Nürnberg, WM 1962, 95.
188 Reich, Die Sicherungsübereignnug, S. 37 ; BGH, NJW 1958, 1485.
189 Reich, a. a. O., S. 37.
190 Vgl. BGH, WM 1958, 754, 755.
191 Vgl. BGH, WM 1959, 1313, 1314.
192 Reich, Die Sicherungsübereignung, S. 38.
193 Reich, a. a. O., S. 39.

Aufgrund dessen, daß der Sicherungsgeber sein aus der bedingten Übereignung resultierendes Anwartschaftsrecht als eigenes Recht ohne Zustimmung des Vorbehaltslieferanten wirksam übertragen kann, vermag der Sicherungsnehmer auch bei fehlender Gutgläubigkeit das Anwartschaftsrecht an den Sicherungsgegenständen zu erwerben. Die Parteien brauchen im Vertrag nicht bestimmt anzugeben, ob sie das Eigentum oder die Anwartschaft an einer Sache übertragen. In der Eigentumsübertragung liegt gleichzeitig die Übertragung des Anwartschaftsrechts[194]. Dann kann der Sicherungsnehmer wenigstens das Anwartschaftsrecht erwerben und hat die Möglichkeit, die Restforderung des Erstsicherungsnehmers zu erfüllen und dadurch unmittelbar von diesem das Volleigentum zu erwerben[195].

c. Gutgläubiger Erwerb des Sicherungsnehmers nach dem Gesetz

aa. Gutgläubiger Erwerb nach den §§933, 930 BGB

Wenn sich die Sicherungsübereignung nach dem §930 BGB durch Einigung und Besitzkonstitut vollzieht, dann kommt ein gutgläubiger Erwerb nur gemäß §933 BGB in Betracht. Danach kann der Sicherungsnehmer das Sicherungsgut erst dann gutgläubig erwerben, wenn es ihm der Sicherungsgeber übergibt und damit alle Möglichkeiten der Herrschaft, d. h. allen mittelbaren und unmittelbaren Besitz, über diese Sache aufgibt und so der Sicherungsnehmer den unmittelbaren Besitz an der Sache erlangt. Eine weitere Voraussetzung für einen Gutglaubenserwerb gemäß den §§930, 933 BGB ist, daß der Sicherungsnehmer im Zeitpunkt der Herausgabe des Sicherungsgut an ihn noch gutgläubig ist, d. h. eventuell bestehende andere Sicherungsrechte ohne grobe Fahrlässigkeit nicht kennt. Diese letzte Voraussetzung ist jedoch kaum erfüllbar, weil bei Vereinbarung einer Sicherungsübereignung der Sicherungsnehmer das Sicherungsgut nur dann an sich nimmt, wenn es wegen des Eintritt des Sicherungsfalls verwertet werden muß. Zu diesem Zeitpunkt werden alle Gläubiger bekannt. Daher kann der Sicherungsnehmer das Sicherungsgut aufgrund seiner Gutgläubigkeit gemäß §933 BGB nur selten erwerben[196]. Der Begriff der Übergabe i.S.d. §933 BGB ist derselbe wie in §929 Abs. 1 BGB. Danach stellt die Übergabe eine Realhandlung und keine Willenserklärung dar. Sie braucht nicht vom Sicherungsgeber selbst vorgenommen zu werden. Es genügt daher, daß der Besitz auf Geheiß des Veräußerers von einem Dritten, der unmittelbarer Besitzer ist, an den Erwerber übertragen wird[197].

---

[194] BGH, WM 1966, 94.

[195] Serick, Eigentumsvorbehalt und Sicherungsübertragung, Bd.I., S.257, 258 ; Reich, Die Sicherungsübereignung, S. 44.

[196] Pottschmidt/Rohr, Kreditsicherungsrecht, S. 197 ff, Rn. 539.

[197] BGH, NJW 1966, 1959 ; BGH, WM 1970, 120.

bb. Gutgläubiger Erwerb nach den §§934, 931 BGB

Wenn der Sicherungsgeber dem Sicherungsnehmer das Sicherungsgut nach §931 BGB übereignet, dann bestimmt sich der gutgläubige Erwerb des Sicherungsguts nach §934 BGB. Dafür enthält §934 BGB zwei doppelte Varianten. Die erste betrifft den Fall, bei dem der Sicherungsgeber mittelbarer Besitzer der Sache ist (§934 1. Alt. BGB). Mittelbaren Besitz hat der Sicherungsgeber, wenn er Inhaber des vertraglichen Herausgabeanspruchs gegen den Dritten, bei dem sich die Sache befindet, ist und wenn sich der Dritte vertragstreu verhält, also die Sache aufgrund der vertraglichen Beziehung mit Fremdbesitzerwillen für den Veräußerer besitzen will[198]. Der Gutglaubenserwerb tritt dann ein, wenn sich beide Vertragspartner über die Übertragung des Eigentums einigen und der Sicherungsgeber seinen Herausgabeanspruch an den Sicherungsnehmer abtritt. Voraussetzung ist, daß der Herausgabeanspruch wirklich besteht[199].

Die zweite Variante ist für den Fall anzuwenden, daß der Sicherungsgeber kein mittelbarer Besitzer ist (§934 2. Alt. BGB). In diesem Fall kann der Sicherungsgeber (=Veräußerer) einen Herausgabeanspruch aus einem Besitzmittlungsverhältnis nicht wirksam abtreten, weil ihm kein solcher Anspruch zusteht. Er kann nur einen (vermeintlichen) Herausgabeanspruch abtreten. Das allein bleibt jedoch ohne rechtliche Wirkung[200]. Vielmehr kann der Sicherungsnehmer das Sicherungsgut nur dann gutgläubig erwerben, wenn er den Besitz der Sache von einem Dritten erlangt hat. Hier reicht mittelbarer Besitz aus[201]. Der Sicherungsnehmer muß von diesem Dritten nicht nur scheinbar, sondern wirklich den mittelbaren Besitz erlangen[202]. Eigenmächtige Besitzverschaffung des Sicherungsnehmers reicht nicht aus[203]. Als Ergebnis läßt sich feststellen, daß dem Warenkredit in der Praxis in der Regel der Vorrang gegenüber dem Bankenkredit einzuräumen ist.

2. Kollision zwischen dem verlängerten Eigentumsvorbehalt und der Globalzession

a. Problemstellung

Die Kollisionsprobleme zwischen dem verlängerten Eigentumsvorbehalt und der Globalzession zeigen sich, wenn der Vorbehaltskäufer einerseits zur Kreditsicherung sämtliche zukünftige Forderungen an seine Bank im voraus

[198] Pottschmidt/Rohr, Kreditsicherungsrecht, S. 199, Rn. 543.
[199] BGH, WM 1969, 242.
[200] Pottschmidt/Rohr, Kreditsicherungsrecht, S. 199, Rn. 544.
[201] Palandt/Bassenge, §934, Rn. 4.
[202] Reich, Die Sicherungsübereignung, S. 41.
[203] Palandt/Bassenge, §934, Rn. 4.

abtritt, er andererseits die Ware unter verlängertem Eigentumsvorbehalt kauft und sich zur Sicherung der Kaufpreisforderung des Vorbehaltsverkäufers alle Forderungen aus der Weiterveräußerung im voraus abtreten läßt. Solche mehrfache Forderungsabtretung verursacht Kollisionsprobleme gerade deswegen, weil die an den Vorbehaltsverkäufer abgetretenen Forderungen ins Leere gehen können, wenn alle Forderungen des Vorbehaltskäufers schon an die Bank aufgrund der Vereinbarung der Globalzession abgetreten worden sind, d. h. wenn die Vereinbarung der Globalzession zeitlich der des verlängerten Eigentumsvorbehalts vorgeht.

Um diese Kollisionsprobleme zu lösen, wird vorgeschlagen, daß z. B. beide sich widersprechenden Verfügungen unwirksam sein sollen[204], daß die beiden Zessionare, die Forderungen erworben haben, diese unter sich aufteilen müssen[205] oder einer sachbezogenen Vorausabtretung, wie sie z. B. ein verlängerter Eigentumsvorbehalt darstellt, unabhängig von der zeitlichen Reihenfolge, der Vorrang vor einer personenbezogenen Globalzession einzuräumen sei[206]. Eine weitere Ansicht will die Kollision zwischen einer formularmäßig vereinbarten Globalzession und einem verlängerten Eigentumsvorbehalt mit Hilfe der Regeln über die Inhaltskontrolle von Formularklauseln lösen[207].

b. Prioritätsprinzip u. Vertragsbruchstheorie

Grundsätzlich geht der BGH[208] nach dem Prioritätsprinzip vor, d. h. eine zeitlich vorrangige Forderungsabtretung hat Priorität. Im Fall der Kollision einer Globalzession mit einem verlängerten Eigentumsvorbehalt ist eine uneingeschränkte Geltung des Prioritätsprinzips problematisch, weil aufgrund langfristiger Kreditlaufzeiten bei Geldkrediten und aufgrund des Umstandes, daß bei Warenlieferungen der verlängerte Eigentumsvorbehalt bei jeder Lieferung neu vereinbart wird, der Geldkreditgeber jedenfalls irgendwann den zeitlichen Vorrang genießen würde und der Warenlieferant dann regelmäßig der Verlierer wäre[209].

Aus diesem Grund hat der BGH[210] in seiner Entscheidung vom 30. 04. 1959 darauf verwiesen, daß die Vereinbarung der Globalzession gegen die guten

---

[204] Rimmelspacher, Kreditsicherungsrecht, S. 103, Rn. 422.

[205] Esser, JZ 1968, 281 ff u. 529 ff ; ders, ZHR 1971, 330 ff ; vgl. eine Aufteilung befürworten auch, Finger, JZ 1970, 642 ff.

[206] Flume, NJW 1950, 841ff ; ders, NJW 1959, 913 ff.

[207] Serick, Eigentumsvorbehalt und Sicherungsübertragung, Bd. IV., S. 371.

[208] Der Grundsatz der Priorität, nach welchem bei mehrfacher Abtretung einer Forderung nur die zeitlich erste wirksam ist, gilt unbestritten bei der Abtretung bestehender Forderungen. Er kann aber auch für die Abtretung künftiger Forderungen angewendet werden., BGHZ 39, 149.

[209] Jork, JuS 1994, 1020.

[210] BGHZ 30, 149 ff.

Sitten nach §138 BGB verstoße, wenn und soweit sie auch solche Forderungen umfassen solle, die der Zedent (=Sicherungsgeber) seinem Lieferanten aufgrund eines Eigentumsvorbehalts künftig abtreten müsse und auch abtrete[211].

Des weiteren hat der BGH[212] in seiner Entscheidung vom 06. 11. 1968 die subjektiven Voraussetzungen der Sittenwidrigkeit festgestellt. In seiner Entscheidung äußerte der BGH : „läßt sich ...eine Bank von ihrem Kunden, der in seinem Gewerbe branchenüblich Waren nur unter verlängertem Eingentumsvorbehalt kauft, dessen sämtliche gegenwärtigen und künftigen Forderungen gegen seine Abnehmer abtreten, so kann der Bank auch subjektiv nicht entgehen, daß sie ihren Kunden laufend zu vertragsuntreuem Verhalten gegenüber seinen Lieferanten drängt. Das verstößt schon nach der herkömmlichen Auffassung des §138 BGB gegen die guten Sitten“.

In diesem Fall schränkt daher der BGH das Prioritätsprinzip mittels §138 Abs. 1 BGB ein und sichert dem Vorbehaltsverkäufer den Zugriff auf die Forderung des Vorbehaltskäufers aus dem Zweitgeschäft (Vertragsbruchstheorie). Das objektive Merkmal der Sittenwidrigkeit wird dabei allein durch die Tatsache begründet, daß der Bank bei Abschluß des Globalzessionsvertrags positiv bekannt oder aufgrund der Branchenüblichkeit der verlängerten Eigentumsvorbehaltsklausel innerhalb des jeweiligen Wirtschaftszweiges bewußt war, daß der Zedent (=Sicherungsgläubiger) Waren unter verlängertem Eigentumsvorbehalt bezieht[213].

Fehlt es jedoch an der Branchenüblichkeit des verlängerten Eigentumsvorbehalts, setzt sich das Prioritätsprinzip durch : Grundsätzlich sind die Interessen der Banken als Geldkreditgeber mit Blick auf §138 BGB und §9 Abs. 1 AGBG nicht weniger schutzwürdig als diejenigen der Lieferanten als Warenkreditgeber[214].

c. Klauseln der Banken

Wie bereits dargestellt, ist ein Globalzessionsvertrag unwirksam, wenn er nach der Rechtsprechung als sittenwidrig aufgrund des §138 BGB angesehen wird. Diese Konsequenz nach der Rechtsprechung ist für die Geldkreditgeber sehr unbefriedigend, denn danach kann die Vereinbarung der Globalzession, mit der die Forderung des Geldkreditgebers gesichert ist, jederzeit nichtig werden und er kann damit seine Sicherheiten verlieren. Aus diesem Grund versucht der Kreditgeber (regelmäßig die Bank) bei der Vereinbarung der Globalzession durch verschiedene Klauseln entweder den Konflikt ganz zu vermeiden, im Falle der Kollision ein Anwartschaftsrecht bei einer Global-

[211] Münch-Vertrag/Westphalen, S. 98.
[212] BGH, NJW 1969, 318 ; Lambsdorff/Skora, NJW 1977, 701 ff.
[213] BGH, BB 1974, 526.
[214] BGH, ZIP 1987, 85 ff.

zession zu sichern oder die Sittenwidrigkeit seines Verhaltens auszu schließen. Zu nennen sind an dieser Stelle die Verpflichtungsklauseln, schuldrechtliche Teilverzichtsklauseln und dingliche Verzichtsklauseln[215].

aa. Verpflichtungsklausel

Im Jahre 1960 hat der BGH[216] einen Fall entschieden, bei dem es um eine einmalige Kreditgewährung ging. Bei der Vereinbarung einer Globalzession hat die Bank in ihrem Formular ausdrücklich die Zweckbestimmung geregelt (Verpflichtungsklausel), nach der der gewährte Kredit nur zur Finanzierung von bestimmten Geschäften (Kartoffelkäufen) verwendet werden durfte. In diesem Fall hatte der BGH die Sittenwidrigkeit der Globalzession verneint. Zur Begründung wurde ausgeführt, daß in einem solchen Fall der Geldkreditgeber darauf vertrauen könne, daß der Händler gegenüber seinen Lieferanten nicht vertragsbrüchig werde[217].

Aus dieser Entscheidung ist die Schlußfolgerung zu ziehen, daß es bei der Vereinbarung einer derartigen Zweckbestimmung zwischen Bank und Bankkunden an der subjektiven Voraussetzung für die Sittenwidrigkeit einer zugleich vereinbarten Globalzession fehlt. Wegen der Auswirkung dieser Entscheidung wurden derartige Klauseln ab 1960 in viele Globalzessionsverträge aufgenommen[218]. Z. B. danach erschien eine solche Klausel zumeist in der folgenden Form :

„Der Sicherungsgeber versichert, daß er die von der Abtretung erfaßten Forderungen nicht bereits an Dritte abgetreten hat (z.B. an einen Lieferanten durch verlängerten Eigentumsvorbehalt in seinen Lieferbedingungen)... Soweit dies dennoch der Fall sein sollte, verpflichtet sich der Sicherungsgeber, den Kredit in erster Linie zur Ausräumung des verlängerten Eigentumsvorbehalts zu verwenden. Der Sicherungsgeber verpflichtet sich, dafür Sorge zu tragen, daß die vorstehenden Bestimmungen auch auf die abgetretenen, aber künftig erst zur Entstehung gelangenden Forderungen nach Möglichkeit nur solche Ware geliefert werden, die frei von verlängerten Eigentumsvorbehalten sind ; andernfalls wird er, damit Lieferanten nicht geschädigt werden, die auf diesen Waren ruhenden Lieferantenforderungen unverzüglich mit dem ihm von der Bank gewährten Kredit bezahlen oder die Lieferanten auf bereits an die Bank vorgenommene Abtretung hinweisen...Soweit der Bank abgetretene Forderungen etwar dennoch von den Lieferanten des Sicherungs-gebers aufgrund eines verlängerten Eigentums-

---

[215] Die Terminologiewird nicht einheitlich verwendet, Lamsdorff bezeichnet sie als Zweckbestimmungsklausel, Abtretungs- oder Befriedigungsklausel und dingliche Verzichtsklausel, Lambsdorff/Skora, NJW 1977, 701.
[216] BGH, WM 1960, 395 ff.
[217] Lambsdorff/Skora, NJW 1977, 702.
[218] Lambsdorff/Skora, a. a. O., 702.

vorbehalts berechtigterweise in Anspruch genommen werden können, soll die Abtretung erst mit dem Erlöschen des verlängerten Eigentumsvorbehalts wirksam werden".

Bald aber erkannte man, daß diese Klausel nicht geeignet ist, die Globalzession im Konfliktfall mit der Lieferantenvorausabtretung zu retten, weil es die Bank weder überwachen noch erzwingen kann, daß ihre Kunden die Forderungen der Lieferanten, die unter verlängertem Eigentumsvorbehalt geliefert haben, mit dem gewährten Kredit unverzüglich getilgt haben[219].

Aufgrund dieses Umstandes hat der BGH[220] am 24. 04. 1968 einen Fall entgegen seiner bisherigen Rechtsprechung entschieden. Dabei handelte es sich um Forderungen, die dem Lieferanten aufgrund eines verlängerten Eigentumsvorbehalts und gleichzeitig zur Globalzession an eine Bank übereignet wurden. In den bankenrechtlichen Klauseln war eine Verpflichtungsklausel enthalten[221]. In diesem Fall betrachtete der BGH den Globalzessionsvertrag als nichtig, obwohl die Bank ihren Kunden verpflichtet hatte, den Kredit in erster Linie zur Bezahlung der Vorbehaltsgläubiger zu verwenden. Des weiteren äußerte der BGH, daß derartige Vertragsklauseln über die Zweckbestimmung des Kredits, insbesondere formularmäßige Klauseln, den tatsächlichen Geschäftsablauf nicht beeinflussen können, so daß es doch zum Konflikt zwischen Waren- und Geldkreditgeber kommen könne[222].

bb. Verzichtsklausel

Aufgrund dieser Rechtsprechung versuchten die Banken den Globalzessionsvertrag durch die sog. schuldrechtliche Teilverzichtsklausel zu regeln. Beispielsweise lauteten die Klauseln wie folgt :

„Falls eine Forderung abgetreten ist, die künftig ganz oder teilweise Gegenstand des branchenüblichen verlängerten Eigentumsvorbehalts eines Lieferaten ist, wird die Bank auf Verlangen des Lieferanten - soweit zu diesem Zeitpunkt sein durch den verlängerten Eigentumsvorbehalt gesicherter Anspruch aus seinen Lieferungen noch nicht getilgt ist - entsprechend dem Umfang des verlängerten Eigentumsvorbehalts entweder die Forderung an

---

[219] Lambsdorff/Skora, NJW 1977, 702 ; Bette, Das Factoring-Geschäft, S. 87.

[220] BGH, NJW 1968, 1516 ff.

[221] Allgemeine Bedingungen der Kr. Bank AG, Nr. 3 ; „ (2) Der Sicherungsgeber versichert, daß er über die von der Abtretung erfaßten Forderungen uneingeschränkt verfügungsberechtigt ist, insbesondere,...daß die Forderungen nicht bereits an einen Dritten abgetreten sind (z. B. an einen Lieferanten durch verlängerten Eigentumsvorbehalt in seinen Lieferbedingungen)...Soweit dies dennoch der Fall sein sollte, verpflichtet sich der Sicherungsgeber, den Kredit in erster Linie zur Ausräumung des verlängerten Eigentumsvorbehalts...zu verwenden".

[222] Der BGH hat in seiner Entscheidung vom 07. 03. 1974 die Unzulässigkeit derartiger Zweckbestimmungsklauseln(=Verpflichtungsklausel) bestätigt, BGH, BB 1975, 526 ff.

den Lieferanten abtreten oder ihn aus dem von ihr auf Grund der Globalzession eingezogenen Erlöses befriedigen (Vertrag zu-gunsten Dritter). Dies gilt nicht, wenn der Anspruch des Lieferanten alsbald anderweitig getilgt werden kann oder wenn dem Lieferanten die Abtretung an die Bank bei Abschluß des Lieferungsvertrages bekannt war oder wenn der verlängerte Eigentumsvorbehalt - unabhängig von der Globalzession - nicht wirksam ist".[223]

Die schuldrechtliche Verzichtsklausel steht zwischen der dinglichen Verzichts- und der Verpflichtungsklausel. Sie hält im Grundsatz am Prioritätsprinzip fest, d. h. die unter den verlängerten Eigentumsvorbehalt fallenden Forderungen sind nicht von vornherein von der Globalzession ausgeschlossen, sondern werden von ihr erfaßt. Durch die schuldrechtliche Verzichtsklausel wird der Zessionarin (Bank) die Verpflichtung - in Form eines Vertrags zugunsten Dritter- auferlegt (§328 Abs. 1 BGB), dem Vorbehaltslieferanten auf sein Verlangen hin diese Forderungen abzutreten oder ihn aus dem bei der Einziehung erzielten Erlös zu befriedigen[224].

Die schuldrechtliche Verzichtsklausel ist im Schrifttum vor allem deshalb auf Kritik gestoßen, weil der Vorrang der abgetretenen Forderungen aus einer Weiterveräußerung nicht gelten könne, wenn der Anspruch des Lieferanten alsbald anderweitig getilgt werden kann oder wenn dem Vorbehaltsverkäufer bei Abschluß seines Lieferungsvertrages die Abtretung an die Bank bekannt war. Bei der zweiten Alternative werde es den Banken immer möglich sein, den Lieferanten ihres Kunden bösgläubig werden zu lassen[225].

Unter diesen Umständen hat der BGH in seinem Urteil vom 09. 11. 1978[226] die Sicherungsglobalzession für sittenwidrig erklärt, obwohl in dem Abtretungsvertrag eine sog. schuldrechtliche Teilverzichtsklausel zugunsten des Warenlieferanten aufgenommen worden ist. Als Begründung hat er ausgeführt, daß wenn man die Rechtsstellung des Lieferanten gegenüber der Bank mit derjenigen vergleiche, die er gegenüber seinem Kunden einnähme, d. h. daß dem Lieferanten bei Konkurs der Bank nur der schuldrechtliche Anspruch, aber kein Vorzugsrecht zustünde, während die durch den verlängerten Eigentumsvorbehalt im voraus abgetretene Forderung bei Konkurs des Kunden dem Vorbehaltslieferanten ein Absonderungsrecht gäbe. Einerseits übernähme der Lieferant dadurch mit der Insolvenzgefahr der Bank ein zusätzliches Risiko. Andererseits würde die Durchsetzung seiner ursprünglichen Rechte aus dem verlängerten Eigentumsvorbehalt unangemessen erschwert werden, weil er z. B. seinen Schuldner, die Bank seines Kunden, gar nicht kenne. Damit würde sich die Rechtsstellung des Lieferanten durch die sog. schuldrechtliche Teilverzichtsklausel nicht verbessern.

---

[223] Serick, BB 1974, 849.
[224] Rimmelspacher, Kreditsicherungsrecht, S. 89, Rn. 441.
[225] Esser, ZHR 1971, 323.
[226] BGHZ 72, 308 ff.

Anerkannt wird von der Rechtsprechung deshalb heute nur die dingliche Verzichtsklausel[227]. Anders als schuldrechtliche Teilverzichtsklauseln sollen bei den dinglichen Verzichtsklauseln durch Vereinbarung zwischen Bank und Sicherungsgeber, die einem verlängerten Eigentumsvorbehalt unterliegenden Forderungen von der Globalzession an die Bank ausgenommen werden, indem eine Abtretung an die Bank erst mit dem Erlöschen des verlängerten Eigentumsvorbehalts wirksam werden soll[228]. Mit solchen dinglichen Verzichtsklauseln können die Geldkreditgeber den Konfliktfall vermeiden. Auf diese Weise erreichen sie, daß ihre Globalzession nicht gemäß den §§134, 138 BGB nichtig ist, sondern sich an die nunmehr mit Vorrang ausgestattete Lieferantenvorausabtretung anschließt. Seitens des Geldkreditgebers haben diese Klauseln den Effekt, daß die Globalzession als Anwartschaftsrecht sozusagen „auf die Warteliste" kommt und daher im Anschluß an die Befriedigung des Lieferanten eine teilweise Befriedigung der Bankforderungen erfolgen kann[229].

3. Kollision zwischen Factoring-Zession und verlängertem Eigentumsvorbehalt

a. Problemstellung

Durch den verlängerten Eigentumsvorbehalt trtt der Vorbehaltsverkäufer dem Lieferanten im voraus die Kaufpreisforderung ab, die aus dem vom Lieferanten erlaubten Weiterverkauf der unter Eigentumsvorbehalt gelieferten Ware entsteht.

In diesem Fall, wenn z. B. ein Vorbehaltskäufer als Anschlußkunde einem Factor diese Forderungen abgetreten hat, die er zuvor dem Lieferanten im Rahmen des verlängerten Eigentumsvorbehalts abgetreten hatte, kollidieren die beiden abgetretenen Forderungen auseinander. Insbesondere drohen, im Fall der früheren Factoring-Globalzession an den Factor, der verlängerte Eigentumsvorbehalt ins Leere zu gehen[230].

Wie in IV. 2. erwähnt, haben die Rechtsprechung und die Lieteratur eine ähnliche Kollisionsproblematik bei der Globalzession und dem verlängerten Eigentumsvorbehalt beschäftigt. Grundsätzlich gilt für Mehrfachforderungsabtretungen der Prioritätsgrundsatz. Der BGH hat jedoch in dem Kollisionsfall andere Auffassung vertreten. Er geht davon aus, daß die Bank mit der Vereinbarung einer Globalzession den Vorbehaltskäufer gegenüber dem Lieferanten zum Vertragsbruch und zu strafbaren Handlungen verleitet, weil dieser die Forderungen nicht an den Lieferanten abtreten kann, da er sie

[227] BGH, NJW 1974, 942 ; OLG Stuttgart, NJW 1976, 150.
[228] Jork, JuS 1994, 1021.
[229] Lambsdorff/Skora, NJW 1977, 702.
[230] Bülow, JA 1982, 58 ; Martinek, Moderne Vertragstypen, S. 294, 295.

bereits an die Bank abgetreten hat. Daher verstößt solche Globalzession gegen die guten Sitten und ist nach §138 Abs. 1 BGB nichtig (Vertragsbruchstheorie)[231].

Bei den Kollisionsproblemen zwischen der Factoring-Zession und dem verlängerten Eigentumsvorbehalt geht es um die Frage, ob die von der Rechtsprechung entwickelte Vertragsbruchstheorie auch in diesen Fällen anzuwenden ist. Dabei ist Ansatzpunkt, um die Rechtslange zu vergleichen, daß im Allgemeinen beim verlängerten Eigentumsvorbehalt der Lieferant dem Vorbehaltskäufer eine Einziehungsermächtigung, mit der der Vorbehaltskäufer dem Lieferanten abgetretene Kaufpreisforderungen selbst einziehen kann, erteilt. In der Literatur werden unterschiedliche Meinungen vertreten.

b. Die Rechtsgrundtheorie (Serick)

Sein Ausgangspunkt liegt in der Verschiedenheit der Rechtsnatur der Kausalgeschäfte für die Forderungsübertragungen beim echten Factoring einerseits und unechten Factoring andererseits. Er bestimmt die Rechtsnatur des echten Factoring als Forderungskauf und die des unechten Factoing als atypisches Darlehen[232]. In Anlehnung an diese Überlegung vertritt er die Auffassung, daß es im Kollisionsfall einer Globalzession beim echten Factoring und einem verlängerten Eigentumsvorbehalt weder um einen Konflikt zweier Kreditgeber noch um einen Streit über eine zweimal sicherungshalber abgetretene Forderung geht. Er vergleicht beim verlängerten Eigentumsvorbehalt die beiden Rechtslagen des Lieferanten, wenn dieser einerseits durch Weiterveräußerungsermächtigung mit einem „Barzweitgeschäft" einverstanden ist und er dem Vorbehaltskäufer die Kaufpreisforderung aus der Weiterveräußerung aufgrund der ihm vom Lieferanten erteilten Einziehungsermächtigung selber einziehen läßt und andererseits der Vorbehaltskäufer die Kaufpreisforderungen aus dem Zweitgeschäft dem echten Factor abgetreten hat. Durch den Lagevergleich wird dann von ihm festgestellt, daß in diesen beiden Fällen die Interessenlage des Lieferanten praktisch völlig gleich ist. Denn der Vorbehaltskäufer erhält als Anschlußkunde vom Factor sofort den nahezu vollständigen Gegenwert der Forderungen gutgeschrieben und damit nimmt er wirtschaftlich die gleiche Stellung ein, wie wenn der Zweitkäufer der Vorbehaltsware den Kaufpreis in bar entrichtet und damit die im Rahmen des verlängerten Eigentumsvorbehalts abgetretene Forderung zum Erlöschen gebracht hätte. Des weiteren erhöht sich durch das echte Factoring für den Lieferanten weder das Weiterleitungsrisiko noch das Konkursrisiko. Die Gefahr, daß der Vorbehaltskäufer das erhaltene Entgelt nicht zur Begleichung seiner Schulden gegenüber dem Warenlieferanten, sondern anderweitig verwendet (Weiterleitungsrisiko), hat der Lieferant ohnehin mit der Ermächtigung des Vorbehaltskäufers der Einzug des Kaufpreises über-

[231] Vgl. Kapitel. 2 C. IV. 2. b. ff.
[232] Martinek, Moderene Vertragstypen, S. 270.

nommen. Dasselbe gilt für den Fall des Konkurses des Vorbehaltskäufers (Konkursrisiko) : Bei einem Barverkauf nimmt der Lieferant mit dem Weiterleitungsrisiko auch eine fehlende Sicherstellung im Konkurs des Vorbehaltskäufers in Kauf. Deshalb wird man auch sein Einverständnis dazu annehmen dürfen, daß er durch die Abtretung der Forderung aus dem Zweitgeschäft an den Factor beim Konkurs des Vorbehaltskäufers ohne Sicherung bleibt[233]. Daraus folgt, daß nur die Globalzession beim unechten Factoring aufgrund ihrer kreditsichernden Funktion für ein atypisches Darlehen überhaupt der Vertragsbruchstheorie unterworfen sein kann, nicht aber die Globalzession beim echten Factoring, bei der sich vielmehr das Prioritätsprinzip behaupten muß[234].

c. Die Barvorschußtheorie (Canaris)

Anders als Serick ordnet Canaris beide Art des Factoring darlehensvertraglich ein. Nach ihm gebe es auch beim echten Factoring ein Rückbelastungsrecht des Factors, wenn auch nicht im Falle mangelnder Bonität, so doch im Falle mangelnder Verität[235]. Entscheidender Ausgangspunkt von Canaris ist, daß der Factor die Forderung tatsächlich bevorschußt und der Anschlußkunde (der Vorbehaltskäufer) in ganz ähnlicher Weise eine Barzahlung oder eine gleichwertige Bankgutschrift erhält wie bei einer Zahlung durch einen Zweitabnehmer. Das zentrale Anliege von Canaris liegt darin, daß zum einen dem Factorinstitut zwar die bevorschußten Forderungen grundsätzlich belassen werden sollen, aber der Zugriff auf die nicht bevorschußten verhindert werden muß[236]. Dies kann seiner Ansicht nach dadurch erreicht werden, daß die Forderungsabtretung nicht als aufschiebend bedingt, durch Zustandekommen des Kausalgeschäfts, sondern als auflösend bedingt (§158 Abs. 2 BGB), durch das Nichtzustandekommen des Kausalgeschäfts und die Nichtzahlung des Barvorschusses angesehen wird. Nach dieser Sichtweise, wenn z. B. die Zahlung des Barvorschusses durch den Factor erfolgt, bleibt der Factor als Forderungsinhaber und zieht die Forderung als Berechtigter ein, so daß dem Lieferanten ein Anspruch aus §816 Abs. 2 BGB verwehrt ist. Unterbleibt dagegen die Zahlung des Barvorschusses, wird der Lieferant Forderungsinhaber. Eine gleichwohl vom Factor schon vorher betriebene Einziehung der Forderung ist nach §161 Abs. 2 BGB rechtsunwirksam, so daß der gutgläubige Zweitkäufer mit befreiender Wirkung (§§407, 408 BGB) an einen Nichtberechtigten geleistet hat und der Lieferant den Betrag nach §816 Abs. 2 BGB kondizieren kann. Nach Canaris wird freilich die Globalzession als sittenwidrig und nichtig betrachtet, soweit der Factor die Forderungen beansprucht, die zwar schon entstanden, aber noch nicht bevorschußt sind[237].

---

[233] Martinek, Moderne Vertragstypen, S. 271 ; Bülow, JA 1982, 60.
[234] Serick, NJW 1981, 794, 795.
[235] Canaris, NJW 1981, 251.
[236] Canaris, NJW 1981, 1350.
[237] Martinek, Moderne Vertragstypen, S. 274.

d. Rechtsprechung

Die Rechtsprechung hat von beiden Ansichten übernommen. Danach folgt sie in der dogmatisch-konstruktiven Erfassung des echten Factoring der Rechtsgrundtheorie Serick, macht jedoch die bleibende Priorität der Factoring-Abtretung davon abhängig, daß der Factor auch tatsächlich eine Barzahlung an den Anschlußkunden (Vorbehaltskäufer) leistet. Der BGH hat sich erstmals in der sog. Glaslieferungs-Entscheidung[242] von 1977 und kurz darauf in der Stahlröhren-Entscheidung[243] von 1978 unter ausdrücklicher Berufung auf die Untersuchungen Sericks und dessen Ausführungen insoweit angeschlossen, als gerade der Forderungskauf als Rechtsgrund für die Zession regelmäßig dazu führt, daß der Vorbehaltskäufer den Kaufpreis sofort und endgültig vom Factor erhält. Entgegen Sericks aber reicht die kaufvertragliche Rechtsgrundlage für den BGH noch nicht aus, sondern es kommt auf die tatsächliche Erlangung des Kaufpreises durch den Vorbehaltskäufer an[244].

Meines Erachtens nach kann die Rechtsstellung des Lieferanten nur dann genügend geschützt werden, wenn der Factor ihm abgetretene Forderungen tatsächlich bevorschußt. Beim verlängerten Eigentumsvorbehalt erteilt der Lieferant dem Vorbehaltskäufer zwar eine Einziehungsermächtigung, jedoch bleibt ihm die Möglichkeit, die Kaufpreisforderung aus Weiterveräußerung zur Sicherung seiner Forderung gegenüber dem Vorbehaltskäufer selbst einzuziehen, unberührt. Damit kann der Lieferant das Weiterleitungsrisiko vom Vorbehaltskäufer verhindern. Geht man davon aus, ist die Rechtslage des Lieferanten beim verlängerten Eigentumsvorbehalt in der Tat gleich zu stellen, wenn der Factor die ihm abgetretenen Forderungen bevorschußt. Unterbleibt dies, wird schließlich die Rechtsstellung des Lieferanten gefährdet, weil die ihm zur Sicherung seiner Kaufpreisforderung im voraus abgetretenden Forderungen ins Leere gegangen sind und er seine Forderung nicht selbst einziehen kann. Für diese Fälle sollte die Vertragsbruchstheorie gelten.

V. Übersicherungsproblem nach der Rechtsprechung

1. Problemstellung – Übersicherung

Bei der Vereinbarung eines Kreditgeschäfts versucht einerseits der Kreditgeber immer, seine Forderung durch Sicherheiten vollkommen zu sichern, andererseits will der Kreditnehmer die Sicherheiten gegenüber dem Kreditgeber nicht überflüssigerweise leisten. Im Kreditgeschäft stehen diese

[242] BGHZ 69, 254, 258.
[243] BGHZ 72, 15.
[244] Martinek, a. a. O., S. 275.

beiden Interessen nicht immer im Einklang. Wenn das Kreditgeschäft mit einer längeren Laufzeit geschlossen wurde, besteht immer die Gefahr, daß der Wert des Sicherungsguts -z. B. infolge teilweiser Rückzahlung durch den Kreditnehmer- höher als der Wert des Kredits wird. Hier spricht man von der Übersicherungsgefahr.

Es stellt sich die Frage, was unter dem Begriff „Übersicherung" zu verstehen ist, da er in der Literatur nicht ganz einheitlich verwendet wird. Die Übersicherung im weitere Sinne umfaßt sämtliche Tatbestände, die dazu führen, daß ein Sicherungsnehmer ein rechtlich nicht zu billigendes Maß an Sicherheit erhält. Hierzu gehören z. B. die Knebelung, die eine übermäßige Beschränkung der wirtschaftlichen Bewegungsfreiheit des Sicherungsgebers darstellt, und die Gläubigergefährdung bzw. Gläubigertäuschung, wobei andere Gläubiger des Sicherungsgebers durch die Übertragung der Sicherheiten auf den Sicherungsnehmer unverhältnismäßig benachteiligt werden[245].

Bei der Übersicherung im engeren Sinne, die in dieser Arbeit untersucht werden soll, handelt es sich um die rein wertmäßige Betrachtung des Verhältnisses zwischen dem Wert der zu sichernden Forderung und dem Wert der hierfür zur Verfügung gestellten Sicherheiten[246].

In dieser wertmäßigen Betrachtung liegt die Schwierigkeit bei Übersicherungsproblemen. Der BGH versucht diese Probleme durch eine Inhaltskontrolle der betreffenden Klausel im formularmäßigen Sicherungsvertrag zu lösen. Es hat verschiedene Entscheidungen gegeben, weshalb in diesem Teil überprüft wird, wie sich die Rechtsprechung im Zusammenhang mit dem Übersicherungsproblem entwickelt hat und welche Folgerungen daraus gezogen werden können.

2. Freigabeklausel mit zahlenmäßig bestimmter Deckungsgrenze ?

a. Stand der Rechtsprechung

Gemäß Ziff. 19 VI der Banken-AGB[247] vom 01. 01. 1988 ist die Bank verpflichtet, den Sicherungsgegenstand nach billigem Ermessen freizuge-

[245] Richrath, Die Übersicherungsproblematik bei nichtakzessorischen Kreditsicherheiten, S. 121 ; Weber, JZ 1990, 493 ; Münch-Komm/Quack, Anh. §§929-936, Rn. 100 ff ; Palandt/Heinrichs, §138, Rn. 38, 86, 97.

[246] Richrath, a. a. O., S. 121.

[247] Ziff. 19 Abs. 6. der Banken-AGB vom 01. 01. 1988 lautet : „Die Bank ist verpflichtet, auf Verlangen des Kunden Sicherungsgegenstände nach ihrer Wahl freizugeben, soweit der Wert des Sicherungsgutes die vereinbarte Deckungsgrenze nicht nur vorübergehend überschreitet. Ist keine Deckungsgrenze vereinbart, so hat die Bank auf Verlangen des

ben, wenn der Wert des Sicherungsguts -z. B. durch Begleichung des Kunden- die vereinbarte Deckungsgrenze nicht nur vorübergehend überschreitet. Der VIII. ZS. des BGH hat in seinem Urteil vom 29. 11. 1989 entschieden, daß eine solche Freigabeklausel nur dann geeignet sei, wenn sie durch eine zahlenmäßig bestimmte Deckungsgrenze konkretisiert werde. Als Begründung wird darauf verwiesen, daß ansonsten ein Streit darüber entstehen könne, wie die Einsatzgrößen zu bestimmen seien. Ein solcher Streit ist jedoch nicht vergleichbar mit den weit größeren Schwierigkeiten, denen der Sicherungsgeber ausgesetzt sein kann, wenn er ohne Festlegung einer Deckungsgrenze die Freigabe von Sicherheiten durchsetzen will. In diesen Fällen könne ein zeitraubender und kostenaufwendiger Streit darüber entstehen, welche angemessene Übersicherung der Sicherungsnehmer beanspruchen könne[248].

In einem weiteren Urteil[249] vom 19. 06. 1991 hat sich der VIII. ZS. des BGH dem oben erwähnten Urteil angeschlossen und geäußert, daß der Sicherungsgeber bei einem formularmäßigen Globalzessionsvertrag nur dann vor unangemessener Übersicherung geschützt sei, wenn die Freigabeklausel eine Deckungsgrenze enthalte, die in einem objektiv bestimmbaren Verhältnis zur Höhe der zu sichernden Forderung stünde. In seiner Begründung führt der BGH aus, daß eine unangemessene Benachteiligung des Sicherungsgebers insbesondere dann vorlege, wenn seine wirtschaftliche Bewegungsfreiheit übermäßig eingeschränkt werde. Das sei regelmäßig der Fall, wenn der Wert der Sicherheiten den Betrag der zu sichernden Forderung weit übersteige, weil zwischen Sicherheit und Forderung kein ausgewogenes, die beiderseitigen berechtigten Interessen berücksichtigendes Verhältnis bestünde. Gegen eine derartige Übersicherung ist der Zedent, der im Rahmen einer Globalzession seine gegenwärtigen und künftigen Forderungen ganz oder teilweise an den Gläubiger abgetreten habe, nur dann in einer dem Gebot von Treu und Glauben gerecht werdenden Weise hinreichend geschützt, wenn er bei einer nicht lediglich vorübergehenden Rückführung des Kredits gegenüber dem Sicherungsnehmer einen Anspruch auf entsprechende Verringerung der Sicherheiten durch Freigabe des nicht mehr benötigten Teils habe[250].

Des weiteren verlangt der IX. ZS. des BGH[251] nach diesem Aspekt als Wirksamkeitsvoraussetzung einer formularmäßigen Sicherungsübereignung eines Warenlagers mit wechselndem Bestand nicht nur die Freigabeklausel mit zahlenmäßig bestimmter Deckungsgrenze, sondern auch eine Bezugs-

---

Kunden Sicherungsgegenstände nach billigem Ermessen freizugeben, soweit sie diese nicht nur vorübergehend nicht mehr benötigt."

[248] BGH, ZIP 1990, 27.

[249] BGH, ZIP 1991, 997 ff ; OLG Köln, ZIP 1989, 1319, 1320 ; BGH, WM 1989, 1086, 1089 ; OLG Hamm, WM 1992, 1731 ; BGH, WM 1993, 213, 216 ; OLG Düsseldorf, WM 1993, 784, 785.

[250] BGH, ZIP 1991, 998.

[251] BGH, ZIP 1992, 630.

größe für die Berechnung der Ware, um unschwer feststellen zu können, ob die Deckungsgrenze überschritten ist.

Der IX. ZS. des BGH[252] hat in seinem Urteil vom 13. 01. 1994 eine andere Auffassung vertreten. In diesem Urteil hat der BGH geäußert, daß eine Freigabeklausel mit zahlenmäßig bestimmter Deckungsgrenze nicht erforderlich sei, wenn die formularmäßige Sicherungsübereignung mit einer Sachgesamtheit vorgenommen werde, weil in diesem Fall der Sicherungsgeber wisse, welche Sicherungsgüter er dem Sicherungsnehmer anvertraut habe, und die Situation vollständig überblicken könne.

Schließlich überträgt der IX. ZS. des BGH[253] seine Auffassung auf die formularmäßig bestellte Globalzession. In seinem Urteil vom 09. 11. 1995 verwies der BGH darauf, daß bei der formularmäßig bestellten Globalzession der Sicherungsgeber ohne einen ausdrücklich vorgesehenen Freigabeanspruch nicht unangemessen benachteiligt sei und die hinreichende Freigaberegelung keines „Deckungsgesamtplans" bedürfe. Begründet wird dies damit, daß sich ein Freigabeanspruch bereits aus der Sicherungsabrede ergebe und es grundsätzlich als ausreichend erachtet werde, wenn er in vorgefertigten Klauseln festgelegt wird. Daher sei es gerechtfertigt, die Sicherheiten nach dem Sicherungszweck (§§157, 242 BGB) freizugeben, wenn der Wert der Sicherheiten den Wert der gesicherten Forderung nachhaltig übersteigt. Die Klauseln, die den Freigabeanspruch und seine Durchsetzung ausschließen, einschränken oder in unangemessener Weise erschweren, seien unwirksam, führen aber nach §6 Abs. 1 AGBG grundsätzlich nicht zur Unwirksamkeit des gesamten Vertrages[254].

Während der BGH in seinen früheren Entscheidungen[255] zumindest bei Globalsicherheiten die Anwendung des §6 Abs. 1 AGBG verneint hat[256], wendet er diese Vorschrift in dieser Entscheidung für die Globalzession an.

---

[252] BGH, ZIP 1994, 312.

[253] BGH, ZIP 1995, 1974, im Anschluß an BGH, ZIP 1994, 1010, betreffende Klausel ; „Nr.15. Nach Abdeckung der durch die Abtretung gesicherten Ansprüche hat die Bank die ihr abgetretenen Foderungen, soweit sie von ihr nicht in Anspruch genommen worden sind, an den Sicherungsgeber zurückzuübertragen. Die Bank ist verpflichtet, auf Verlangen des Sicherungsgebers die ihr bestellten Sicherheiten nach ihrer Wahl freizugeben, soweit deren Gesamtwert die Deckungsgrenze oder, mangels einer solchen Vereinbarung, den Gesamtbetrag der gesicherten Ansprüche nicht nur vorübergehend übersteigt". ; vgl. auch BGH, ZIP 1995, 1167 ff.

[254] BGH, ZIP 1995, 1974 ; vgl. auch BGH, ZIP 1995, 1167 ff ; BGH, ZIP 1996, 17 ff ; BGH, ZIP 1996, 323 ff.

[255] BGH, ZIP 1990, 25 ff ; BGH, ZIP 1991, 997 ff.

[256] Bei Singularsicherheiten kommt §6 Abs. 1 AGBG hingegen zur Anwendung : BGH, ZIP 1994, 311, "Dementsprechend folgt aus dem Fehlen einer Freigabeklausel nicht notwendig die Unwirksamkeit einer Sicherungsübereignung. Enthält der Sicherstellungsvertrag Klauseln, durch die der Freigabeanspruch ausgeschlossen, eingeschränkt oder seine Durchsetzbarkeit in unangemessener Weise erschwert wird, sind grundsätzlich nur diese Klauseln unwirksam (§6 Abs. 1 AGBG)

Die Rechtsprechung hat sich in dem Beschluß[257] des Großen Senates vom 27. 11. 1997 nochmals mit dieser Streitfrage beschäftigt. In seinem Beschluß verlangt der Große Senat des BGH weder eine ausdrückliche Freigabeklausel, noch eine zahlenmäßig bestimmte Deckungsgrenze als Wirksamkeitsvoraussetzung. In seiner Begründung geht der Große Senat des BGH von der Treuhandnatur des Sicherungsvertrages aus. Aus dieser Treuhandnatur ergibt sich die Pflicht des Sicherungsnehmers, die Sicherheit schon vor Beendigung des Vertrages zurückzugewährrn, wenn und soweit sie endgültig nicht mehr benötigt wird. Daher liegt die Entscheidung, ob Sicherungsgegenstände freigegeben werden, nicht im Ermessen des Sicherungsnehmers. Der Sicherungsgeber hat bei Eintritt einer nachträglichen Übersicherung einen ermessensunabhängigen Freigabeanspruch und zwar auch dann, wenn der Sicherungsvertrag keine oder eine ermessensabhängig ausgestaltete Freigabeklausel enthält. Der Freigabeanspruch des Sicherungsgebers entsteht dann, wenn der Schätzwert der Sicherheiten 150% der gesicherten Forderung ausmacht.

b. Persönliche Stellungnahme

Die Rechtsprechung zur Freigabeklausel ist im wesentlichen nach zwei Aspekten zu differenzieren. Zuerst ist ein formularmäßig zustandegekommener Sicherungsvertrag gemäß §9 Abs. 1 AGBG unwirksam, wenn eine Freigabeklausel nicht mit einer zahlenmäßig bestimmten Deckungsgrenze geregelt wird, denn ohne eine solche Klausel kann der Sicherungsgeber vor der Übersicherung seitens des Kreditinstitutes nicht hinreichend geschützt werden.

Die Auffassung des BGH in seiner früheren Entscheidung[258] ist aber fragwürdig beim Insolvenzfall des Sicherungsgebers. In Sicherungsverträgen stellt sich die Frage, welche Rechte dem Sicherungsgeber und Sicherungsnehmer beim Eintritt des Insolvenzfalles zustehen. Der Kreditgeber möchte sich mit dem Sicherungsgut nicht nur vor einem Zahlungsverzug des Kreditnehmers schützen, sondern auch für den Fall geschützt sein, daß über das Vermögen des Kreditnehmers ein Insolvenzverfahren eröffnet wird.

Wird aber beim Insolvenzverfahren über das Vermögen des Kreditnehmers der ursprüngliche Kreditvertrag infolge einer unangemessenen Freigabeklausel gemäß §9 Abs. 1 AGBG für unwirksam erklärt und daher angefochten, ist der Kreditgeber verpflichtet, die Sicherungsgegenstände zur Insolvenzmasse herauszugeben[259].

[257] BGH, NJW 1998, 671 ff.
[258] BGH, ZIP 1990, 25 ff ; BGH, ZIP 1991, 997 ff.
[259] BGH, 1992, ZIP 1992, 629 ff ; der Kläger ist Konkursverwalter des Vermögens der M.S.GmbH. Er verlangt von der beklagten Bank im Wege der Anfechtungsklage die Rückzahlung des ihr aus dem Verkauf von Warenbeständen der Gemeinschuldnerin zugeflossenen Erlöses ; vgl. auch BGH, ZIP 1991, 997 ff.

Eine solche Rechtsfolge ist für den Kreditgeber unzumutbar, denn in diesem Fall verliert der Kreditgeber sein Sicherungsgut und er kann im Insolvenzverfahren seine Forderung nur als einfacher Insolvenzgläubiger befriedigen (§38 InsO). Er kann sich mit anderen Insolvenzgläubigern nur gemeinschaftlich aus der Masse befriedigen, d.h. er erhält also grundsätzlich denselben Prozentsatz (§89 InsO).

Diese wenig befriedigende Konsequenz ist für den Kreditgeber insofern besonders nachteilig, als daß er bereits bei Vertragsschluß Maßnahmen ergriffen hat, um seine Forderung entsprechend zu sichern. Schließlich kommt diese Konsequenz nicht dem Sicherungsgeber selbst, sondern den Gläubigern, die beim Vertragsschluß keine Maßnahmen treffen, um ihre Forderungen zu sichern, zugute[260].

Auf der anderen Seite war der BGH in seinen früheren Entscheidungen[261] der Meinung, daß der Sicherungsvertrag (besonders bei Globalsicherheiten), der keine zahlenmäßig bestimmte Deckungsgrenze enthalte, gemäß §9 Abs. 1 unwirksam sei, weil der Sicherungsgeber mit einer solchen Freigabeklausel nicht hinreichend vor einer Übersicherung geschützt werde.

Dieser früheren Ansicht des BGH kann hinsichtlich der Rechtsnatur des Sicherungsvertrages nicht gefolgt werden. Jeder Sicherungsvertrag stellt ohne Rücksicht auf seine Form – Sicherungsabtretung ebenso wie Sicherungsübereignung –eine nichtakzessorische fiduziarische Sicherheit dar und begründet nach allgemeiner Meinung ohne ausdrückliche Vereinbarung ein Treuhandverhältnis[262]. Aus der Rechtsnatur des Treuhandverhältnisses heraus wohnt in jedem Sicherungsvertrag ein Rückgewähranspruch inne, selbst wenn in der Sicherungsabrede darüber keine ausdrückliche Vereinbarung getroffen worden ist. Dies bedeutet, daß beim Vorliegen der Übersicherung der Sicherungsnehmer verpflichtet ist, dem Sicherungsgeber den überschüssigen Teil freizugeben. Dieser Rückgewähranspruch sei geradezu ein Wesensmerkmal jeder Sicherungstreuhand. Daher dürfe eine Freigabeklausel nicht von dem Ermessen des Sicherungsnehmers abhängig sein. Dabei spiele es keine Rolle, ob die Freigabepflicht ermessensabhängig oder -unabhängig ausgestaltet sei[263].

Große Senat des BGH[264] hat es durch diese Entscheidung zu Recht ermöglicht, daß der ursprüngliche Sicherungsvertrag im Insolvenzfall des Sicherungsgebers nicht unwirksam wird, indem er die Rechtsnatur des Sicherungsvertrages als Treuhandverhältnis versteht, damit der Freigabeanspruch des Sicherungsgebers bei der Übersicherung immanent ist und daraus folgt,

[260] Richrath, Die Übersicherungsproblematik bei nichtakzessorischen Kreditsicherheiten, S. 137, 138.
[261] BGH, ZIP 1990, 25 ff ; BGH, ZIP 1991, 997 ff.
[262] Neuhof, ZIP 1996, 661 ; Serick, BB 1995, 2020.
[263] Serick, Eigentumsvorbehalt und Sicherungsübertragung-neue Rechtsentwicklung, S. 122 ff.
[264] BGH, NJW 1998, 671 ff.

daß die qualifizierte Freigabeklausel mit einer zahlenmäßig bestimmten Deckungsgrenze keine Wirksamkeitsvoraussetzung des Sicherungsvertrages ist. Aufgrund dessen hat der Kreditgeber die Möglichkeit, im Insolvenzverfahren seine gesicherte Rechtsstellung weiter auszuüben.

3. Deckungsgrenze und Bewertungskriterien

a. Stand der Rechtsprechung

Der VIII. ZS. des BGH[265] hat in seiner Entscheidung vom 20. 03. 1985 die Auffassung vertreten, daß „eine unangemessene Übersicherung durch eine Freigabeverpflichtung des Sicherungsnehmers vermieden werden müßte. Daraus folgt, daß für einen geeigneten Übersicherungsschutz eine Freigabeklausel mit einer zahlenmäßig bestimmten Deckungsgrenze zu verbinden ist. Diese Klausel muß bereits im Sicherungsvertrag enthalten sein. Dies würde bedeuten, daß der Sicherungsnehmer bereits dann zur Freigabe verpflichtet wäre, wenn eine teilweise Befriedigung durch den Sicherungsgeber stattgefunden hat[266].

Die Deckungsgrenze muß in einem objektiv bestimmbaren Verhältnis zur Höhe der zu sichernden Forderung stehen[267]. Diese Wertrelation kann durch Prozentsätze festgelegt werden[268]. Konkret hält der BGH eine Deckungsgrenze in Höhe von 150% der gesicherten Forderung, beim Abstellen auf den Nennwert des Sicherungsguts, und von 120% der gesicherten Forderung, beim Abstellen auf den realisierbaren Wert des Sicherungsguts, für angemessen[269].

In seinem Urteil vom 02. 12. 1992 verneinte der BGH[270] die Anwendbarkeit des §138 BGB, nach dem die Vereinbarung eines verlängerten Eigentumsvorbehalts als nichtig beurteilt worden wäre. Dies bedeutet, daß die Vereinbarung einer Übersicherung bis zu einer Höhe von 25% wirksam ist. In einer weiteren Entscheidung vom 21. 11. 1995 hat der XI. ZS. des BGH[271] jedoch anerkannt, daß bei einer Globalabtretung -bei Anknüpfung an den Nennwert der abgetretenen Forderungen- eine Deckungsobergrenze von 200% berechtigt sei, wenn keine allgemeinverbindliche, an den Nennwert der abgetretenen Forderungen anknüpfende Deckungsobergrenze festgelegt sei.

---

[265] BGH, WM 1985, 605.
[266] BGH, ZIP 1990, 27.
[267] BGH, ZIP 1991, 997 ff.
[268] Richrath, Die Übersicherungsproblematik, S. 156 ; BGH, ZIP 1990, 25 ff ; BGH, ZIP 1991, 997 ff ; BGH, ZIP 1992, 629 ff ; BGH, WM 1994, 104.
[269] Zusammenfassend BGH, WM 1993, 213, 216 ; Wenzel, WiB 1994, 241.
[270] BGH, NJW 1993, 534.
[271] BGH, ZIP 1996, 17 ff.

Angesichts dieser Meinungsverschiedenheiten beruft sich der Große Senat des BGH darauf, daß die Deckungsgrenze, deren Überschreitung als Voraussetzung der Übersicherung den Umfang des vertraglichen Freigabeanspruchs aufzeige, ausgehend von dem Treuhandcharakter des Sicherungsvertrags, unter Berücksichtigung des Vertragszwecks und der schutzwürdigen Interessen der Vertragspartner, auch dann zu ermitteln sei, wenn es an einer ausdrücklichen vertraglichen Regelung fehle. Damit sei die zahlenmäßig bestimmte Deckungsgrenze keine Wirksamkeitsvoraussetzung eines Sicherungsvertrages.

Bei Ermittlung der Deckungsgrenze ist von dem Zweck nicht akzessorischer Sicherheiten, d. h. den Gläubiger abzusichern und die wirtschaftliche Bewegungsfreiheit des Schuldners dabei nicht über Gebühr einzuschränken, auszugehen. Anknüpfen muß die Deckungsgrenze deshalb auf der einen Seite an die gesicherten Forderungen, auf der anderen Seite an den Wert der übertragenen Sicherheiten (Sicherungswert).

Aufgrund dessen, daß sich in der Regel beide Größen ändern können, trägt grundsätzlich nur eine prozentuale, abstrakt-generelle Deckungsgrenze dem berechtigten Sicherungsinteresse des Gläubigers ausreichend Rechnung. Des weiteren vertritt der Große Senat des BGH[272] die Auffassung, daß sich die Sicherheiten vor allem in den Fällen der Insolvenz, zu bewähren haben und deshalb der Wert der Sicherheiten nach dem im Insolvenzverfahren des Kreditnehmers zu erzielenden Verwertungserlös zu bemessen sei. Dieser sei bei Forderungen nicht mit deren Nennwert identisch, sondern erfahrungsgemäß fast immer wesentlich niedriger, weil der Wert einer abgetretenen Forderung entscheidend von der Bonität des Drittschuldners abhänge und der Nennwert diese Umstände nicht berücksichtige.

Der Sicherungszweck eines Sicherungsvertrages könne nur erreicht werden, wenn der im Insolvenzverfahren des Schuldners realisierbare Verwertungserlös der Sicherheiten die gesicherte Forderung abdecke. Daher sei eine Deckungsgrenze in Höhe von 110% der gesicherten Forderung, bezogen auf den realisierbaren Wert der Sicherungsgegenstände, angemessenen[273].

Problematisch an dieser Entscheidung ist, daß bei Abschluß eines langfristigen Sicherungsvertrags unbekannt und nicht vorhersehbar ist, ob und wann der Sicherungsfall eintritt. Auch die Marktverhältnisse bei Eintritt des Sicherungsfalls lassen sich regelmäßig nicht sicher im voraus bestimmen. Deswegen läßt sich der im Insolvenzverfahren des Kreditnehmers realisier-

---

[272] BGH, NJW 1998, 675.

[273] BGH, NJW 1998, 675, die 110% werden so berechnet, daß nach der neuen Insolvenzordnung die Feststellungskosten 4% und die Verwertungskosten 5% des Verwertungserlöses, die Kosten insgesamt also 9% betragen (§171 I 2, II 1 InsO). In der Rechtsprechung des BGH sind diese und die in einzelnen Fällen anfallenden Rechtsverfolgungskosten durch einen pauschalen Aufschlag von 10% auf die Deckungssumme zutreffend berücksichtigt worden.

bare Wert nicht mit dem aktuellen Marktpreis- oder bei Waren , die keinen solchen haben, mit dem Einkaufs- oder Herstellungspreis- im Zeitpunkt der Entscheidung über das Freigabeverlangen gleichsetzen[274] .

Des weiteren ist im Zusammenhang mit der Deckungsgrenze der Freigabeanspruch des Kreditnehmers bei der Übersicherung zu berücksichtigen. Zur Durchsetzung des Freigabeanspruchs ist deshalb eine Orientierungshilfe für die Bewertung der Sicherungsgegenstände erforderlich. Aus diesem Grund ist ein Maßstab für den Freigabeanspruch des Sicherungsgebers zu setzen. Dieser ist aus den §§232 ff BGB abzuleiten. Der regelmäßige Sicherungswert ist danach bei beweglichen Sachen durch Anknüpfung an den Schätzwert, bei abgetretenen Forderungen an den Nennwert und teilweise durch einen pauschalen Risikoabschlag zu bemessen.

Der Schätzwert ist bei den sicherungsübereigneten Waren der Marktpreis zum Zeitpunkt der Entscheidung über das Freigabeverlangen. Wenn ein solcher Preis nicht existiert, wird der Schätzwert an den Einkaufspreis oder Herstellungspreis angeknüpft. Bei Globalabtretungen ist vom Nennwert der abgetretenen Forderungen im Zeitpunkt der Entscheidung über das Freigabebegehren auszugehen[275].

Der Bewertungsabschlag von einem Drittel (§237 S. 1 BGB) bei beweglichen Sachen führt dazu, daß ein Freigabeanspruch regelmäßig erst entsteht, wenn der Marktpreis bzw. der Einkaufs- oder der Herstellungspreis der sicherungsübereigneten Waren 150% der gesicherten Forderungen ausmacht. Entsprechendes gilt bei Globalzessionen für den Nennwert der berücksichtigungsfähigen Forderungen[276].

b. Persönliche Stellungnahme

Nach der Entscheidung des Großen Senates liegt eine angemessene Deckungsgrenze dann vor, wenn der realisierbare Wert der Sicherungsgegenstände 110% der gesicherten Forderung ausmacht. Diese Entscheidung ist auf den ersten Blick als logisch anzusehen. Wie der Große Senat in seiner Begründung geäußert hat, dienen die Sicherheiten im Falle der Insolvenz dem Sicherungszweck des Sicherungsnehmers. Hingegen ist der realisierbare Wert bei einer Insolvenz des Schuldners nicht mit dem aktuellen Marktpreis bzw. Einkaufs- oder Herstellungspreis oder dem Nennwert der abgetretenen Forderung im Zeitpunkt der Entscheidung über das Freigabeverlangen gleichzusetzen, weil der realisierbare Wert der Sicherungsgegenstände erfahrungsgemäß fast immer wesentlich niedriger ist.

[274] BGH, NJW 1998, 676.
[275] BGH, NJW 1998, 676.
[276] BGH, NJW 1998, 677.

Folgt man die Auffassung des Großen Senates, ist es fraglich, wieviel Sicherheiten demnach der Sicherungsnehmer als Sicherheiten von dem Kreditnehmer beim Sicherungsvertrag verlangen kann. Der Große Senat hat andererseits darauf verwiesen, daß der Freigabeanspruch des Sicherungsgebers dann entsteht, wenn der Schätzwert der Sicherungsgegenstände 150% der gesicherten Forderung ausmacht. Damit kann der Sicherungsnehmer maximal 150% der gesicherten Forderung als Sicherheit fordern.

Bei einem normalen Geschäftsablauf, gäbe es immer eine Möglichkeit, den realisierbaren Wert der Sicherungsgegenstände zu ermitteln, d. h. der realisierbare Wert der Sicherheiten ist der Marktpreis bei beweglichen Sachen bzw. der Nennwert bei abgetretenen Forderungen, weil der Wert der Sicherungsgegenstände grundsätzlich jederzeit aktuell zu bemessen ist. Dann wäre der Auffassung vom Großen Senat zu folgen. Dann könnte der Kreditgeber verlangen, daß der Wert der Sicherungsgegenstände mindestens 110%, höchstens 150% der gesicherten Forderung als Deckungsgrenze betragen muß.

Wie aber bereits erwähnt, stützt sich der realisierbare Wert der Sicherungsgegenstände nicht auf den normalen Geschäftsablauf sondern auf den Insolvenzfall, weil die Sicherheiten bei Insolvenz des Sicherungsgebers der Sicherung der Darlehensforderung des Sicherungsnehmers dienen. Der realisierbare Wert der Sicherungsgegenstände im Insolvenzfall ist mit dem im normalen Geschäftsgang keinesfalls vergleichbar. Der Risikoabschlag ist sehr hoch, weshalb die Preise der Sicherungsgegenstände niedriger als der Schätz -oder Nennwert im normalen Geschäftsgang sind .

Die Auffassung des Großen Senates, daß im Sicherungsvertrag die Deckungsgrenze 110% des realisierbaren Werts der Sicherungsgegenstände im Insolvenzverfahren des Kreitnehmers ausmachen solle, kann nur dann überzeugen, wenn die Frage beantwortet worden wäre, wie sich der realisierbare Wert bestimmt. Wenn er auf dem Verwertungserlös im Insolvenzfall beruhen würde, müßte der Sicherungsgeber eine wesentlich höhere Sicherheit leisten, um eine Deckungsgrenze zu gewährleisten, die dem Sicherungsnehmer im Insolvenzfall ausreichenden Schutz bietet, um seine Forderungen ausreichend zu befriedigen.

Schließlich weiß man beim Vertragsschluß nicht, wie hoch der Wertverlust (z. B. durch einen Abschlag) der Sicherungsgegenstände beim Insolvenzfall sein wird. Der Große Senat hat dem Sicherungsnehmer durch seine Entscheidung die Möglichkeit eingeräumt, seine gesicherte Rechtsstellung im Insolvenzfall des Sicherungsgebers weiter durchzusetzen, indem er eine ermessensunabhängige Freigabeklausel nicht als Wirksamkeitsvoraussetzung für den Sicherungsvertrag betrachtet und damit die Unwirksamkeit des Sicherungsvertrags aufgrund einer unzureichenden ermessensabhängigen Freigabeklausel ausschließt.

Auf Seiten des Kreditnehmers stellt sich jedoch die Frage, ob sein Freigabeanspruch aufgrund der Entscheidung wirklich durchsetzbar ist.

Theoretisch könnte der Kreditnehmer dann die Freigabe dann verlangen, wenn der Schätzwert der Sicherungsgegenstände 150% der gesicherten Forderungen ausmacht. Er kann aber die Freigabe der Sicherungsgegenstände, wie bereits erörtert, nicht verlangen, weil er im Falle seiner Insolvenz immer den Wert in Höhe der im Sicherungsvertrag vereinbarten Deckungsgrenze garantieren muß. Der Sicherungsnehmer darf durch den Freigabeanspruch nicht gezwungen werden, Sicherheiten freizugeben, die er im Falle einer späteren Insolvenz des Sicherungsgebers benötigen würde.

Der Wert von Sicherheiten bemißt sich nach Auffassung[277] des Großen Senats nach dem im Insolvenzverfahren des Kreditnehmers zu erzielenden Verwertungserlös. Folgt man dieser Auffassung, dann stellt sich die Frage, ob der Kreditnehmer wirklich die Freigabe der Sicherungsgegenstände verlangen kann, weil der Schätzwert der Sicherungsgegenstände 150% der gesicherten Forderung beträgt. Der Sicherungsgeber ist nicht in der Lage, die Freigabe der Sicherungsgegenstände, die er im Falle seiner späteren Insolvenz benötigen würde, vom Kreditgeber zu erzwingen.

Schließlich muß der Sicherungsgeber 110% der gesicherten Forderung als Deckungsgrenze gewähren, wobei hier der Wert der Sicherheiten nach dem im Insolvenzfall des Sicherungsgebers zu erzielenden Verwertungserlös zu bemessen ist. Bis zu dem Zeitpunkt, in dem über das Vermögen des Sicherungsgebers wirklich ein Insolvenzverfahren eröffnet wird, kann der Verwertungserlös der Sicherheiten praktisch nicht bemessen werden. Der Freigabeanspruch des Sicherungsgebers wird infolge insolvenzrechtlicher Gründe keine Bedeutung haben.

4. Kontrollmaßstab des BGH

a. Stand der Rechtsprechung

Der VIII. ZS. des BGH hat in seinem Urteil vom 29. 11. 1989 zur Kontrolle der Klauseln im Sicherungsvertrag vor allem §9 Abs. 1 AGBG angewendet[278]. Der BGH vertrat in seinen früheren Entscheidungen die Auffassung[279], daß bei Verwendung eines formularmäßig vereinbarten Sicherungsvertrages die Gefahr einer unangemessenen, treuwidrigen Benachteiligung des Kreditnehmers im Sinne des §9 Abs. 1 AGBG bestünde, wenn der Sicherungsvertrag einerseits keine objektive Bezugsgröße zwischen Sicherheit und zu sichernder Forderung und andererseits keine Freigabeverpflichtung des Kreditgebers enthalte.

---

277 BGH, NJW 1998, 675.

278 BGH, ZIP 1990, 25 ff ; BGH, ZIP1991, 997 ff ; BGH, ZIP 1992, 629 ff.

279 BGH, ZIP 1994, 310 ; auch BGH, ZIP1991, 997 ff.

§ 9 Abs.2 Nr.1 AGBG greift bei der Vereinbarung einer Sicherungsübereignung jedoch nicht, weil die Sicherungsübereignung gesetzlich nicht geregelt ist. Es handelt sich um eine sog. kautelarische Kreditsicherheit, die ihre Ausgestaltung erst durch Rechtsprechung und Wissenschaft erfahren hat. Die Voraussetzungen von §9 Abs. 2 Nr. 2 AGBG liegen nur dann vor, wenn wesentliche Rechte oder Pflichten, die sich aus der Natur des Vertrages ergeben, so eingeschränkt werden, daß die Erreichung des Vertragszwecks gefährdet ist. Wenn eine Bestimmung fehlt, mit der die Rechte des Siche-rungsgebers bei Übersicherung des Sicherungsnehmers hinreichend kon-kretisiert werden, führt dies nicht ohne weiteres zur Anwendbarkeit des §9 Abs. 2 Nr. 2 AGBG. Daher kommt §9 Abs. 1 AGBG als Kontrollmaßstab in Betracht.

Der BGH[280] hat seit 1994 in seinen Urteilen §9 Abs. 1 AGBG, §6 AGBG als Kontrollmaßstab angewendet. In einer Entscheidung vom 13. 01. 1994 führt der IX. ZS. des BGH aus, daß §9 Abs. 1 AGBG zwar als Kontrollmaßstab auf einen formularmäßig vereinbarten Sicherungsvertrag, der keine zahlenmäßig bestimmte Freigabeklausel enthält, anzuwenden sei, doch werde dann grundsätzlich nur die Klausel unwirksam (§6 Abs. 1 AGBG), durch die der Freigabeanspruch ausgeschlossen, eingeschränkt oder seine Durchsetzbarkeit in unangemessener Weise erschwert werde.

Die Unwirksamkeit von einzelnen Klauseln erfasse jedoch in den Fällen den gesamten Vertrag, in denen es eine unzumutbare Härte darstellen würde, eine Vertragspartei daran festzuhalten (§6 Abs. 3 AGBG). Eine solche Härte läge beispielsweise vor, wenn die Verwertungsregelung bei Lohn- und Gehaltszession für den Abtretenden von existentieller Bedeutung sei und er nur durch die Unwirksamkeit der Abtretung insgesamt wirksam geschützt werden könne[281]. Die Sicherungsübereignung zähle allerdings nicht zu diesen Härtefällen. Damit greife §6 Abs. 3 AGBG nicht ein. Gemäß § 6 Abs. 2 AGBG seien anstelle der unwirksam gewordenen Klausel, die gesetzlichen Vorschriften anzuwenden.

Auf der anderen Seite hat der BGH §138 BGB als Kontrollmaßstab angewendet. In seinem Urteil[282] vom 26. 04. 1990 hat sich der VII. ZS. des BGH dahingehend geäußert, daß die Vereinbarung einer Globalzession wegen Sittenwidrigkeit nichtig sei, wenn sie keine objektive Deckungsgrenze für den Fall der durch die Globalzession eintretenden Übersicherung enthalte. Zur Begründung führte er aus, daß bei der Vereinbarung von Globalsicherheiten immer die Möglichkeit in Kauf genommen VII. ZS. werde, daß mittels des spezifischen Automatismus der Globalsicherheiten die Sicherheit unangemessen ansteige. Ein solcher Anstieg sei aber in den Fällen objektiv anstößig, in denen die Freigabe ausdrücklich oder im praktischen Ergebnis ausgeschlossen werde.

---

[280] BGH, ZIP 1994, 311 ; in Übereinstimmung mit dieser Entscheidung, BGH, ZIP 1995, 1973 ff; BGH, ZIP 1995, 1167 ff; BGH, ZIP 1996, 17 ff; BGH, ZIP 1996, 323 ff.
[281] BGH, ZIP 1995, 1168.
[282] BGH, ZIP 1990, 852 ff.

Eine solche Gestaltung sei auch subjektiv anstößig, weil sie geeignet und bestimmt ist, aus welchen Gründen auch immer, und sei es auch nur zur Kundenbindung, entgegen dem Inhalt der Sicherungstreuhand im Übermaß Sicherheiten zu behalten und damit den Sicherungsgeber in seiner wirtschaftlichen Gestaltungsfreiheit unangemessen einzuengen. Dies gelte unabhängig davon, ob die vertragliche Regelung der Sicherheitsfreigabe individualvertraglich oder in AGB geregelt worden ist. §6 AGBG könne nicht dazu dienen, sittenwidrige Geschäftsbedingungen aufrechtzuerhalten, wenn sie als Individualabreden nach §138 Abs. 1 BGB sittenwidrig wären[283].

Der Große Senat des BGH erkennt aber §138 Abs. 1 BGB nicht als Kontrollmaßstab an. In seinem Beschluß vom 27. 11. 1997 führte der Große Senat aus, daß durch den jeder Sicherungstreuhand immanenten Freigabeanspruch sowohl eine Knebelung des Sicherungsgebers als auch eine anderweitige Gläubigergefährdung vermieden werden solle und unter diesen Umständen für eine Anwendung des §138 Abs. 1 BGB kein Raum sei[284].

b. Persönliche Stellungnahme

Der BGH hat in einer früheren Entscheidung[285] bei einer Übersicherung von 25% die Sittenwidrigkeit gemäß §138 Abs. 1 BGB als Kontrollmaßstab eingeführt. Auf der anderen Seite hat er §9 Abs. 1 bzw. §6 Abs. 1 AGBG als Prüfungsmaßstab genommen. Zu Recht wurde für die Inhaltskontrolle von Formularverträgen dem §9 Abs. 1 AGBG gegenüber einer Anwendung des §138 BGB Vorrang eingeräumt, denn §138 Abs. 1 BGB setzt objektiv immer eine Schädigung des Vertragspartners oder eines Dritten und subjektiv eine verwerfliche Gesinnung des Schädigers voraus, welche sich allgemein auf Individualverträge beziehen muß. Daher ist §138 Abs. 1 BGB nur dann anwendbar, wenn entweder die Individualvereinbarung sittenwidrig ist oder darüber Bedenken bestehen, daß die AGB nicht in den Anwendungsbereich der §§9 ff. AGBG fallen[286]. Im Vergleich mit §138 Abs. 1 BGB beinhaltet §9 Abs. 1 AGBG, daß nunmehr an den Anfang einer rechtlichen Bewertung die offene Erfassung der typischen Interessen der Beteiligten zu stellen ist und der Abschied von der subjektiv-poenalen Argumentation erleichtert wird[287].

§9 AGBG ist im Vergleich zu §138 BGB der strengere Maßstab, da er keine poenalisierenden Elemente enthält und subjektive Komponenten außer Betracht bleiben, so daß die Tatbestandsvoraussetzungen eher vorliegen können. Die rechtlichen Konsequenzen sind auch unterschiedlich. Beruft man

---

[283] BGH, NJW 1997, 651.
[284] BGH, NJW 1998, 673.
[285] BGHZ 26, 185 ; BGH, WM1965, 84, 85.
[286] Palandt/Heinrichs, §138 BGB, Rn. 16 u. Vorbem. zu §8 AGBG, Rn. 17.
[287] Kohte, ZIP 1988, 1225 ff.

sich gemäß §138 BGB auf die Nichtigkeit der Klausel und wird sie festgestellt, erstreckt sich die Nichtigkeit auf den Vertrag im ganzen[288]. Im Gegensatz dazu ist die Rechtsfolge bei der Anwendung des §9 Abs. 1 AGBG die Unwirksamkeit der AGB-Klausel, doch erstreckt sie sich nicht auf den gesamten Vertrag, weil hier §6 Abs. 1 u 2 AGBG zur Anwendung gelangt. Damit ist der Vertrag wirksam und anstelle der unwirksam gewordenen Klausel, sind die gesetzlichen Vorschriften anzuwenden.

Dies stellt eine besonders erforderliche Konsequenz für den Kreditgeber dar, denn er braucht sich keine Sorgen darüber zu machen, daß er seine Sicherheiten im Insolvenzfall des Kreditnehmers wieder an die Insolvenzmasse herauszugeben hat, wenn der Insolvenzverwalter des Kreditnehmers aufgrund unwirksamer Klauseln den Sicherungsvertrag angreift und damit die ursprüngliche Rechtsgrundlage fehlt.

Der Große Senat hat zu Recht die §§9 Abs. 1 u. 6 Abs. 1 u. 2 AGBG als Kontrollmaßstab eingeführt. Für den Kreditnehmer ist die Anwendung der §§9 Abs. 1 , 6 Abs. 1 u. 2 AGBG auch nicht nachteilig, weil, wie bereits ausgeführt, §9 AGBG ein viel strengerer Prüfungsmaßstab ist[289]. Nach §9 AGBG sind manche Klauseln, die nach §138 Abs. 1 BGB zulässig wären, unwirksam. Durch die Inhalts-kontrolle von Formularverträgen anhand der Generalklausel des § 9 AGBG, wird die wirtschaftliche Bewegungsfreiheit des Kreditnehmers besser geschützt.

5. Gesamte Bewertung des Urteils des Großen Senates

Wie bereits erörtert, entsteht zwischen dem Sicherungsgeber und dem Sicherungsnehmer -aus der Rechtsnatur des Sicherungsvertrages heraus- eine Konfliktsituation, d.h. einerseits ist der Sicherungsnehmer daran interessiert, daß er vor allen Eventualitäten im Kreditgeschäft -z. B. Zahlungsverzug oder Zahlungsunfähigkeit des Kreditnehmers u.a.- sicher geschützt wird, andererseits möchte der Sicherungsgeber möglichst schnell die zur Sicherung veräußerten Gegenstände wieder zurückbekommen.

Bei der Übersicherungsproblematik in der Kreditsicherung ist dieser beidseitige Interessenkonflikt immer zu berücksichtigen. Dieser Interessenkonflikt bei formularmäßig vereinbarten Sicherungsverträgen führt zunächst zu der Frage, ob der Sicherungsgeber beim Vorliegen einer unangemessenen Übersicherung die Freigabe der zur Sicherung übereigneten Gegenstände vom Kreditinstitut verlangen kann und wenn dies der Fall ist, wann eine solche Übersicherung vorliegt. Auf Seiten des Sicherungsnehmers stellt sich die entscheidende Frage, in welcher Höhe er Sicherheit verlangen darf und wie er sein Sicherungsrecht bei Insolvenz des Sicherungsgebers

[288] Palandt/Heinrichs, §138, Rn. 19 ; BGH, NJW 1989, 26.
[289] Wolf, in : FS für Baur, S. 168 ; BGHZ 26 185, danach ist eine 25%-ige Übersicherung nicht als sittenwidrig anzusehen, verstößt aber gegen §9 Abs. 1 AGBG.

durchsetzen kann, weil er vor allem deswegen die Sicherheit weiter behalten möchte, um im Insolvenzfall des Sicherungsgebers sein Recht zu schützen. Aus diesem Grund hat der Sicherungsnehmer ein Interesse daran, daß der Sicherungsvertrag auf keinen Fall für unwirksam erklärt wird.

Der BGH hat in seinen früheren Entscheidungen die Sicherungsverträge gemäß §9 Abs. 1 AGBG für unwirksam gehalten, wenn sie keinen ausdrücklichen Freigabeanspruch mit einer zahlenmäßig bestimmten Deckungsgrenze enthalte.

Daraus folgt, daß der ursprüngliche Sicherungsvertrag bei Insolvenz des Sicherungsgebers für unwirksam erklärt werden konnte und die Sicherheiten zur Insolvenzmasse herausgegeben werden mußten. Damit konnte der Sicherungsnehmer trotz aller Bemühungen, seine Kreditforderung ausreichend zu sichern, bei Insolvenz des Sicherungsgebers sein Sicherungsrecht nicht durchsetzen.

Die Entscheidung des Großen Senates ermöglicht es nun, daß bei Eintritt des Insolvenzfalles auf Seiten des Sicherungsgebers der Kreditgeber weiter seine Sicherungsrechte durchsetzen kann, weil der Sicherungsvertrag gültig bleibt und zwar ohne Rücksicht darauf, ob der formularmäßig vereinbarte Sicherungsvertrag eine ausdrückliche Freigabeklausel mit einer zahlenmäßig bestimmten Deckungsgrenze enthält. Dieses Ergebnis resultiert daraus, daß der Große Senat die Rechtsnatur eines Sicherungsvertrages als Treuhandgeschäft einordnet und dogmatisch, aufgrund der Anwendbarkeit der §§9 Abs. 1 u. 6 Abs. 1 AGBG, eine unwirksame Klausel nicht zur Unwirksamkeit des gesamten Vertrages führt.

Nach dieser Entscheidung treten -hinsichtlich des Freigabeanspruchs- an die Stelle der unwirksam gewordenen Klausel gemäß §6 Abs. 1 AGBG die gesetzlichen Vorschriften. Die Übersicherungsproblematik wird dadurch gelöst, daß der Freigabeanspruch des Sicherungsgebers -ohne Rücksicht auf das Vorhandensein einer angemessenen Freigabeklausel- dann entsteht, wenn der Schätzwert der Sicherungsgegenstände 150% der gesicherten Forderung ausmacht. Dieser Freigabeanspruch ist jedoch nicht realisierbar, weil der Sicherungsnehmer die Sicherheit für den Fall behalten kann, daß über das Vermögen des Sicherungsgebers ein Insolvenzverfahren eröffnet wird.

Die Deckungsgrenze beträgt nach der Entscheidung des Großen Senates 110% der gesicherten Forderung, bezogen auf den realisierbaren Wert der Sicherungsgegenstände. Nimmt man an, daß allgemein der Wert der Sicherungsgegenstände im Insolvenzfall des Sicherungsgebers durch den Risikoabschlag gemindert wird, dann ist festzustellen, daß der Sicherungsgeber seinen Freigabeanspruch auf jeden Fall nicht mehr durchsetzen kann. Der Freigabeanspruch ist nach der Entscheidung vom Großen Senat meines Erachtens nicht von Bedeutung.

6. Wirkung in der Praxis

Das Mobilarsicherungsrecht in Deutschland basiert in großen Teilen auf Richterrecht. Daher ist dieser Bereich in der Praxis immer mit den Entscheidungen des BGH verbunden. Die Inhalte der Allgemeinen Geschäftsbedingungen zum verlängerten und erweiterten Eigentumsvorbehalt ändern sich immer nach Maßgabe der Urteile des BGH.

Die Klauseln, die in dem am 29. 11. 1989 vom VIII. ZS.entschiedenen Fall verwendet worden sind, enthalten weder eine konkrete, zahlenmäßig bestimmte Deckungsgrenze, noch eine ermessensunabhängige Freigabeklausel. Nachdem der VIII. ZS[290] entschieden hat, daß eine formularverträgliche Globalabtretung ohne qualifizierte Freigabeklausel den Sicherungsgeber unangemessen benachteiligt (§9 Abs. 1 AGBG) und daher die Übersicherung zwischen der kreditgewährenden Bank und ihren Kunden nur dann verhindert werden kann, wenn die Klausel durch eine zahlenmäßig bestimmte Deckungsgrenze konkretisiert wird und die Verpflichtung des Sicherungsnehmers beinhaltet, die überschießende Deckung freizugeben, wurden zunächst in der Praxis nur noch Formulare verwendet, die diesen Anforderungen genügten[291].

Seitdem der Große Senat entschieden hat, daß weder einer zahlenmäßig bestimmte Deckungsgrenze noch eine ermessensunabhängige Freigabeklausel Voraussetzungen für die Wirksamkeit eines Sicherungsvertrages sind, brauchen die Banken in der heutigen Zeit, keine ermessensunabhängige Freigabepflicht in ihre Formulare einzubeziehen. Andererseits muß die Bank ihrerseits auf eine ermessensabhängige Freigabeklausel verzichten.

Die Bank muß zwar nicht ihre Freigabepflicht offen erklären, jedoch ist immer an dieses Richterrecht anzuknüpfen. Daher kann die Bank nicht mehr als 150% der gesicherten Forderungen als Sicherheit verlangen, weil sich dann der Freigabeanspruch des Sicherungsgebers nach den gesetzlichen Vorschriften richtet.

Aufgrund der dargestellten Situation sind inhaltliche Änderungen der bankrechtlichen Formulare hinsichtlich des Freigabeanspruchs bei einer Deckungsgrenze bis zu150% der gesicherten Forderungen absehbar, weil die Formulare immer einer gerichtlichen Überprüfung standhalten müssen.

---

[290] BGH, ZIP 1990, 25 ff ; BGH, ZIP 1992, 629 ff ; BGH, ZIP 1994, 312 ff ; BGH, ZIP 1994, 939 ff ; BGH, ZIP 1994, 1010 ff ; BGH, ZIP 1995, 1071 ff.

[291] Vgl. BGH, ZIP 1995, 1973 ff, der Wert der abgetretenen Forderungen muß mindestens 1.000.000 DM betragen ; nach BGH, NJW 1996, 1213 ff muß die konkrete Deckungsgrenze hingegen 300.000 DM betragen.

Kapitel. 3 Mobiliarsicherung in Korea

A. Eigentumsvorbehalt in Korea

I. Begründung des Eigentumsvorbehalts

1. Zulässigkeit des Eigentumsvorbehalts

Grundsätzlich sind die beiden Parteien bei der Vereinbarung (beim Abschluß) des Kaufvertrages verpflichtet, ihre Leistung Zug um Zug zu erfüllen. Der Verkäufer muß den Besitz und das Eigentum an der Kaufsache auf den Käufer übertragen und der Käufer muß den Kaufpreis zahlen (§536 KBGB). §536 KBGB ist jedoch keine zwingende Norm, weshalb die Parteien ihre Leistungspflicht durch Vereinbarung anders bestimmen können. Die Parteien können z.B. vereinbaren, daß der Käufer den Kaufpreis innerhalb eines bestimmten Zeitraumes in Form von Ratenzahlungen erbringt oder daß der Verkäufer schon vor der vollständigen Zahlung des Kaufpreises dem Käufer den Besitz an der Kaufsache überträgt, sich aber das Eigentum an der Kaufsache bis zur vollständigen Kaufpreiszahlung vorbehält. Darüber enthält das KBGB keine Bestimmung, während der Eigentumsvorbehalt im BGB in § 455 geregelt ist. Die Vereinbarung eines Eigentumsvorbehaltskaufes wird in Korea einhellig für gültig gehalten[1], weil jeder sein eigenes Recht dazu hat, seine privaten Lebensverhältnisse durch Vereinbarung in freier Selbstbestimmung und ohne staatliche Hilfe oder Bevormundung zu gestalten[2].

Schließlich findet sich eine gesetzliche Anerkennung über den Eigentumsvorbehaltskauf in dem koreanischen Abzahlungsgesetz, das 1991 erlassen worden ist und seit dem 01.07.1992 in Kraft getreten ist[3]. Die koreanische Rechtsprechung hat auch anerkannt, daß ein Eigentumsvorbehaltskauf durch Vereinbarung der beiden Parteien zustande kommen kann. Der

---

[1] Kim, Hyun-Tae, Besonderer Teil des Schuldrechts, 1973, S. 141 ; Kim, Ki-Seon, Besonderer Teil des Schuldrechts, 1982, S. 166 ; Kwack, Yoon-Chick, Besonderer Teil des Schuldrechts, 1984, S. 259 ; Kim, Ki-Soo, Goshigae, 1976, Dez. S. 69.

[2] Yang, Hyung-Woo, Rechtsvergleichende Untersuchungen über den Eigentumsvorbehalt im deutschen und koreanischen Recht, S. 81.

[3] Koreanisches Abzahlungsgesetz : §2(Anwendungsbereich) (1) Dieses Gesetz wird ohne Rücksicht auf die Bezeichnung und die Form des Vertrags in folgenden Verträgen angewendet, Nr. 1. der Vertrag, in dem der Käufer einer beweglichen Sache seinen Kaufpreis mindestens in 2 Monaten über 3 Raten abzuzahlen hat und ihm ohne vollständige Kaufpreiszahlung der unmittelbare Besitz an dieser Sache zu übergeben ist. §4 (Schriftliche Form) (1) Der Abzahlungsvertrag ist über folgende Inhalte schriftlich zu vereinbaren, Nr. 7. Eigentumsvorbehalt an der Sache.

koreanische oberste Gerichtshof[4] (KOGH) hat in seinem Urteil vom 28. 06. 1996 darauf verwiesen, daß ein Vertrag, in dem vereinbart sei, daß sich der Verkäufer das Eigentum an der beweglichen Sache bis zur vollständigen Zahlung des Kaufpreises vorbehält und der Käufer die Sache besitzen und gebrauchen kann, zwar keinen gesetzlich normierten Vertrag darstellt, doch als atypischer Vertrag zulässig sei. Mit der Vereinbarung des Eigentumsvorbehalts verfolgt der Verkäufer den Zweck, sich bis zur vollständigen Zahlung des Kaufpreises eine Sicherung zu erhalten, und zwar eine Sicherung des Kaufpreisanspruchs sowie die Sicherung des Anspruchs auf Rückgewähr der Kaufsache. Der Verkäufer könne deshalb bis zum Eintritt der Bedingung sein Eigentum geltend machen. Dieser Vertrag sei mit Handelsbrauch und mit allgemeinen Verkehrssitte vereinbar und kein nichtiges Rechtsgeschäft, das sittenwidrig sei. Mit der vollständigen Zahlung des Kaufpreises trete die Bedingung ein, der Verkäufer verliere sein Eigentum und das Anwartschaftsrecht des Käufers erstarke zum Volleigentum.

2. Vereinbarung des Eigentumsvorbehaltes

a. Einfacher Eigentumsvorbehalt

Während die Sicherungsübereignung zwischen Darlehensnehmer und Bank vereinbart wird, kommt der Eigentumsvorbehalt als eine Sondervereinbarung neben dem Kaufvertrag über eine Sache zwischen Verkäufer und Käufer zustande. Aufgrund des Prinzips der Vertragsfreiheit bedarf die Vereinbarung des Eigentumsvorbehalts keiner speziellen Form. Kommt der Kaufvertrag mit der Vereinbarung des Abzahlungskaufs und einer Eigentumsvorbehaltsklausel zustande, ist gemäß §4 Abs. 1 Nr. 7 (Koreanisches Abzahlungsgesetz) die schriftliche Form erforderlich.

Des weiteren ist umstritten, ob die Vereinbarung des Eigentumsvorbehalts zustande kommt, wenn z. B. der Verkäufer beim Vertragsabschluß den Eigentumsvorbehalt nicht erwähnt und erst dann bei der Lieferung erklärt, daß er sich das Eigentum an der Sache bis zur vollständigen Zahlung des Kaufpreises vorbehalten möchte.

Der Käufer erwirbt bedingtes Eigentum, sobald er einverstanden ist. Ist der Käufer damit nicht einverstanden, fehlt eine wirksame Einigung über den Eigentumsvorbehalt. Der Käufer ist dann in der Lage, seinen Anspruch auf die unbedingte Übereignung der Kaufsache geltend zu machen[5]. Erklärt der Verkäufer dagegen den Eigentumsvorbehalt weder bei Abschluß des Kaufvertrages noch bei Lieferung der Kaufsache, erwirbt der Käufer das Eigen-

[4] KOGH 28. 06. 1996, 96 Da 14807 ; KOGH 07. 09. 1999, 99 Da 30543 ; KOGH 09. 08. 1991, 91 Da 13267.

[5] Choi, Jong-Kil, Seoul Law Review, 1967, Bd. 17, S. 65.

tum ohne Bedingung. An die Erklärung des Eigentumsvorbehalts auf einer Rechnung ist der Käufer nicht gebunden, selbst wenn er dagegen keinen deutlichen Einwand erhoben hat[6].

In der Praxis wird der Eigentumsvorbehalt nach den Allgemeinen Geschäftsbedingungen vereinbart. Vereinbaren die Parteien im Kaufvertrag Lieferung unter Eigentumsvorbehalt, so verlangt im koreanischen Geschäftsverkehr häufig der Verkäufer vom Käufer auch einen Bürgen, um die dem Käufer gestundete Forderung zu sichern[7].

Der Grund dafür liegt darin, daß der Eigentumsvorbehalt für den Verkäufer als Sicherungsmittel unzureichend ist, wenn der Käufer die Vorbehaltssache nicht besitzt (z. B. bei Verlust oder Beschädigung der Sache) und seine Zahlungsunfähigkeit infolge eines Konkurses feststeht oder wenn die Durchsetzung der Zwangsvollstreckung ins übrige Vermögen des Käufers erschwert ist. Er wird den Sicherungsbedürfnissen des Geschäftsverkehrs nicht immer gerecht, so daß Sonderformen des Eigentumsvorbehalts entwickelt wurden, die diesen Bedürfnissen besser Rechnung tragen. Etwa 24%[8] der vereinbarten Eigentumsvorbehalte werden in der koreanischen Vertragspraxis mittels der Kombination von Bürgschaft und einfachem Eigentumsvorbehalt abgewickelt. Vermöge des Bürgschaftsvertrages ist der Bürge zur Zahlung des Kaufpreises mit dem Käufer gemeinschaftlich verpflichtet. Bei der Vereinbarung des Eigentumsvorbehalts verwendet der Verkäufer normalerweise ein vorgedrucktes Formular (AGB), welches vom Bürgen unterschrieben und mit seinem Siegel versehen werden muß[9].

Die Rechtsprechung[10] des KOGH und die herrschende Meinung[11] halten den mit der gesamtschuldnerischen Bürgschaft kombinierten Kaufvertrag für zulässig, solange die AGB den Käufer nicht entgegen dem Gebot von Treu und Glauben unangemessen benachteiligen (§§2 Abs. 1, 103 KBGB, §6 Abs. 1 KGBG).

---

[6] Choi, Jong-Kil, a. a. O., S. 66 ; Cheon, Kyung-Hwan, Eine Untersuchung über den Eigentumsvorbehaltskauf, 1995, S. 35.

[7] Vgl. Mustervertragsformular des Sambo-Computer §7 ; Vertragsformular für Bürgschaftsversicherung beim Abzahlungskaufs §11(Auto AG-Hyundai, Daewoo, Kia und Ssangyong) ; Eom, Yong-Jin, Eine Untersuchung über die Rechtsverhältnisse des Abzahlungskaufs, S. 147 ff ; Yang, Hyung-Woo, Rechtsvergleichende Untersuchung über den Eigentumsvorbehalt im deutschen und koreanischen Recht, S. 107, Fn. 443.

[8] Eom, Yong-Jin, Eine Untersuchung über die Rechtsverhältnisse des Abzahlungskaufs, S. 121 ff u. 147 ff.

[9] Yang, Hyung-Woo, Rechtsvergleichende Untersuchung über den Eigentumsvorbehalt im deutschen und koreanischen Recht, S. 109.

[10] KOGH 13. 10. 1992, 92Da 31781 ; KOGH 23. 04. 1991, 90Da 16009 ; KOGH 27. 12. 1991, 91Da 30668 ; KOGH 13. 11. 1990, 90DaKa 25413 ; KOGH 10. 09. 1985, 85DaKa 806.

[11] Kwon, Oh-Seong, Besondere Vorlesung über das Zivilrecht, 1994, S. 565 ff ; Eom, Yong-Jin, Eine Untersuchung über die Rechtsverhältnisse des Abzahlungskaufs, S. 147 ; Kwack, Yoon-Chick, Besonderer Teil des Schuldrechts, 1991, S. 261.

b. Verlängerter u. Erweiterter Eigentumsvorbehalt

aa. Verlängerung durch Weiterveräußerung

(1) Allgemeines

Das KBGB regelt die Forderungsabtretung in den §§ 449 ff., KBGB. Danach kann die Forderung grundsätzlich übertragen werden. Ausnahmsweise ist die Abtretung der Forderung ausgeschlossen, wenn sie durch Vereinbarung mit dem Schuldner (§449 Abs. 2 S. 1KBGB) oder aus der Natur der Forderung heraus unzulässig ist (§449 Abs. 1 S. 2 KBGB). Die Forderungsabtretung bedarf keiner besonderen Form und sie kann stillschweigend vereinbart werden.[12] Nach der Rechtsprechung und im Schrifttum ist es auch anerkannt, daß eine Forderung, die erst in der Zukunft entsteht, abgetreten werden kann[13].

Die Forderungsabtretung kann aber nur dann gegenüber dem Schuldner oder Dritten geltend gemacht werden, wenn sie dem Schuldner angezeigt oder von diesem genehmigt worden ist (§450 Abs. 1 KBGB). Für eine wirksame Forderungsabtretung ist es notwendig, eine öffentlich beglaubigte Urkunde mit Datumsangabe auszuhändigen. Ansonsten kann sie außer vom Schuldner gegenüber einem Dritten nicht geltend gemacht werden (§450 Abs. 2 KBGB). Die Forderungsabtretung in Korea ist noch nicht weit entwickelt. Daher wird die Abtretung, um die Forderung zu sichern, in der Praxis nicht vereinbart. Aus diesem Grund möchte die Verfasserin in diesem Teil überprüfen, ob in Korea eine verlängerte- od. erweiterte Form des Eigentumsvorbehalts möglich ist.

(2) Vereinbarung eines verlängerten Eigentumsvorbehalts

In Deutschland kommt der verlängerte Eigentumsvorbehalt zustande, indem der Warenlieferant die Sache mit Weiterveräußerungsermächtigung dem Vorbehaltskäufer liefert. Der Vorbehaltskäufer kann aufgrund dieser Ermächtigung über die Sache verfügen und er sie z. B. an einen Dritten veräußern. Dieser erwirbt das Eigentum wirksam vom Vorbehaltskäufer, weil er vom Eigentümer berechtigt ist(§185 Abs. 1 BGB) Der Vorbehaltsverkäufer erhält statt des Eigentums die abgetretene Forderungen, die aus Weiterveräußerung einem Dritten entstanden sind.

---

[12] Seo, Min, Eine Untersuchung über die Forderungsabtretung, S. 80.

[13] Kim, Ki-Seon, Allgemeiner Teil des koreanischen Schuldrechts, S. 249 ; Kim, Yong-Han, Allgemeiner Teil des Schuldrechts, S. 434 ff ; Lee, Ho-Jeong, Allgemeiner Teil des Schuldrechts, S. 222 ; Seo, Min, a. a. O., S. 71 ; KOGH 23. 12. 1969, 69 Da 1745.

Im Gegensatz dazu enthält das KBGB keine vergleichbare Vorschrift mit dem §185 Abs. 1 BGB . Daher ist es fraglich, ob nach dem KBGB durch eine solche Vereinbarung ein verlängerter Eigentumsvorbehalt zustande kommen kann.

Wie bereits erwähnt, erkennen die koreanische Rechtsprechung und das Schrifttum an, daß zukünftige Forderungen abgetreten werden können. Eine solche verlängerte Form des Eigentumsvorbehalts kann auch im Wege der Privatautonomie in Korea vereinbart werden. In diesem Fall erwirbt der Dritte das Eigentum an der Vorbehaltsware vom Vorbehaltskäufer durch Zustimmung des Vorbehaltsverkäufers. Allgemein werden die koreanischen Handelsgeschäfte zwischen Warenlieferanten und Zwischenhändlern mit Wechseln abgewickelt, jedoch ist es möglich, durch Vereinbarung eines verlängerten Eigentumsvorbehalts das Geschäft vorzunehmen, falls sich die Vertragsparteien darüber einig sind, daß eine solche Vereinbarung erforderlich ist. Fraglich ist in einem solchen Fall, ob die Forderungsabtretung wirksam ist, falls sie einerseits durch Vereinbarung zwischen dem Vorbehaltsverkäufer und dem Vorbehaltskäufer zustande gekommen ist, andererseits zwischen diesem und einem Dritten ein Abtretungsverbot vereinbart wurde. Nach einhelliger Meinung in Korea entfaltet eine Abtretungsverbotsvereinbarung nicht nur eine schuldrechtliche Wirkung, d. h., daß der Zedent verpflichtet ist, die Forderung nicht abzutreten, sondern auch eine dingliche Wirkung, d. h., daß dadurch die Abtretung der Forderung ausgeschlossen ist[14].

Eine Abtretungsverbotsvereinbarung kann dem gutgläubigen Dritten gem. §449 Abs. 2 S. 2 KBGB nicht entgegengehalten werden. Daher kann ein gutgläubiger Zessionar (=Vorbehaltsverkäufer) die abgetretene Forderung gemäß §449 Abs. 2 S. 2 KBGB wirksam erwerben, obwohl ein Abtretungsverbot zwischen dem Zedenten (=Vorbehaltskäufer) und einem Dritten vereinbart worden ist. Das KBGB regelt darüber hinaus jedoch nicht, welche Maßnahmen der Zessionar zu treffen hat, damit er als gutgläubig angesehen werden kann.

Die herrschende Meinung[15] vertritt die Auffassung, daß den Zessionar in seiner Gutgläubigkeit kein Verschulden treffen darf. Begründet wird dies damit, daß die Gutgläubigkeit des Zessionars zum Zweck der Verkehrssicherheit geschützt ist. Dagegen vertritt die Mindermeinung die Auffassung, daß die Abtretbarkeit einer Forderung grundsätzlich vom KBGB anerkannt ist, weswegen bei ihrer Einschränkung durch ein Abtretungsverbot der Zessionar nur dann nicht geschützt ist, wenn er in seiner Gutgläubigkeit grob fahrlässig gehandelt hat[16].

---

[14] Kim, Ki-Seon, Allgemeiner Teil des koreanischen Schuldrechts, S. 251 ; Kwack, Yoon-Chik, Allgemeiner Teil des Schuldrechts, 1991, S, 366 ; Kim, Yong-Han, Allgemeiner Teil des Schuldrechts, S. 437.

[15] Kwack, Yoon-Chik, Allgemeiner Teil des Schuldrechts, S. 367 ; Kim, Yong-Han, Allgemeiner Teil des Schuldrechts, S. 438.

[16] Seo, Min, Eine Untersuchung über die Forderungsabtretung, S. 60.

Dieser Meinung ist zuzustimmen. Es wäre nicht sachgerecht, Schuldlosigkeit des Zessionars zu verlangen, damit er als gutgläubig gelten kann, auch wenn die Abtretbarkeit der Forderung grundsätzlich anerkannt ist. Ist bei einem verlängerten Eigentumsvorbehalt ein Abtretungsverbot zwischen dem Zedenten und einem Dritten vereinbart, kann der Zessionar (=Vorbehaltsverkäufer) nur dann die Forderungsabtretung nicht geltend machen, wenn er entweder vorsätzlich oder grob fahrlässig gehandelt hat.

(3) Wirksamkeitsvoraussetzungen der Forderungsabtretung

Um die Forderungsabtretung gegenüber dem Schuldner geltend zu machen, setzt §450 Abs. 1 KBGB voraus, daß die Forderungsabtretung dem Schuldner angezeigt oder von diesem genehmigt worden ist. Beim Fehlen dieser Voraussetzungen wirkt sich die Forderungsabtretung gegenüber dem Schuldner nicht aus. Daher kann es der Schuldner dann ohne Rücksicht auf seine Bös- oder Gutgläubigkeit ablehnen, den Zessionar zu befriedigen[17].

Hingegen regeln die Absätze 1 und 2 des §450 KBGB die Wirksamkeitsvoraussetzungen gegenüber dem Dritten unterschiedlich. §450 KBGB regelt : „(1) Die Abtretung der Forderung kann, soweit der Gläubiger sie dem Schuldner nicht angezeigt oder der Schuldner die Genehmigung der Abtretung verweigert hat, diesem oder einem Dritten gegenüber nicht geltend gemacht werden. (2) Die Abtretung der Forderung kann gegenüber einem anderen als dem Schuldner nur dann geltend gemacht werden, wenn die im Absatz 1 bestimmte Auskunft und Genehmigung durch Aushändigung der zum Beweis der Abtretung dienenden und mit der Datumsangabe versehenen, öffentlichen beglaubigten Urkunde erfolgt ist".

Während die Wirksamkeitsvoraussetzungen der Forderungsabtretung gegenüber einem Dritten Anzeige oder Genehmigung nach §450 Abs. 1 KBGB sind, wird in §450 Abs. 2 KBGB für die wirksame Forderungsabtretung die öffentlich beglaubigte Urkunde mit der Datumsangabe oder die Genehmigung vorausgesetzt. Hier stellt sich die Frage, was unter dem Dritten i. S. d. §450 Abs. 1 und Abs. 2 KGBG zu verstehen ist. Es ist auf diese Weise zu verstehen, daß der Zedent, der gemäß §450 Abs. 2 KBGB die Forderungsabtretung durch eine öffentlich beglaubigte Urkunde mit Datumsangabe bekannt gemacht hat, eine vorrangige Stellung, im Vergleich mit demjenigen Zedenten , der die Forderungsabtretung nur durch einfache Anzeige bekannt gemacht hat, einnimmt[18] .

Falls der Verkäufer und der Käufer einen verlängerten Eigentumsvorbehalt vereinbart haben, daher die Forderungen aus der Weiterveräußerung gegenüber dem Zweitkäufer (=Abnehmer) im voraus abgetreten sind, kann der Vorbehaltsverkäufer aufgrund dieser Wirksamkeitsvoraussetzungen nur

[17] Seo, Min, a. a. O., S. 89.
[18] Seo, Min, a. a. O., S. 95.

dann gegenüber dem Zweitkäufer oder anderen Dritten die Forderungsabtretung geltend machen, wenn der Vorbehaltskäufer (=Zedent) dies dem Dritten angezeigt oder durch die öffentlich beglaubigte Urkunde mit der Datumsangabe bekannt gemacht hat.

Bei der im voraus abgetretenen künftigen Forderung können solche Wirksamkeitsvoraussetzungen in einem solchen Fall leichter erfüllt werden, weil die rechtliche Grundlage der Vorausabtretung, wie z. B. wegen langfristiger Geschäftsbeziehungen zwischen dem Vorbehaltskäufer und dem Dritten, diesem bereits bekannt ist. In diesem Fall der Vorbehaltskäufer sind die abgetretenen Forderungen dem Vorbehaltsverkäufer direkt vom Zweitkäufer zu übertragen.

Dagegen ist die rechtliche Grundlage zur Forderungsabtretung bei der Vereinbarung eines verlängerten Eigentumsvorbehalts dann nicht feststellbar, wenn zur Entstehung der künftigen Forderungen ein bestimmtes Rechtsgeschäft des Vorbehaltskäufers, wie z. B. ein Kaufvertrag erforderlich ist. In einem solchem Fall entstehen, um die anderen Gläubiger des Vorbehaltskäufers und dessen Zweitkäufer zu schützen, die abgetretenen Forderungen zuerst beim Zedenten (=Vorbehaltskäufer) und sind danach dem Vorbehaltsverkäufer zu übertragen (Durchgangserwerb)[19] .

Grundsätzlich ist die Vereinbarung eines verlängerten Eigentumsvorbehalts durch Weiterveräußerung nach dem koreanischen Recht nicht unmöglich. Fraglich ist, inwieweit der verlängerte Eigentumsvorbehalt praktikabel ist. Wie bereits erörtert, muß in den Fällen, in denen die rechtliche Grundlage der Vorausabtretung bei der Vereinbarung des verlängerten Eigentumsvorbehalts nicht feststellbar ist, der Vorbehaltskäufer jedesmal neu die öffentlich beglaubigte Urkunde mit der Datumsangabe bekannt machen, wenn der Zweitkäufer erst durch das Geschäft des Vorbehaltskäufers, z. B. durch den Abschluß eines Kaufvertrages, bekannt wird. In einem solchen Fall ist die Anwendung eines verlängerten Eigentumsvorbehalts nicht überzeugend für die Praxis.

Die Anwendung eines verlängerten Eigentumsvorbehalts ist dann überzeugend, wenn die rechtliche Grundlage der Forderungsabtretung schon bei der Vereinbarung des verlängerten Eigentumsvorbehalts feststellbar ist und der Vorbehaltskäufer dem Vorbehaltsverkäufer aufgrund dieser Feststellung die öffentlich beglaubigte Urkunde mit der Datumsangabe verschaffen kann. Nach dem koreanischen Recht ist die Vereinbarung eines verlängerten Eigentumsvorbehalts grundsätzlich jederzeit möglich. In der Praxis ist eine solche Vereinbarung nur in den Fällen sinnvoll, in denen bereits eine längere Geschäftsbeziehung zwischen dem Vorbehaltskäufer und einem Dritten besteht und dieser aufgrund dieser Beziehung von der Forderungsabtretung Kenntnis hat.

---

[19] Seo, Min, a. a. O., S. 109, 110.

bb. Verlängerung durch Weiterverarbeitung

Gemäß §259 KBGB erwirbt der Hersteller einer neuen Sache das Eigentum daran, wenn der Wert der Verarbeitung erheblich höher ist als der Wert des verarbeiteten Stoffes[20]. Daher wird der Hersteller Eigentümer an dem neuen Produkt, während das Eigentum des Vorbehaltsverkäufers an dem Rohstoff erlischt und dieser sein Sicherungsmittel verliert. Die koreanische Rechtsprechung[21] und die herrschende Meinung[22] im Schrifttum betrachten §259 Abs. 1 KBGB als dispositives Recht, weshalb die Rechtsfolge des §259 Abs. 1 KBGB durch Vereinbarung der Vertragsparteien abbedungen werden kann. Aus diesem Grund kann sich der Vorbehaltsverkäufer sein Eigentum an der neu hergestellten Sache weiter vorbehalten, wenn der Vorbehaltskäufer die Vorbehaltsware verarbeitet[23]. Der Vereinbarung einer Verarbeitungsklausel stehen keine Hindernisse nach den Vorschriften des KBGB entgegen.

Falls von verschiedenen Vorbehaltsverkäufern Rohmaterialien geliefert und vom Vorbehaltskäufer verarbeitet worden sind, wird das Rechtsverhältnis zwischen den verschiedenen Vorbehaltsverkäufern im deutschen Recht gemäß den §§947, 950 BGB oft so ausgestaltet, daß die Vorbehaltsverkäufer das Miteigentum an dem fertigen Produkt nur zu dem Teil erwerben, der sich aus dem Verhältnis des Wertes der von ihnen gelieferten Materialien zum Wert des Fertigprodukts berechnen läßt. Möglich ist es auch, daß die Vorbehaltsverkäufer „das Miteigentum an dem Fertigfabrikat zu dem Anteil erwerben, der sich aus dem Verhältnis des Wertes der von ihnen gelieferten Rohstoffe und des Verarbeitungswertes zu dem Wert des Fertigfabrikates ergibt“[24]. Dabei wird als Zeitpunkt der Wertbeurteilung die „Zeit der Verarbeitung“ betrachtet[25].

[20] §259 (Verarbeitung) : (1) Hat jemand eine bewegliche Sache eines anderen verarbeitet oder umgebildet, so steht das Eigentum an der neuen Sache dem Eigentümer der verarbeiteten Sache zu. Wenn der durch Verarbeitung oder Umbildung vermehrte Wert erheblich höher ist als der Wert des verarbeiteten Stoffes, so gehört die neue Sache dem Verarbeiter.
(2) Wird ein Teil der neuen Sache aus einem dem Verarbeiter gehörenden Stoff hergestellt, so wird der Wert des Stoffes in den in Abs. 1 angegebenen vermehrten Wert eingerechnet.

[21] Vgl. KOGH 20. 07. 1965, 65 Da 874 ; KOGH 11. 07. 1967, 67 Da 893 ; KOGH 04. 06. 1968, 68 Da 614.

[22] Kwack, Yoon-Chik, Sachenrecht, S. 321 ; Lee, Young-Jun, Sachenrecht, S. 907; Kim, Sang-Yong, Sachenrecht, S. 436.

[23] Yang, Hyung-Woo, Rechtsvergleichende Untersuchung über den Eigentumsvorbehalt im deutschen und koreanischen Recht, S. 144 u. 145.

[24] BGHZ 46, 117 ff.

[25] in Einzelheiten, Kapitel. 2 C. I. 3. a. ff.

Die Verarbeitungsklausel wird jedoch im Schrifttum kritisiert[26]. Begründet wird dies damit, daß die Verarbeitung kein auf einen bestimmten Zeitpunkt zu beziehender, abgrenzbarer Zustand, sondern ein ständig wechselnder Prozeß ist. Daher ist die Vereinbarung einer Verarbeitungsklausel unter dem Gesichtspunkt des Bestimmtheitsprinzips auf der sachenrechtlichen Ebene unwirksam. Besonders trifft dies für komplexe moderne Fertigungsvorgänge zu. Die Miteigentumsanteile sind zu keinem Zeitpunkt des Verarbeitungsvorganges bestimmbar.

In der deutschen Praxis wird eine Verarbeitungsklausel oft mit einer Weiterveräußerungsermächtigung vereinbart[27]. Veräußert der Vorbehaltskäufer die neu hergestellte Sache an einen Zweitkäufer, erwirbt dieser das Eigentum an dem Produkt, weil der Käufer vom Eigentümer zur Weiterveräußerung ermächtigt worden ist (§185 Abs. 1 BGB). In einem solchen Fall können die Warenlieferanten ihre Kaufpreisforderungen dadurch sichern, daß ihnen die Forderungen aus Weiterveräußerungen abgetreten werden. Wie bereits erwähnt, kann gemäß §450 KBGB der Zedent seine Forderungsabtretung nur dann gegenüber einem Dritten geltend gemacht werden, wenn sie mit einer öffentlich beglaubigte Urkunde mit der Datumsangabe bekannt gemacht wird.

Wie bereits erwähnt, kann daher die Forderungsabtretung zur Sicherung der Kaufpreisforderung nur in beschränktem Umfang vereinbart werden. Des weiteren ist es nicht einfach, bei der Vereinbarung einer Verarbeitungsklausel Miteigentumsanteile zu bestimmen, wenn mehrere Vorbehaltsverkäufer verschiedene Rohmaterialen geliefert haben. Die Übernahme des verlängerten Eigentumsvorbehaltes durch die Verarbeitung ist bedenklich für die koreanische Praxis.

c. Erweiterter Eigentumsvorbehalt

Einem erweiterte Eigentumsvorbehalt, bei dem das Eigentum dem Vorbehaltsverkäufer bis zur Tilgung anderer Forderungen, als der Kaufpreisforderung, vorbehalten bleibt, werden in Korea keine gesetzlichen Hindernisse in den Weg gestellt. Zur Sicherung derjenigen Kaufpreisforderungen, die ursprünglich nicht gesichert worden sind, kommen in der koreanischen Praxis sehr häufig Erweiterungen des Sicherungsobjekts durch Höchstbetragshypotheken vor.

Anstelle des erweiterten Eigentumsvorbehalts ist die Höchstbetragshypothek, die sich auf unbewegliche Sachen bezieht, eine der in Korea gebräuchlichsten Erweiterungsformen der Sicherheit. Die Höchstbetragshypo-

[26] Alter-Komm/Reich, §950, Rn. 11 ; Westermann, BGB-Sachenrecht, S. 60, Rn. 186 ; Medicus, Bürgerliches Recht, S. 369 ff, Rn. 519 ; Staudinger-Komm/Wiegand, §950, Rn. 519.

[27] Vgl. mit Formular I-2 im Anhang.

thek ist eine Sonderform der Hypothek. Anders als bei gewöhnlichen Hypotheken, wird bei ihr die Feststellung der Forderung vorbehalten. Mit der Bestellung der Höchstbetragshypothek werden unbestimmte, in der Zukunft entstehende Forderungen aus einem dauernden Schuldverhältnis gesichert (§§357 Abs. 1 KBGB)[28].

Darüber hinaus gibt es eine Sonderform der Höchstbetragshypothek, die sich gewohnheitsrechtlich entwickelt hat und die vor allem von den Banken bevorzugt wird. Mit dieser Form -der sog. globalen Höchstbetragshypothek- werden über den Rahmen des üblichen Grundvertrags hinaus, alle sonstigen Verbindlichkeiten des Schuldners gegenüber dem Gläubiger gesichert.

Umstritten ist dabei, ob eine solche Hypothek, der kein bestimmtes Kreditgeschäft zugrunde liegt, wirksam bestellt werden kann. Eine Auffassung bejaht die Zulässigkeit der globalen Höchsthypothek. Begründet wird dies damit, daß schon der Gesetzgeber des KBGB die Akzessorietät der Hypothek lockern wollte, indem er in §357 Abs. 1 KBGB die Höchstbetragshypothek geregelt hat. Nach dieser Idee des Gesetzgebers können der Kreditgeber und der Kreditnehmer -im Rahmen der Vertragsfreiheit- die globale Höchstbetragshypothek wirksam vereinbaren[29].

Eine andere Auffassung erkennt die beschränkte Wirksamkeit der globalen Höchstbetragshypothek an. Der Grund dafür liegt darin, daß bei einer Unwirksamkeit der globalen Höchstbetragshypothek ein Chaos im gesamten koreanischen Kreditverkehr eingetreten wäre.

Die Rechtsprechung[30] erkennt die Wirksamkcit der globalen Höchstbetragshypothek an.

Obwohl sich die Höchstbetragshypothek in Korea vom erweiterten Eigentumsvorbehalt in Deutschland durch die Verwendung unterschiedlicher Sicherungsgegenstände unterscheidet, ist das grundsätzliche Kozept, nach dem eine Erweiterung des Sicherungsobjekts vorgenommen wird, ähnlich ausgestaltet. Solche Erweiterung des Sicherungsobjektes wird in Korea für bedenklich gehalten, weil damit die anderen Gläubiger des Kreditnehmers gefährdet werden können. Der erweiterte Eigentumsvorbehalt in Deutschland wird im kaufmännischen Geschäftsverkehr vorwiegend mit Hilfe eines Formularvertrages vereinbart. Die Wirksamkeit der Vereinbarung eines erweiterten Eigentumsvorbehalts wird unter dem Aspekt der §§3, 9 AGBG für bedenklich gehalten[31]. Daher ist die Übernahme des erweiterten Eigentumsvorbehalts in die koreanische Kreditpraxis nicht sinnvoll.

---

[28] Kim, Sang-Yong, Sachenrecht, S. 810 ff.

[29] Kim, Sang-Yong, a. a. O., S. 824.

[30] KOGH 14. 12. 1982, 82 Daka 413 ; KOGH 27. 07. 1982, Daka1117.

[31] Vgl. Kapitel. 2 C. II. 1. ff.

II. Gegenstände des Eigentumsvorbehalts

Nach §925 Abs. 2 BGB ist die Einigung zur Eigentumsübertragung eines Grundstücks (Auflassung) unwirksam, wenn sie unter einer Bedingung oder einer Zeitbestimmung erfolgt. Deswegen kann ein Grundstück nicht Gegenstand des Eigentumsvorbehalts sein. Anders als das BGB gibt es im KBGB keine solche Einschränkung. Somit können sowohl bewegliche, als auch unbewegliche Sachen Gegenstände des Eigentumsvorbehalts sein[32]. Unbewegliche Sachen eines Eigentumsvorbehalts können z. B. Baugrundstücke, Wohnungen oder Apartments sein[33].

Bewegliche Sachen können ebenso Gegenstände des Eigentumsvorbehalts sein. Nach §100 Abs. 2 KBGB erstreckt sich die Verfügung nicht nur auf die Hauptsache, sondern auch auf das Zubehör. Aus diesem Grund soll das Zubehör der Hauptsache zum Gegenstand des Eigentumsvorbehalts gehören, wenn die Hauptsache unter der Vereinbarung des Eigentumsvorbehalts gekauft worden ist[34]. Fraglich ist, ob die bewegliche Sache, die wie ein Grundstück registriert wird (z. B. ein Auto), unter Eigentumsvorbehalt verkauft werden kann. Wie bereits erwähnt, kann auch die unbewegliche Sache nach dem KBGB Gegenstand des Eigentumsvorbehalts sein.

Damit könnte theoretisch eine bewegliche Sache, die wie eine unbewegliche Sache behandelt wird, mit der Vereinbarung eines Eigentumsvorbehalts verkauft werden. In der Praxis sichert der Verkäufer seine Kaufpreisforderung dadurch, daß er das Auto mit einer Höchstbetragshypothek belastet oder den Käufer an der Versicherung teilnehmen läßt[35].

III. Rechtsnatur des Eigentumsvorbehalts

Wie bereits dargestellt, wurde die Zulässigkeit des Eigentumsvorbehalts längst von dem KOGH anerkannt und im Schrifttum einhellig bejaht. Keine Einigung besteht darüber, wie die rechtliche Ausgestaltung des Eigentumsvorbehalts auszusehen hat. In Anbetracht der Rechtsnatur des Eigentumsvorbehalts liegt die Schwierigkeit vor allem darin, daß entsprechend der Höhe des Betrages des Kaufpreises, den der Käufer ratenweise gezahlt hat, die Rechtsstellungen des Verkäufers und des Käufers angemessen zu

---

[32] Kwack, Yoon-Chick, Besonderer Teil des Schuldrechts, 1990, S. 257 ; Kwon, Oh-Seong, in ; FS für Ko, Chang-Hyun, 1987, S. 414.

[33] Choi, Jong-Kil, Seoul Law Review, 1967, Bd. 17, S. 66.

[34] Vgl. einhellige Meinung, z. B. wenn die Hauptsache mit der Hypothek belastet ist, gemäß §358, S. 1 KBGB erstreckt sich die Rechtswirkung der Hypothek auf das Zubehör, §358(Erstreckung auf Bestandteil und Zubehör) Die Hypothek erstreckt sich auf die mit dem Grundstück verbundenen Bestandteile sowie auf das Zubehör.

[35] Eom, Yong-Jin, Eine Untersuchung über die Rechtsverhältnisse des Abzahlungskaufs, S. 97.

schützen sind. Konkret geht es darum, was der Verkäufer nach dem Vertragsschluß unter Eigentumsvorbehalt und der ersten Ratenzahlung durch den Käufer für eine Position innehat und umgekehrt, was der Käufer unter diesen Bedingungen erhält. Umstritten ist, ob der Verkäufer sein Eigentum an der Sache behält oder ob ihm nur ein Sicherungsrecht zusteht.

1. Eigentumsvorbehalt nach dem Schwerpunkt des Eigentums (sog. Eigentumslehre)

Mit dem Abschluß des Kaufvertrages geht das Eigentum an der Sache nicht auf den Käufer über, sondern sie bleibt bis zum Eintritt der Bedingung Eigentum des Verkäufers. Der Käufer erwirbt mit dem Vertragsschluß sofort das Nutzungs- und Gebrauchsrecht. Gleichzeitig wird seine Rechtsstellung durch das Anwartschaftsrecht geschützt (hM)[36]. Ist die Bedingung eingetreten, indem der Käufer seinen Kaufpreis vollständig gezahlt hat, geht das Eigentum an der Kaufsache automatisch auf den Käufer über, d. h. der Verkäufer und der Käufer brauchen sich nach Bedingungseintritt nicht noch einmal über die Eigentumsübertragung bezüglich der Kaufsache zu einigen[37].

Selbst ein Übereignungswille ist zu diesem Zeitpunkt beim Verkäufer nicht erforderlich[38]. Der Verkäufer kann nach der Übergabe der Kaufsache über diese nicht verfügen. Seine Verfügung über die Kaufsache ist gemäß §148 KBGB insoweit dinglich nichtig, als dadurch ein Eigentumserwerb des Käufers verhindert wird[39]. Das dem Käufer vor dem Bedingungseintritt zustehende Anwartschaftsrecht ist ein Vermögensrecht. Daher ist der Käufer bis zum Bedingungseintritt zwar nicht zu einer Verfügung über die Kaufsache berechtigt, jedoch kann er über sein Anwartschaftsrecht verfügen. Das Anwartschaftsrecht des Käufers wird deliktsrechtlich geschützt. Je mehr Kaufpreisraten der Käufer zahlt, desto näher rückt sein Anwartschaftsrecht an die Eigentümerstellung heran[40].

---

[36] Kwack, Yoon-Chik, Besonderer Teil des Schuldrechts, 1991, S. 262 ; Kwon, Oh-Seung, in : FS. für Ko, Chang, Hyun, S. 416 ; Cheon, Kyung-Hwan, Eine Untersuchung über den Eigentumsvorbehaltskauf, S. 56 ; Lee, Keun-Shik, Beobjeong, 1978, Feb., S. 486 ; KOGH 09. 08. 1991, 91 Da 13267.

[37] Lee, Yong-Jun, Sachenrecht, S. 909 ; Choi, Jong-Kil, Seoul Law Review, 1967, Bd. 17, S. 75.

[38] Yang, Hyung-Woo, Rechtsvergleichende Untersuchungen über den Eigentumsvorbehalt im deutschen und koreanischen Recht, S. 83.

[39] §148 (Beeinträchtigungsverbot des bedingten Rechts) Bei einem unter einer Bedingung vorgenommenen Rechtsgeschäft darf nicht der eine Teil während der Schwebezeit im Fall des Bedingungseintritts einen dem anderen Teil zustehenden Vorteil beeinträchtigen.

[40] Cheon, Kyung-Hwan, Eine Untersuchung über den Eigentumsvorbehaltskauf, S. 26.

2. Eigentumsvorbehalt nach dem Schwerpunkt des Sicherungszwecks (sog. Sicherungslehre)

Die Sicherungslehre geht davon aus, daß die Funktion und das Wesen des Eigentumsvorbehalts im Sicherungszweck liegen. Bei der Vereinbarung des Eigentumsvorbehalts ist es die Absicht des Verkäufers, seine Kaufpreisforderung zu sichern, indem er sich das Eigentum an der Kaufsache vorbehält. Er will als Eigentümer die Kaufsache weder nutzen noch gebrauchen. Deswegen ist die Vereinbarung eines Eigentumsvorbehalts den Fällen gleich zu stellen, in denen der Vorbehaltsverkäufer zur Sicherung seiner Kaufpreisforderung das Eigentum des Käufers an der Kaufsache als Sicherungsgut erhält. Somit ist die Vereinbarung des Eigentumsvorbehalts, ebenso wie die der Sicherungsübereignung zu behandeln[41]. Nach dieser Meinung erhält der Verkäufer kein Eigentum an der Kaufsache, sondern ihm steht nur ein beschränktes dingliches Recht, d. h. ein Sicherungsrecht zu. Auf der anderen Seite erwirbt der Käufer mit der Übergabe der Kaufsache das mit dem dinglichen Recht des Verkäufers belastete Eigentum. Schließlich stellt der Eigentumsvorbehalt ebenso wie die Sicherungsübereignung oder die Sicherungsvormerkung eine Art der „atypischen Sicherheit" dar[42].

3. Persönliche Stellungnahme

Indem die Sicherungslehre betont, daß der Vereinbarungszweck des Eigentumsvorbehalts in der Schaffung einer Sicherheit liegt, räumt diese Ansicht ein, daß der Verkäufer durch die Vereinbarung des Eigentumsvorbehalts nur ein beschränktes dingliches Recht, d. h. ein Sicherungsrecht, erhält.

Bei dieser Ansicht stellt sich die Frage, ob sie in die Struktur des koreanischen BGB paßt. Zum Eigentumsübergang einer unbeweglichen Sache bedarf es nach dem KBGB, im Gegensatz zum BGB, keiner Auflassung, doch wird das Eigentum an einer unbeweglichen Sache nach dem KBGB nicht durch das Rechtsgeschäft der Parteien, d. h. durch eine schuldrechtliche Vereinbarung, sondern durch die Eintragung ins Grundbuch rechtlich wirksam übertragen[43]. Fehlt die Eintragung, wirkt sich die Rechts-

---

[41] Cheon, Kyung-Hwan, Eine Untersuchung über den Eigentumsvorbehaltskauf, S. 29 ; Kim, Sang-Yong, Sachenrecht, S. 912 ; Eom, Yong-Jin, Eine Untersuchung über die Rechtsverhältnisse des Abzahlungskaufs, S. 144 ; Lee, Eun-Yong, Besonderer Teil des Schuldrechts, S. 238.

[42] Yang, Hyung-Woo, Rechtsvergleichende Untersuchung über den Eigentumsvorbehalt im deutschen und koreanischen Recht, S. 84 u. 85.

[43] Anders als das KBGB wird nach §176 Jap. BGB das Eigentum durch bloße Willenserklärung der Parteien bewirkt. Damit bedarf es für die Eigentumsübertragung nach dem Jap. BGB weder der Übergabe noch der Eintragung. Aus diesem Grund könnte die Sicherungstheorie im Jap. BGB ohne Rücksicht darauf überzeugend sein, daß

folge der Eigentumsübertragung weder gegenüber Dritten noch zwischen den Parteien aus. Besondere Schwierigkeiten bereitet die rechtliche Ausgestaltung des Eigentumsvorbehalts nach dem KBGB, wenn eine unbewegliche Sache - z. B. ein Grundstück oder ein Gebäude - Gegenstand des Eigentumsvorbehalts ist. Nimmt man an, daß ein Gebäude unter Eigentumsvorbehalt verkauft worden ist, stellt sich die Frage, welche Rechtsstellung der Käufer innehat. Im Allgemeinen wird der Vorbehaltskäufer vor dem Eintritt der Bedingung, d. h. vor der vollständigen Zahlung des Kaufpreises, nicht als Eigentümer an diesem unter Eigentumsvorbehalt verkauften Gebäude eingetragen. Tritt die Bedingung ein, kann der Vorbehaltskäufer als Eigentümer ins Grundbuch eintragen werden.

Wie bereits erörtert, geht das Eigentum an einer unbeweglichen Sache gemäß §186 KBGB nur durch Eintragung über. Bei der rechtlichen Ausgestaltung des Eigentumsvorbehalts zeigen sich die Schwachpunkte der beiden Auffassungen in der Anwendung des Publizitätsprinzips.

Geht man von der Eigentumslehre aus, liegt die Schwierigkeit darin, daß das Eigentum an der Kaufsache (unbewegliche Sache) trotz der vollständigen Kaufpreiszahlung nicht automatisch auf den Käufer übergeht, da es dazu der Eintragung ins Grundbuch bedarf. Betrachtet man dagegen den Eigentumsvorbehalt aus der Sicht der Sicherungslehre, sollte der Käufer mit dem Vertragsabschluß Eigentümer werden, doch wird die Eintragung erst bei vollständiger Zahlung des Kaufpreises vorgenommen. Daher kann der Käufer bei einem Kauf unter Eigentumsvorbehalt auf keinen Fall zum Zeitpunkt des Vertragsschlusses Eigentümer werden. Darin liegt die unterschiedliche Rechtsstellung des Käufers.

Nach der Eigentumslehre kann der Vorbehaltskäufer zwar nicht als Eigentümer eingetragen werden, doch ist er in der Lage, vom Zeitpunkt des Vertragsabschlusses bis zur Vornahme der Eintragung seine Rechtsstellung durch sein Anwartschaftsrecht[44] zu sichern. Bei der Vereinbarung des Eigentumsvorbehalts soll die Rechtsstellung des Vorbehaltskäufers nach der Sicherungslehre dadurch geschützt werden, daß er mit dem Vertragsabschluß sofort Eigentum an der Sache erhält. Tatsächlich geht das Eigentum nicht auf ihn über, wenn ein Grundstück als Gegenstand des Eigentumsvorbehalts dient. Der Grund hierfür liegt darin, daß sich der

---

die bewegliche oder unbewegliche Sache der Gegenstand des Eigentumsvorbehalts darstellt. Nach der Sicherungstheorie geht mit der Vereinbarung des Eigentumsvorbehalts das Eigentum auf den Käufer über und nach Jap. BGB könne betrachtet werden, daß mit der Vereinbarung, d. h. der Willenserklärung der Partei, das Eigentum an der Kaufsache zuerst auf den Käufer übertragen wird, auch wenn eine unbewegliche Sache Gegenstand des Eigentumsvorbehalts ist. In diesem Fall kann der Käufer abgesehen davon, daß die Rechtsfolge der Eigentumsübertragung gegenüber einem Dritten wirkt, gemäß §176 Jap. BGB das Eigentum an der unbeweglichen Sache ohne Eintragung gültig erwerben, Toshiro Sugishita, Der Eigentumsvorbehalt im japanischen Recht, S. 76 ff u. 98 ff.

[44] Anwartschaftsrecht in Korea, Vgl. unten V. 1. a. ff.

Käufer nicht sofort nach dem Vertragsschluß in das Grundbuch eintragen lassen kann, bevor er seinen Kaufpreis vollständig gezahlt hat. Vor der vollständigen Zahlung erwirbt der Vorbehaltskäufer lediglich einen schuldrechtlichen Anspruch, hat aber keinen Anspruch auf der dinglichen Ebene. Die Entwicklung der Sicherungslehre beruht in erster Linie darauf, daß nach der Eigentumslehre die Rechtsstellung des Vorbehaltskäufers, selbst wenn dieser ein Anwartschaftsrecht erhält, insoweit nicht genügend geschützt ist, als der Vorbehaltsverkäufer als Eigentümer angesehen wird[45]. In der Tat verbessert die Sicherungslehre die Rechtsstellung des Käufers nicht, soweit eine unbewegliche Sache Gegenstand des Eigentumsvorbehalts ist.

Die Schwierigkeit der rechtlichen Ausgestaltung des Eigentumsvorbehalts nach der Eigentumslehre liegt darin, daß wie bereits erwähnt, das Eigentum an der unbeweglichen Sache trotz vollständiger Zahlung des Kaufpreises nicht automatisch auf den Käufer übergeht und somit das Eintragungsproblem auch nach dem Bedingungseintritt immer noch bleibt. In Anbetracht des Eigentumsproblems wäre es verständlich, daß beide Parteien bei Vertragsschluß vereinbaren, wenn sich der Verkäufer das Eigentum an der unbeweglichen Sache vorbehält und sich gleichzeitig verpflichtet, die Eintragung nach der vollständigen Zahlung löschen zu lassen[46]. Es gäbe keinen Grund dafür, daß der bedingt Berechtigte (=Käufer) bereits vor dem Eintritt der Bedingung als Eigentümer zu behandeln ist. Schließlich ist „es wirklich völlig ungewiß, ob die Bedingung in der Tat eintreten würde“[47].

IV. Rechtsstellung des Verkäufers

1. Erfüllungsproblem

Der Verkäufer ist nur zur Übergabe und zur aufschiebend bedingten Übereignung der Kaufsache an den Käufer verpflichtet. Problematisch ist, ob er damit seine Verpflichtung aus dem Kaufvertrag vollständig erfüllt hat oder ob er in diesem Fall die Verschaffung des vollen Eigentums schuldet. Diese Frage ist vor allem für das Wahlrecht des Insolvenzverwalters nach §50 Abs. 1 KKO, §103 Abs. 1 KSAG von Bedeutung[48].

---

[45] Cheon, Kyung-Hwan, Eine Untersuchung über den Eigentumsvorbehaltskauf, S. 30 u. 37, wegen dieser Probleme räumt ein Teil des Vertreter der Sicherungslehre auch ein, daß die Rechtsstellung des Käufers, der die unbewegliche Sache unter Eigentumsvorbehalt kauft und noch nicht als Eigentümer eintragen ist, als Anwartschaftsberechtigter zu betrachten ist.
[46] Ebenso, Choi, Jong-Kil, Seoul Law Review, 1967, Bd. 17, S. 67.
[47] Flume, AcP 1962, S. 389.
[48] Einzelheiten, in Kapitel. 3 A. V. II. ff.

2. Rücktrittsrecht

Das KBGB enthält keine Vorschriften über den Eigentumsvorbehalt, weshalb der Vorbehaltsverkäufer gemäß §§ 544 ff KBGB vom Vertrag zurücktreten kann. Gemäß dieser Vorschrift hat der Vorbehaltsverkäufer den Vorbehaltskäufer zu mahnen und ihm eine angemessene Frist zu setzen. Zahlt der Vorbehaltskäufer trotz der Mahnung seinen Kaufpreis nicht, kann der Vorbehaltsverkäufer vom Vertrag zurücktreten[49].

Die erbrachte Leistung ist gemäß §584 Abs. 1 KBGB zurückzugewähren, d.h. der Vorbehaltskäufer muß die Kaufsache zurück geben und der Vorbehaltsverkäufer hat den Kaufpreis, abzüglich einer Entschädigung für die Nutzung und die Abnutzung der Sache zu erstatten. Der Vorbehaltskäufer ist jedoch berechtigt, Ersatz für die Aufwendungen, die er auf die Sache gemacht hat, zu verlangen. Die Parteien haben die sich aus dem Rücktritt ergebenden Verpflichtungen gemäß den §§549, 536 KBGB Zug um Zug zu erfüllen.

In der Praxis kommt das Rücktrittsrecht des Vorbehaltsverkäufers nicht nach §544 KBGB zustande, sondern nach einer bestimmten Klausel in den Allgemeinen Geschäftsbedingungen des Vorbehaltsverkäufers. In der Regel enthalten die Allgemeinen Geschäftsbedingungen des Vorbehaltsverkäufers eine Klausel über den Verlust des Vorteils aus der Zeitbestimmung (§388 KBGB)[50]. Konkret besagt diese Klausel, daß der Vorbehaltskäufer den Vorteil aus der Zeitbestimmung dann verliert, wenn Umstände, wie z. B. Zahlungsverzug des Käufers, Zahlungseinstellung, Eröffnungsantrag des Konkurs-, Vergleichs- sowie Reorganisationsverfahrens über das Vermögen des Käufers eintreten würden. Mit dem Verlust des Vorteils aus der Zeitbestimmung ist der Verkäufer berechtigt, sofortige Zahlung des gesamten Restkaufpreises zu verlangen. Beispielsweise lautet eine solche Klausel wie folgt:[51]

„ 1. Der Vorbehaltsverkäufer kann den noch offen stehenden Restkaufpreis als Pauschalbetrag verlangen.

---

[49] §544 (Rücktrittsrecht) Hat der Schuldner seine Verpflichtung nicht rechtzeitig erfüllt, kann der Gläubiger ihn unter Bestimmung einer angemessenen Frist zur Erfüllung auffordern und dann vom Vertrag zurücktreten, wenn der Schuldner ungeachtet der Mahnung die Schuld nicht in der bestimmten Frist erfüllt. Eine Mahnung ist nicht erforderlich, wenn der Schuldner ihm gegenüber erklärt, daß er seine Verbindlichkeit nicht erfüllen will.

[50] §388(Verlust des Vorteils der Zeitbestimmung) In folgenden Fällen kann sich der Schuldner dem Gläubiger gegenüber nicht darauf berufen, daß die Schuld noch nicht fällig ist, wenn 1. er die dem Gläubiger geleistete Sicherheit verschlechtert, vermindert oder zerstört hat, 2. er seine Verpflichtung bezüglich der Sicherheitsleistung nicht erfüllt hat.

[51] Eom, Yong-Jin, Eine Untersuchung über die Rechtsverhältnisse des Abzahlungskaufs, 1984, S. 101.

2. Der Vorbehaltskäufer verliert den Vorteil aus der Zeitbestimmung und der Vorbehaltsverkäufer kann die Restkaufpreisrate als Pauschalbetrag verlangen, falls der Vorbehaltskäufer in Zahlungsverzug mit dem Kaufpreis geraten ist.
3. Falls der Vorbehaltskäufer mit seiner Kaufpreisrate einmal in Verzug gerät, verliert er den Vorteil aus der Zeitbestimmung".

In der Literatur werden solche Klauseln als unwirksam betrachtet, wenn sie den Vorbehaltskäufer entgegen dem Gebot von Treu und Glauben nach den §§2 Abs. 1, 103 KBGB, §6 Abs. 1 KAGBG unangemessen benachteiligen[52]. Die Klauseln, die nach dem Gebot von Treu und Glauben gemäß §§2 Abs. 1, 103 KBGB als unbillig anzusehen sind, sind gemäß §6 Abs. 1 KAGBG unwirksam. Des weiteren wird die Unbilligkeit einer Klausel vermutet, wenn sie den Kunden unangemessen benachteiligt, wenn sie nach der Verkehrsart und nach den Umständen schwer vorauszusehen ist oder wenn sie wesentliche Rechte so einschränkt, daß die Erreichung des Vertragszwecks gefährdet ist (§6 Abs. 2 KAGBG). Danach ist eine Klausel in den Allgemeinen Geschäftsbedingungen dann unwirksam, wenn sie unbillig ist und diese Unbilligkeit gleichzeitig gegen das Gebot von Treu und Glauben gemäß §2 Abs. 1 KBGB verstößt. Daher ist das Gebot von Treu und Glauben der zentrale Maßstab, um die Unbilligkeit der Vertragsbedingungen zu prüfen (§6 Abs. 1 KAGBG).

Nach den Grundsätzen von Treu und Glauben wird anerkannt, daß in den Bereichen, in denen AGB verwendet werden, der Unternehmer verpflichtet ist, bei Aufstellung der eigenen AGB die berechtigten Interessen der verschiedenen zukünftigen Vertragsparteien zu berücksichtigen und den Interessenausgleich der Parteien zu wahren. Wenn ein Unternehmer gegen diese Pflicht verstößt, d.h. in den AGB nur seine eigenen Interessen wahrt und sie dann einem Kunden aufzwingt, sind diese AGB wegen des Verstoßes gegen das Gebot von Treu und Glauben unwirksam[53]. Eine solche Klausel stellt eine unangemessene Benachteiligung des Käufers dar, da sie nur im Interesse des Verkäufers steht (§6 Abs. 2 Nr. 1 KAGBG). Darüber hinaus gefährdet sie die Erreichung des Vertragszwecks (§6 Abs. 2 Nr. 3 KAGBG). Damit ist eine solche Klausel unbillig und daher unwirksam.

3. Gefahrtragung

Gemäß §446 Abs. 1 BGB trägt der Käufer mit der Besitzübergabe die Gefahr des zufälligen Untergangs und einer zufälligen Verschlechterung. Beim Kauf unter Eigentumsvorbehalt erhält der Käufer einerseits das Nutzungsrecht, andererseits übernimmt er die Lasten der Sache, nachdem er

---

[52] Lee, Eun-Yong, Das Recht der Allgemeinen Geschäftsbedingungen, S. 489 ; Kwack, Yoon-Chik, Besonderer Teil des Schuldrechts, 1991, S. 260 ff.
[53] Kim, Dong-Hoon, Koreanisches AGB-Gesetz unter Berücksichtigung einer Rechtsvergleichung mit dem deutschen AGB-Gesetz, S. 64 u. 65.

den unmittelbaren Besitz der Vorbehaltsware erhalten hat. Im Gegensatz zu §446 Abs. 1 BGB trägt nach §537 KBGB der Schuldner die Gefahr für eine von den Vertragsparteien nicht zu vertretende Unmöglichkeit der Leistung[54].

Daher ist es umstritten, ob beim Kauf unter Eigentumsvorbehalt der Vorbehaltsverkäufer seine Kaufpreisforderung verliert, wenn die Kaufsache nach der unmittelbaren Besitzübergabe auf den Vorbehaltskäufer wegen eines von beiden Seiten nicht zu vertretenden Umstandes untergeht oder sich verschlechtert.

Einige vertreten die Auffassung, daß der Vorbehaltsverkäufer dann immer noch verpflichtet sei, dem Vorbehaltskäufer das Eigentum an der Kaufsache zu verschaffen, nachdem er ihm bereits den unmittelbaren Besitz verschafft hat. Aufgrund dieser Pflicht, hat der Vorbehaltsverkäufer als Schuldner die Gefahr des Untergangs der Kaufsache zu tragen. Er verliert seinen Anspruch auf die Gegenleistung und kann keinen Kaufpreis vom Vorbehaltskäufer verlangen[55].

Die herrschende Meinung vertritt die Auffassung, daß die Kaufpreisforderung des Vorbehaltsverkäufers nicht untergeht. Begründet wird dies damit, daß das Vorbehaltseigentum des Verkäufers in der Tat nur zur Sicherung der Kaufpreisforderung diene[56].

Darüber hinaus sei der Vorbehaltsverkäufer beim Kauf unter Eigentumsvorbehalt nach der unmittelbaren Besitzübergabe nicht mehr verpflichtet, dem Käufer das Eigentum an der Sache zu verschaffen, weil er nach dem Bedingungseintritt den Eigentumsübergang auf den Käufer nicht verhindern könne. Daher erfülle der Verkäufer den Kaufvertrag schon mit der unmittelbaren Besitzübergabe. Der Vorbehaltsverkäufer trage somit nicht die Gefahr eines von beiden Seiten nicht zu vertretenden Untergangs der Sache oder ihrer Verschlechterung[57].

Beim Kauf unter Eigentumsvorbehalt ist es das Ziel der Vertragsparteien, daß auf der einen Seite der Vorbehaltsverkäufer seine Kaufpreisforderung sichern läßt, indem er sich das Eigentum an der Kaufsache vorbehält und auf der anderen Seite dem Vorbehaltskäufer -ohne Kaufpreiszahlung- an der Kaufsache sofort ein Nutzungsrecht eingeräumt wird. In Anbetracht der Gefahrtragung ist dieser Vertragszweck zu berücksichtigen. Der Vorbehaltsverkäufer erhält zwar das Eigentum an der Kaufsache, jedoch ist die

[54] §537 (Nicht zu vertretendes Unmöglichwerden) Wird die aus einem gegenseitigen Vertrag dem einen Teil obliegende Leistung infolge eines Umstandes unmöglich, den weder er noch der andere zu vertreten hat, so verliert er den Anspruch auf die Gegenleistung.

[55] Kim, Ki-Seon, Goshigae, 1980, Sep. S.44.

[56] Kwack, Yoon-Chik, Beopjeong, 1969, April, S. 39 ; Kim, Ki-Soo, Goshigae, 1976, Dez., S. 68 ; Kwon, Oh-Seung, in : FS. für Ko, Chang-Hyun, 1987, S. 420.

[57] Choi, Jong-Kil, Seoul Law Review, 1967, Bd. 17, S. 71.

Eigentümerstellung wegen des innerlich verbundenen Vertragszwecks zwischen dem Verkäufer und dem Käufer zu beschränken. Der Vorbehaltsverkäufer ist nach der unmittelbaren Besitzübergabe der Sache auf den Käufer zwar weiter verpflichtet, diesem unbelastetes Eigentum zu verschaffen, weil er seinerseits dieses Eigentum zur Sicherung vorbehalten möchte, doch wird die Rechtsstellung des Vorbehaltskäufers gleichzeitig durch das Anwartschaftsrecht geschützt.

Die Rechtsstellung des Vorbehaltsverkäufers als Vorbehaltseigentümer wird durch den Sicherungszweck beschränkt. Von dem Zeitpunkt der Übergabe an räumt der Verkäufer dem Käufer ein Nutzungs- und Gebrauchsrecht ein und damit hat dieser die Gefahr zu tragen. §537 KBGB ist in diesem Fall nicht anwendbar.

4. Dauer der Eigentümerstellung

Wie bereits erörtert, stellt sich in der koreanischen Literatur immer die umstrittene Frage, wie die Rechtsnatur des Eigentumsvorbehalts zu verstehen ist. Nach der Eigentumslehre geht das Eigentum mit dem Abschluß des Kaufvertrages nicht auf den Käufer über, sondern die Kaufsache bleibt bis zum Eintritt der Bedingung Eigentum des Verkäufers. Die Rechtsstellung des Käufers wird durch das Anwartschaftsrecht geschützt (h.M.)[58].

Gemäß §469 Abs. 1 S. 1 KBGB sind nicht nur der Käufer sondern auch ein Dritter, der ein Interesse an der Erfüllung der Schuld hat, berechtigt, den Kaufpreis der Vorbehaltsware zu zahlen und damit den Bedingungseintritt zu bewirken. Der Vorbehaltsverkäufer verliert daher sein Eigentum an der Vorbehaltsware gemäß den §§188 Abs. 1, 147 Abs. 1 KBGB erst dann, wenn aufgrund der vollständigen Tilgung des Kaufpreises durch den Käufer oder einen berechtigten Dritten die (aufschiebende) Bedingung eintritt.

Geht man auf der anderen Seite von der Sicherungslehre aus, erhält der Verkäufer kein Eigentum an der Kaufsache, sondern ihm steht nur ein beschränktes dingliches Recht, d. h. ein Sicherungsrecht, zu. Der Käufer erwirbt schon mit der Übergabe der Kaufsache, die mit dem dinglichen Recht des Verkäufers belastet ist, das Eigentum daran[59]. Soweit der Käufer regelmäßig seinen Kaufpreis zahlt, bleibt er vom Beginn der Vertragszeit an Eigentümer.

---

[58] Kwack, Yoon-Chik, Schuldrecht BT, 1990, S. 262 ; Lee, Yong-Jun, Sachenrecht, S. 902; Kweon, Oh-Seng, Goshiyeongu, 1986, Nov., S. 37 ; Jeong, Ohk-Tae, Sabeobyeongu, Bd. I, 1992, S. 85.

[59] Yang, Hyung-Woo, Rechtsvergleichende Untersuchung über den Eigentumsvorbehaltskauf im deutschen und koreanischen Recht, S. 84 u. 85.

V. Rechtsstellung des Vorbehaltskäufers

1. Anwartschaftsberechtigter

a. Anwartschaftsrecht in Korea

Das KBGB enthält keine Vorschriften über das Anwartschaftsrecht. Der Begriff des Anwartschaftsrechts wurde zuerst im deutschen Recht eingeführt. Nach seiner Einführung in das koreanische Recht ist in der Literatur immer noch umstritten, ob und in welchem Umfang dieser Begriff rechtlich anerkannt werden kann.

In Korea stellt sich diese Frage vor allem im Zusammenhang mit der Rechtsstellung des Grundstückserwerbers. Unter dem Anwartschaftsrecht versteht man in Korea die Rechtsstellung,die der Käufer innehat, wenn er seinen Kaufpreis vollständig gezahlt und alle notwendigen Unterlagen in seinem Besitz hat, um sich in das Grundbuch als Eigentümer eintragen lassen zu können[60].

Meiner Ansicht nach ist diese Definition zu eng. Damit wird dem Sinn und Zweck der Anwartschaft nicht Rechnung getragen, denn der Käufer hätte bis zu diesem Zeitpunkt keinerlei Sicherung. Es wäre sinnvoll, das Anwartschaftsrecht so auszugestalten, wie es bei beweglichen Sachen schon seit geraumer Zeit anerkannt ist. Bei derartigen Verträgen erhält der Käufer bereits mit Kaufvertragsschluß bzw. mit der Zahlung der ersten Kaufpreisrate ein Anwartschaftsrecht. Eine solche Auslegung wäre auch für Verträge über unbewegliche Sachen sinnvoll und vor allem wichtig, weil Grundstücke in der Regel viel wertvoller sind als bewegliche Sachen und somit eine Sicherung der Rechtsstellung des Käufers adäquat vorgenommen werden könnte.

Das Anwartschaftsrecht kann als eine Art von Vermögensrecht Gegenstand der Veräußerung oder der Pfändung sein. Mit der Vereinbarung des Eigentumsvorbehalts kann der Vorbehaltskäufer ein unmittelbares Besitzrecht an der Vorbehaltsware erhalten und diese gebrauchen. Seine Rechtsstellung nähert sich -im Verhältnis zu seiner Zahlung der Kaufpreisraten- wirtschaftlich immer mehr dem vollständigen Recht (Eigentum) an. Damit wird die Rechtsstellung des Vorbehaltskäufers als Anwartschaftsberechtigter angesehen[61].

---

[60] Jeong, Ok-Tae, a. a. O., S. 76 ; Kim, Jeong-Han, Vorlesung zum Sachenrecht, 1983, S. 73.

[61] Kwack, Yoon-Chick, Besonderer Teil des Schuldrechts, S. 262 ; Eom, Yong-Jin, Eine Untersuchung über die Rechtsverhältnisse des Abzahlungskaufs, S. 149.

b. Zwischenverfügung des Vorbehaltskäufers

Nach der Eigentumslehre wird der Vorbehaltskäufer kein Eigentümer, bevor er seinen Kaufpreis nicht vollständig gezahlt hat. Daher ist er nicht zur Verfügung über die Vorbehaltsware berechtigt. Verfügt der Vorbehaltskäufer dennoch ohne Ermächtigung des Vorbehaltsverkäufers über die Vorbehaltsware, kann der Vorbehaltsverkäufer vom Vertrag zurücktreten und von dem Dritten, der die Sache erlangt hat, die Rückgabe der Vorbehaltsware verlangen. In diesem Fall kann der Dritte gemäß §571 Abs. 1 KBGB von dem Vorbehaltskäufer Schadensersatz wegen Nichterfüllung verlangen[62]. Unabhängig vom Rücktritt kann der Dritte gemäß §249 KBGB nur dann Eigentümer werden, wenn er die Sache nicht durch verbotene Eigenmacht oder heimtückisch, in gutem Glauben und ohne fahrlässig zu handeln, in Besitz genommen hat. Beispielsweise ist ein gutgläubiger Erwerb dann anzunehmen, wenn der Dritte die Vorbehaltsware entweder von einem Kaufmann erlangt hat, der mit Waren gleicher Art handelt, auf einem öffentlichen Markt, oder im Wege der Versteigerung erworben hat[63].

Von der Verfügung über die Vorbehaltsware ist die Verfügung über das Anwartschaftsrecht zu unterscheiden. Grundsätzlich kann das Anwartschaftsrecht ohne Zustimmung des Vorbehaltsverkäufers weiter veräußert werden, weil es als eine Art des Vermögensrechts ein subjektives Recht darstellt. Zur Verfügung über das Anwartschaftsrecht sind die sachenrechtlichen Vorschriften der §§188 ff KBGB anzuwenden. Hat der Vorbehaltskäufer den Kaufpreis vollständig gezahlt, kann ein Dritter das Eigentum an der Vorbehaltsware vom Vorbehaltsverkäufer erwerben (Direkterwerb)[64]

Nach der Sicherungslehre wird der Vorbehaltskäufer Eigentümer der Vorbehaltsware, weshalb er über sie verfügen kann. Die Vorbehaltsware ist aber mit dem dinglichen Sicherheitsrecht des Vorbehaltsverkäufers belastet. Ein Dritter kann daher nur das mit der dinglichen Sicherheit belastete Eigentum erwerben. Hier spielt es keine Rolle, ob der Vorbehaltskäufer vom Vorbehaltsverkäufer die Zustimmung darüber hat, die Vorbehaltsware weiter zu veräußern.

In der Praxis gibt es manchmal eine Vereinbarung zwischen dem Vorbehaltsverkäufer und dem Vorbehaltskäufer, nach der der Vorbehaltskäufer nicht berechtigt ist, über die Vorbehaltsware zu verfügen, sie zu verpfänden oder zur Sicherung zu übereignen. Umstritten ist, inwieweit diese Vereinbarung durchsetzbar ist. Nach der Eigentumslehre steht dem Vorbehaltsverkäufer das Eigentum an der Vorbehaltsware zu. Damit ist fraglich, ob eine solche Vereinbarung nur eine Bekanntmachung des Eigentumsvorbehalts darstellt oder ob sie auch die Verfügung über das dingliche Anwartschafts-

[62] Cheon, Kyung-Hwan, Eine Untersuchung über Eigentumsvorbehaltskauf, S. 60.
[63] Yang, Hyung-Woo, Rechtsvergleichende Untersuchung über den Eigentumsvorbehalt im deutschen und koreanischen Recht, S. 99.
[64] Lee, Yong-Jun, Goshigae, 1990, Mai, S. 107.

recht des Vorbehaltskäufers verbietet. Einige vertreten die Auffassung, daß die Vereinbarung eines Weiterveräußerungsverbots nur eine schuldrechtliche Wirkung zwischen dem Vorbehaltsverkäufer und dem Vorbehaltskäufer entfalte. Der Vorbehaltskäufer kann daher über sein Anwartschaftsrecht wirksam verfügen. In diesem Fall kann der Vorbehaltsverkäufer Schadensersatz wegen Nichterfüllung verlangen[65].

Eine andere Auffassung besagt, daß eine Vereinbarung des Weiterveräußerungsverbots bedeute, daß der Vorbehaltskäufer seinen unmittelbaren Besitz an der Vorbehaltsware einem Dritten nicht übergeben darf[66]. Bei dieser Meinung ist unklar, was man unter dem Verbot der Übergabe des unmittelbaren Besitzes versteht. Dies könnte dazu führen, daß der Käufer über die Vorbehaltsware insoweit verfügen kann, als er den unmittelbaren Besitz an der Vorbehaltsware nicht verlieren würde. Wenn z. B. der Käufer die unter Eigentumsvorbehalt gekaufte Sache an einen Dritten weiter veräußert und die beiden einen Mietvertrag über die veräußerte Vorbehaltsware schließen würden, dann bliebe der Käufer immer der unmittelbare Besitzer dieser Sache. Geht man von der Annahme aus, daß das Weiterveräußerungsverbot bedeutet, daß der Vorbehaltskäufer seinen unmittelbaren Besitz an der Vorbehaltsware einem Dritten nicht übertragen darf, könnte die gerade genannte Verfügung über die Vorbehaltsware möglich sein.

Die Vereinbarung, über die Vorbehaltsware nicht zu verfügen, ist so zu verstehen, daß der Käufer das Vorbehaltseigentum, das zur Sicherung der Kaufpreisforderung des Verkäufers dient, nicht gefährden darf, indem er ohne Ermächtigung des Verkäufers die Vorbehaltsware an einen Dritten weiter veräußert. Dies bedeutet, daß der Käufer, der noch kein Eigentümer der Vorbehaltsware ist, auch nicht wie ein Eigentümer über die Vorbehaltsware verfügen darf. Damit müßte die Vereinbarung, die Vorbehaltsware zur Sicherung zu übereignen, verboten werden. Der Käufer darf die unter Eigentumsvorbehalt gekaufte Sache ohne vollständige Kaufpreiszahlung nicht wie ein Eigentümer zur Sicherung übereignen. Aus einer solchen Übereignung könnten sich Kollisionsprobleme zwischen dem Vorbehalts- und dem Sicherungseigentum ergeben. Zu beachten ist dabei, daß sich die Vereinbarung des Verfügungsverbots und des Verbots der Übereignung zur Sicherung nicht auf das Anwartschaftsrecht des Käufers beziehen darf. Der Käufer als Anwartschaftsberechtigter könnte das ihm zustehende Anwartschaftsrecht einem Dritten zur Sicherung übertragen.

c. Zwischenverfügung des Vorbehaltsverkäufers

Nach der Eigentumslehre bleibt der Vorbehaltsverkäufer bis zum Bedingungseintritt Eigentümer der Vorbehaltsware, so daß er sie vor Bedin-

---

[65] Lee, Kun-Shik, BeobJo, 1978, Bd. 27-1, S. 67.

[66] Kwon, Oh-Seung, in : Fs. für Ko, Chang-Hyun, 1987, S. 419.

gungseintritt an einen Dritten veräußern kann. Bei der Vereinbarung des Eigentumsvorbehalts bleibt die Vorbehaltsware zwar im unmittelbaren Besitz des Käufers, jedoch kann er sein Vorbehaltseigentum durch Einigung und Abtretung des Herausgabeanspruchs gemäß den §§188 Abs. 1 , 190 KBGB veräußern[67].

In einem solchen Fall kann der Vorbehaltskäufer gemäß §213 S. 2 KBGB[68] die Herausgabe der Sache verweigern, denn nach der Übergabe der Sache an den Käufer ist die Verfügung des Verkäufers über die Sache gemäß §148[69] KBGB insofern dinglich nichtig, als seine Verfügung den Eigentumserwerb des Käufers hindert. Dieser kann mit vollständiger Zahlung des Kaufpreises das Eigentum an der Kaufsache erwerben[70].

d. Deliktsrechtlicher Schutz

Falls die Vorbehaltsware durch Übergriff von einem unberechtigten Dritten zerstört oder beschädigt worden ist, steht dem Vorbehaltskäufer nach §750 KBGB (vgl. §823 Abs. 1 BGB) ein deliktsrechtlicher Schutz zur Seite, weil das Anwartschaftsrecht als Vermögensinteresse i. S. d. §750 KBGB anerkannt ist. Fraglich ist, an wen und in welcher Höhe der Schädiger zu zahlen hat.

Die herrschende Meinung vertritt die Auffassung, daß sowohl der Vorbehaltsverkäufer als auch der Vorbehaltskäufer in der Lage sei, den Schaden beim Schädiger geltend zu machen. Die Leistung müsse an beide (§409 KBGB) bzw. durch Hinterlegung (§353 Abs. 3 KBGB) erbracht werden[71]. Mit der Vereinbarung des Eigentumsvorbehalts verfolgt der Vorbehaltsverkäufer das Ziel, seine Kaufpreisforderung zu sichern, indem er das Eigentum an der Vorbehaltsware nicht sofort dem Vorbehaltskäufer

---

[67] §188 (Wirksamwerden der Übertragung der dinglichen Rechte an beweglichen Sachen) (1) Die Übertragung eines dinglichen Rechts an einer beweglichen Sache wird durch Übergabe an den Erwerber wirksam.
§190 (Abtretung des Herausgabeanspruchs) Tritt der Veräußerer bei Übertragung eines dinglichen Rechts an einer im Besitz eines Dritten befindlichen Sache dem Erwerber den Anspruch auf Herausgabe der Sache gegen den Dritten ab, so gilt die Sache als dem Erwerber übergeben.

[68] §213 (Herausgabeanspruch) Der Eigentümer kann die Herausgabe von dem jeweiligen Besitzer seiner Sache verlangen. Der Besitzer kann, solange er zum Besitz berechtigt ist, die Herausgabe der Sache verweigern.

[69] §148 (Beeinträchtigungsverbot des bedingten Rechts) Bei einem unter einer Bedingung vorgenommenen Rechtsgeschäft darf nicht der eine Teil während der Schwebezeit im Falle des Bedingungseintritts einen dem anderen Teil zustehenden Vorteil beeinträchtigen.

[70] Yang, Hyung-Woo, Rechtsvergleichende Untersuchung über den Eigentumsvorbehaltskauf im deutschen und koreanischen Recht, S. 98.

[71] Lee, Young-Jun, Sapeobnonjib, 1989, Bd. 20, S. 555.

überträgt. Daher sind die Rechte und Pflichten des Vorbehaltsverkäufers dann beschränkt, wenn sich der Vorbehaltskäufer vertragsgemäß verhält, denn in diesem Fall kann der Vorbehaltsverkäufer sein Vertragsziel ohne große Probleme erreichen. Aus diesem Grund hat der Vorbehaltskäufer, wie bereits erwähnt[72], die Gefahr des zufälligen Unterganges oder der Beschädigung der Vorbehaltsware zu tragen. Beim Deliktsrecht sind die Rechtsfolgen gleich, d. h., daß der Schädiger dem Vorbehaltskäufer den Schaden zu ersetzen hat, damit dieser seinen Kaufpreis weiter zahlen und der Vertragszweck des Kaufs unter Eigentumsvorbehalt erreicht werden kann.

2. Besitz- und Gebrauchsrecht

Mit dem Abschluß des Kaufvertrages unter Eigentumsvorbehalt ist der Vorbehaltsverkäufer verpflichtet, den unmittelbaren Besitz der Vorbehaltsware an den Vorbehaltskäufer zu übergeben und das Eigentum daran aufschiebend bedingt zu übereignen. Der Vorbehaltskäufer ist berechtigt, schon vor Eintritt der Bedingung, die Vorbehaltsware zu nutzen und zu gebrauchen[73]. Fraglich ist, wie dieses Nutzungs- und Gebrauchsrecht des Vorbehaltskäufers zu begründen ist.

Die koreanische Rechtsprechung vertritt die Auffassung, daß sich das Nutzungs- und Gebrauchsrecht des Vorbehaltskäufers aus dem Kaufvertrag selbst ergebe[74]. Soweit der Vorbehaltskäufer sich vertragsgemäß verhält, d. h. regelmäßig seine Kaufpreisraten bezahlt, kann er sich gegen den Herausgabeanspruch des Vorbehaltsverkäufers insoweit wehren, als er sich auf sein Besitzrecht berufen kann. Bei einer unberechtigten Besitzentziehung durch einen Dritten kann er Wiedereinräumung des Besitzes und Schadensersatz verlangen (§204 Abs. 1 KBGB)[75]. Solange das Besitzrecht des Vorbehaltskäufers besteht, kann der Vorbehaltsverkäufer von einem Dritten nur die Herausgabe an den Vorbehaltskäufer verlangen. Bei der Besitzstörung durch einen Dritten steht dem Vorbehaltskäufer ein Anspruch auf Beseitigung der Störung gemäß §205 Abs. 1 KBGB und auf Unterlassung weiterer Störungen (§206 Abs. 1 KBGB)zu[76].

---

[72] Vgl. Kapitel. 3 A. IV. 3. ff.

[73] KOGH 09. 08. 1991, 91 Da 13267.

[74] KOGH 28. 06. 1996, 96 Da 14807; vgl. nach der Sicherungslehre ergibt sich das Nutzungs- und Gebrauchsrecht des Vorbehaltskäufers selbstverständlich aus seinem Eigentum.

[75] Cheon, Kyung-Hwan, Eine Untersuchung über den Eigentumsvorbehaltskauf, S. 54 ; §204 (Wiedereinräumung des Besitzes) (1) Wird der Besitz durch verbotene Eigenmacht dem Besitzer entzogen, so kann dieser die Wiedereinräumung des Besitzes sowie Schadensersatz verlangen.

[76] §205 (Besitzschutz) (1) Wird der Besitzer gestört, so kann er die Beseitigung der Störung sowie Schadensersatz verlangen.

3. Sorgfaltspflicht für die Vorbehaltsware

Im Allgemeinen ist der Vorbehaltskäufer verpflichtet, Ersatzteils- oder Reparaturkosten der Vorbehaltsware zu zahlen, weil ihm das Nutzungs- und Gebrauchsrecht zusteht[77]. In der Praxis vereinbaren die Vertragsparteien sehr häufig, daß der Vorbehaltskäufer die Vorbehaltsware auf eigene Kosten gegen evtl. Schäden für den Vorbehaltsverkäufer zu versichern hat. Eine solche Vereinbarung wird als gültig angesehen[78]. Die Rechtsstellung des Vorbehaltskäufers ist ähnlich wie die desjenigen, der für andere die Sache verwahrt und verwaltet, weil er die Vorbehaltsware unmittelbar besitzt und das Nutzungs- und Gebrauchsrecht erhält. In diesem Zusammenhang ist umstritten, welche Sorgfaltspflichten dem Vorbehaltskäufer obliegen.

Eine Ansicht stützt sich auf §681 KBGB[79]. Danach ist der Beauftragte verpflichtet, das ihm übertragene Geschäft im Sinne des Auftraggebers mit der gleichen Sorgfalt zu besorgen, wie sie ein guter Verwalter anwenden würde. Diese Auffassung geht davon aus, daß die Rechtsstellung des Vorbehaltskäufers dieselbe ist, wie bei demjenigen, der zur Sicherung seiner Schuld das ihm gehörige Vermögen mit einer Hypothek belasten läßt. Daher obliegt dem Vorbehaltskäufer dieselbe Sorgfaltspflicht, zu der der Eigentümer gegenüber dem Hypothekengläubiger verpflichtet ist, falls er die Vorbehaltsware beschädigt hat und dadurch das Sicherungsrecht des Vorbehaltsverkäufers verletzt.

Die andere Auffassung geht davon aus, daß beim Kauf unter Eigentumsvorbehalt das Vorbehaltseigentum ein Sicherungsmittel zur Kaufpreisforderung des Vorbehaltsverkäufers darstellt. Nach dem wirtschaftlichen Aspekt besitzt der Vorbehaltskäufer die Vorbehaltsware wie ein Eigentümer und ist daher verpflichtet, die Sache mit derjenigen Sorgfalt aufzubewahren, die er für sein eigenes Vermögen anzuwenden pflegt (§695 KBGB)[80]. In der Praxis vereinbaren die Vertragsparteien den Umfang der Sorgfaltspflicht in den Allgemeinen Geschäftsbedingungen des Verkäufers, nach denen der Vorbehaltskäufer in der Regel verpflichtet ist, die Sorgfalt aufzuwenden, die ein guter Verwalter aufwenden würde[81].

---

§206 (Besitzverwahrung) (1) Ist eine Besitzstörung zu befürchten, so kann der Besitzer Vorkehrungen gegen die Störung oder eine Sicherheitsleistung für den Schadensersatz verlangen.

[77] Kwon, Oh-Seung, in : Fs. Ko,Chang-Hyun, S. 420 ; Kim, Sang-Yong, Sachenrecht, S. 912.

[78] Lee, Kun-Shik, Goshiyeongoo, 1981, Oct. S. 124.

[79] Kwack, Yoon-Chick, Besonderer Teil des Schuldrechts, S. 260 ; Choi, Jong-Kil, Seoul Law Review, 1967, Bd. 17, S. 74.

[80] Kim, Ki-Seon, Goshigae, 1980, Sep. S. 44 ; Kim, Sang-Young, Sachenrecht, S. 912 ; Eom, Young-Jin, Eine Untersuchung über die Rechtsverhältnisse des Abzahlungskaufs, S. 196.

[81] Eom, Yong-Jin, a. a. O., S. 188.

VI. Rechtsstellung in der Zwangsvollstreckung

1. Vollstreckung durch Gläubiger des Vorbehaltskäufers

Hat ein Gläubiger des Vorbehaltskäufers in die Vorbehaltssache vollstreckt und ist sie gemäß §535 KZPO versteigert worden, kann der Verkäufer den Versteigerungserlös gemäß §741 KBGB vom Vollstreckungsgläubiger herausverlangen[82]. Ein dritter Gläubiger ist aber in der Lage, statt des Vorbehaltskäufers den restlichen Kaufpreis zu zahlen (§469 Abs. 1 KBGB). Danach kann er in die Vorbehaltsware ungehindert vollstrecken.

Vollstreckt der Gläubiger nicht in die Vorbehaltsware, sondern in das Anwartschaftsrecht des Vorbehaltskäufers, kommen auch im koreanischen, genau wie im deutschen Recht, folgende drei Möglichkeiten in Betracht : Die Zwangsvollstreckung kann in der Form der Sachpfändung (§525 KZPO), in der Form der Rechtspfändung (§§584, 557 ff KZPO) oder als kombinierte Sach- und Rechtspfändung vorgenommen werden[83]. Die überwiegende Meinung[84] vertritt die Auffassung, daß die Pfändung des Anwartschaftsrechts keiner Doppelpfändung bedürfe, sondern nach §584 KZPO (vgl. §857 ZPO) in der Form der Rechtspfändung vorzunehmen sei. Begründet werde dies damit, daß auf diese Weise dem Anwartschaftsrecht als einem selbständigen Recht am besten Rechnung getragen wird und eine Verwechslung mit der Sachpfändung des Eigentums am besten vermieden werden könne[85]. In diesem Fall kann nach der Eigentumslehre der Vorbehaltsverkäufer -aufgrund seines Vorbehaltseigentums- eine Drittwiderspruchsklage erheben, weil sein Vorbehaltseigentum ein die Veräußerung hinderndes Recht ist[86].

Nach der Sicherungslehre erhält der Vorbehaltsverkäufer das dinglich gesicherte Recht, weshalb er nur berechtigt ist, einen Anspruch auf die vorzugsweise Befriedigung gemäß §526 Abs. 1 KZPO geltend zu machen[87]. Begründet wird diese Auffassung damit, daß der Sicherungsfunktion des Eigentumsvorbehalts dadurch hinreichend Rechnung getragen werde, daß

---

[82] Yang, Hyung-Woo, Rechtsvergleichende Untersuchung über den Eigentumsvorbehalt im deutschen und koreanischen Recht, S. 196.

[83] Yang, Hyung-Woo, a. a. O., S. 197 ; Lee, Yong-Jun, Sabeobnonjip, Bd. 20, 1989, S. 556 ff.

[84] Yang, Hyung-Woo, a. a. O., S. 197.

[85] Yang, Hyung-Woo, a. a. O., S. 197.

[86] Kwon, Oh-Seung, in : Fs. Ko, Chang-Hyun, S. 423 ; Choi, Jong-Kil, Seoul Law Review, 1967, Bd. 17, S. 85.

[87] Kim, Sang-Yong, Sachenrecht, S. 913 ; Lee, Keun-Shik, Beobjeong, 1978, Feb. S. 63 ; Kim, Yong-Han, Goshiyeongoo, 1989, Feb. S. 30 ; Cheon, Kyung-Hwan, Eine Untersuchung des Eigentumsvorbehaltskaufs, S. 64.

der Verkäufer beim Verzug des Käufers vom Vertrag zurücktreten könne[88]. In der Praxis wird häufig eine AGB-Klausel verwendet, durch die der Vorbehaltskäufer verpflichtet wird, bei einer Vollstreckung seiner Gläubiger in die Vorbehaltsware vor der vollständigen Kaufpreiszahlung, den Vorbehaltsverkäufer davon zu benachrichtigen. Auch wenn eine solch deutliche Vereinbarung fehlt, hat der Vorbehaltskäufer in einem solchen Fall den Vorbehaltsverkäufer zu benachrichtigen, weil ihm mit dem Nutzungs- und Gebrauchsrecht auch die Verwahrungspflicht der Vorbehaltsware obliegt. Vernachlässigt er diese Mitteilungspflicht und entsteht dem Vorbehaltsverkäufer dadurch ein Schaden, macht er sich schadensersatzpflichtig (§696 KBGB)[89].

2. Vollstreckung durch Gläubiger des Vorbehaltsverkäufers

Bleibt nach §527 Abs. 1 KZPO eine bewegliche Sache im Gewahrsam des Schuldners, wird die Sache verpfändet, in dem der Gerichtsvollzieher den unmittelbaren Besitz an der gepfändeten Sache übernimmt. Wegen dieses Grundsatzes ist es kaum möglich, daß ein Gläubiger des Verkäufers die Vorbehaltsware pfänden kann, weil sich die Vorbehaltsware in der Regel im unmittelbaren Besitz des Vorbehaltskäufers befindet.

Die koreanische Rechtsprechung[90] vertritt die Auffassung, daß in die sich im Gewahrsam eines Dritten befindliche Sache nicht vollstreckt werden könne, falls dieser Dritte als unmittelbarer Besitzer die Rückgabe der Sache ablehnt. Aus diesem Grund könne ein Gläubiger des Vorbehaltsverkäufers gemäß §525 KZPO nur dann die Vorbehaltsware pfänden, wenn sie sich ausnahmsweise in unmittelbarem Besitz des Vorbehaltsverkäufers - z. B. wegen einer Reparatur- befindet.

Nach der Eigentumslehre kann der Vorbehaltskäufer die Drittwiderspruchsklage gemäß §509 Abs. 1 KZPO erheben, weil er ein die Veräußerung hinderndes Recht an der Vorbehaltssache hat, welches nach §148 KBGB begründet ist. Danach dürfen die Vertragsparteien bei einem bedingten Rechtsgeschäft den jeweils anderen Vertragspartner während der Schwebezeit nicht dadurch benachteiligen, daß sie sein Interesse nicht berücksichtigen. Die Zwangsvollstreckung läßt sich gemäß den §509 Abs. 1 KZPO für unzulässig erklären, solange der Verkäufer nicht wegen Zahlungsverzuges des Käufers vom Vertrag zurücktreten kann[91].

---

[88] Yang, Hyung-Woo, Rechtsvergleichende Untersuchung über den Eigentumsvorbehalts im deutschen und koreanischen Recht, S. 198.

[89] Choi, Jong-Kil, Seoul Law Review, 1967, Bd. 17, S. 85.

[90] KOGH 29. 11. 1962, 62Da 627.

[91] Yang, Hyung-Woo, Rechtsvergleichende Untersuchung über den Eigentumsvorbehalt im deutschen und koreanischen Recht, S. 200.

In diesem Fall erkennt die Sicherungslehre auch an, daß der Vorbehaltskäufer Dittwiderspruchsklage erheben kann (§509 Abs. 1 KZPO), weil der Käufer vor Eintritt der Bedingung das Eigentum an der Vorbehaltsware, auch wenn dieses mit dem dinglichen Sicherungsrecht des Vorbehaltsverkäufers belastet ist, erhält und damit ein die Veräußerung hinderndes Recht hat[92].

Bei der Pfändung der Vorbehaltsware liegt ein anderes Problem dann vor, wenn der Vorbehaltsverkäufer gegen den Käufer im Wege der Zwangsvollstreckung vorgeht und seine eigene Sache pfändet. Der herrschenden Meinung nach ist die Pfändung eigener Sachen zulässig, denn bei der Pfändung gemäß §525 KZPO kommt es allein auf den Gewahrsam des Vollstreckungsschuldners an[93]. Falls danach der Vorbehaltsverkäufer die Vorbehaltsware, die sich im Gewahrsam des Vorbehaltskäufers (=Schuldner) befindet, pfändet, stellt sich die Frage, ob diese Pfändung auch ein Rücktrittsrecht des Vorbehaltskäufers auslösen kann, §8 Abs. 3 KabzG (vgl. §13 Abs. 3 VerbrKrG). Nach §8 Abs. 3 KAbzG kann der Vorbehaltsverkäufer vom Käufer ohne Rücktritt vom Kaufvertrag die Herausgabe der Sache nicht verlangen, wenn er sich das Eigentum an der Sache vorbehält.

Dadurch, daß der Besitz an dem Vorbehaltsgut auf den Verkäufer übertragen wird, tritt anstelle der Restkaufpreisforderung das gesetzliche Rückgewährschuldverhältnis. Beide Parteien haben die empfangenen Leistungen zurückzugewähren. Der Käufer muß die Aufwendungen des Verkäufers und die Beschädigungen an der Sache ersetzen und ein Nutzungsentgelt für den Gebrauch der Sache zahlen. Der Verkäufer wiederum muß die Anzahlung zurückerstatten. Gemäß §8 Abs. 2 S. 2 KAbzG sind die Leistungen Zug um Zug zurückzugewähren[94].

VII. Eigentumsvorbehalt im koreanischen Insolvenzverfahren

1. Eigentumsvorbehalt im Konkursverfahren

a. Allgemeiner Grundsatz des Konkursverfahrens

Für das gesetzliche Insolvenzverfahren in Korea gelten die Konkurs- und die Vergleichsordnung. Die koreanische Konkurs- (= KKO) und die Vergleichsordnung sind am 20. 01. 1962 in Kraft getreten, wobei die deutsche Konkursordnung als Vorbild genommen wurde.

---

[92] Kim, Sang-Yong, Sachenrecht, S. 913.

[93] Yang, Hyung-Woo, Rechtsvergleichende Untersuchung über den Eigentumsvorbehalt im deutschen und koreanischen Recht, S. 200.

[94] Yang, Hyung-Woo, a. a. O., S. 201.

Die Konkursordnung wird jedoch in der Praxis nicht besonders oft für den Konkursfall angewendet. Der größte Teil der Insolvenzfälle wird in außergerichtlichen Verfahren geregelt. Danach schließt der Gemeinschuldner, der tatsächlich in Konkurs geraten ist, mit jedem Gläubiger einen außergerichtlichen Vergleichsvertrag. Danach wird das Sanierungs- oder Liquidationsverfahren durchgeführt. Der Grund dafür ist, daß das außergerichtliche Verfahren viel schneller und billiger durchgeführt werden kann, als das gesetzliche Insolvenzverfahren[95]. Aus diesem Grund gibt es keine Rechtsprechung im Bereich der Kreditsicherung beim Insolvenzverfahren. Die Zahl der Insolvenzfälle hat jedoch nach der koreanischen Wirtschaftskrise im Jahr 1997 immer mehr zugenommen und macht es damit erforderlich, daß die Rechtsverhältnisse in einem gerichtlichen Konkursverfahren nach dem betreffenden Gesetz zu überprüfen sind[96].

Nach der koreanischen Konkursordnung sind der Schuldner und der Gläubiger (§122, Abs. 1 KKO)[97] berechtigt, die Eröffnung des Konkursverfahrens zu beantragen. Antragsgründe können Zahlungseinstellung, Zahlungsunfähigkeit und Überschuldung (§§116, 117 KKO) sein[98]. Der Antrag auf Eröffnung des Konkursverfahrens kann mündlich oder schriftlich gestellt werden (§104 KKO). Mit der Beantragung des Konkursverfahrens kann das Gericht aufgrund seiner Amtsgewalt ein Veräußerungsverbot für das Vermögen des Gemeinschuldners erlassen (§145 KKO)[99]. Der Erlaß des Veräußerungsverbots zielt darauf ab, die Forderungen aller Gläubiger gegenüber dem Gemeinschuldner sicherzustellen. Damit gilt der Erlaß des Veräußerungsverbots für das gesamte Vermögen, d. h. z. B. für bewegliche Sachen und die Forderungen des Gemeinschuldners, die nach der Eröffnung des Konkursverfahrens die Konkursmasse begründen[100].

---

[95] Yang, Hyung-Woo, a. a. O., S. 241.

[96] Vgl. Sabeobyeonkam, 1999, Beobwonhaengjeongcho, S. 559.

[80] §122 (Antragsberechtigter des Konkursverfahrens) (1) Gläubiger und Schuldner können die Eröffnung des Konkursverfahrens beantragen ; vgl.mit sonstigen Antragsberechtigten, §123 (Antragsberechtigter in einer Gesellschaft) (1) Der Vorstand in einer juristischen Person, die nach dem KBGB begründet ist, die unbeschränkte Haftungsträger in der offenen Handelsgesellschaft und Kommanditgesellschaft, und der Vorstand in einer Aktiengesellschaft sind berechtigt, die Eröffnung des Konkursverfahrens zu beantragen.

[98] §116 (Normaler Eröffnungsgrund des Konkursverfahrens) (1) Bei der Zahlungsunfähigkeit des Schuldners erklärt das Gericht nach der Antragsstellung durch seine Entscheidung Konkurs.
(2) Die Zahlungseinstellung des Schuldners wird als Zahlungsunfähigkeit betrachtet.
§117 (Konkurseröffnungsgrund einer juristischen Person) (1) Wenn eine juristische Person mit ihrem Aktivavermögen ihre Schuld nicht begleichen kann, ist ihr gegenüber Konkurs zu erklären.

[99] §145 (Sicherungsmaßnahme der Konkursmasse vor Konkurserklärung) (1) Bei der Antragsstellung des Konkursverfahrens ist das Konkursgericht in der Lage, schon vor Konkurserklärung nach dem Antrag des Interessenberechtigten oder dessen Amtsgewalt die provisorische Beschlagnahme oder sonstige Sicherungsmaßnahmen zu treffen.

[100] Kang, Young-Ho, Gesellschaftsanierungs- und Konkursverfahren, S. 156 ff.

Mit der Eröffnung des Konkursverfahrens erfolgt die Ernennung des Konkursverwalters durch das Gericht (§§147, 148 KKO)[101] und der Gemeinschuldner verliert das Verfügungsrecht über sein Vermögen (§7 KKO)[102]. Das Verfügungsrecht geht auf den Konkursverwalter über. Nach §79 KKO hat die Konkurserklärung keine Auswirkung auf das Recht, das den Gläubiger dazu berechtigt, das nicht zur Masse gehörende Vermögen von der Masse auszusondern. Aufgrund des §79 KKO kann z. B. der Eigentümer oder der Vorbehaltseigentümer seine Sache aussondern[103]. Die Gläubiger können ihre Forderungen je nach Rechtsstellung als Konkursforderung (§18 KKO), Masseforderung (§38 KKO), Aussonderungsrecht (§79 KKO), Absonderungsrecht (§86 KKO) oder Aufrechnungsrecht (§89 KKO) befriedigen.

b.Wahlrecht des Konkursverwalters

Gemäß §50 Abs. 1 KKO (vgl. §103 InsO) hat der Konkursverwalter ein Wahlrecht, wenn zum Zeitpunkt der Eröffnung des Konkursverfahrens ein gegenseitiger Vertrag vom Gemeinschuldner und von der anderen Partei „nicht vollständig erfüllt" worden ist. Der Konkursverwalter ist aufgrund seines Wahlrechts berechtigt, vom Vertrag zurückzutreten, zu kündigen oder anstelle des Gemeinschuldners den Vertrag zu erfüllen und von der anderen Partei die Erfüllung zu verlangen.

Umstritten ist dabei, was unter „nicht vollständig erfüllt" zu verstehen ist. Grundsätzlich sind beim Kaufvertrag die Vertragsparteien verpflichtet, ihre Leistungen Zug um Zug zu erfüllen. Der Verkäufer hat die Pflicht, dem Käufer das Eigentum an der Kaufsache zu verschaffen und der Käufer muß den vereinbarten Kaufpreis zahlen (§§568, 536 KBGB). Beim Kauf unter Eigentumsvorbehalt übergibt der Vorbehaltsverkäufer dem Vorbehaltskäufer den unmittelbaren Besitz an der Kaufsache und übereignet das Eigentum unter der Bedingung der vollständigen Kaufpreiszahlung. Damit behält er seine Eigentümerstellung bis zum Bedingungseintritt (Eigentumslehre). Damit taucht dasselbe Problem wie in Deutschland auf, d.h. es ist fraglich, ob der Verkäufer durch die unmittelbare Besitzübergabe der Kaufsache und deren bedingte Übereignung seine Pflicht aus dem Kaufvertrag vollständig erfüllt hat oder ob er bis zum Eintritt des Leistungserfolges, d.h. vollständige Eigentumsverschaffung, weiter verpflichtet bleibt. Die Anwendbarkeit des §50 Abs. 1 KKO hängt davon ab, wie man den Erfüllungsbegriff versteht[104].

---

[101] §147 (Ernennung des Konkursverwalters) Der Konkursverwalter wird vom Gericht ernannt.

[102] §7 (Verwaltung und Verfügung) Das Verwaltungs- und Verfügungsrecht über die Konkursmasse gehört dem Konkursverwalter.

[103] Kang, Young-Ho, a. a. O., S. 196 ff ; Vgl. Kapitel. 3 A, VII, c

[104] Kim, Chung-Ho, Eine Untersuchung über den Abzahlungskauf der beweglichen Sache, S. 77 ff ; Cheon, kyung-Hwan, Eine Untersuchung über den Eigentumsvor-

Nach der Sicherungslehre erwirbt der Vorbehaltskäufer das Eigentum an der Vorbehaltsware, die mit dem dinglichen Sicherungsrecht des Vorbehaltsverkäufers belastet ist. Der Verkäufer hat damit seinen Vertrag bereits vollständig erfüllt. Daher fehlt es an der Voraussetzung des §50 Abs. 1 KKO. Somit steht dem Konkursverwalter kein Wahlrecht zu.

Zwischen den Verfechtern der Eigentumslehre gibt es allerdings auch Meinungsverschiedenheiten über die Anwendbarkeit des §50 Abs. 1 KKO. Einige Anhänger gehen davon aus, daß der Vorbehaltsverkäufer beim Kauf unter Eigentumsvorbehalt weiter verpflichtet bleibe, dem Vorbehaltskäufer das vollständige Eigentum an der Vorbehaltsware zu verschaffen. Der Vorbehaltsverkäufer übergibt zwar den unmittelbaren Besitz der Sache an den Vorbehaltskäufer, doch wird diese Leistungshandlung als nicht ausreichend für die Erfüllung angesehen. Vielmehr muß die Leistung des Vorbehaltsverkäufers bewirken, daß der Vorbehaltskäufer Eigentümer der Sache wird. Nur so kann er seine Pflicht aus dem Kaufvertrag erfüllen. Eine bedingte Eigentumsübereignung reicht somit nicht aus. Daher ist der gegenseitige Vertrag im Zeitpunkt der Eröffnung des Konkursverfahrens nicht vollständig erfüllt, wenn der Vorbehaltskäufer beim Kauf unter Eigentumsvorbehalt seinen Kaufpreis noch nicht vollständig gezahlt hat und damit noch kein Eigentümer ist. Damit ist §50 Abs. 1 KKO beim Konkurs des Vorbehaltskäufers anwendbar und der Konkursverwalter kann sein Wahlrecht gemäß §50 Abs. 1 KKO ausüben[105].

Andere sind der Auffassung, daß §50 Abs. 1 KKO beim Konkurs des Käufers nicht anzuwenden ist, denn nach dieser Meinung gelten die bedingte Übereignung und die Übergabe der Kaufsache durch den Verkäufer als vollständige Erfüllung des Vertrages unter Eigentumsvorbehalt. Daher ist die Voraussetzung des §50 Abs. 1 KKO nicht erfüllt. Begründet wird diese Meinung damit, daß beim Kauf unter Eigentumsvorbehalt für den Verkäufer zwar eine passive Unterlassungspflicht bestehe, d. h. der Verkäufer darf auf keinen Fall den Eigentumserwerb des Käufers stören, jedoch stelle diese Pflicht kein Synallagma zur Pflicht des Käufers, den Kaufpreis zu zahlen, dar. Der Zweck des §50 KKO liege darin, daß aufgrund des Synallagmas aus dem gegenseitigen Vertrag entweder die Parteien den Vertrag beide erfüllen oder die Pflichten durch einen Rücktritt erlöschen bzw. in ein Rückgewährschuldverhältnis umgewandelt werden. Ziel des §50 KKO sei es, zu vermeiden, daß bei der Eröffnung des Konkursverfahrens nur eine Vertragspartei weiter verpflichtet bleibe. Die Unterlassungspflicht des Vorbehaltsverkäufers entstehe nicht aus dem Synallagma des Kaufvertrages, sondern aus der Wirkung eines bedingten Rechtsverhältnisses gemäß §148 KBGB[106].

---

behaltskauf, S. 70 ff ; Im, Jong-Hun, in : Menschenrecht u. Gerechtigkeit, 1996, Sep., S. 31.

[105] Kim, Chung-Ho, a. a. O., S. 78 ; Choi, Jong-Kol, Seoul Law Review, 1967, Bd. 17, S. 68 ff.

[106] Choi, Jong-Kil, a. a. O., S. 69.

Bleibt andererseits der Vorbehaltsverkäufer nach der unmittelbaren Besitzübergabe weiter zur Eigentumsverschaffung verpflichtet, paßt dies nicht zur Auslegung der Gefahrtragungsregelung des §537 KBGB. Danach hat der Schuldner für eine von beiden Parteien nicht zu verantwortende Schädigung oder Zerstörung der Sache die Gefahr zu tragen. Falls sich der Vorbehaltsverkäufer nach der unmittelbaren Besitzübergabe weiter verpflichten würde, müßte er bei der von beiden Vertragsparteien nicht zu vertretenden Schädigung oder Zerstörung der Sache seinen Anspruch auf den Kaufpreis verlieren. Dies stellt eine unangemessene Konsequenz für den Vorbehaltsverkäufer dar[107].

Wie oben erwähnt[108], wird die Gefahrtragungsregelung (§537 KBGB) beim Eigentumsvorbehaltskauf für nicht anwendbar gehalten, weil der Vorbehaltsverkäufer nach der unmittelbaren Besitzübergabe nicht mehr verpflichtet bleibt. Dazu paßt , daß dem Verwalter kein Wahlrecht zusteht, soweit das Synallagma aus dem gegenseitigen Vertrag fehlt[109]. Der Vorbehaltsverkäufer trägt keine Gefahr für die von beiden Parteien nicht zu vertretende Leistungsstörung, soweit der Käufer Nutzungs- und Gebrauchsrechte an der Kaufsache - d. h. der regelmäßigen Zahlung des Kaufpreises erhält.

Der Eigentumsvorbehalt dient dazu, daß der Verkäufer seine Kaufpreisforderung mit dem Vorbehaltseigentum sichert. Das Recht des Verkäufers, beim Zahlungsverzug des Käufers vom Vertrag zurückzutreten, setzt voraus, daß die Parteien zu diesem Zeitpunkt noch an den Vertrag gebunden sind. Der Verkäufer übereignet die Vorbehaltssache nicht sofort nach dem Vertragsschluß, weil er zu diesem Zeitpunkt nicht weiß, ob der Käufer seinen Kaufpreis vertragsgemäß zahlen wird. Die Vertragsparteien bleiben daher bis zum Bedingungseintritt an den Vertrag gebunden. Dies bedeutet, daß der Verkäufer beim Kauf unter Eigentumsvorbehalt, nach der unmittelbaren Besitzübergabe der Kaufsache, aufgrund des Kaufvertrages die passive Verpflichtung hat , den Eigentumsübergang auf den Käufer nicht zu stören, soweit dieser regelmäßig seinen Kaufpreis zahlt.

Bezüglich des Sicherungszwecks nimmt der Verkäufer eine aktive Rechtsstellung ein. Die Tatsache, daß sich der Vorbehaltsverkäufer das Eigentum an der Kaufsache vorbehält, führt dazu, daß er beim Eintritt des Sicherungsfalls sein Recht als Eigentümer durchsetzen kann. Dieser Sicherungszweck liegt innerhalb und nicht außerhalb der Vertragsbindung. Daher sind die Vertragsparteien bis zum Bedingungseintritt immer noch an dem Vertrag gebunden. Die passive Pflicht des Vorbehaltsverkäufers, den Eigentumsübergang auf den Käufer nicht zu hindern, ist nicht nur die Konsequenz aus §148 KBGB. Vielmehr ist diese passive Pflicht so zu verstehen, daß, wenn der Vorbehaltskäufer sich vertragsgemäß verhält, der

---

[107] Choi, Jong-Kil, a. a. O., S. 70.
[108] Kapitel. 3 A. IV. 3. ff.
[109] Choi, Jong-Kil, a. a. O., S. 69 ff ; Kwon, Oh-Seung, in : FS. für Ko, Chang-Hyun, S. 423 ; Kim, Chung-Ho, Eine Untersuchung über den Abzahlungskauf der beweglichen Sache, S. 79.

Vorbehaltsverkäufer den Eigentumsübergang auf den Vorbehaltskäufer anerkennen muß. Im Umkehrschluß bedeutet dies, daß der Vorbehaltsverkäufer das Eigentum an der Sache nicht auf den Käufer übereignen würde, wenn dieser sich nicht vertragsgemäß verhält. Aus diesem Grund ist §50 KKO für den Kauf unter Eigentumsvorbehalt anwendbar.

c. Rechtsstellung des Verkäufers beim Konkurs des Käufers

aa. Rechtsstellung des Verkäufers nach der Eigentumslehre

Die Verfechter der Eigentumslehre sind sich über die Rechte des Vorbehaltsverkäufers nicht einig. Zum einen wird die Auffassung vertreten, daß der Verkäufer bereits durch seine Leistungshandlung (bedingte Übereignung und unmittelbare Besitzübergabe) den Vertrag erfülle. Daher stehe dem Konkursverwalter des Käufers dann kein Wahlrecht zu[110]. Trotzdem wenden sie §79 KKO an. Danach wirkt sich die Konkurserklärung nicht auf das Aussonderungsrecht aus. Der Vorbehaltsverkäufer kann somit ohne Rücksicht darauf, ob der Konkursverwalter vom Vertrag zurücktritt, die Vorbehaltsware aus der Konkursmasse aussondern, denn er selbst kann bei der Eröffnung des Konkursverfahrens kraft einer Rücktrittsklausel vom Vertrag zurücktreten[111].

Diese Meinung läßt aber den untrennbaren Zusammenhang des §79 KKO mit §50 Abs. 1 KKO außer Acht und würde eine Umgehung des §50 Abs. 1 KKO darstellen[112]. Ziel des Konkursverfahrens ist es, den Beteiligten durch ein einheitliches Verfahren angemessene Rechte einzuräumen. Aus diesem Grund ist das Konkursgericht berechtigt, mit der Eröffnung des Konkursverfahrens eine Sicherungsmaßnahme, wie z. B. die provisorische Beschlagnahme, bezüglich des zur Konkursmasse gehörenden Vermögens zu erlassen (§145 Abs. 1 KKO). Vielmehr kann derjenige, der vor der Konkurseröffnung dem Gemeinschuldner zur Sicherung seiner Schuld sein Vermögen übereignet hat, sein Vermögen nicht mit der Begründung aussondern, daß die Übereignung nur zu Sicherung dient (§80 KKO). Daraus, daß bei Eröffnung des Konkursverfahrens §50 Abs. 1 KKO für den Kauf unter Eigentumsvorbehalt keine Anwendung findet und dem Konkursverwalter somit kein Wahlrecht zusteht, darf auf keinen Fall die Konsequenz gezogen werden, daß die Vorbehaltsware nicht zur Konkursmasse gehört und damit ohne Rücksicht auf die Eröffnung des Konkursverfahrens gemäß §79 KKO ausgesondert werden kann.

---

[110] Choi, Jong-Kil, Seoul Law Review, 1967, Bd. 17, S. 69 ff ; Kim, Chung-Ho, Eine Untersuchung über den Abzahlungskauf der beweglichen Sache, S. 79.

[111] Kwack, Yoon-Chick, Besonderer Teil des Schuldrechts, 1991, S. 263 ; Choi, Jong-Kil, a.a.O., S. 74 ; Lee, Keun-Shik, Goshiyeongoo, 1981, Oct. S. 126.

[112] Yang, Hyung-Woo, Rechtsvergleichende Untersuchung über den Eigentumsvorbehalt im deutschen und koreanischen Recht, S. 246.

Zum anderen wird die Auffassung[113] vertreten, daß der Verkäufer nur ein Absonderungsrecht erhält. Begründet wird dies damit, daß dem Verkäufer zwar Eigentum zustehe, er jedoch nur ein formaler Eigentümer sei. Die formale Eigentümerstellung nähere sich dem Sicherungsrecht an. Daher stehe dem Konkursverwalter kein Wahlrecht zu.

Eine dritte Auffassung geht davon aus, daß der Vertrag noch nicht durch die bedingte Übereignung und Besitzverschaffung erfüllt sei, sondern der Verkäufer auch weiter verpflichtet bleibe, dem Käufer das Eigentum an der Vorbehaltsware zu verschaffen. Falls der Käufer beim Kauf unter Eigentumsvorbehalt seinen Kaufpreis noch nicht vollständig gezahlt habe, liegt die Vorausetzung des §50 Abs. 1 KKO, d. h. die beidseitige Nichterfüllung des Vertrages bei der Eröffnung des Konkursverfahrens, vor. Damit stehe dem Konkursverwalter des Käufers ein Wahlrecht zu[114].

Tritt der Konkursverwalter gemäß §51 Abs. 1 KKO vom Vertrag zurück, muß ihm der Verkäufer den gezahlten Kaufpreis zurückgeben und kann dann gemäß §79 KKO sein Eigentum aussondern. Wenn dem Verkäufer dadurch ein Schaden entsteht, steht ihm ein Anspruch auf Schadensersatz als Konkursforderung gegenüber dem Konkursverwalter zu. Der Vorbehaltsverkäufer kann seinen Anspruch auf Schadensersatz als Konkursgläubiger quotenmäßig befriedigen (§§51 Abs. 1, 31 KKO)[115].

Wenn sich der Konkursverwalter für die Erfüllung entscheidet, wird die Kaufpreisforderung des Verkäufers eine Masseforderung (§38 Nr. 7 KKO). Der Vorbehaltsverkäufer als Massegläubiger ist berechtigt, seine Forderung gegenüber dem Konkursverwalter, unabhängig vom Konkursverfahren, geltend zu machen. Der Konkursverwalter kann die Kaufpreisforderung des Vorbehaltsverkäufers jederzeit befriedigen (§40 KKO)[116]. Mit der vollständigen Zahlung des Verwalters wird die Vorbehaltsware Teil der Konkursmasse.

Falls der Vorbehaltskäufer vor der Eröffnung des Konkursverfahrens über sein Vermögen die Vorbehaltsware einem Dritten übereignet, kann der Vorbehaltsverkäufer von ihm verlangen, seinen Anspruch auf den Kaufpreis herauszugeben (§83 Abs. 1 KKO). Zahlt ein Dritter den Kaufpreis an den Konkursverwalter, kann der Vorbehaltsverkäufer die Herausgabe dieses Kaufpreises verlangen (§83 Abs. 2 KKO), falls dieser noch in der Konkursmasse unterscheidbar vorhanden ist (§51 Abs. 2, 1. HS. KKO). Ist der Kaufpreis in der Konkursmasse nicht mehr unterscheidbar vorhanden, kann sich der Vorbehaltsverkäufer in Höhe seines Anspruchs auf den Kaufpreis als Massegläubiger aus der Konkursmasse befriedigen (§51 Abs. 2, 2. HS. KKO).

---

[113] Kwon, Oh-Seung, in ; Fs. für Ko, Chang-Hyun, S. 424.

[114] Yang, Hyung-Woo, Rechtsvergleichende Untersuchung über den Eigentumsvorbehalt im deutschen und koreanischen Recht, S. 245.

[115] Kang, Young-Ho, Gesellschaftssanierungs- und Konkursverfahren, S. 186 ff.

[116] Kang, Young-Ho, a. a. O., S. 189.

bb. Rechtsstellung des Verkäufers nach der Sicherungslehre

Nach der Sicherungslehre erhält der Konkursverwalter kein Wahlrecht. Der Verkäufer hat kein Aussonderungsrecht, sondern ein Absonderungsrecht aufgrund seines dinglichen Sicherungsrechts gemäß §84 KKO[117]. Nach §86 KKO wird das Absonderungsrecht unabhängig vom Konkursverfahren vorgenommen. Daher kann der Verkäufer seine Forderung zuerst durch Versteigerung befriedigen. Falls die Forderung des Verkäufers durch die Versteigerung nicht vollständig befriedigt worden ist, kann er mit dem restlichen Teil als Konkursforderung noch einmal an dem Konkursverfahren teilnehmen und sie dadurch vollständig befriedigen (§87 KKO) [118].

d. Rechtsstellung des Käufers beim Konkurs des Verkäufers

aa. Rechtsstellung des Käufers nach der Eigentumslehre

Die Rechtsstellung des Käufers wird von den Verfechtern der Eigentumslehre unterschiedlich verstanden. Geht man von der Auffassung aus, daß der Verkäufer bereits durch die bedingte Übereignung und unmittelbare Besitzübergabe seine Vertragspflichten vollständig erfüllt hat, steht dem Konkursverwalter des Vorbehaltsverkäufers kein Wahlrecht zu und der Käufer erhält kein Eigentum an der Vorbehaltsware. Dies erhält er dann, wenn er seinen Kaufpreis vollständig gezahlt hat.

Kommt der Käufer seiner Zahlungspflicht nicht nach, ist der Konkursverwalter berechtigt, vom Vertrag gemäß §544 KBGB zurückzutreten[119]. Als Folge des Rücktritts i. S. d. §548 Abs. 1 KBGB hat der Vorbehaltskäufer die Vorbehaltsware zur Konkursmasse herauszugeben und der Konkursverwalter des Verkäufers ist verpflichtet, dem Käufer die schon bezahlten Kaufpreisraten zurückzugeben. Diese Pflichten sind gemäß §549

---

[117] Cheon, Kyung-Hwan, Eine Untersuchung über den Eigentumsvorbehaltskauf, S. 69 ; §84 (Absonderungsberechtigter) Derjenige, der am zur Konkursmasse gehörigen Vermögen ein Zurückbehaltungsrecht, Pfandrecht, Hypothek oder Tscheonserecht hat, ist zur Absonderung berechtigt.

[118] KOGH 10. 12. 1996 96 Da 19840 ; Demjenigen, der an dem zur Konkursmasse gehörenden Vermögen ein Zurückbehaltungsrecht, ein Pfandrecht, eine Hypothek oder ein Tscheonserecht hat, steht ein Absonderungsrecht zu. Dieses Absonderungsrecht kann nicht nach dem Konkursverfahren vorgenommen werden §210 Abs. 2 KKO regelt den Fall, bei dem sich der Absonderungsberechtigte als Konkursgläubiger zur Konkurstabelle anmelden muß, wenn er mit seinem Absonderungsrecht seine Forderung nicht in voller Höhe befriedigen kann. Das bedeutet aber nicht, daß das Absonderungsrecht auch zur Tabelle angemeldet werden muß, wie die Konkursforderung.

[119] Yang, Hyung-Woo, Rechtsvergleichende Untersuchung über den Eigentumsvorbehalt im deutschen und koreanischen Recht, S. 247.

KBGB Zug um Zug zu erfüllen. Der Konkursverwalter des Verkäufers kann Schadensersatz wegen Nichterfüllung vom Käufer verlangen, falls die Vorbehaltsware nicht mehr in einwandfreiem Zustand ist (§551 KBGB).

Auf der anderen Seite stellt man auf den Leistungserfolg als Erfüllung ab, erfüllt der Verkäufer noch nicht durch die Übergabe, weil er noch verpflichtet ist, dem Käufer das Eigentum an der Vorbehaltsware zu verschaffen. Die Voraussetzungen des §50 Abs. 1 KKO sind erfüllt. Der Konkursverwalter des Verkäufers hat ein Wahlrecht. Tritt er vom Vertrag zurück, fehlt die Bedingung für den Eigentumsübergang auf den Käufer. Das Besitzrecht des Käufers verliert dann seine rechtliche Grundlage[120]. Der Vorbehaltskäufer kann aber den schon gezahlten Kaufpreis als Masseforderung gemäß §51 Abs. 2 KKO geltend machen, falls der Kaufpreis in der Konkursmasse unterscheidbar vorhanden ist. Falls die Masse unzulänglich ist, ist die Forderung quotenmäßig zu begleichen (§42 Abs. 1 KKO). Entscheidet sich der Verwalter für die Erfüllung des Vertrages, steht dem Käufer ein Anspruch auf Eigentumsverschaffung als Masseforderung zu (§38 Nr. 7 KKO). Mit der vollständigen Zahlung des Kaufpreises wird der Käufer Eigentümer.

bb. Rechtsstellung des Käufers nach der Sicherungslehre

Nach der Sicherungslehre steht dem Konkursverwalter des Verkäufers kein Wahlrecht zu, weil mit der Vereinbarung des Eigentumsvorbehalts das Eigentum auf den Käufer übergeht, damit der Verkäufer seinen Vertrag vollständig erfüllt hat und daher die Voraussetzung für das Wahlrecht des Konkursverwalters fehlt. Der Käufer hat als Eigentümer beim Konkurs des Verkäufers ein Aussonderungsrecht gemäß §79 KKO.

2. Eigentumsvorbehalt im Sanierungsverfahren nach dem KSAG

a. Allgemeine Grundsätze des Sanierungsverfahrens

Das Gesetz zur Sanierung von Aktiengesellschaften (KSAG) wurde am 12. 12. 1962 unter dem Einfluß des amerikanischen Rechts erlassen. Dieses Gesetz regelt die Wiedererrichtung und Anordnung der Interessenverhältnisse zwischen Gläubiger, Aktionären und sonstigen Interessenberechtigten einer Aktiengesellschaft, die sich zwar finanziell gesehen in einer Notlage befindet, bei der aber noch Aussicht auf Betriebsfortführung besteht (§1 KSAG). In der Praxis wird die Sanierung grundsätzlich durch die Schmälerung der Anteile aller Beteiligten an der Gesellschaft erzielt.

---

[120] Yang, Hyung-Woo, a. a. O., S. 248.

Die grundsätzliche Struktur dieses Gesetzes ist ähnlich wie die der Konkursordnung. Der grundlegende Unterschied zwischen diesen Gesetzen liegt in der Stellung der Pfandgläubiger. Im Sanierungsverfahren findet eine Absonderung von Pfandrechten nicht statt. Die Pfandgläubiger haben, genau wie die ordentlichen Gläubiger, am Sanierungsplan teilzunehmen und können sich nur nach den Regelungen des Insolvenzverfahrens befriedigen[121], während die Pfandgläubiger im Konkursverfahren ein Absonderungsrecht haben.

Gemäß §30 Abs. 2 KSAG können die Gesellschaft, die Gläubiger, die über 10% des Eigenkapitals der Gesellschaft innehaben und die Aktionäre, die über 10% von den gesamten ausgestellten Aktien halten, den Antrag auf Durchführung des Sanierungsverfahrens stellen, soweit ein drohender Konkursgrund, d. h. Zahlungsunfähigkeit, Zahlungseinstellung oder Überschuldung vorliegt oder die Gesellschaft nicht in der Lage ist, ihre fälligen Verbindlichkeiten zu tilgen, ohne die Fortführung des Unternehmens zu gefährden (§30 Abs. 1 KSAG)[122]. Die zuständige Instanz für den Antrag auf Eröffnung des Sanierungsverfahrens ist das Landgericht, in dessen Bezirk die Gesellschaft ihre Hauptniederlassung hat (§6 Abs. 1 KSAG). Der Antrag auf die Eröffnung des Sanierungsverfahrens ist schriftlich zu stellen (§32 Abs. 1 KSAG)[123]. Mit der Antragstellung auf Eröffnung des Sanierungsverfahrens kann das Gericht eine Sicherungsmaßnahme erlassen. Dazu gehören die Sicherungsmaßnahme über das Verfügungsverbot, die Geschäftseinschränkung und die organisatorische Sicherungsmaßnahme. Konkret kann das Gericht aufgrund eines Antrages von Interessenberechtigten oder von Amts wegen ein Zahlungsverbot, ein Veräußerungsverbot oder ein Verbot der Dahrlehensaufnahme erlassen (§39 Abs. 1 KSAG) und einen Verwalter zur Sicherstellung des Vermögens eines Unternehmens, welches den Antrag auf die Durchführung des Sanierungsverfahrens gestellt hat, gemäß §39 Abs. 3 KSAG ernennen[124].

Darüber hinaus kann das Gericht durch eine vorläufige Entscheidung ein etwa anhängiges Verfahren, z. B. ein Prozeß, Arrest- oder einstweiliges Verfügungsverfahren sowie ein Vollstreckungsverfahren, einstellen (§37 KSAG). Nach dem Eröffnungsbeschluß des Verfahrens ist das Gericht verpflichtet, während der Gläubigerversammlung einen Sanierungsverwalter zu ernennen (§94 KSAG)[125]. Falls zur Durchführung des Sanierungsverfahrens fachkundige Kenntnisse erforderlich sind, kann das Gericht einen Untersuchungsausschuß ernennen (§181-2 KSAG). Mit der Eröffnung des Sanierungsverfahrens ist es dem Gläubiger verboten, einzelne Zwangsvollstreckungsmaßnahmen, wie z. B. die provisorische Beschlagnahme, vorzunehmen (§67 KSAG). Der Gläubiger muß seine Forderung beim Gericht

[121] Kang, Yong-Ho, Gesellschaftssanierungs- und Konkursverfahren, S. 88 ff.
[122] Kang, Young-Ho, a. a. O., S. 38 u. 39.
[123] Darin unterscheidet sich der Antrag von dem Antrag auf Eröffnung des Konkursverfahrens. Dieser kann mündlich gestellt werden (§104 KKO).
[124] Kang, Young-Ho, a. a. O., S. 52 ff.
[125] Kang, Young-Ho, a. a. O., S. 70 ff.

anmelden. Mit der Anmeldung wird er Sanierungsgläubiger. Als Sanierungsgläubiger kann er an dem Sanierungsverfahren teilnehmen (§113 KSAG). Ihm steht ein Stimmrecht bezüglich des Sanierungsplans zu und es ist berechtigt, seine Forderungen nach diesem Plan zu befriedigen (§112 KSAG)[126]. Der Sanierungsverwalter muß die Beteiligten in der ersten Versammlung über die Gesamtsituation informieren und nach dem Ablauf der Anmeldefrist für die Forderungen, innerhalb eines vom Gericht bestimmten Zeitraumes, einen Entwurf des Sanierungsplans aufstellen (§189 Abs. 1 KSAG). Dieser Sanierungsplan wird in einer zweiten Beteiligtenversammlung geprüft (§192 KSAG). In einer abschließenden Versammlung stimmen die Beteiligten -je nach ihren einzelnen Rangklassen- über den Sanierungsplan ab (§§200 Abs. 1, 204 KSAG).

Wenn der Sanierungsplan von der Beteiligtenversammlung angenommen wird, ist das Gericht gemäß §232 KSAG verpflichtet, über die Bestätigung des Plans zu entscheiden. Mit der Bestätigung des Gerichts tritt der Sanierungsplan in Kraft (§236 KSAG) und die Gesellschaft wird gemäß §241 KSAG von der Haftung für alle Forderungen und alle am Vermögen der Gesellschaft bestehenden Sicherungsrechte frei, soweit diese nicht im Sanierungsplan aufgeführt worden sind[127]. Nach §249 KSAG ist zur Durchführung des Sanierungsplans weder ein Beschluß der Vorstandsmitglieder noch eine Aktionärs- oder Generalversammlung erforderlich. Wird der Sanierungsplan von den Beteiligten nicht durch Mehrheitsbeschluß angenommen, ist das Sanierungsverfahren nach dem KSAG ausgeschlossen. Für die Gesellschaft wird dann ein Konkursverfahren nach der KKO eingeleitet[128].

b. Wahlrecht des Sanierungsverwalters im Sanierungsverfahren

Gemäß §103 Abs. 1 KSAG kann der Sanierungsverwalter vom Vertrag zurücktreten , kündigen oder anstelle der Gesellschaft den Vertrag erfüllen und die Erfüllung vom anderen Teil verlangen. Dieses Wahlrecht steht ihm dann zu, wenn ein gegenseitiger Vertrag zur Zeit der Eröffnung des Sanierungsverfahrens von der Gesellschaft und von dem anderen Teil noch nicht vollständig erfüllt worden ist. Die Gläubiger des Unternehmens können vom Sanierungsverwalter die Ausübung des Wahlrechts verlangen. Übt der Sanierungsverwalter nach der zugegangenen Erklärung der Gläubiger sein Wahlrecht nicht innerhalb von 30 Tagen aus, kann er nicht mehr vom Vertrag zurücktreten (§103 Abs. 2 KSAG, vgl. §50 Abs. 1 KKO).

---

[126] Kang, Young-Ho, a. a. O., S. 84 ff.
[127] Kang, Young-Ho, a. a. O., S. 136 ff.
[128] Kang, Young-Ho, a. a. O., S. 150 ff.

Im Gegensatz zum Konkursverfahren (§50 Abs. I KKO) benötigt der Sanierungsverwalter für die Ausübung des Rücktrittsrechts eine gerichtliche Genehmigung (§54 Nr. 4 KSAG)[129].

Tritt der Sanierungsverwalter vom Vertrag zurück, können die Vertragspartner des Unternehmens als Sanierungsgläubiger jeweils einen Anspruch auf Schadensersatz wegen Nichterfüllung geltend machen (§104 Abs. 1 KSAG). Der Anspruch auf Schadensersatz stellt eine Sanierungsforderung dar, die nach dem Sanierungsplan befriedigt werden muß. Außerdem sind die Sanierungsgläubiger berechtigt, die Herausgabe ihrer an das Unternehmen bewirkten Gegenleistung zu verlangen, soweit sie vom restlichen Vermögen der Gesellschaft unterschieden werden kann (§104 Abs. 2 1.HS. KSAG). Wenn die Gegenleistung nicht mehr vorhanden ist, können die Vertragspartner entsprechend dem Wert ihr Recht als gemeinnützige Gläubiger geltend machen (§104 Abs. 2 2. HS KSAG). Falls der Sanierungsverwalter die Erfüllung der gemeinnützigen Forderungen[130] ablehnt, können die Gläubiger Maßnahmen der Einzelzwangsvollstreckung vornehmen.

Entscheidet sich der Sanierungsverwalter für die Erfüllung, befriedigt er den Erfüllungsanspruch der Gläubiger als gemeinnützige Forderung i. S. d. §208 Nr. 7 KSAG. Nach §209 Abs. 1 KSAG können die gemeinnützigen Forderungen während der Zeit, in der das Sanierungsverfahren durchgeführt wird, jederzeit beglichen werden. Dabei sind sie unabhängig von dem Sanierungsverfahren zu befriedigen (§209 Abs. 1 KSAG). Reicht das Vermögen des Unternehmens zur Erfüllung der gemeinnützigen Forderungen nicht aus, werden sie quotenmäßig befriedigt (§210 KSAG)[131].

c. Rechtsstellung des Verkäufers beim Sanierungsverfahren des Käufers

Hier gelten die Grundsätze des Konkursverfahrens (Kapitel. 3, A, VII, 1 ff). Gemäß §103 Abs. 1 KSAG steht dem Sanierungsverwalter ein Wahlrecht zu, soweit zum Zeitpunkt der Eröffnung des Sanierungsverfahrens ein gegenseitiger Vertrag vorliegt, der von den Vertragsparteien noch nicht vollständig erfüllt worden ist. Nach der Sicherungslehre hat der Verkäufer mit Vereinbarung des Eigentumsvorbehalts sein Eigentum an der Sache ver-

---

[129] Yang, Hyung-Woo, Rechtsvergleichende Untersuchung über den Eigentumsvorbehalt im deutschen und koreanischen Recht, S. 254.

[130] Der Begriff der gemeinnützigen Forderung umfaßt die Forderung, die aus der Geldausgabe der Gesellschaft zur Durchführung des Sanierungsverfahrens entstanden sind. Grundsätzlich werden die Forderungen, die nach der Eröffnung des Sanierungsverfahrens entstanden sind, als gemeinnützige Forderungen anerkannt. Ausnahmsweise werden die vor Eröffnung des Sanierungsverfahrens entstandenen Forderungen, z. B. Lohnforderungen, die aus sozialpolitischen Gründen als gemeinnützige Forderungen anerkannt sind, Kang, Young-Ho, Gesellschaftssanierungs- und Konkursverfahren, S. 98.

[131] Kang, Young-Ho, a. a. O., S. 99.

loren und damit den Vertrag seinerseits vollständig erfüllt. Daher greift hier §103 Abs. 1 KSAG nicht ein[132]. Der Verkäufer erhält nur ein beschränktes dingliches Recht, d. h. ein Sicherungsrecht. Nach §123 Abs. 1 KSAG gehören zu den Sicherungsrechten im Sanierungsverfahren das nach den Regeln des KBGB bestellte Pfandrecht, das im KHGB geregelte Zurückbehaltungsrecht, die Hypothek, das Tseonserecht, das Sicherungsrecht durch Übereignung und das Sicherungsrecht durch die provisorische Eintragung. Die Sicherungslehre betrachtet das Vorbehaltseigentum als ein weiteres Sicherungsrecht, das zwar nicht ausdrücklich in den genannten Vorschriften aufgeführt wird, aber dennoch wie die dort aufgezeigten Rechte zu behandeln ist.

Der Sicherungsgläubiger kann nach §67 Abs. 1 KSAG kein Absonderungsrecht erhalten. Gemäß §67 Abs. 1 KSAG darf der Sicherungsgläubiger nach dem Beschluß der Eröffnung des Sanierungsverfahrens keine Zwangsvollstreckungsmaßnahme einleiten, um sein Sicherungsrecht durchzusetzen. Er kann nur als Sicherungsgläubiger an dem Sanierungsverfahren teilnehmen und innerhalb des Verfahrens sein Recht geltend machen (§124 Abs.1 KSAG). Er kann in der Beteiligtenversammlung über einen Sanierungsplan mit abstimmen (§§200, 205 KSAG)[133].

Wie bereits erwähnt, werden unterschiedliche Auffassungen innerhalb der Eigentumslehre vertreten. Geht man von der Leistungshandlung als Erfüllung aus, obliegen dem Verkäufer keinerlei Vertragspflichten mehr. Ihm steht nur ein dingliches Sicherungsrecht zu, welches ihn berechtigt, an dem Sanierungsverfahren teilzunehmen und über den Sanierungsplan mit abzustimmen (§§124 Abs. 1, 200, 205 KSAG). Damit ist die Konsequenz dieselbe wie die nach der Sicherungslehre.

Nach der Lehre des Leistungserfolges als Erfüllung ist der Vertrag von beiden Vertragsparteien noch nicht vollständig erfüllt. Daher steht dem Sanierungsverwalter ein Wahlrecht zu. Wenn er sich für die Erfüllung entscheidet, kann der Verkäufer seinen Anspruch auf den restlichen Kaufpreis als gemeinnützige Forderung jederzeit geltend machen (§§208 Nr. 7, 209 Abs. 1 KSAG). Mit der vollständigen Kaufpreiszahlung wird die Sache Teil der Sanierungsmasse. Tritt der Sanierungsverwalter vom Vertrag zurück, ist der Verkäufer berechtigt, die Vorbehaltsware gemäß §62 KSAG aus der Sanierungsmasse auszusondern. Entsteht dabei ein Schaden wegen Nichterfüllung, steht dem Verkäufer ein Anspruch auf Schadensersatz zu (§104 Abs. 1 KSAG).

Veräußert der Sanierungsverwalter den Gegenstand der Aussonderung vor oder nach Eröffnung des Sanierungsverfahrens an einen Dritten, kann der Verkäufer eine Ersatzaussonderung verlangen (§66 KSAG). Der Verkäufer kann daher die Herausgabe der Gegenleistung, die der Sanierungsverwalter

[132] Vgl. Kapitel. 3 A. VII. 2. b. ff.

[133] Yang, Hyung-Woo, Rechtsvergleichende Untersuchung über den Eigentumsvorbehalt im deutschen und koreanischen Recht, S. 257.

durch seine Verfügung über den Gegenstand erworben hat, verlangen, soweit diese Gegenleistung noch unterscheidbar in der Sanierungsmasse vorhanden ist (§66 KSAG). Ist diese Gegenleistung dem Sanierungsverwalter zwar zugegangen, aber nicht mehr von der Masse zu unterscheiden, so ist eine Ersatzaussonderung nicht mehr möglich[134].

d. Rechtsstellung des Käufers beim Sanierungsverfahren des Verkäufers

Folgt man der Sicherungslehre, hat der Verkäufer seinen Vertrag bereits vollständig erfüllt, wenn er dem Käufer das bedingte Eigentum und den unmittelbaren Besitz an der Sache verschafft hat. Hier greift §103 Abs. 1 KSAG nicht ein. Mit der vollständigen Bezahlung kann der Käufer seine Sache aus der Sanierungsmasse gemäß §62 KSAG aussondern.

Stellt man innerhalb der Eigentumslehre auf die Leistungshandlung als Erfüllung ab, steht dem Sanierungsverwalter kein Wahlrecht zu, weil der Verkäufer seinerseits den Vertrag vollständig erfüllt hat. Der Käufer wird mit der vollständigen Zahlung des restlichen Kaufpreises Eigentümer und kann seine Sache aus der Sanierungsmasse aussondern.

Betrachtet man den Leistungserfolg als Erfüllung, hat der Sanierungsverwalter ein Wahlrecht. Wählt er die Erfüllung des Vertrages, wird der Käufer mit der vollständigen Zahlung des Kaufpreises, d. h. mit Bedingungseintritt, Eigentümer und kann seine Sache aussondern.

Entscheidet sich der Sanierungsverwalter für den Rücktritt vom Vertrag, kann er die Herausgabe der Sache zur Sanierungsmasse verlangen. Der Käufer hat einen Anspruch auf die Rückgabe des gezahlten Kaufpreises gegenüber dem Sanierungsverwalter. Dieser Anspruch wandelt sich im Sanierungsverfahren in eine gemeinnützige Forderung um. Der Käufer als gemeinnütziger Gläubiger kann jederzeit die Erfüllung seiner Forderung auch außerhalb des Sanierungsverfahrens verlangen (§209 Abs. 1 KSAG).

---

[134] Yang, Hyung-Woo, a. a. O., S. 258.

B. Sicherungsübereignung nach dem koreanischen Recht

I. Entwicklung der Sicherungsübereignung

1. Allgemeines

Das KBGB regelt das Pfandrecht in den §§329 ff. als eine Art von Mobiliarsicherungsrecht. Das Pfandrecht wird jedoch zur Sicherung einer Darlehensforderung nur selten bestellt, weil der Verpfänder den unmittelbaren Besitz an den Pfändungsgegenständen auf den Pfandgläubiger überträgt und damit sein Nutzungs- und Gebrauchsrecht verliert.

In der Kreditpraxis werden anstelle der Bestellung eines Pfandrechts oft andere atypische Sicherungsrechte[1] vereinbart. Dafür gibt es verschiedene Gründe. Ein wichtiger Grund, die Sicherungsübereignung zu vereinbaren, ist, daß hier der Kreditnehmer seinen unmittelbaren Besitz an dem Sicherungsgut weiter behalten kann und damit die Nutzungsmöglichkeit nicht verliert. Aufgrund dieser Nutzungsmöglichkeit und der großen Auswahl an Sicherungsgegenständen als Sicherungsmittel ist die Sicherungsübereignung im Vergleich mit dem Pfandrecht viel beliebter. Schließlich ist die Verwertung bei der Sicherungsübereignung viel einfacher als beim Pfandrecht. Beim Pfandrecht wird die Sache durch Versteigerung verwertet. Daher ist das Verfahren zur Verwertung sehr kompliziert und der Wert der Sache ist viel niedriger als ihr geschätzter Marktpreis. Bei der Vereinbarung der Sicherungsübereignung können die Parteien nach Belieben vereinbaren, wie die Sicherungsgegenstände verwertet werden sollen.

Trotz der verschiedenen Vorteile zeigt die Sicherungsübereignung bestimmte Gefahren, weil mit ihrer Vereinbarung das Eigentum an dem Sicherungsgut auf den Sicherungsnehmer übergeht und damit der Sicherungsgeber sein Eigentum endgültig verlieren kann.

Anders als in Deutschland kann in Korea die Sicherung durch Übereignung eines Grundstückes erfolgen. In der Praxis wird diese Form der Sicherungsübereignung viel öfter vereinbart, als die von beweglichen Sachen. In diesem Fall ist bei der Vereinbarung der Sicherungsübereignung der Sicherungsnehmer ins Grundbuch als Eigentümer einzutragen. Damit ist die Gefahr - Verlust des Eigentums - für den Sicherungsgeber wesentlich größer. Deswegen wird in Korea versucht, dieser Gefahr durch Gesetzgebung (sog. Gesetz über Vormerkungspfänder, VorPfäG) zu begegnen.

---

[1] Unter dem Begriff des atypischen Sicherungsrechts versteht man das Sicherungsinstitut, das mittels Eigentumsübertragung oder Vermögensübertragung den Sicherungszweck erreicht, Kim, Sang-Yong, Sachenrecht, S. 841.

2. Begriffliche Vielfalt der Sicherungsübereignung

a. Sicherungskauf (sog. Maedo-Dambo)

Unter dem Sicherungskauf versteht man eine Sicherungsform, bei der der Verkäufer sein Sicherungsgut durch einen Kaufvertrag auf den Käufer überträgt. Dabei fungiert der Kaufpreis praktisch als eine Art von Kredit, der innerhalb einer vereinbarten Frist zurückzuzahlen ist. Dafür erhält der Verkäufer eine Option zum Rückkauf. Konkret dienen ein Rückkauf i. S. d. §§590-595 KBGB und ein Vorvertrag zum Wiederkauf (§564 KBGB) als Arten des Sicherungskaufs[2].

In der Vereinbarung des Rückkaufs behält sich der Verkäufer (=Kreditnehmer) schon beim Kaufvertragsschluß gleichzeitig das Rückkaufsrecht vor und der Verkäufer kauft den verkauften Gegenstand (= Sicherungsgut) zurück. Dies geschieht, indem er innerhalb des vereinbarten Zeitraumes den empfangenen Kaufpreis und die Kosten, die dem Käufer (=Kreditgeber) für die Eingehung des Kaufs entstanden sind (§590 Abs. 1 KBGB) zurückzahlt[3].

Der rechtliche Grund für den Rückerwerb des Eigentums am Sicherungsgut, das dem Kreditgeber verkauft worden ist, liegt in der Vereinbarung des Rückkaufs (§§590-595 KBGB) oder dem Vorvertrag zum Wiederkauf (§564 KBGB). Die Vereinbarung des Rückkaufs und der Vorvertrag zum Wiederkauf basieren rechtlich auf denselben Grundsätzen, nur unterscheidet sich der Rückkauf von dem Vorvertrag zum Wiederkauf durch die Frist und die Eintragung. Nach §591 Abs. 1 S. 1 KBGB darf die Rückkauffrist 5 Jahre bei Grundstücken und 3 Jahre bei beweglichen Sachen nicht überschreiten. Wenn die Parteien für den Rückkauf eine längere als die gesetzliche Frist vereinbart haben, ist diese Vereinbarung unwirksam.

Anders als die streng geregelte Frist des Rückkaufs ist beim Vorvertrag zum Wiederkauf die Frist unbegrenzt. Ist ein Grundstück Gegenstand des Rückkaufrechts, so wirkt das Rückkaufrecht erst dann gegenüber einem Dritten, wenn die Vormerkung des Rückkaufrechts mit der Eigentumsübertragung des Grundstücks eingetragen worden ist (§592 KBGB).

Bei der Vereinbarung des Rückkaufrechts muß eine Eintragung ins Grundbuch erfolgen. Beim Vorvertrag zum Wiederkauf erfolgt die Vormerkung ins Grundbuch nur zur Sicherung des Anspruchs und ist deshalb keine Pflicht[4].

---

[2] Kwack, Yoon-Chik, Seoul Law Review, 1985, Bd. 26-1, S. 44.
[3] Kwack, Yoon-Chik, a. a. O., S. 44.
[4] Kwack, Yoon-Chik, Seoul Law Review, 1979, Bd. 20-1, S. 42 u.43.

b. Sicherungsübereignung im engeren Sinne

Während beim Sicherungskauf der Verkäufer dem Käufer seine Sache übergibt und dafür den vereinbarten Betrag erhält, schließen bei der Sicherungsübereigung im engeren Sinne der Kreditnehmer und der Kreditgeber einen Darlehensvertrag ab. Mit dem Abschluß eines Darlehensvertrags übereignet der Kreditnehmer oder ein Dritter gleichzeitig dem Kreditgeber die ihm gehörende Sache zur Sicherung[5]. Die beiden Formen unterscheiden sich dadurch, daß beim Sicherungskauf der Kreditgeber (=Käufer) keinen Anspruch auf Rückzahlung des Darlehens hat, weil hier der Kredit in Form des Kaufvertrages gewährt wird, d. h. die Vertragsparteien haben hinsichtlich des Kreditgeschäfts kein Schuldverhältnis, während bei der Sicherungsübereignung im engeren Sinne dem Kreditgeber ein Anspruch auf Rückzahlung des gewährten Geldbetrages aus dem Darlehensvertrag zusteht[6].

Die herrschende Meinung und die Rechtsprechung betrachten die beiden Formen (Sicherungskauf und Sicherungsübereignung im engeren Sinne) als Sicherungsübereignung im weiteren Sinne[7]. In der Kreditpraxis werden die beiden Formen nicht immer unterschieden. Im Allgemeinen versteht man unter der Sicherungsübereignung die Sicherungsübereignung im engeren Sinne. Die Sicherungsübereignung im engeren Sinne wird von dem KOGH[8] in zwei Arten unterteilt. Er spricht von der Sicherungsübereignung im schwachen und im starken Sinne. Die Sicherungsübereignung im schwachen Sinne wird von der Sicherungsübereignung im starken Sinne danach unterschieden, wem das Eigentum am Sicherungsgut im Innenverhältnis und Außenverhältnis gehört, d. h., bei der Sicherungsübereignung im schwachen Sinne gehört das Eigentum am Sicherungsgut dem Sicherungsnehmer nur im Innenverhältnis und bei der Sicherungsübereignung im starken Sinne ist der Sicherungsnehmer Eigentümer im Außenverhältnis.

Des weiteren wird die Sicherungsübereignung in die Liquidationsform und in die Verfallpfandform unterteilt. Erfüllt der Sicherungsgeber seine Rückzahlungsverpflichtung nicht, kann der Sicherungsnehmer bei der Liquidationsform durch Verwertung des Sicherungsguts seine Forderung befriedigen. Wenn von dem Verwertungserlös ein Überschuß vorhanden ist, muß dieser an den Sicherungsgeber zurückgegeben werden. Bei der Vereinbarung der Verfallpfandform erwirbt der Sicherungsgeber das Eigentum an dem Sicherungsgut endgültig. Er ist nicht verpflichtet, dem Sicherungs-

[5] Kwack, Yoon-Chik, Sachenrecht, 1994, S. 712 u. 713 ; ders., Seoul Law Review, 1985, Bd. 26-1, S. 44.

[6] Chang, Kyung-Hak, Sachenrecht, S. 889 u.890 ; Kim, Sang-Yong, Sachenrecht, S. 880 ; Kwack, Yoon-Chik, Sachenrecht, 1994, 712 u. 713 ; Im, Jeong-Pyung, in FS. für Kim, Chung-Han, zum 60. Geburtstag, 1981, S. 508.

[7] Kim, Yong-Han, Sachenrecht, 1993, S. 626 ; Kwack, Yoon-Chik, Sachenrecht, 1994, S. 713.

[8] KOGH 31. 03. 1955, 4787 Minsang ; KOGH 18. 11. 1954, 4286 Minsang 63.

geber den überschüssigen Verwertungserlös zurückzugeben[9]. Die jüngste Rechtsprechung läßt nur noch die Sicherungsübereignung in der Form der Liquidation zu[10].

c. Sicherung durch Vormerkung(sog. Vormerkungssicherung)

Die Ausgestaltung der Vormerkungssicherung ist vergleichbar mit derjenigen bei der Sicherungsübereignung im engeren Sinne. Der Kreditnehmer und der Kreditgeber schließen einen Darlehensvertrag, wodurch der Kreditnehmer seinen Kredit aufnimmt. Bei der Sicherungsübereignung im engeren Sinne vereinbaren die Parteien mit dem Abschluß des Darlehensvertrags gleichzeitig, daß der Kreditnehmer (oder ein Dritter) die ihm gehörende Sache dem Kreditgeber übereignet, während sich bei der Vormerkungssicherung der Sicherungsnehmer zuerst als Eigentümer am Sicherungsgut ins Grundbuch vormerken lassen kann, um sich später, beim Eintritt des Sicherungsfalls - d. h. bei der Nichterfüllung des Vertrages seitens des Sicherungsgebers - aufgrund seiner Vormerkung als endgültiger Eigentümer des Sicherungsgutes ins Grundbuch eintragen lassen zu können. Daraus folgt, daß bei der Nichterfüllung des Vertrages durch den Sicherungsgeber der Sicherungsnehmer zuerst durch ein Liquidationsverfahren nach dem Gesetz über die Vormerkungspfänder das Eigentum an den zur Sicherung übereigneten Sachen erlangt .

Die Vormerkungssicherung unterscheidet sich von der Sicherungsübereignung im engeren Sinne durch den Zeitpunkt, in welchem das Eigentum an der dem Sicherungsgeber gehörenden Sache auf den Sicherungsnehmer übergeht. Während bei der Sicherungsübereignung im engeren Sinne das Eigentum an der dem Sicherungsgeber gehörenden Sache mit dem Abschluß des Darlehensvertrages gleichzeitig auf den Sicherungsnehmer übergeht, wird bei der Vormerkungssicherung die als Sicherungsgut dienende Sache erst dann übereignet, wenn der Sicherungsgeber seine Darlehensschuld nicht zurückzahlt[11].

3. Übersicherungsproblem der Sicherungsübereignung

In der koreanischen Kreditpraxis liegt ein oft diskutiertes Problem darin, daß in den meisten Fällen ein Grundstück als Sicherungsgut dient. Der Kreditnehmer läuft somit immer Gefahr, sein - im Vergleich zu seiner Kreditschuld - sehr viel wertvolleres Grundstück zu verlieren, falls er seiner

---

[9] Kim, Sang-Yong, Sachenrecht, S. 886 ; Kwack, Yoon-Chik, Sachenrecht, 1994, S. 719 ff.

[10] KOGH 27. 11. 1977, 77 Da 1513 ; KOGH 08. 02. 1983, 81 Da 547.

[11] Nam, Yoon-Sam, Die Sicherungsübereignung im deutschen, US-amerikanischen und koreanischen Recht, S. 100.

Rückzahlungspflicht nicht rechtzeitig nachkommt. Aus diesem Grund ist bei der Vereinbarung der Sicherungsübereignung die wichtigste Frage, wie die übermäßig vorteilhafte Rechtsstellung des Kreditgebers eingeschränkt werden kann. Die Einschränkungsmöglichkeiten vor und nach der Einführung des KBGB werden unterschiedlich gehandhabt.

a. Vor der Einführung des KBGB

Nachdem im Jahre 1910 Korea durch Japan annektiert worden war[12], verkündete im Jahre 1912 Japan eine Durchführungsverordnung zum Zivilgesetz. Nach Art. 1 dieser Verordnung galt in Korea das Japanische Bürgerliche Recht[13]. Dieses japanische Bürgerliche Recht wurde bis zum Eintritt des eigenen Koreanischen Bürgerlichen Gesetzes am 01. 01. 1960 angewendet.

Schon damals war das atypische Sicherungsrecht in der Kreditpraxis bekannt. Die Wirksamkeit der Sicherungsübereignung hat das Oberlandesgericht Choseon[14] in seiner Entscheidung vom 13. 04. 1918[15] zum ersten Mal anerkannt. Seitdem ist es ständige Rechtsprechungspraxis des Berufungsgerichtes Choseon, daß die Sicherungsübereignung in zwei Arten zu unterteilen ist.

Zum einen gibt es die Sicherungsübereignung „nur mit Außenwirkung" und zum anderen die Sicherungsübereignung „mit Innen- und Außenwirkung". Bei der Sicherungsübereignung mit Außenwirkung wird das Eigentum am Sicherungsgut dem Sicherungsnehmer nur im Außenverhältnis übertragen und im Innenverhältnis bleibt der Sicherungsgeber Eigentümer. Dagegen wird der Sicherungsnehmer bei der Sicherungsübereignung mit „Innen- und Außenwirkung" Eigentümer des Sicherungsguts nicht nur im Außenverhältnis, sondern auch im Innenverhältnis.

Auf der anderen Seite wurde die Sicherungsübereignung mit Liquidationspflicht von der ohne Liquidationspflicht unterschieden. Die Sicherungsübereignung mit Liquidationspflicht ist eine Art der Sicherungsübereignung, bei der der Sicherungsnehmer das Sicherungsgut verwerten kann, wenn der Sicherungsgeber seiner Rückzahlungspflicht innerhalb der vereinbarten Frist nicht nachkommt. Mit diesem Erlös begleicht er seine Kreditforderung und muß dem Sicherungsgeber den restlichen Betrag zurückgeben.

[12] Cho, Kyu-Chang, Koreanisches Zivilrecht und deutsches bürgerliches Recht, in : Zur Rezeption des deutschen Rechts in Korea, S. 61u.62.

[13] Nam, Yoon-Sam, Die Sicherungsübereignung im deutschen, US-amerikanischen und koreanischen Recht, S. 95.

[14] Die Gerichtsinstanz in der Zeit, in der Korea durch Japan annektiert wurde. Nach dem Wortlaut ist sie zwar nicht dieletzte Instanz, jedoch hat sie die Bedeutung einer solchen Instanz.

[15] Oberlandesgericht Choseon, 23. 04. 1918, Minjip Nr. 5, S. 312

Dagegen erwirbt der Sicherungsnehmer bei der Sicherungsübereignung ohne Liquidationspflicht das Eigentum am Sicherungsgut endgültig[16]. Das damals gültige Japanische BGB sah jedoch keine gesetzliche Einschränkung vor. Daher konnte der Sicherungsnehmer das Eigentum an einem sehr viel wertvolleren Sicherungsgut, als dem aufgenommenen Kredit, endgültig erwerben. Um eine solche Knebelung zu verhindern, wurden in der Rechtsprechung und der juristischen Lehre solche Kreditgeschäfte aufgrund Wuchers als nichtig angesehen, wenn der Wert des Sicherungsgutes im Vergleich mit der Höhe der Kredites unangemessen hoch war. Falls die Parteien bei der Vereinbarung der Sicherungsübereignung keine der angesprochenen Formen deutlich favorisiert hatten, wurde angenommen, daß dem Sicherungsnehmer das Eigentum am Sicherungsgut im Außenverhältnis zusteht[17].

Grundsätzlich war die Vereinbarung jedoch zulässig, daß der Sicherungsnehmer ohne Liquidationspflicht das Eigentum am Sicherungsgut endgültig erwirbt[18]. Falls eine Vereinbarung, bei der der Sicherungsnehmer ohne Liquidationspflicht das Eigentum am Sicherungsgut endgültig erwirbt, gegen die guten Sitten und die Sozialordnung verstößt, war die Vereinbarung selbst zwar unwirksam, die Sicherungsübereignung als solche jedoch wirksam[19]. Es kam aber sehr selten vor, daß das Kreditgeschäft wegen der Übersicherung für nichtig gehalten wurde[20].

b. Nach der Einführung des KBGB

aa. Einschränkung durch die §§607, 608 KBGB

Nachdem das KBGB am 01. 01. 1960 in Kraft getreten ist, wird das Übersicherungsproblem bei der Vereinbarung einer Sicherungsübereignung durch die §§607, 608 KBGB kontrolliert. Zur Zeit der Darlehensgewährung darf gemäß §607 KBGB der Wert der Sache, die anstelle der Rückerstattung des empfangenen Darlehens übertragen worden ist, den Gesamtwert des geliehenen Geldbetrages und dessen Zinsen nicht übersteigen. Des weiteren ist eine Vereinbarung, die gegen §607 KBGB verstößt und damit zum Nachteil des Darlehensnehmers getroffen wird, gemäß §608 KBGB nichtig.

---

[16] Kim, Sang-Yong, Sachenrecht , S. 886 ; Chang, Si-Won, Rechtstheoretische Untersuchung über die Sicherungsübereignung, Diss, Uni. Cheong-Ju, 1997, S. 24.
[17] Chang, Si-Won, a. a. O., S. 23 ; Oberlandesgericht Choseon, 08. 09. 1936, Minjip Nr. 23, S. 257.
[18] Oberlandesgericht Choseon, 12. 11. 1926, Minjip Bd. 13, S. 354.
[19] Oberlandesgericht Choseon, 04. 05. 1928, Minjip Bd. 15, S. 123.
[20] Kim, Sang-Yong, Sachenrecht, S. 846 u. 847.

Die Rechtsprechung hat am Anfang die Auffassung vertreten, daß die §§607, 608 KBGB nur für die in den §§598 ff KBGB genannten Formen des Darlehensvertrages Anwendung finden. Damit galten diese Vorschriften nicht für die Sicherungsübereignung[21]. Begründet wurde dies damit, daß die §§607, 608 KBGB darauf abzielten, eine Situation, in der der Darlehensgläubiger von der Vereinbarung einer Sachleistung anstelle der Rückerstattung der Darlehensschuld übermäßig profitieren kann, zu verhindern.

Mit der Entscheidung am 15. 02. 1966 hat der KOGH seine Auffassung geändert und damit die Anwendung der §§607, 608 KBGB für die Sicherungsübereignung und den Sicherungskauf anerkannt[22]. Damit ist die Sicherungsübereignung ohne Liquidationspflicht nicht wirksam. Falls die Sicherungsübereignung ohne Liquidationspflicht vereinbart worden ist, ist eine solche Vereinbarung gemäß den §§607, 608 KBGB unwirksam und anstelle dieser unwirksamen Sicherungsübereignung tritt die Sicherungsübereignung mit Liquidationspflicht. Nach der Rechtsprechung ist der Sicherungsnehmer immer verpflichtet, die Liquidation vorzunehmen[23]. Der KOGH betrachtete zunächst eine Vereinbarung, bei der der Wert der vereinbarten Sachleistung -anstatt der Rückerstattung der Darlehensschuld- den Gesamtwert der Darlehenshöhe und dessen Zinsen überschreitet, als nichtig nach den §§607, 608 KBGB, d. h. der ganze Vertrag wurde als nichtig angesehen[24].

Der KOGH[25] sieht allmählich, daß die gesamte Nichtigkeit des Vertrages für den Gläubiger übermäßig hart ist und für einen gutgläubigen Dritten unerwartet zum Schaden führen kann. Aus diesem Grund äußerte der KOGH entgegen seiner früheren Auffassung, daß selbst wenn ein Kreditnehmer und ein Kreditgeber einen Vorvertrag über eine Sachleistung, die einen wesentlich höheren Wert als das Darlehen selbst und dessen Zinsen hat, abgeschlossen haben, der Vertrag nicht insgesamt nichtig werde, sondern nur der übermäßige Teil unwirksam sei. Daher habe der Kreditgeber dem Kreditnehmer diesen übermäßigen Teil zurückzugeben.

Auf diese Weise wird der Kreditnehmer einerseits davor geschützt, sein Eigentum an seiner viel wertvolleren Sache -im Vergleich zu der Höhe seines Darlehensbetrages nebst Zins- zu verlieren. Andererseits sind die §§607, 608 KBGB zum Schutz des Kreditnehmers nicht ausreichend, weil die Sicherungsübereignung durch die §§607, 608 KBGB zwar auf der materiellrechtlichen Ebene eingeschränkt wird, ein konkretes Liquidationsverfahren aber in beiden Vorschriften fehlt.

---

[21] KOGH 22. 04. 1962, 4294 Minsang 943 ; KOGH 22. 09. 1964, 64 Da 548 ; KOGH 09. 11. 1965, 65 Da 1445.

[22] KOGH 15. 02. 1966, 65 Da 2431 ; KOGH 06. 04. 1966, 66 Da 218 ; KOGH 28. 03. 1967, 67 Da 61 ; KOGH 22. 12. 1970, 70 Da 2295 ; KOGH 22. 07. 1980, 80 Da 998.

[23] KOGH 27. 11. 1977, 77Da1513 ; KOGH 08. 02. 1983, 81Da547.

[24] KOGH 31. 05. 1962, 62 Da 153 ; KOGH 11. 10. 1962, 62 Da 290.

[25] KOGH 10. 11. 1964, 64 Da 613 ; KOGH 06. 04. 1966, 66 Da 218 ; KOGH 02. 04. 1968, 68 Da 238.

bb. Einschränkung durch das Gesetz über die Vormerkungspfänder

Wie bereits erwähnt, dienen die §§607, 608 KBGB eigentlich zum Schutz des Sicherungsgebers auf der materiellrechtlichen Ebene. In der Kreditpraxis erwirbt der Sicherungsnehmer das Eigentum an dem Sicherungsgut sehr oft ohne ein Liquidationsverfahren, indem beide Parteien vor dem Richter einen „Vergleich vor Klageerhebung" schließen (§§355, 359 KZPO)[26]. In manchen Fällen zwingt der Kreditgeber den Kreditnehmer, den „Vergleich vor Klageerhebung" zu schließen, um auf diese Weise die §§ 607, 608 KBGB zu umgehen. Dieser „Vergleich vor Klageerhebung" wird gerichtlich protokolliert und hat dieselbe Wirkung wie ein rechtskräftiges Urteil[27]. Damit wird der Schutz des Sicherungsgebers durch die §§607, 608 KBGB sehr oft vereitelt.

Wegen dieser Unzulänglichkeit der §§607, 608 KBGB zum Schutz des Sicherungsgebers wurde „Das Gesetz über die Vormerkungspfänder" erlassen. Inhaltlich regelt dieses Gesetz das konkrete Liquidationsverfahren, das in den §§607, 608 KBGB fehlt[28]. Dieses Gesetz ist für alle atypischen Sicherungsrechte, d. h. nicht nur für die Vormerkungssicherung, sondern auch für die Sicherungsübereignung und den Sicherungskauf anwendbar, wenn sie die Übereignung einer Sache zur Sicherung zum Inhalt haben[29](§§1, 2 Nr. 1 VorPfäG[30]).

---

[26] Kim, Sang-Yong, Sachenrecht, S. 848.

[27] Lee, Shi-Yoon, Zivilprozeßrecht, S. 631 ; das Protokoll hat die gleiche Wirkung, wie ein Vollstreckungstitel. Daher kann der Sicherungsgeber, der mit dem Sicherungsnehmer einen „Vergleich vor Klageerhebung" geschlossen hat, nicht mehr behaupten, daß das betreffende Rechtsgeschäft gegen die §§607, 608 KBGB verstößt und damit nichtig ist. In der Tat erkennt der KOGH in seiner Entscheidung vom 09. 12. 1969 die Wirksamkeit eines Protokolls zum Vergleich vor Klageerhebung an, obwohl es gegen die §§607, 608 KBGB verstößt, KOGH 09. 12. 1969, 69 Da 1565.

[28] Ab 1981 wurde die Gesetzgebung dieses Gesetzes diskutiert, im nächsten Jahr, im September 1982 wurde dem Parlament bereits ein Entwurf vorgelegt, am 30. 12. 1983 wurde dieser im Parlament verabschiedet und das Gesetz trat ab dem 01. 01. 1984 in Kraft, Huang, Seok-In, Seoul Law Review, 1983, Bd. 24 – 2,3, S. 65 ff ; kritisch gegen diese Gesetzgebung, Kwack, Yoon-Chik, Seoul Law Review, 1985, Bd. 26-1, S. 42 ff.

[29] Kim, Sang-Yong, Sachenrecht, S. 853.

[30] §1 (Zweck) Ist der Darlehensnehmer durch eine Vereinbarung mit dem Darlehensgeber verpflichtet, diesem anstatt der Rückerstattung des Empfangenen ein Vermögensrecht an einer Sache zu übertragen und überschreitet der zur Zeit der Darlehensgewährung abgeschätzte Wert der Sache den Gesamtwert des geliehenen Geldbetrages und dessen Zinsen, regeln die Vorschriften dieses Gesetzes den Sicherungsvertrag und die Wirksamkeit der zum Sicherungszweck erfolgten Vormerkung bzw. die Wirksamkeit der Eintragung der Eigentumsübertragung.
§2 (Begriffsbestimmungen) Die Definition der in diesem Gesetz verwendeten Begriffe lauten wie folgt : 1. Der „Sicherungsvertrag" ist ein Vertrag zur Sicherung einer Forderung, der zum nach §608 KBGB als nichtig erklärten Vorvertrag der Sachleistung gehört

Aufgrund dieser beiden Vorschriften haben der Sicherungsnehmer und der Sicherungsgeber bei der Vereinbarung einer Sicherungsübereignung, das in diesem Gesetz geregelte Liquidationsverfahren anzuwenden. Ohne dieses Liquidationsverfahren kann der Sicherungsnehmer kein Eigentum am Sicherungsgut erwerben, auch wenn der Kreditnehmer nach dem Ablauf der Frist seiner Kreditschuld nicht nachkommt.

Grundsätzlich dient das VorPfäG zur Einschränkung derjenigen atypischen Sicherungen, deren Sicherungsgegenstände entweder durch Eintragung oder durch Registrierung publiziert werden können, aber es ist auch bei den Sicherungsübereignungen anzuwenden, bei denen bewegliche Sachen als Sicherungsgegenstände dienen[31]. Dieses Gesetz macht es dem Kreditgeber schwer, das Eigentum am Sicherungsgut zu erwerben. Damit dient dieses Gesetz zur Einschränkung des Sicherungsrechtes des Kreditgebers. Setzt der Kreditgeber sein Sicherungsrecht ohne Rücksicht auf das Wertverhältnis zwischen dem Wert des Sicherungsguts und der gesicherten Forderung durch, handelt er sittenwidrig.

II. Begründung und Rechtsnatur der Sicherungsübereignung

1. Begründung der Sicherungsübereignung

Die Sicherungsübereignung kommt durch den Sicherungsvertrag zustande, bei dem sich beide Vertragsparteien darüber einig sind, daß dem Kreditgeber zur Sicherung der Forderung ein bestimmtes Vermögensrecht des Kreditnehmers oder eines Dritten zu übereignen ist und daß der Kreditgeber bei Nichterfüllung durch den Schuldner nach dem Fristablauf mit diesem Vermögensrecht die gesicherte Forderung ausgleichen kann[32].

Die Sicherungsübereignung setzt immer eine gesicherte Forderung voraus. Daher behält der Sicherungsnehmer das Sicherungsgut insoweit, als die gesicherte Forderung vorhanden ist. Falls die gesicherte Forderung z. B. wegen des Zurücktretens einer Partei vom Darlehensvertrag nicht zustande gekommen ist oder durch Erfüllung des Schuldners erlischt, fehlt die rechtliche Grundlage für die Sicherungsübereignung und der Sicherungsgeber kann aufgrund seines Bereicherungsanspruchs die Rückgabe des Sicherungsguts vom Sicherungsnehmer verlangen (§§741 ff. KBGB)[33].

---

oder mit ihm gleichzeitig geschlossen wird – ohne Rücksicht auf die Bezeichnung, Rückkauf oder Sicherungsübereignung usw. ; Übersetzung weitestgehend übernommen, mit einigen Änderungen der Verfasserin, nachgeschlagen in „Nam, Yoon-Sam, Die Sicherungsübereignung im deutschen, US-amerikanischen und koreanischen Recht, Anhang Nr. 1, S. 147.

[31] Kim, Sang-Yong, Sachenrecht, S. 850.

[32] Kim, Sang-Yong, a. a. O., S. 890.

[33] Kwueon, Yong-Uoo, Sachenrecht, S. 653.

2. Rechtsnatur der Sicherungsübereignung

Nachdem am 01. 01. 1984 das VorPfäG in Korea erlassen worden ist, hat die rechtstheoretische Ausgestaltung der Sicherungsübereignung eine Änderung erfahren. Während der Schwerpunkt vor der Gültigkeit des VorPfäG auf dem übertragenen Eigentum lag, liegt er nach der Einführung des VorPfäG auf dem Sicherungsziel. Die Einzelheiten stellen sich wie folgt dar:

a. Vor der Einführung des VorPfäG

Vor der Einführung des VorPfäG wurde die Sicherungsübereignung von der Treuhandlehre (damalige h. M.) als Treuhandgeschäft verstanden. Nach dieser Auffassung stellt ein Sicherungsvertrag zwischen dem Sicherungsgeber und dem Sicherungsnehmer ein Treuhandgeschäft dar. Aus dem Treuhandgeschäft erwirbt der Sicherungsnehmer volles Eigentum, wobei er in seiner Position als Eigentümer gegenüber dem Sicherungsgeber verpflichtet ist, keinerlei Verfügungen über den Sicherungszweck hinaus zu treffen (Treuhandlehre) [34]. Deswegen ist der Sicherungsnehmer zum Schadensersatz wegen Nichterfüllung verpflichtet, wenn er über den Sicherungszweck hinaus sein Sicherungseigentum in Anspruch nimmt. Nach dieser Meinung kann ein Dritter ohne Rücksicht darauf, ob er gutgläubig oder bösgläubig ist, das Eigentum an dem Sicherungsgut erlangen, wenn es ihm vom Sicherungsnehmer übergeben worden ist[35].

Von der Mindermeinung wird die Auffassung vertreten, daß durch die Vereinbarung der Sicherungsübereignung der Sicherungsnehmer kein Eigentum an dem Sicherungsgut, sondern nur ein Sicherungsrecht erwerbe. Diese Meinung legt den Schwerpunkt darauf, daß die Sicherungsübereignung eine Rechtsübertragung zum Zweck der Sicherung darstellt. Aus diesem Grund erhält der Sicherungsnehmer bei der Vereinbarung der Sicherungsübereignung das Sicherungsrecht, das gewohnheitsrechtlich anerkannt ist und der Sicherungsgeber behält sein Eigentum, das mit dem gewohnheitsrechtlich anerkannten Sicherungsrecht belastet ist (sog. Sicherungslehre)[36].

[34] Kim, Dong-Seok, Die Rechtsstellung des Sicherungsnehmers in Einzelzwangvollstreckung- und Konkursverfahren, S. 7 ff ; Lee, Yong-Jun, in FS. für Bae Kyung-Sook, 1991, S.469 ff ; Kim, Ki-Seon, Das Koreanische Sachenrecht, S. 533 ; Kwack, Yoon-Chik, Sachenrecht, 1980, S. 629 ff ; KOGH 31. 03. 1956, 4287 Minsang 124 ; KOGH 18. 04. 1962, 61Minsang 1365 ; KOGH 06. 03. 1966, 66Da 281 ; KOGH 21. 01. 1992, 91Da 35175.

[35] KOGH 13. 10. 1969, 69Da 1338 ; KOGH 11. 09. 1984. 83DaKa 1623.

[36] Kim, Yong-Han, Sachenrecht, 1975, S. 618.

Nach einer weiteren Auffassung[37] ist die Sicherungsübereignung als eine auflösend bedingte Sicherungsübereignung auszugestalten. Nach dieser Meinung übereignet der Sicherungsgeber das Eigentum an einer ihm gehörenden Sache mit einer auflösenden Bedingung. Wenn die Darlehensschuld vom Sicherungsgeber beglichen wird, erlischt die Forderung und das Eigentum an dem Sicherungsgut fällt automatisch an ihn zurück. Dient eine unbewegliche Sache als Sicherungsgut, wird die Sicherungsübereignung erst mit der Eintragung der Eigentumsübertragung ins Grundbuch wirksam. Bei der Erfüllung durch den Sicherungsgeber fällt an diesen das Eigentum an dem Sicherungsgut ohne Aufhebung der Eintragung zurück[38].

Die Treuhandlehre und die Sicherungslehre ziehen unterschiedliche Konsequenzen bei der Einzelzwangsvollstreckung und dem Konkursverfahren. Der Sicherungsnehmer kann nach der Treuhandlehre eine Drittwiderspruchsklage erheben, wenn andere Gläubiger des Sicherungsgebers in das Sicherungsgut vollstrecken[39]. Die Rechtsprechung erkennt in diesen Fällen die Drittwiderspruchsklage an. Der KOGH entschied beispielsweise am 23. 03. 1971 einen Fall, bei dem der Sicherungsgeber dem Sicherungsnehmer eine ihm gehörende bewegliche Sache übereignet hat und ein Gläubiger des Sicherungsgebers diese Sache pfändete. In seinem Urteil äußerte der KOGH, daß derjenige, der das Sicherungseigentum an dem Sicherungsgut erwirbt, gegenüber anderen Dritten behaupten könne, daß er das Eigentum an dieser Sache erworben hat. Dabei spielt es keine Rolle, ob der Sicherungsnehmer das Sicherungseigentum durch Sicherungsübereignung in Form der Liquidation oder durch Verfall erwirbt. Daher kann der Sicherungsnehmer, auch wenn er mit dem Sicherungsgeber die Sicherungsübereignung in der Liquidationsform vereinbart hat, bei der Pfändung des Sicherungsguts durch einen Gläubiger des Sicherungsgebers die Drittwiderspruchsklage erheben.

Dagegen kann der Sicherungsgeber bei der Vollstreckung durch einen Gläubiger des Sicherungsnehmers nach der Treuhandlehre keine Drittwiderspruchsklage erheben[40]. Bemerkenswert ist, daß die Sicherungslehre ohne nähere Begründung in Ansehung des Schutzes des Sicherungsgebers, diesem das Recht eingeräumt hat, eine Drittwiderspruchsklage zu erheben[41].

---

[37] Kim, Chung-Han, Sachenrecht, 1983, S. 546.

[38] Da nach dem deutschen Recht nur die bewegliche Sache als das Sicherungsgut dienen kann, ist diese Auffassung überzeugend und wird in der Literatur von der überwiegenden Meinung vertreten, Lange, NJW1950, 569 ; Henke, Bedingte Übertragungen im Rechtsverkehr und Rechtsstreit, S. 42 ff ; Wolf/Raiser, Sachenrecht, S. 735 ff.

[39] Kim, Dong-Seok, Die Rechtsstellung des Sicherungsnehmers in Einzelzwangsvollstreckungs- und Konkursverfahren, S. 8 ; Kwack, Yoon-Chik, Sachenrecht, 1980, S. 644 ; Kim, Ki-Seon, Das koreanische Sachenrecht, S. 541 ; Kim, Chung-Han, Sachenrecht, 1983, S. 559.

[40] Kim, Dong-Seok, a. a. o., S. 9 ; Kwack, Yoon-Chick, Sachenrecht, 1980, S. 643 ; Kim, Hyun-Tae, Das neue Sachenrecht, Bd. II., S. 239.

[41] Kim, Yong-Han, Sachenrecht, 1975, S. 626.

Beim Konkursverfahren des Sicherungsgebers wird dem Sicherungsnehmer nach der Treuhandlehre ein Aussonderungsrecht eingeräumt. Umgekehrt steht dem Sicherungsgeber beim Konkurs des Sicherungsnehmers nach der herrschenden Meinung kein Aussonderungsrecht aufgrund des §80 KKO zu[42]. Die Sicherungslehre erkennt an, daß beim Konkurs des Sicherungsnehmers - zum Schutz der anderen Gläubiger - dem Sicherungsgeber nur ein Absonderungsrecht zusteht[43].

b. Nach der Einführung des VorPfäG

Nach der Einführung des VorPfäG geht die herrschende Meinung von dem Sicherungszweck aus[44]. Daher erwirbt nach dieser Meinung der Kreditgeber durch Vereinbarung der Sicherungsübereignung kein Eigentum am Sicherungsgut, sondern erlangt nur das Sicherungsübereignungsrecht als dingliches Recht. Das Eigentum am Sicherungsgut steht immer noch dem Sicherungsgeber zu. Begründet wird dies damit, daß nach §4 Abs. 2 VorPfäG, auch wenn eine unbewegliche Sache zur Sicherung übereignet und der Sicherungsnehmer als Eigentümer eingetragen worden ist, dieser das Eigentum an dem Sicherungsgut erst erwerben könne, sobald er nach Ablauf der Liquidationsfrist dem Sicherungsgeber den Liquidationsbetrag, d. h. den Wert des Sicherungsguts abzüglich des Forderungsbetrages auszahlt. Somit erwirbt der Sicherungsnehmer - trotz der Eintragung ins Grundbuch - nur ein Sicherungsrecht.

In Ansehung der Rechtsnatur der Sicherungsübereignung wird im Schrifttum[45] erwähnt, daß der KOGH nach der Gültigkeit des VorPfäG zur Rechtsnatur der Sicherungsübereignung an einer unbeweglichen Sache keine deutliche Stellungnahme abgegeben habe. Der KOGH verwies beispielsweise in seiner Entscheidung vom 25. 04. 1988[46] darauf, daß der Sicherungsgeber gegenüber einem unberechtigten Besitzer, aufgrund seines Eigentums, die Beseitigung seiner Besitzstörung am Grundstück verlangen könne, selbst wenn der Sicherungsnehmer als Eigentümer dieses Grundstücks ins

---

[42] §80 (Verbot der Aussonderung bei der Sicherungsübereignung) Wer vor dem Beschluß des Konkurses dem Gemeinschuldner sein Vermögen übereignet hat, kann mit der Begründung, daß diese Übereignung zum Zweck der Sicherung vorgenommen wird, dieses Vermögen nicht aussondern ; Kwack, Yoon-Chik, Sachenrecht, 1980, S. 644 ; Kim, Ki-Seon, Das koreanische Sachenrecht, S. 541 ; Kim, Hyun-Tae, Das neue Sachenrecht, Bd. II., S. 239.

[43] Kim, Dong-Seok, Die Rechtsstellung des Sicherungsnehmers in Einzelzwangsvollstreckungs- und Konkursverfahren, S. 10 ; Kim, Yong-Han, Sachenrecht, 1975, S. 626.

[44] Kim, Dong-Seok, a. a. O., S. 13 ff ; Kwack, Yoon-Chik, Sachenrecht, 1994, S. 728-730 ; Kim, Yong-Han, Sachenrecht, 1993, S. 632-634 ; Kim, Sang-Yong, Sachenrecht, S. 888; Kim, Chung-Han/Kim, Hak-Dong, Sachenrecht, S. 598.

[45] Kim, Dong-Seok, a. a. O., S. 18 ; Chang, Si-Won, Rechtstheoretische Untersuchung über die Sicherungsübereignung, S. 59.

[46] KOGH 25. 04. 1988, 87 DaKa 2696.

Grundbuch eintragen ist. Des weiteren führte der KOGH aus, daß obwohl der Sicherungsgeber die gesicherte Forderung des Sicherungsnehmers innerhalb einer bestimmten Frist nicht erfüllt habe, der Sicherungsgeber sein tatsächliches Eigentum am Grundstück nicht verliere.

Der KOGH hat am 24. 04. 1990 einen Fall entschieden[47] dem folgender Sachverhalt zugrunde lag: B kaufte von V ein Grundstück, um darauf Wohnungen zu errichten. Zur Sicherung des Kaufpreises des Grundstücks vereinbarten B und V, das Eigentum an den noch zu bauenden Wohnungen dem V zu übereignen. Nachdem die Wohnungen vollständig errichtet worden waren, vermietete B diese an den Beklagten (=Mieter). Da B seine Kaufpreisschuld bis zum Fälligkeitstermin nicht erfüllt hatte, wurde V als Eigentümer der Wohnungen eingetragen. Gleichzeitig vereinbarte V mit seinem Kreditgeber (= Kläger) in einem Vorvertrag, daß er dem Kläger anstelle der Rückzahlung die Wohnungen übereignet. Der Kläger verlangte aufgrund des ihm übereigneten Eigentums vom Beklagten (=Mieter) die Räumung der Wohnungen. In seinem Urteil äußerte der KOGH, daß wenn zur Sicherung einer Darlehensforderung der Schuldner(B) und der Gläubiger(V) vereinbaren, daß V das Eigentum an den vom Schuldner errichteten Wohnungen erwerben soll, dies einen Erwerb des Sicherungsrechts durch Rechtsgeschäft darstelle. Daher gehöre das Eigentum an den errichteten Wohnungen zunächst dem Schuldner(B) und gehe danach mit der Eintragung des Gläubigers(V) als Eigentümer ins Grundbuch innerhalb des Sicherungszwecks auf den Gläubiger über.

Im Schrifttum wird hinsichtlich dieser Entscheidung darauf verwiesen, daß der Schuldner(B) nach der Errichtung der Wohnungen ohne Eintragung ursprünglich zuerst das Eigentum erwerbe und die Vereinbarung zwischen Gläubiger(V) und Schuldner(B) nur den Erwerb des Sicherungsrechts durch Rechtsgeschäft darstelle und daher diese Rechtsprechung nicht mehr mit der Treuhandlehre, sondern nur mit der Sicherungslehre vereinbar sei[48].

Aus dieser Entscheidung kann man jedoch nicht die oben erwähnte Konsequenz ziehen, denn der KOGH verwies darauf, daß das Eigentum an den Wohnungen nur innerhalb des Sicherungszwecks auf den Gläubiger(V) übergeht[49]. Nach der Sicherungslehre geht das Eigentum am Sicherungsgut nicht auf den Sicherungsnehmer über. Zu Recht ist diese Entscheidung so zu verstehen, daß der KOGH die Sicherungsübereignung als Treuhandgeschäft versteht und dabei gleichzeitig deutlich ausdrückt, daß die Rechtsstellung des Sicherungsnehmers als Eigentümer nach dem von den Parteien vereinbarten eigentlichen Sicherungszweck einzuschränken ist.

---

[47] KOGH 24. 04. 1990, 89 DaKa 18884.

[48] Kim, Sang-Yong, Kritische Analyse über die Rechtsprechung für die zivilrechtlichen Sachen, Bd. I., S. 328 ff.

[49] So auch Lee, Yong-Jun, in FS. für Bae, Kyung-Suk, S. 477 u. 478 ; Kim, Dong-Seok, Die Rechtsstellung des Sicherungsgebers im Einzelzwangsvollstreckungs- und Konkursverfahren, S. 16.

Außerdem entschied der KOGH[50] am 08. 11. 1991 einen Fall, bei dem der klagende Sicherungsnehmer vom Beklagten, der vom Sicherungsgeber ein Haus gekauft, seinen Kaufpreis noch nicht vollständig bezahlt aber dieses Haus schon in unmittelbaren Besitz genommen hatte, aufgrund seines Sicherungseigentums die Räumung des Hauses verlangte. In seinem Urteil hat der KOGH darauf verwiesen, daß der Sicherungsnehmer die Herausgabe des Sicherungsguts zur Verwertung vom Schuldner (=Sicherungsgeber) und auch gegenüber einem Dritten, der vom Sicherungsgeber den unmittelbaren Besitz erlangt hat, verlangen könne, wenn der Sicherungsgeber nach der Fälligkeit seine Darlehensschuld nicht erfüllt hat. Der Sicherungsnehmer könne hingegen keine Herausgabe allein aufgrund seines Sicherungseigentums verlangen. Daher würde sich das Ergebnis des Urteils dann ändern, wenn der Sicherungsnehmer die Herausgabe des Sicherungsguts aufgrund seines Sicherungseigentums oder nach Verwertungsreife seines Sicherungsrechts verlangt.

Meiner Ansicht nach ist der Begriff, so wie ihn der KOGH in seinem Urteil verwendet, so zu verstehen, daß das Sicherungseigentum des Sicherungsnehmers bei der Vereinbarung der Sicherungsübereignung kein uneingeschränktes Eigentumsrecht darstellt, sondern wegen des innerlich verbundenen Sicherungszwecks[51] als Verwertungsrecht am Sicherungsgut zu verstehen ist.

Anders als in dem Fall, bei dem die unbewegliche Sache ein Sicherungsgut darstellt, wendet der KOGH die Treuhandlehre an, wenn eine bewegliche Sache als Sicherungsgut dient. Der KOGH[52] betrachtet beispielsweise den Sicherungsnehmer bei der Übereignung von Aktien zur Sicherung im Verhältnis zur Gesellschaft als Aktionär. Des weiteren entschied der KOGH am 26. 08. 1994[53] einen Fall, bei dem der Sicherungsnehmer (=Kläger) zur Sicherung seiner Forderung eine bewegliche Sache übereignet und der Gläubiger (=Beklagte) des Sicherungsgebers diese bewegliche Sache mit dem titulierten Vollstreckungstitel gepfändet hat. In seinem Urteil vertrat der KOGH die Auffassung, daß wenn eine bewegliche Sache zur Sicherung im Wege des Besitzkonstituts auf den Sicherungsnehmer(=Kläger) übereignet wurde, dieser, gegenüber dem vollstreckenden Beklagten, aufgrund seines Eigentums, Drittewiderspruchsklage erheben könne, obwohl das Liquidationsverfahren über diese bewegliche Sache noch nicht durchgeführt worden sei[54].

---

[50] KOGH 08. 11. 1991, 91 Da 21770.

[51] Vgl. mit oben erwähnter Entscheidung, KOGH 24. 04. 1990, 89 DaKa 18884.

[52] KOGH 26. 05. 1992, 92 Da 84 ; KOGH 28. 12. 1993, 93 Da 8719 ; der KOGH entwickelte die Theorie, die vor der Gültigkeit des VorPfäG angewendet wurde, für den Fall, in dem als Sicherungsgut entweder eine bewegliche Sache oder Aktien übereignet werden. In einem solchen Fall ist das VorPfäG nicht anwendbar, Chang, Si-Won, Rechtstheoretische Untersuchung über die Sicherungsübereignung, S. 56.

[53] KOGH 26. 08. 1994, 93 Da 44739.

[54] In diesem Fall entschied das Landgericht Cheonju, daß wenn eine bewegliche Sache zur Sicherung übereignet worden ist, der Sicherungsnehmer kein Eigentum erwerbe,

Aus dieser Entscheidung geht klar hervor, daß die Auffassung des KOGH über die Sicherungsübereignung einer beweglichen Sache auf das Treuhandverhältnis gestützt wird.

Da die Sicherungslehre im Schrifttum die herrschende Meinung ist, wird die Rechtsstellung der Parteien vor Einführung des VorPfäG in der Einzelzwangsvollstreckung und im Konkursverfahren unterschiedlich behandelt. Konkret kann der Sicherungsnehmer nicht mehr Drittwiderspruchsklage (§ 509 KZPO), sondern nur Klage auf vorzugsweise Befriedigung (§ 526 Abs. 1 S. 2 KZPO) erheben, wenn der Gläubiger des Sicherungsgebers das Sicherungsgut pfändet. Umgekehrt kann der Sicherungsgeber bei der Pfändung des Sicherungsguts durch Gläubiger des Sicherungsnehmers Drittwiderspruchsklage erheben[55].

Bei einem Konkurs des Sicherungsgebers räumt die herrschende Meinung ein, daß dem Sicherungsnehmer nur ein Absonderungsrecht zusteht. Dagegen kann der Sicherungsgeber, obwohl er Eigentümer ist, beim Konkurs des Sicherungsnehmers wegen §80 KKO das Sicherungsgut weder ab- noch aussondern[56]. Dies ist allerdings umstritten[57].

III. Sicherungsgegenstände

Grundsätzlich können alle Vermögensrechte, die übereignet werden können, Gegenstand der Sicherungsübereignung sein. Daher können bewegliche und unbewegliche Sachen, Forderungen, Aktien und immaterielle Vermögensrechte als Sicherungsgegenstände dienen. Ziel der Sicherungsübereignung ist es, den Effekt der Mobiliarhypothek zu erreichen, wobei heutzutage für die Sicherungsübereignung meistens unbewegliche Sachen als Sicherungsgegenstände dienen. Die Sicherungsübereignung einer beweglichen Sache - besonders hinsichtlich der Sachgesamtheit - befindet sich noch in der Anfangsphase. Diesbezüglich gibt es nur drei Entscheidungen[58]. Daher kann im folgenden Teil nur die theoretische Grundlage, die zur Zeit in Korea diskutiert wird, erläutert werden.

---

sondern dies dem Sicherungsgeber gehöre und der Sicherungsnehmer daher vor der Durchführung des Liquidationsverfahrens aufgrund seines Sicherungseigentums keine Drittwiderspruchsklage erheben könne, Landgericht Cheonju, 22. 07. 1993, 93 Na 1476.

[55] Kwack, Yoon-Chik, Sachenrecht, 1994, S. 743 ; Kim, Sang-Yong, Sachenrecht, S. 898 ; Kim, Chung-Han/Kim, Hak-Dong, Sachenrecht, 1997, S. 604.

[56] Chang, Si-Won, Rechtstheoretische Untersuchung über die Sicherungsübereignung, S. 52 ; Kwack, Yoon-Chik, Sachenrecht,1994, S. 743 ; Kim, Sang-Yong, Sachenrecht, S. 898.

[57] Vgl. Kapitel. 3 B. V. 3. ff.

[58] KOGH 25. 10. 1988, 85 Nu 941 ; KOGH 27. 12. 1988, 87Nu 1043 ; KOGH 26. 12. 1988, DaKa 20224.

1. Die bewegliche Sache

a. Sicherungsübereignung einzelner beweglicher Sachen

In der Kreditpraxis kommt die Sicherungsübereignung mittels beweglicher Sachen des öfteren vor. Dabei können bspw. Fabrikmaschinen als Sicherungsgüter dienen. In diesen Fällen wird vorausgesetzt, daß eine Maschine als eine selbständige bewegliche Sache von den anderen Sachen getrennt werden kann. Sonst kann sie nicht Gegenstand der Sicherungsübereignung sein. Wenn z. B. eine Maschine mit anderen Sachen - d. h. Betriebsinventar, Betriebsgelände oder Fabrikgebäude - die gesamte Vermögensmasse der Fabrik darstellt, ist das Fabrikhypothekengesetz anzuwenden (§1 Fabrikhypothekengesetz). Daher kann die Sicherungsübereignung an einer Maschine nicht erfolgen, wenn diese als ein Teil des Betriebsinventars registriert ist. Die beweglichen Sachen, die nach §532 KZPO (vgl. §811 ZPO) unpfändbar sind, können dagegen auch wirksam zur Sicherung übereignet werden[59].

b. Sicherungsübereignung der Sachgesamtheit

Nach den allgemeinen Grundsätzen des KBGB können nur bestimmte getrennte einzelne Sachen Gegenstände von dinglichen Rechten sein (sog. Grundsatz „eine Sache, ein Recht"). Da die Rechtsprechung und das Schrifttum in Korea an diesem Grundsatz -„eine Sache, ein Recht"- festhielten, war die Sicherungsübereignung einer Sachgesamtheit nicht als wirksam anzuerkennen[60]. Wegen der immer zunehmenden gesellschaftlichen Bedürfnisse wird das dingliche Recht an der Sachgesamtheit ausnahmsweise eingeräumt, wenn die Sachgesamtheit bestimmbar ist[61].

aa. Rechtsprechung zur Sicherungsübereignung einer Sachgesamtheit

Der KOGH[62] hat in seinem Urteil am 25. 10. 1988 zum ersten Mal anerkannt, daß die Sicherungsübereignung einer Sachgesamtheit, deren Bestand immer flexibel ab- oder zunehmen kann, möglich ist. Dazu muß dieser Bestand nach seiner Gattung, der Menge und dem Ort, an dem die Sachen gelagert sind, bestimmbar sein. In seiner Entscheidung führt der KOGH

---

[59] Lee, Kuhn-Sik, Die Sicherungsübereignung, Wolgangoshi, 1987, Feb. S. 34.
[60] Kwack, Yoon-Chik, Sachenrecht, 1994, S. 27 u. 28 ; Ko, Zun-Seok, Untersuchung über die Sicherungsübereignung, S. 147 ; Kim, Jae-Hyeop, Sicherungsübereignung der Sachgesamtheit an beweglichen Sachen, S. 78-79.
[61] Eom, Young-Jin, Goshigae, 1993, Mai. S. 106.
[62] KOGH 25. 10. 1988, 85 Nu 941.

weiter aus, daß der Sicherungsnehmer Eigentum an derartigen Sicherungsgegenständen dann erwerben könne, wenn die Sache durch Besitzkonstitut auf ihn übergeht.

In einem weiteren Fall[63] vereinbarten die Firma A und die Klägerin (Bank), daß alle der Firma A gehörenden Sachen zur Sicherung auf die Klägerin übereignet werden sollen. Indem sich der KOGH dem Urteil vom 25. 10. 1988 anschloss, verwies er darauf, daß, falls die Sachgesamtheit nach ihrer Gattung, der Menge und dem Lagerort bestimmt ist und die einzelnen Sachen Gegenstände der Sicherungsübereignung sein könne, verliere die Vereinbarung ihre Wirksamkeit nicht, auch wenn die einzelnen Gegenstände, aus der die Sachgesamtheit besteht, geändert oder verarbeitet worden sind. Die Wirksamkeit der Sicherungsübereignung erstrecke sich auf die jetzige Sachgesamtheit. Wenn die Sicherungsgegenstände bei einem Sicherungsvertrag durch Besitzkonstitut auf den Sicherungsnehmer übergehen, bräucht die Parteien nicht jedesmal einen Sicherungsvertrag zu schließen, auch wenn die neuen Zugänge später eingelagert worden sind.

Schließlich entschied der KOGH am 26. 12. 1990 einen Fall, bei dem eine Fischaufzuchtsanlage als Sicherungsgegenstand diente. Auf der Liste des Sicherungsvertrages waren der Ort und der Name dieser Fischzuchtsanlage und als Sicherungsgut 1.000. 000 Fische eingetragen. Der KOGH meinte, daß wenn die Sicherungsgegenstände mit 1.000. 000 beziffert werden, dies so zu verstehen sei, daß alle Fische in dieser Anlage als Sicherungsgut dienen sollen. In einem solchen Fall seien die Fische genau wie Rohmaterialien oder ein Warenlager zu behandeln, obwohl sie lebendige Wesen sind[64].

Die Rechtsprechung vertritt also in diesen drei Entscheidungen die Auffassung, daß dem Bestimmtheitserfordernis bei der Sicherungsübereignung einer Sachgesamtheit Genüge getan wird, wenn die Gattung, die Menge und der Ort, an dem die Sicherungsgegenstände gelagert werden, bestimmt sind. Darüber hinaus ist allen drei Entscheidungen gemein, daß sie ein Besitzkonstitut ausreichen lassen, um dem Publizitätsprinzip zu genügen.

bb. Bestimmtheitsprinzip

(1) Meinungsstand in der Literatur bzw. Dogmatik

Der KOGH legt als Maßstab an, daß die Gegenstände nach Gattung, Menge und Lagerort bestimmt sind. Jedoch sagt er nichts darüber, wie man das Bestimmtheitsprinzip in Bezug auf Gattung, Menge und Ort in einem konkreten Fall anzuwenden hat.

[63] KOGH 27. 12. 1988, 87 Nu 1043.
[64] KOGH 26. 12. 1990, 88 DaKa 20224.

Daher gibt es bis jetzt keine Grundsätze dafür, inwieweit die Gattung der Sachgesamtheit zur Erfüllung des Bestimmtheitsprinzips konkretisiert werden muß. Dieses Problem kann im Zusammenhang mit dem Ort, an dem die Sache vorliegt, beantwortet werden. Wenn bspw. die Sicherungsgegenstände zwar nicht ihrer Gattung nach bestimmt sind, jedoch der Ort, an dem sie gelagert werden, genau konkretisiert worden ist, können sie als ausreichend bestimmt betrachtet werden. Daher kann es für das Bestimmtheitsprinzip als ausreichend angesehen werden, wenn alle beweglichen Sachen im Warenlager „A" oder in dem Geschäftsladen „B" als Sicherungsgegenstände dienen. Für den Sicherungsnehmer ist dieses Kriterium zum Bestimmtheitsprinzip sehr günstig, weil er die Gegenstände, die an einem bestimmten Ort liegen, ohne Rücksicht auf die Änderung des Inhalts, immer als Sicherungsgut verwenden kann.

Diese Sichtweise ist meines Erachtens nach zu weitgehend, weil sie für den Sicherungsgeber und für andere Gläubiger zum Schaden führen kann und aufgrund des ungerechtfertigten Rechtsverhältnisses gemäß §104 KBGB der Sicherungsvertrag ganz oder teilweise nichtig werden könnte. Dagegen kann eine überflüssige Konkretisierung der Sachen einer bestimmten Gattung auch gefährlich sein, weil in diesen Fällen die später in die Warenlager kommenden Sachen nicht als Sicherungsgegenstände gelten, da sie vom Sicherungsvertrag nicht mit umfaßt werden[65].

Wenn eine Gattung von Sachen im Warenlager gelagert ist, davon aber nur Teile als Sicherungsgegenstände dienen, daher z. B. „die Hälfte der Stähle in diesem Warenlager", könnte man nicht sagen, daß die Sicherungsgegenstände auf diese Weise genügend bestimmt sind. In diesem Fall könnten alle beweglichen Sachen, die sich in diesem Raum befinden, zu Sicherungsgegenständen werden. Schließlich weiß man nicht, welcher Teil der beweglichen Sachen als Sicherungsgut dient und welcher nicht[66].

Die Sicherungsgegenstände sind als ausreichend bestimmt anzusehen, wenn sie von den dem Vermögen des Sicherungsgebers zugehörigen anderen Sachen getrennt gelagert sind. Wenn aber z. B. Teile der Sachen, die in einem Warenlager untergebracht worden sind, dadurch als Sicherungsgegenstände bestimmt sein sollen, daß sie durch eine genaue Ortsangabe, wie z. B. die Sachen im zweiten Regal, von den Sachen, die nicht als Sicherungsgüter dienen, näher konkretisiert worden sind, genügt dies dem Bestimmtheitsprinzip[67].

In Ansehung des Zeitpunkts des Bestimmtheitsprinzips ist es fraglich, wann die einzelnen Sicherungsgegenstände zu bestimmen sind. Denkbare Konstellationen sind wie folgt : zuerst sind die Sicherungsgegenstände beim

---

[65] Seong, Jae-Bong, Untersuchung über die Sicherungsübereignung der Sachgesamtheit, S. 55 u. 56 ; Yoo, Jeong, Eine Untersuchung über die Sicherungsübereignung der Sachgesamtheit, 2001, S. 109 ff..

[66] Seong, Jae-Bong, a. a. O., S. 58 u. 59 ; Yoo, Jeong, a. a. O., S. 109 ff..

[67] Seong, Jae-Bong, a. a. O., S. 57.

Sicherungsvertrag nicht genügend bestimmt, werden aber später konkretisiert. Damit könnte dem Bestimmtheitsprinzip Genüge getan sein. Hinsichtlich der Wirksamkeit des Sicherungsvertrages wird von einer Auffassung vertreten, daß die Sicherungsübereignung nur dann für gültig zu halten ist, wenn die Sicherungsgegenstände bereits beim Sicherungsvertragsabschluß zwischen dem Sicherungsgeber und dem Sicherungsnehmer bestimmt worden sind. Falls die Sicherungsgegenstände im Verhältnis zum Dritten im erforderlichen Umfang bestimmt sind, erlangt die Sicherungsübereignung vollkommene Wirksamkeit[68].

Unklar bleibt hier, was es bedeutet, daß die Sicherungsgegenstände im Verhältnis zum Dritten im erforderlichen Umfang zu bestimmen sind. Ein denkbarer Fall wäre, daß die Sicherungsgegenstände beim Sicherungsvertrag genügend bestimmt sind, der Umfang der Sicherungsgegenstände aber später aus verschiedenen Gründen - z. B. wenn der Sicherungsgeber seine Sachen zusammen mit den Sicherungsgegenständen einlagert - nicht bestimmt werden können[69]. Fraglich ist, ob die Sicherungsübereignung in diesen Fällen wirksam ist.

(2) Persönliche Stellungnahme

Die Sicherungsübereignung einer Sachgesamtheit, die aus einem wechselnden Bestand besteht, ist anders, als die Sicherungsübereignung einzelner beweglicher Sachen. Dient eine einzelne bewegliche Sache als Sicherungsgut, ist dem Bestimmtheitsprinzip viel leichter zu genügen. Bei der Sicherungsübereignung der Sachgesamtheit mit wechselndem Bestand ist es einerseits von Anfang an schwer, die Gegenstände genau zu bestimmen. Wie bereits aufgezeigt, genügen beispielsweise reine Gattungs- oder Mengenangaben dem Bestimmtheitserfordernis nicht. Vielmehr ist die Lagerung an einem bestimmten Ort oder in einem bestimmten Raum grundsätzlich erforderlich. Der Ort, an dem die Sicherungsgegenstände gelagert sind, muß angegeben werden, wobei die Sache je nach Situation durch Gattungs- oder Mengenangaben weiter zu konkretisieren ist. Andererseits ist es auch nicht einfach, dem Bestimmtheitserfordernis während der gesamten Laufzeit des Sicherungsvertrages zu genügen, auch wenn die Gegenstände bei seinem Abschluß bestimmt worden waren. Daher wäre es in die Pflicht des Sicherungsgebers einzubeziehen, daß dieser während der Laufzeit des Sicherungsvertrages die Sicherungsgegenstände von den Sachen, die nicht als Sicherungsgegenstände dienen sollen, so deutlich unterscheidet, wie es die Parteien vereinbart haben. Somit trägt der Sicherungsgeber die Pflicht, die Sicherungsgegenstände ordnungsgemäß zu verwalten.

---

[68] Kim, Jae-Heop, Die Sicherungsübereignung der Sachgesamtheit, S. 92.

[69] Seong, Jae-Bong, Untersuchung über die Sicherungsübereignung der Sachgesamtheit, S. 61 ; Yoo, Jeong, Eine Untersuchung über die Sicherungsübereignung der Sachgesamtheit, 2001, S. 113 ff.

Auf der anderen Seite hat der Sicherungsnehmer das Recht, darüber informiert zu werden, ob der Sicherungsgeber seine Verwaltungspflicht ordentlich wahrnimmt. Daher ist der Sicherungsgeber beispielsweise verpflichtet, dem Sicherungsnehmer die Urkunde über neue Zugänge vorzulegen, falls dieser sie verlangt[70]. In dieser Urkunde sind die Bestände des Sicherungsguts aufzuführen. Um dem Bestimmtheitserfordernis zu genügen, muß es sich ohne andere Hilfen - wie z. B. Lagerbüchern, Rechnungen, usw. - aus der Urkunde selbst ergeben, welche einzelnen individuellen Gegenstände übereignet worden sind[71]. Bei der Bestimmung des Zeitpunktes, in dem die Sicherungsgegenstände konkretisiert werden müssen, liegt das Problem darin, daß bei der Sicherungsübereignung einer Sachgesamtheit die Bestände immer wieder wechseln können. Nimmt man an, daß die Sicherungsgegenstände beim Vertragsschluß nach ihrer Gattung, der Menge, dem Ort, usw. bestimmt sein müssen und werden dann später neue Zugänge eingebracht, könnten diese wegen des Mangels der Bestimmtheit nicht ins Sicherungsgut einbezogen werden, wenn man davon ausgeht, daß die Sicherungsgegenstände unbedingt zum Zeitpunkt des Abschlusses des Sicherungsvertrags zu bestimmen sind. Der KOGH[72] ist der Meinung, daß falls die Sachgesamtheit bestimmt und damit die Sicherungsübereignung erfolgt sei, sie ihre Wirksamkeit nicht verliere, auch wenn die einzelnen Gegenstände, aus der die Sachgesamtheit besteht, ausgewechselt worden seien. Die Wirksamkeit der Sicherungsübereignung erstrecke sich auf die jetzige Sachgesamtheit. Diese Auffassung des KOGH könnte dazu führen, daß das Bestimmtheitserfordernis wieder unklar wird. Meiner Ansicht nach, sind die Sicherungsgegenstände grundsätzlich beim Sicherungsvertragsschluß zu bestimmen, wobei es ausreichend ist, daß Neuzugänge erst mit Eigentumsübergang bestimmt werden [73], weil nur dann der Sicherungsvertrag wirksam geschlossen werden kann.

cc. Das Publizitätsprinzip

Bei der Übertragung einer beweglichen Sache wird die Publizität durch Übergabe vorgenommen (§§188, 190 KBGB)[74]. Meistens wird bei der

---

[70] Vgl. Formular II-1 im Anhang.

[71] BGHZ 21, 56 ; BGHZ 28, 16, 19 ; BGH, JZ 1988, 471.

[72] KOGH 27. 12. 1988, 87 Nu 1043.

[73] Der BGH hat z.B.anerkannt, daß die zu übereignenden Gegenstände im Zeitpunkt der Einigung des Eigentumsübergangs, aber nicht im Sicherungsvertrag bestimmt sein müssen, BGH, WM 1988, 346, 347.

[74] §188 (Wirksamwerden der Übertragung der dinglichen Rechte an beweglichen Sachen ; bloße Einigung) (1) Die Übertragung eines dinglichen Rechts an einer beweglichen Sache wird durch Übergabe an den Erwerber wirksam. (2) Befindet sich der Erwerber im Besitz der Sache, so wird die Übertragung durch bloße Einigung zwischen Veräußerer und Erwerber wirksam.

§190 (Abtretung des Herausgabeanspruchs) Tritt der Veräußerer bei Übertragung eines dinglichen Rechts an einer im Besitz eines Dritten befindlichen Sache dem Erwerber den

Sicherungsübereignung die Übergabe durch Vereinbarung eines Besitzkonstituts gemäß §189 KBGB ersetzt[75]. Die oben erwähnte Rechtsprechung[76] vertritt auch die Auffassung, daß das Besitzkonstitut dem Publizitätsprinzip genügt.

Diese Meinung wird kritisiert. Zum einen wird die Kritik darauf gestützt, daß ein Besitzkonstitut als Publizitätsmittel keine Lösung sein könne, weil ein Dritter, der den Sicherungsvertrag zwischen dem Sicherungsnehmer und dem Sicherungsgeber nicht kennt, unerwartet Schaden erleiden könne. Zum anderen sei ein Besitzkonstitut als Publizitätsmittel deswegen nicht angemessen, weil danach ein Dritter das Eigentum am Sicherungsgut aufgrund seiner Gutgläubigkeit erlangen könne, falls der Sicherungsgeber ohne Erlaubnis des Sicherungsnehmers über das Sicherungsgut verfügt habe. Dies führt dazu, daß der Sicherungsnehmer sein Sicherungsmittel verlieren würde.

Aus diesem Grund wird die Auffassung vertreten, daß es, um dem Publizitätsprinzip zu genügen, notwendig sei, das Sicherungsgut auf die gewohnheitsrechtlich anerkannte Weise (sog. Myeon-In-Bang-Beob), bei der z. B. die zur Sicherung dienenden Gegenstände mit Namensschildern gekennzeichnet werden müsse, zu publizieren[77]. Ein anderer Vorschlag ist, daß das Rechtsverhältnis der Sicherungsübereignung durch die öffentlich beglaubigte Urkunde mit Datumsangabe bekannt gemacht wird. Diese Meinung wird aber deshalb kritisiert, weil die öffentlich beglaubigte Urkunde keinen öffentlichen Glauben nach sich zieht und daher gegenüber dem gutgläubigen Dritten keine Wirkung entfalten könne[78]. Myeong-In-Bang-Beob ist zwar gewohnheitsrechtlich anerkannt, jedoch gibt es keinen gesetzlichen Schutz, falls sie später erlischt. Die öffentlich beglaubigte Urkunde ist auch wegen der oben genannten Gründe als Publizitätsmittel nicht angemessen. Zu Recht hat die Rechtsprechung[79] anerkannt, daß das Besitzkonstitut als Publizitätserfordernis genügt. Hinsichtlich des Erwerbes durch einen gutgläubigen Dritten bleibt die Gefahr bestehen, daß der Sicherungsnehmer sein Sicherungsgut verlieren kann. Dieses Problem kann jedoch dadurch vermieden werden, daß der Sicherungsgeber zum Schadensersatz gegenüber dem Sicherungsnehmer verpflichtet wird, falls dieser das Sicherungsgut ohne Erlaubnis des Sicherungsnehmers an einen gutgläubigen Dritten veräußert.

Anspruch auf Herausgabe der Sache gegen den Dritten ab, so gilt die Sache als dem Erwerber übergeben.

[75] §189 (Besitzkonstitut) Verbleibt der Veräußerer bei Übertragung eines dinglichen Rechts an einer beweglichen Sache aufgrund eines Rechtsverhältnisses mit dem Erwerber im Besitz der Sache, so gilt die Sache als diesem übergeben.

[76] KOGH 27. 12. 1988, 87 Nu 1043 ; KOGH 26. 12. 1990, 88 DaKa 20224.

[77] Im, Hyun-Su, Rechtstheorie über die Sicherungsübereignung der Sachgesamtheit, S. 61.

[78] Seong, Jae-Bong, Untersuchung über die Sicherungsübereignung der Sachgesamtheit, S. 67.

[79] KOGH 27. 12. 1988, 87 Nu 1043 ; KOGH 26. 12. 1990, 88 DaKa 20224.

dd. Kollisionsproblem zwischen Sicherungs- und Vorbehaltseigentum

Selbst wenn die Sachgesamtheit, die als Sicherungsgegenstand dient, nach dem Ort, der Gattung und der Menge bestimmt ist, kann man damit nicht sagen, daß das Sicherungsgut vollkommen bestimmt ist, falls der Sicherungsvertrag zusätzliche Bedingungen für die Bestimmtheit vorsieht. Dazu gehören beispielsweise solche Bedingungen, nach denen „die nicht dem Sicherungsgeber gehörenden Sachen vom Sicherungsgut ausgeschlossen sind“. Konkret ist ein solcher Fall denkbar, wenn der Sicherungsgeber die Sache unter Eigentumsvorbehalt gekauft und vor der vollständigen Kaufpreiszahlung übereignet hat. In einem solchem Fall erstreckt sich die Wirkung der Sicherungsübereignung nicht auf die einem Dritten gehörende Sache. Daher wird die Rechtsstellung des Sicherungsnehmers unsicher, obwohl die Gegenstände beim Sicherungsvertrag nach ihrer Gattung, der Menge und dem Lagerort bestimmt sind. In einem derartigen Fall kann der Sicherungsnehmer nur aufgrund seiner Gutgläubigkeit das Eigentum am Sicherungsgut erwerben[80]

Die herrschende Meinung[81] und die Rechtsprechung[82] verneinen den Gutglaubenserwerb beim Besitzkonstitut. Begründet wird dies damit, daß das Besitzkonstitut eine ideelle Besitzübergabe darstelle, wobei von außen nicht erkennbar sei, ob ein Rechtsgeschäft zwischen dem Veräußerer und einem gutgläubigen Dritten vorliegt. Damit wäre es für den ursprünglichen Eigentümer zu hart, wenn der Dritte durch Besitzkonstitut vom Veräußerer die bewegliche Sache gutgläubig erwerben könne. Die Mindermeinung vertritt die Auffassung, daß der Gutglaubenserwerb auch im Wege des Besitzkonstituts möglich ist[83]. Begründet wird dies vor allem damit, daß falls man den Gutglaubenserwerb beim Besitzkonstitut nicht anerkenne, die Sicherungsübereignung in der Praxis nicht so häufig als Kreditsicherungsmittel verwendet werden würde[84]. Schließlich vertritt neben dieser Mindermeinung eine weitere Auffassung die Ansicht, daß beim Besitzkonstitut der gutgläubige Dritte das Eigentum an der Sache zwar erlangen könne, der Erwerb aber zunächst nur schwebend wirksam sei und erst dann endgültig wirksam werde, wenn er vom Veräußerer den unmittelbaren Besitz erwirbt.

---

[80] Dieses Problem ist in Deutschland erheblich. Die deutsche Rechtsprechung bürdet dem Sicherungsnehmer eine besondere Nachforschungspflicht hinsichtlich solcher Waren auf, die im Allgemeinen unter Eigentumsvorbehalt geliefert werden, BGH NJW 1958, 1485 ff. Falls der Sicherungsnehmer seiner Nachforschungspflicht nicht nachkommt, kann er sich nicht auf seine Gutgläubigkeit berufen (vgl. Kapitel 2 C. III. 1. ff).

[81] Kwack, Yoon-Chik, Sachenrecht, 1994, S. 220 ; Kim, Chung-Han/Kim, Hak-Dong, Sachenrecht, S. 125 ; Lee, Yong-Jun, Sachenrecht, S. 268 ; Kim, Hyung-Bae, Vorlesung des Bügerlichen Gesetzes, 2000, S. 360.

[82] KOGH 05. 05. 1964, 63 Da 775 ; KOGH 17, 01, 1978, 77 Da 1872.

[83] Kim, Sang-Yong, Sachenrecht, S. 234 ; Ko, Jun-Seok, Untersuchung über den Gutglaubenserwerb einer beweglichen Sache, S. 68.

[84] Hwang, Seok-In, Die Theorie des modernen Bürgerlichen Gesetzes, S. 149.

Diese Auffassung wird auf §933 BGB gestützt[85]. Dieser Ansicht ist zuzustimmen. Nach dem Wortlaut des §249 KBGB kann der Erwerber das Eigentum an der Sache erwerben, wenn er gutgläubig deren Besitz erlangt. Was man hier unter dem Besitz verstehen kann, ist nicht klar. Während §933 BGB den Gutglaubenserwerb beim Besitzkonstitut regelt, gibt es keine vergleichbare Vorschrift im KBGB. Soweit das KBGB jedoch für ein Besitzkonstitut die Besitzübergabe einer beweglichen Sache für den Eigentumsübergang als ausreichend betrachtet, ist der Gutglaubenserwerb des Sicherungsnehmers anzuerkennen, wenn er zwar zunächst das Sicherungsgut nur durch Besitzkonstitut erwirbt, jedoch später den unmittelbaren Besitz erlangt[86].

Gemäß §249 KBGB kann der Erwerber von einem Nichtberechtigten das Eigentum an einer beweglichen Sache erlangen, wenn er sie nicht durch verbotene Eigenmacht oder heimtückisch, sondern in gutem Glauben ohne Fahrlässigkeit in Besitz genommen hat. Nach der Rechtsprechung[87] hat der Erwerber zu beweisen, daß ihm der Umstand, daß der Veräußerer ein Nichtberechtigter war, nicht bekannt gewesen ist. Daher ist der Sicherungsnehmer verpflichtet, zu beweisen, daß er in seiner Gutgläubigkeit - d. h. ihm war nicht bekannt, daß der Sicherungsgeber die Sache unter Eigentumsvorbehalt gekauft, er seinen Kaufpreis aber noch nicht vollständig gezahlt hat und daher die Sache immer noch dem Vorbehaltseigentümer gehört - nicht fahrlässig gehandelt hat, als er den unmittelbaren Besitz vom Sicherungsgeber erwarb.

2. Die unbewegliche Sache

In Korea wird die unbewegliche Sache als Sicherungsgegenstand bevorzugt. In der Praxis erfolgt die Sicherungsübereignung meistens entweder mit einem Grundstück oder einem Gebäude. Gemäß §99 Abs. 1 KBGB gehören zur unbeweglichen Sache sowohl das Grundstück, als auch die damit fest verbundenen Sachen. Zu den mit dem Grundstück fest verbundenen Sachen gehören z. B. Gebäude und Bäume, die nach dem Baumgesetz eintragen worden sind. Zu beachten ist, daß nach koreanischem Recht ein Gebäude kein wesentlicher Bestandteil des Grundstücks, sondern eine selbständige unbewegliche Sache darstellt und daher ein Sicherungsgegenstand sein kann , während im deutschem Recht gemäß §94 Abs. 1 BGB ein Gebäude zu den wesentlichen Bestandteilen eines Grundstücks gehört und damit nicht Gegenstand besonderer Rechte sein kann (§93 BGB).

[85] Kim, Sang-Yong, Sachenrecht, S. 235.

[86] Eom, Yong-Jin, Goshigae, 1993, Mai. S. 115.

[87] KOGH 22. 03. 1962, 4294 Minsang 1174 ; KOGH 03. 09. 1968, 68 Da 169 ; KOGH 22. 12. 1981, 80 Da 2910.

Dient als Sicherungsgut eine unbewegliche Sache, ist eine Eintragung ins Grundbuch erforderlich (§§186, 187 KBGB)[88], um dem Publizitätsprinzip zu genügen. Falls eine unbewegliche Sache, z. B. ein Grundstück oder ein Gebäude, zur Sicherung übereignet worden ist und der Sicherungsnehmer ins Grundbuch als Eigentümer eingetragen wurde, stellt sich die Frage, was als Grundlage der Eintragung anzusehen ist.

In der Praxis wird im Allgemeinen der „Verkauf" als Grundlage der Eintragung angesehen[89]. In einem solchen Fall könnte man aber nicht unterscheiden, ob es sich um die Eintragung einer echten Eigentumsübertragung aufgrund eines Kaufvertrages oder um die Eintragung aufgrund einer Sicherungsübereignung handelt[90]. Dies würde dazu führen, daß der Sicherungsnehmer seine Rechtsstellung viel leichter mißbrauchen kann. Daher ist „der Sicherungsvertrag" als die Grundlage der Eintragung anzusehen[91].

IV. Innen- u. Außenverhältnis der Sicherungsübereignung

1. Innenverhältnis zwischen den Parteien

Aus dem Grundsatz der Vertragsfreiheit ergibt sich, daß die Parteien ihr Innenverhältnis durch einen Vertrag grundsätzlich selbst bestimmen können. Die Parteien können im Sicherungsvertrag bspw. den Umfang der gesicherten Forderung und die Nutzungsmöglichkeit des Sicherungsguts bestimmen. Kommt solch eine Vereinbarung zwischen den Parteien nicht zustande, dann wird das Innenverhältnis durch den Vertragszweck bestimmt[92].

a. Umfang der gesicherten Forderung

Gemäß §3 Abs. 2 VorPfäG[93] bestimmt sich der Umfang der gesicherten Forderungen nach §360 KBGB. Nach §360 KBGB gehören zum Umfang

---

[88] §186 (Wirksamwerden der dinglichen Rechtsänderung an Grundstücken) Der Erwerb, Verlust oder eine sonstige Änderung eines dinglichen Rechts an einem Grundstück durch Rechtsgeschäft wird erst durch Eintragung ins Grundstücksregister wirksam.

[89] Chang, Kyung-Hak, Sachenrecht, S. 905.

[90] Kim, Sang-Yong, Sachenrecht, S. 891 u. 892 ; Kwack, Yoon-Chik, Sachenrecht, 1994, S. 733 u. 734.

[91] Auch, Kim, Sang-Yong, a. a. O., S. 892.

[92] Chang, Si-Won, Rechtstheoretische Untersuchung über die Sicherungsübereignung, S. 68.

[93] §3 (Benachrichtigung zur Verwirklichung des Sicherungsrechts und die Liquidationsfrist) (2) Gemäß Abs. 1 müssen zum Zeitpunkt der Benachrichtigung der geschätzte Wert des betroffenen Grundstückes und der Forderungsbetrag gemäß §360 KBGB

der gesicherten Forderungen das Grundkapital, die Zinsen, die Vertragsstrafe, der Schadensersatz wegen Nichterfüllung und die Durchführungskosten der Sicherungsübereignung. Bei der Sicherungsübereignung im schwachen Sinne darf der vereinbarte Zinssatz den im Zinsbeschränkungsgesetz vorgegebenen Zinssatz nicht übersteigen.

Dies bedeutet, daß der Sicherungsnehmer bei der Verwertung des Sicherungsguts, den über den gesetzlichen Zinssatz hinausgehenden Teil der Zinsen mit dem Verwertungserlös nicht ausgleichen kann. Nach §608 KBGB ist ein Sicherungsvertrag nichtig, wenn der zur Zeit der Darlehensgewährung abgeschätzte Wert des Sicherungsguts den Darlehensbetrag und dessen Zinsen übersteigt (§607 KBGB)[94].

b. Nutzungsmöglichkeiten des Sicherungsguts

Ziel der Sicherungsübereignung ist es, die Sicherung der Forderung, ohne eine unmittelbare Besitzübergabe des Sicherungsguts zu erreichen. Daher erhält der Sicherungsgeber ein Nutzungsrecht am Sicherungsgut, auch wenn dies nicht von den Parteien vereinbart worden ist[95]. Fraglich ist, worauf sich dieses Nutzungsrecht begründet.

Eine Auffassung begründet das Nutzungsrecht des Sicherungsgebers mit dem geschlossenen Mietvertrag. In einem solchen Fall kann der Sicherungsnehmer grundsätzlich dann vom Mietvertrag zurücktreten, wenn der Sicherungsgeber (=Mieter) seine Miete zweimal nicht rechtzeitig zahlt und somit in Verzug gerät (§640[96] KBGB). Hinsichtlich der Sicherungsübereignung ist diese Miete eigentlich als Zins aus der Darlehensgewährung anzusehen. Damit stellt der Rücktritt des Sicherungsnehmers vom Mietvertrag die Verwertung des Sicherungsguts dar, d. h., hinsichtlich der Sicherungsübereignung verwirklicht der Sicherungsnehmer sein Verwertungsrecht aufgrund des zweimaligen Verzuges der Zinszahlung. Der zweimalige Verzug der Zinszahlung darf jedoch nicht sofort zur Verwirklichung der Verwertung führen, weil der Sicherungsgeber sein Eigentum am Sicherungsgut durch die Verwertung endgültig verlieren würde und dies für ihn ein zu hartes Ergebnis sein kann. Aus diesem Grund ist §640 BGB, bezogen auf die Sicherungsübereignung, so zu verstehen, daß der Sicherungsgeber bei zweimaligem Verzug mit der Miete seinen Vorteil aus der

---

eindeutig aus der Benachrichtigung hervorgehen. Werden zwei oder mehr Grundstücke belastet, müssen der Forderungsbetrag, der durch die Eigentumsüber-tragung des einzelnen Grundstückes getilgt werden soll und die erforderlichen Kosten in der Benachrichtigung enthalten sein.

[94] Kwack, Yoon-Chik, Sachenrecht, 1994, S. 738.

[95] KOGH 24. 05. 1977, 77 Da 430.

[96] §640 (Kündigung wegen Rückstand des Mietzinses) Der Vermieter eines Gebäudes oder einer baulichen Anlage kann das Mietverhältnis kündigen, wenn der Betrag des rückständigen Mietzinses die Höhe des Mietzinses für zwei Zeitabschnitte beträgt.

Zeitbestimmung gemäß §388KBGB verliert[97]. Die andere Ansicht geht davon aus, daß nach der Sicherungslehre bei der Vereinbarung der Sicherungsübereignung das Eigentum am Sicherungsgut dem Sicherungsgeber und das Sicherungsrecht dem Sicherungsnehmer zusteht und daher das Nutzungsrecht des Sicherungsgebers eine logische Konsequenz aus seinem Eigentum am Sicherungsgut darstellt. Damit hat der Sicherungsgeber die erforderlichen Kosten zur Nutzung des Sicherungsguts, wie beispielsweise die Versicherungskosten, zu tragen[98].

Bei der Vereinbarung der Sicherungsübereignung übereignet der Sicherungsgeber sein Eigentum am Sicherungsgut zur Sicherung seiner Darlehensschuld und erhält ein unmittelbares Besitz- und Nutzungsrecht an diesen Sicherungsgegenständen. Dadurch unterscheidet sich die Sicherungsübereignung von dem Pfandrecht. Ein Nutzungsrecht des Sicherungsgebers ergibt sich aus dem Sicherungsvertrag. Es ist daher nicht erforderlich, daß ein Nutzungsrecht zusätzlich durch ein Mietverhältnis begründet wird.

c. Die Verwahrungs- und Verwaltungspflicht

Aus dem Sicherungsvertrag ergeben sich Besitz- und Nutzungsrechte des Sicherungsgebers. Daraus folgen die Verwahrungs- und die Verwaltungspflicht des Sicherungsgebers. Wenn der Sicherungsgeber entgegen dieser Pflichten das Sicherungsgut beschädigt, ist er zum Schadensersatz wegen Nichterfüllung verpflichtet. In diesem Fall entsteht der Anspruch auf Schadensersatz insoweit, als der übrig gebliebene Sicherungswert des Sicherungsguts die gesicherte Forderung nicht deckt. Die Höhe des Schadensersatzes ergibt sich aus der Differenz zwischen dem Wert des geschädigten Sicherungsguts und dem der gesicherten Forderung[99].

Nach dem in der Praxis verwendeten Formular ist der Sicherungsgeber grundsätzlich verpflichtet, die Sicherungsgegenstände als ein guter Verwalter gemäß §374 KBGB aufzubewahren[100].mDes weiteren erhält der Sicherungsgeber das Besitz- und Nutzungsrecht am Sicherungsgut und ist

---

[97] Kwack, Yoon-Chik, Sachenrecht, 1994, S.738 u. 739 ; §388 (Verlust des Vorteils der Zeitbestimmung) In folgenden Fällen kann sich der Schuldner dem Gläubiger gegenüber nicht darauf berufen, daß die Schuld noch nicht fällig ist, wenn 1. er die dem Gläubiger geleistete Sicherheit verschlechtert, vermindert oder zerstört hat, 2. er seine Verpflichtung für eine Sicherheitsleistung nicht erfüllt hat.

[98] Kim, Sang-Yong, Sachenrecht, S. 894.

[99] Chang, Si-Won, Rechtstheoretische Untersuchung über die Sicherungsübereignung, S. 71 u. 72 ; Kim, Sang-Yong, Sachenrecht, S. 894.

[100] §374 (Sorgfaltspflicht bis zur Übergabe) Ist eine bestimmte Sache zu übertragen, so hat der Schuldner die Sache bis zur Übergabe mit derselben Sorgfalt aufzubewahren wie ein guter Verwalter.

deshalb verpflichtet, die Verwaltungskosten zu übernehmen[101]. Der Sicherungsgeber ist auch verpflichtet, während der Abwicklung des Vertrages das Sicherungsgut zu versichern und den Versicherungsschein der Bank auszuhändigen[102]. Bei einem Verlust oder einer Verschlechterung des Sicherungsguts sowie bei einer eingetretenen oder zu befürchtenden Wertminderung muß der Sicherungsgeber die Bank unverzüglich davon unterrichten und einen Ersatz für die verlustig gegangenen Teile in angemessener Höhe leisten[103]. Darüber hinaus ist der Sicherungsgeber verpflichtet, der Bank mindestens einmal im Monat und bei Aufforderung der Bank jederzeit, ein Verzeichnis, das den gegenwärtigen Stand der Sicherungsgegenstände aufzeigt, vorzulegen[104].

2. Außenverhältnis der Sicherungsübereignung

Seit der Einführung des VorPfäG betrachtet die Sicherungslehre (h.M.) das Recht des Sicherungsnehmers als ein Sicherungsrecht. Im Gegensatz dazu erhält der Sicherungsnehmer nach der Treuhandlehre die Eigentümerstellung. Diese Diskrepanz der Rechtsstellung des Sicherungsnehmers wird in

---

[101] Formular für den Sicherungsübereignungsvertrag der Bank in Korea : „Nr. 3 (Besitz und Verwaltung des Sicherungsguts) (1) Der Sicherungsgeber hat als Vertreter der Bank das Sicherungsgut (einschließlich der gemäß §7 neu eingehenden und wechselnden Gegenstände) zu besitzen, zu verwalten und trägt alle damit verbundenen Kosten.
(2) Der Sicherungsgeber ist verpflichtet, das Sicherungsgut gewissenhaft zu verwalten ; über den Lagerort und die Maßnahmen zur Verwaltung etc. des Sicherungsguts bestimmt die Bank ; bei Änderung des Sicherungsguts bedarf es der vorherigen Zustimmung der Bank".

[102] Formular für den Sicherungsübereignungsvertrag der Industriebank in Korea : „Nr. 4 (Versicherungsvertrag) (1) Der Sicherungsgeber verpflichtet sich, das Sicherungsgut nach Art und Höhe, die die Bank vorgibt, bei einer Versicherungsgesellschaft nach freier Wahl zu versichern.
(2) Der Sicherungsgeber hat in dem in Abs. 1 genannten Versicherungsvertrag die Bank als Begünstigte anzugeben und den Versicherungsschein der Bank auszuhändigen".

[103] Formular für den Sicherungsübereignungsvertrag der Industriebank in Korea : „Nr. 5 (Verwahrung etc. des Sicherungsguts) (1) Der Sicherungsgeber hat bei Verlust, Verschlechterung oder sonstigen Unfällen des Sicherungsguts sowie bei einer eingetretenen oder zu befürchtenden Wertminderung der Bank unverzüglich davon Mitteilung zu machen ; der Sicherungsgeber hat keinen Anspruch auf Ersatz für entstehende Schäden". „Nr. 6 (Werterhaltung des Sicherungsguts) Tritt der in Nr. 5 Abs. 1 genannte Fall ein, ist der Schuldner auf Verlangen der Bank verpflichtet, einen Ersatz in Sachen in angemessener Höhe zu leisten".

[104] Formular für den Sicherungsübereignungsvertrag der Industriebank in Korea : „Nr. 11 (Angaben und Überprüfung des Sicherungsguts) Der Sicherungsgeber ist verpflichtet, mindestens einmal im Monat ein Verzeichnis der Sicherungsgüter in einem von der Bank vorgegebenen Formular aufzuführen und der Bank vorzulegen ; bei Aufforderung der Bank hat der Sicherungsgeber jederzeit ein dem gegenwärtigen Stand entsprechendes Verzeichnis der Sicherungsgüter vorzulegen. Sollte eine Überprüfung erforderlich werden, hat der Sicherungsgeber entsprechende Unterstützung zu gewähren".

den Fällen, in denen ein Grundstück als Sicherungsgut dient, besonders deutlich, weil nach dem koreanischen Recht für den Eigentumsübergang das Pubilizitätsprinzip beachtet werden muß und deshalb eine Eintragung des Sicherungsnehmers ins Grundbuch notwendig ist. Im Außenverhältnis der Sicherungsübereignung kann diese Situation zum Mißverständnis führen, weil einem Dritten die Stellung des Sicherungsnehmers allein durch Eintragung ins Grundbuch nicht deutlich wird. Er weiß nicht, ob dieser das Grundstück aufgrund eines Kaufvertrags erworben hat oder ob er wegen der Vereinbarung einer Sicherungsübereignung im Grundbuch als Eigentümer eingetragen wurde.

Des weiteren ist bei beweglichen Sachen ein Gutglaubenserwerb durch den Besitz möglich (§249 BGB), während er beim Grundstück nicht möglich ist, weil in Korea das Grundbuch noch keinen öffentlichen Glauben bewirkt[105]. Dies könnte für einen Dritten, der von dem im Grundbuch als Eigentümer eingetragenen Sicherungsnehmer ein Grundstück erwirbt, ein erheblicher Nachteil sein. Aus diesem Grund erkennt §11 S. 2 VorPfäG den Gutglaubenserwerb an[106].

a. Verfügung über die bewegliche Sache

aa. Verfügung durch den Sicherungsnehmer

Nach der Treuhandlehre ist der Sicherungsnehmer im Außenverhältnis ein vollständiger Eigentümer. Verfügt er schon vor der Fälligkeit über die Sache, kann ein Dritter nach der Treuhandlehre ohne Rücksicht auf die Gut- oder Bösgläubigkeit, das Eigentum an der beweglichen Sache erlangen[107]. Der Sicherungsnehmer ist aber im Innenverhältnis dem Sicherungsgeber zum Schadensersatz wegen Nichterfüllung verpflichtet, wenn er seine Treuepflicht gegenüber dem Sicherungsgeber verletzt[108].

Nach der Sicherungslehre ist die Verfügung des Sicherungsnehmers über das Sicherungsgut grundsätzlich unwirksam, weil dieser nur ein Sicherungsrecht und kein Eigentum an der Sache hat. Verfügt der Sicherungsnehmer dennoch über die bewegliche Sache (=Sicherungsgut), kann nach dieser Meinung ein Dritter -aufgrund seiner Gutgläubigkeit- das Eigentum am Sicherungsgut erwerben (§249 KBGB)[109]. Gemäß §249 KBGB setzt der

---

[105] Kim, Sang-Yong, Sachenrecht, S. 75.

[106] Einzelheiten in Kapitel. 3 B. IV. 2. b. ff.

[107] Chang, Si-Won, Rechtstheoretische Untersuchung über die Sicherungsübereignung, S. 28.

[108] Lee, Yong-Jun, in FS. für Bae, Kyung-Suk, S. 469 ff.

[109] §249 (Gutgläubiger Erwerb vom Nichtberechtigten) Durch die Veräußerung einer beweglichen Sache wird der Erwerber sofort Eigentümer der Sache, auch wenn die Sache nicht dem Veräußerer gehört, wenn der Erwerber sie nicht durch verbotene Eigen-

gutgläubige Erwerb einer beweglichen Sache voraus, daß der Veräußerer Besitzer der beweglichen Sache ist, der Erwerber in gutem Glauben handelt und er den Besitz an der Sache erlangt. Um diese Bedingungen zu erfüllen, muß der Sicherungsnehmer (=Veräußerer) Besitzer des Sicherungsguts sein. Dabei spielt es keine Rolle, ob er unmittelbarer oder mittelbarer Besitzer ist[110]. Zum Zeitpunkt der Vereinbarung der Sicherungsübereignung kann der Sicherungsnehmer kein unmittelbarer Besitzer sein, weil der Sicherungsgeber den unmittelbaren Besitz am Sicherungsgut hat.

Geht man von der Treuhandlehre aus, dann stammt dieses unmittelbare Besitzrecht des Sicherungsgebers aus einem Besitzmittlungsverhältnis gemäß §194 KBGB. In §194[111] KBGB werden verschiedene Arten von Besitzmittlungsverhältnissen aufgezählt, z.B. Erbbaurecht, Tschonsae-Recht[112], Pfandrecht, Leihe, Miete, Verwahrung. Darüber hinaus werden umfassend „ähnliche Verhältnisse" geregelt. Im Schrifttum wird die Sicherungsübereignung als eine Art eines „ähnlichen Verhältnisses" betrachtet[113]. Daher ist der Sicherungsgeber nach der Treuhandlehre ein Besitzmittler für den Sicherungsnehmer. Der Sicherungsnehmer erhält ein mittelbares Besitz und der Sicherungsgeber ein unmittelbares Besitzrecht.

Die Sicherungslehre betrachtet die Sicherungsübereignung, ähnlich wie die Hypothek, als ein Sicherungsrecht, bei der der Sicherungsnehmer durch den Sicherungsvertrag nur ein Sicherungsrecht erwirbt. Die Rechtsstellung des Sicherungsnehmers wird ähnlich wie die eines Hypothekars betrachtet. Daher kommt kein Besitzmittlungsverhältnis zwischen dem Sicherungsnehmer und dem Sicherungsgeber zustande[114]. Schließlich erhält der Sicherungsgeber sowohl unmittelbaren als auch mittelbaren Besitz an dem Sicherungsgut und der Sicherungsnehmer wird kein Besitzer[115]. Aus diesem Grund kann ein Dritter trotz seiner Gutgläubigkeit kein Eigentum am Sicherungsgut erlangen, auch wenn er vom Sicherungsnehmer die als Sicherungsgut dienende bewegliche Sache erwirbt.

---

macht oder heimtückisch, in gutem Glauben und ohne Fahrlässigkeit in Besitz genommen hat.

[110] Kim, Sang-Yong, Sachenrecht, S. 230.

[111] §194 (Mittelbarer Besitz) Verschafft jemand durch Erbbaurecht, Tschonsae-Recht, Pfandrecht, Leihe, Miete, Verwahrung oder in einem ähnlichen Verhältnis einem anderen den Besitz an einer Sache, so hat er gegenüber diesem mittelbar das Besitzrecht.

[112] §303 (Inhalt des Tschonsae-Rechts) (1) Begründet durch das Tschonsae-Recht, für das die Entrichtung des vereinbarten Tschonsae-Betrages vorausgesetzt wird, steht dem Berechtigten das Recht zu, das belastete Grundstück seiner wirtschaftlichen Bestimmung nach zu benutzen.

(2) Das Tschonsae kann nicht ein landwirtschaftliches Grundstück zum Gegenstand haben.

[113] Kim, Sang-Yong, Sachenrecht, S. 282 u. 283.

[114] Kim, Dong-Seok, Die Rechtsstellung des Sicherungsnehmers in Einzelzwangsvollstreckungs- und Konkursverfahren, S. 85.

[115] Seong, Jae-Bong, Untersuchung über die Sicherungsübereignung der Sachgesamtheit, S. 65.

bb. Verfügung durch den Sicherungsgeber

Nach der Sicherungslehre kann der Sicherungsgeber über die bewegliche Sache schon vor der Fälligkeit verfügen, weil er Eigentümer ist. Der Dritte erwirbt vor der Fälligkeit, d. h. der Sicherungsgeber hat seine Schuld noch nicht getilgt, das Eigentum am Sicherungsgut, das mit der Sicherungsübereignung belastet ist. Wenn der Sicherungsgeber bis zur Fälligkeit seine Schuld tilgt, erlischt die Sicherungsübereignung und ein Dritter kann die Sache, die nicht mehr mit der Sicherungsübereignung belastet ist, erwerben. Tilgt der Sicherungsgeber dagegen auch nach der Fälligkeit seine Schuld nicht, wird die Rechtsstellung des Dritten unsicher. Hier ist die Rechtsstellung, genau wie die eines Dritten, der eine mit einer Hypothek belastete Sache erwirbt, zu behandeln[116]. Nach dem KBGB kann ein Dritter, der ein Interesse an der Erfüllung der Schuld hat, gemäß §469 Abs. 1 KBGB die gesicherte Forderung des Sicherungsnehmers begleichen und zwar gemäß §469 Abs. 2 KBGB auch gegen den Willen des Sicherungsgebers[117].

Nach der Treuhandlehre hat der Sicherungsgeber theoretisch kein Verfügungsrecht über das Sicherungsgut vor der Fälligkeit, weil er kein Eigentümer des Sicherungsguts ist. Verfügt er dennoch vor der Fälligkeit -also vor Tilgung der gesicherten Forderung- über das Sicherungsgut, ist er zum Schadensersatz wegen Eigentumsverletzung gegenüber dem Sicherungsnehmer verpflichtet[118]. In diesem Fall kann sich ein Dritter, der das Sicherungsgut erwirbt, auf seine Gutgläubigkeit berufen. Aufgrund der Vertragsfreiheit kann der Sicherungsnehmer dem Sicherungsgeber im Sicherungsvertrag die Verfügung über die Sicherungsgegenstände gestatten oder sie von seiner Zustimmung abhängig machen.

Meiner Ansicht nach ist die Verfügung des Sicherungsgebers über die Sicherungsgegenstände anzuerkennen, wenn eine Sachgesamtheit mit wechselndem Bestand als Sicherungsgut dient. Darin liegt die Besonderheit der Sicherungsübereignung der Sachgesamtheit mit wechselndem Bestand. In diesem Fall widerspricht das absolute Verfügungsverbot über die zum Sicherungsgut gehörenden einzelnen Bestände dem Wesen der Sicherungsübereignung der Sachgesamtheit mit wechselndem Bestand[119]. Steht

[116] Kim, Sang-Yong, Sachenrecht, S. 896.

[117] §469 (Leistung durch Dritte) (1) Die Leistung kann auch durch einen Dritten erbracht werden, es sei denn, daß ihrer Natur nach die Erfüllung durch Dritte unzulässig ist oder durch Abrede ausgeschlossen wurde.
(2) Ein Dritter, der kein Interesse an der Erfüllung der Schuld hat, kann die Schuld gegen den Willen des Schuldners nicht erfüllen.

[118] Chang, Si-Won, Rechtstheoretische Untersuchung über die Sicherungsübereignung, S. 28.

[119] In Deutschland besteht bei einem Warenlager mit wechselndem Bestand aufgrund des Sicherungsgutes ein gesetzliches Verfügungsrecht, BGH, WM 1961, 671 ; BGH, NJW 1962, 102 ; BGH, WM 1965, 1248. „Beim verlängerten Eigentumsvorbehalt ist anerkannt, daß der Verkäufer das Verfügungsrecht nicht nach freiem Belieben

dem Sicherungsgeber das Verfügungsrecht über die Sicherungsgegenstände zu, hat er jedoch immer zu berücksichtigen, daß diese Gegenstände zum Sicherungszweck auf den Sicherungsnehmer übereignet worden sind. Der Sicherungsgeber kann zwar über die Gegenstände verfügen, jedoch darf er dabei den Sicherungszweck nicht gefährden. Daher muß der Wert der Sachgesamtheit immer mindestens dem Wert der gesicherten Darlehensforderung entsprechen. Der Sicherungsgeber ist zum Schadensersatz wegen Nichterfüllung verpflichtet, wenn er ohne Ergänzung der Neuzugänge über alle Gegenstände verfügt[120].

b. Verfügung über ein Grundstück

aa. Verfügung des Sicherungsnehmers

Bei der Vereinbarung der Sicherungsübereignung an der unbeweglichen Sache wird der Sicherungsnehmer als Eigentümer ins Grundbuch eingetragen, obwohl der Eigentumsübergang nur zur Sicherung geschehen ist. Daher stellt sich die Frage, wie die Rechtsstellung ist, wenn der Sicherungsnehmer oder -geber über das Sicherungsgut verfügt, indem er es bspw. einem Dritten verkauft.

Nach der Sicherungslehre darf der Sicherungsnehmer, der als Eigentümer ins Grundbuch eingetragen ist, eigentlich nicht über das Grundstück verfügen, weil er durch die Sicherungsübereignung nur das Sicherungsrecht und kein Eigentum erwirbt. Verfügt der Sicherungsnehmer dennoch über das Sicherungsgut, ist es fraglich, ob ein Dritter das Eigentum am Sicherungsgut aufgrund seiner Gutgläubigkeit erlangen kann. Grundsätzlich wird in Korea der Gutglaubenserwerb bei einem Grundstück nicht anerkannt, weil das Grundbuch keinen öffentlichen Glauben bewirkt. §11 S.2 VorPfäG erkennt jedoch den Gutglaubenserwerb eines Grundstücks an[121]. Diese Vor-

---

widerrufen kann, solange sich der Käufer vertragsgemäß verhält, BGH, NJW 21969, 1171.Das muß auch für die Sicherungsübereignung gelten. Damit kann das Verfügungsrecht des Sicherungsgebers nicht generell ausgeschlossen werden, Reich, Die Sicherungsübereignung, S. 90, Fn. 115.

[120] Das in der deutschen Praxis verwendete Formular zeigt diesen Gedanken deutlich, z. B. „(7) ...Der Sicherungsgeber verpflichtet sich, dafür zu sorgen, daß der Sicherungswert der jeweils übertragenen Waren immer um mindestens ...% höher ist als die Forderung des Sicherungsnehmers aus dem Darlehensvertrag (Deckungsgrenze)“, Beck'sches Formularbuch zum Bürgerlichen, Handels- und Wirtschaftsrecht, S. 115.

[121] §11(Anspruch des Schuldners auf die Streichung der Eintragung) Der Schuldner etc. kann bis zur Auszahlung der Liquidationsforderung den Forderungsbetrag (bis zum festgesetzten Auszahlungstag der Liquidationsforderung entstehende Zinsen und Schadenssummen inbegriffen) an den Gläubiger auszahlen und so die Streichung der zum Zweck der Sicherung der Forderung erfolgten Eintragung den Eigentumsübergang verlangen. Sind jedoch seit Eintritt der Fälligkeit 10 Jahre vergangen oder hat ein

schrift ist als Ausnahme zu der herrschenden Ansicht, die nur für die Vereinbarungen von atypischen Sicherungsrechten gilt, zu verstehen. Falls der Sicherungsnehmer über das Grundstück, welches als Sicherungsgut dient, verfügt, kann ein gutgläubiger Dritter gemäß §11 S. 2 VorPfäG das Eigentum am Grundstück erlangen[122]. Nach §11 S. 1 VorPfäG kann der Sicherungsgeber grundsätzlich bis zu dem Zeitpunkt, in dem er nach dem Ablauf der Fälligkeit von dem Sicherungsnehmer endgültig den Liquidationsbetrag bekommt, seinen Forderungsbetrag begleichen und verlangen, die Eintragung des Eigentumsüberganges, die zur Sicherung der Forderung des Sicherungsnehmers vorgenommen worden ist, zu streichen. Dieser Anspruch des Sicherungsgebers erlischt, wenn ein gutgläubiger Dritter das Eigentum am Grundstück erwirbt (§11 S. 2 VorPfäG). In diesem Fall kann der Sicherungsgeber gegenüber dem Sicherungsnehmer Schadensersatz aus Deliktsrecht gemäß §750 KBGB (Vgl. §823 BGB) verlangen[123].

Nach der Treuhandlehre kann ein Dritter theoretisch ohne Rücksicht auf seine Gut- oder Bösgläubigkeit das Eigentum am Grundstück erwerben[124]. Generell kann der gutgläubige Dritte, ohne Rücksicht auf diese theoretische Grundlage, gemäß §11 S. 2 2. Alt. VorPfäG das Eigentum am Grundstück erwerben.

bb. Verfügung des Sicherungsgebers

Auf der anderen Seite stellt sich die Frage, wie die Rechtslage ist, wenn der Sicherungsgeber über das Sicherungsgut verfügt. Nach der Sicherungslehre ist der Sicherungsgeber immer Eigentümer des Grundstücks. Daher kann er über sein Grundstück wirksam verfügen. Ein Dritter kann nach dieser Meinung das mit dem Sicherungsrecht des Sicherungsnehmers belastete Eigentum am Grundstück erlangen. Tilgt der Sicherungsgeber in diesem Fall bis zum Fälligkeitstermin seine Schuld nicht, wird die Rechtsstellung des Dritten, der das Grundstück erwirbt, unsicher. Der Dritte kann gemäß §364 KBGB die geschuldete Forderung begleichen und damit seine Rechtsstellung schützen[125]. Die Schuldtilgung i. S. d. §364 KBGB ist dadurch von der nach §469 KBGB zu unterscheiden. Während gemäß §469 KBGB der Dritte den geschuldeten Betrag nebst Verzugszinsen zu bezahlen hat, braucht er nach §364 KBGB nur den durch das Grundstück gesicherten Forde-

---

gutgläubiger Dritter das Eigentum am Grundstück erworben, so entfällt der Anspruch des Schuldners.

[122] Kim, Sang-Yong, Sachenrecht, S. 896.

[123] Kim, Sang-Yong, a. a. O., S. 896.

[124] Chang, Si.Won, Rechtstheoretische Untersuchung über die Sicherungsübereignung, S. 28 ; Lee, Yong-Jun, in : FS. für Bae, Kyung-Suk, 1991, S. 469-488.

[125] §364 (Befriedigung durch Dritte) Ein Dritter, der das Eigentum, Erbbaurecht oder Tseonsae-Recht am Grundstück erworben hat, kann das Löschen der Hypothek vom Hypothekengläubiger dann verlangen, wenn er dem Gläubiger den durch das Grundstück gesicherten Forderungsbetrag bezahlt.

rungsbetrag zu bezahlen. Für die Zinsen haftet er bis zu einem Jahr nach Ablauf der Fälligkeit (vgl. §360 KBGB). Schließlich kann der Dritte eine Versteigerung verlangen und bei der Verwirklichung der Sicherungsübereignung das Sicherungsgut erstehen (§363 Abs. 2 KBGB)[126].

Nach der Treuhandlehre ist der Sicherungsgeber kein Eigentümer des Sicherungsguts. Daher kann der Dritte vom Sicherungsgeber das Eigentum am Grundstück nicht erwerben, falls dieser vor der Tilgung seiner Schuld über das als Sicherungsgut dienende Grundstück verfügt. In diesem Fall steht dem Dritten ein Anspruch auf Schadensersatz wegen Nichterfüllung zu[127].

V. Durchsetzung der Sicherungsübereignung

1. Verwertung des Sicherungsguts

Das VorPfäG dient zur Regelung der konkreten Liquidationspflicht und des Liquidationsverfahrens. Gemäß §1 VorPfäG zielt dieses Gesetz darauf ab, die Wirksamkeit der Vormerkung bzw. die Wirksamkeit der Eintragung des Eigentumsübergangs als Sicherungszweck zu regeln. Daraus folgt, daß das VorPfäG für die Fälle anzuwenden ist, bei denen entweder ein Grundstück zur Sicherung der Forderung bzw. eine andere unbewegliche Sache übertragen und der Sicherungsnehmer als Eigentümer ins Grundbuch eingetragen oder die wie eine unbewegliche Sache zu behandelnde bewegliche Sache übereignet wird.

Nach den bisher vertretenen Ansichten[128] werden jedoch die Vorschriften des VorPfäG auf die Sicherungsübereignung einer beweglichen Sache angewendet, denn auch bewegliche Sachen können Gegenstände des Vorvertrags sein, d. h. , daß anstelle der Rückerstattung der empfangenen Leistung eine andere Sachleistung erbracht wird (§§607, 608 KBGB). Erfüllt der Sicherungsgeber seine Verpflichtung bis zum Fälligkeitstermin nicht, hat der Sicherungsnehmer den Sicherungsgeber gemäß §3 Abs. 1 S. 1 VorPfäG von der Verwirklichung seiner Sicherungsrechte, von dem Liquidationsbetrag, der den abgeschätzten Wert des Sicherungsguts abzüglich des Wertes der gesicherten Forderung darstellt und vom Schätzwert des Sicherungs-

---

[126] §363 (Antrag auf Versteigerung ; Versteigerer) (1) Der Hypothekengläubiger kann zur Befriedigung seiner Forderung den Verkauf des Grundstücks im Wege öffentlicher Versteigerung bei Gericht beantragen.
(2) Versteigerer kann auch ein Dritter sein, der das Eigentum an dem Grundstück erworben hat.

[127] Chang, Si-Won, Rechtstheoretische Untersuchung über die Sicherungsübereignung, S. 28.

[128] Kwack, Yoon-Chik, Sachenrecht, 1994, S. 730 ; Chang, Kyung-Hak, Sachenrecht, S. 863. ; Kim, Sang-Yong, Sachenrecht, S. 850.

guts zu benachrichtigen. Wenn der abgeschätzte Wert des Grundstücks niedriger als der Wert der gesicherten Forderung ist und es daher keinen Liquidationsbetrag gibt, muß der Sicherungsnehmer den Sicherungsgeber auch darüber benachrichtigen (§3 Abs. 1 S. 2 VorPfäG).

Hinsichtlich der Differenz bleibt der Sicherungsnehmer ungesichert[129]. Bei der Benachrichtigung hat der Sicherungsnehmer dem Sicherungsgeber den Unterschied des Erlöses zwischen dem abgeschätzten Wert des Sicherungsguts und dem der gesicherten Forderung ,als Liquidationsbetrag zu bezahlen (§4 Abs. 1 VorPfäG). Der Sicherungsgeber ist jedoch in der Lage, innerhalb von 2 Monaten jederzeit seine Darlehensschuld zu tilgen und von dem Sicherungsnehmer zu verlangen, daß das zur Sicherung übereignete Eigentum am Sicherungsgut wieder auf ihn übertragen wird.

In Anbetracht des Liquidationstermins liegt ein besonderes Problem vor, wenn als Sicherungsgegenstand eine Sachgesamtheit mit wechselndem Bestand dient. Nachdem der Sicherungsnehmer den Sicherungsgeber davon in Kenntnis gesetzt hat, daß er sein Sicherungsrecht verwirklichen will, kann der Sicherungsgeber über das Sicherungsgut weder weiter verfügen noch neue Zugänge hinzufügen. Auf der anderen Seite ist der Sicherungsgeber weiter verpflichtet, die Sicherungsgegenstände bis zu dem Zeitpunkt zu verwahren, in welchem er den Liquidationsbetrag bekommt. Dies kann dazu führen, daß die wirtschaftliche Bewegungsfreiheit des Sicherungsgebers eingeschränkt wird[130].

Andere Probleme können in den Fällen auftauchen, in denen eine bewegliche Sache als Sicherungsgut dient. Wenn z. B. verderbliche Waren als Sicherungsgüter dienen, könnten sie verderben und nicht mehr zu gebrauchen sein. Wenn der Sicherungsgegenstand eine bewegliche Sache ist, ist der zeitliche Faktor sehr wichtig. Überflüssige Säumigkeit bringt weder dem Sicherungsnehmer noch dem Sicherungsgeber einen Vorteil. Aus diesem Grund gilt die zweimonatige Liquidationsfrist gemäß §3 Abs. 1 VorPfäG nicht für die Fälle, in denen eine bewegliche Sache als Sicherungsgut dient. Wenn eine bewegliche Sache als Sicherungsgut dient, hängt die angemessene Verwertungsmethode von ihrer Beschaffenheit ab. Daher wäre es besser, daß die Verwertung von beweglichen Sachen durch eine Vereinbarung der Parteien bestimmt wird.

Nach §4 Abs. 1 VorPfäG muß der Sicherungsnehmer dem Sicherungsgeber den Liquidationsbetrag - d. h. den Wert des Sicherungsguts abzüglich des Wertes des Forderungsbetrages - auszahlen. Des weiteren muß der Sicherungsnehmer dem Sicherungsgeber vom Schätzwert des Sicherungsguts benachrichtigen, um sein Sicherungsrecht zu verwirklichen (§3 Abs. 2 VorPfäG). Dabei ist hinsichtlich des Liquidationsbetrags fraglich, was man unter dem Wert des Sicherungsguts zu verstehen hat.

---

[129] Kim, Sang-Yong, Sachenrecht, S. 865.
[130] Seon, Jae-Bong, Untersuchung über die Sicherungsübereignung der Sachgesamtheit, S. 74.

Im Schrifttum wird die Auffassung vertreten, daß bei der Berechnung des Liquidationsbetrags unter dem Wert des Sicherungsguts der objektive Wert und nicht der Schätzwert, den der Sicherungsnehmer bei der Benachrichtigung angegeben hat (§3 Abs. 2 S. 1 VorPfäG), zu verstehen ist[131]. Dabei bleibt jedoch immer noch unklar, wie der objektive Wert zu berechnen ist. In der Praxis geht man bei der Berechnung des Liquidationsbetrages von dem Wert aus, der von der Begutachtungsbehörde geschätzt wird. Im Allgemeinen ist der Preis des Sicherungsguts niedriger als der Verkehrspreis. Damit stellt sich die Frage, ob der Sicherungsnehmer in diesem Fall seine Pflicht erfüllt hat. Die Sicherungsübereignung begründet das Treueverhältnis zwischen dem Sicherungsnehmer und dem Sicherungsgeber. Daraus entsteht im Falle der Verwertung ein besonderes Treueverhältnis zwischen den Parteien[132]. Daraus folgt, daß bei der Verwertung der Sicherungsnehmer als Treuhänder auf die berechtigten Interessen des Sicherungsgebers Rücksicht zu nehmen hat. Er muß das Sicherungsgut schonend behandeln und bestmöglichst verwerten[133]. Nimmt der Sicherungsnehmer entgegen dieser Grundsätze die Verwertung vor, könnte der Sicherungsgeber Schadensersatzanspruch wegen Nichterfüllung verlangen. Daher ist der Wert des Sicherungsguts i. S. d. §4 Abs. 1 S. 1 VorPfäG in erster Linie als Verkehrswert zu verstehen, falls dieser am Markt zu ermitteln ist[134]

2. Sicherungsübereignung in der Einzelzwangsvollstreckung

a. Zwangsvollstreckung durch andere Gläubiger des Sicherungsgebers

Sowohl nach der Sicherungslehre, als auch nach der Treuhandlehre kommt es selten vor, daß das Grundstück, das als Sicherungsgut dient, von anderen Gläubigern des Sicherungsgebers gepfändet wird, weil der Sicherungsnehmer als Eigentümer des Grundstücks eingetragen ist und damit der Sicherungsgeber - formell gesehen - kein Eigentümer mehr am Grundstück ist (§§602, 603 Abs. 4, §611 KZPO).

Stellt dagegen eine bewegliche Sache das Sicherungsgut dar, dann ist die Lage anders als bei unbeweglichen Sachen. Der Sicherungsgeber hat im Allgemeinen den unmittelbaren Besitz an der beweglichen Sache inne. Daher können andere Gläubiger des Sicherungsgebers diese bewegliche

---

[131] Kwack, Yoon-Chik, Kommentar und Auslegung des Bürgerlichen Gesetzes, S. 700 ; Kim, Sang-Yong, Sachenrecht, S. 867.

[132] Reich, Die Sicherungsübereignung, S. 150.

[133] Reich, a. a. O., S. 150.

[134] Vgl. Kim, Hyung-Bae, Vorlesung des Bürgerlichen Gesetzes, 2000, S. 606, drückt aus „der Sicherungsnehmer hat das Sicherungsgut nach dem Maßstab des tatsächlichen Preises objektiv abzuschätzen". Hier könnte der tatsächliche Preis als Verkehrspreis verstanden werden.

Sache pfänden, weil der Gerichtsvollzieher bei der Vornahme einer Pfändung nicht prüfen muß, ob das Eigentum an der Sache, die sich im Gewahrsam des Vollstreckungsschuldners befindet, diesem auch zusteht. In diesem Fall kann der Sicherungsnehmer nach der Sicherungslehre keine Drittwiderspruchsklage erheben, weil er kein Eigentümer dieser Sache ist. Er kann Klage auf vorzugsweise Befriedigung erheben (§526 Abs. 1 S. 2 KZPO)[135]. Entgegen der Sicherungslehre erkennt die Treuhandlehre an, daß der Sicherungsnehmer Drittwiderspruchsklage (§791 KZPO) erheben kann, weil er ein Interesse daran hat, die Pfändung durch andere Gläubiger des Sicherungsgebers auszuschließen[136].

Der KOGH hat am 23. 03. 1971[137] einen Fall zur Pfändung einer zur Sicherung übereigneten beweglichen Sache durch andere Gläubiger des Sicherungsgebers entschieden. Das Berufungsgericht hatte der Drittwiderspruchsklage des Sicherungsnehmers (=Kläger) stattgegeben. Dagegen hat die Revision des Beklagten (=ein Gläubiger des Sicherungsgebers) keinen Erfolg. Der KOGH hat in seiner Entscheidung die Auffassung vertreten, daß der Sicherungsnehmer, der das Eigentum an der dem Sicherungsgeber gehörenden beweglichen Sache zur Sicherung seiner Forderung erworben habe, als Eigentümer gegenüber einem Dritten auftreten könne, ohne Rücksicht darauf, ob die Sicherungsübereignung in der Form der Liquidation vereinbart worden ist oder nicht. Daher kann der Sicherungsnehmer bei der Sicherungsübereignung im schwachen Sinne - d. h., der Sicherungsnehmer ist zur Durchführung eines Liquidationsverfahrens verpflichtet - gegen eine Pfändung durch andere Gläubiger des Sicherungsgebers Drittwiderspruchsklage erheben. Indem der KOGH in seinem Urteil vom 26. 08. 1994 die Auffassung vertreten hat, daß bei der Sicherungsübereignung einer beweglichen Sache, bei der der Sicherungsnehmer zwar noch kein Liquidationsverfahren durchgeführt hat, er als Eigentümer jedoch gegen die pfändenden anderen Gläubiger des Sicherungsgebers Drittwiderspruchsklage erheben kann, hat das Gericht auch nach der Einführung des VorPfäG an seiner Auffassung festgehalten, obwohl die herrschende Meinung (Sicherungslehre), bei einer Pfändung durch Gläubiger des Sicherungsgebers, dem Sicherungsnehmer kein Recht einräumt, eine Drittwiderspruchsklage zu erheben.

b. Zwangsvollstreckung durch Gläubiger des Sicherungsnehmers

Es stellt sich die Frage, wie die Rechtslage ist, falls Gläubiger des Sicherungsnehmers das Sicherungsgut pfänden wollen. Bei der Sicherungsübereignung eines Grundstücks wird der Sicherungsnehmer als Eigentümer ins

---

[135] Kim, Sang-Yong, Sachenrecht, S. 898 ; Kim, Chung-Han/Kim, Hak-Dong, Sachenrecht, S. 898, Kwack, Yoon-Chik, Sachenrecht, 1994, S. 743.

[136] Yang, Chang-Soo, Sicherungsübereignung der beweglichen Sache mit wechselnden Beständen und Rechtswirkung über deren Produktion, in ; Justice, Bd. 30-1, S. 110.

[137] KOGH 23. 03. 1971, 71 Da 225.

Grundbuch eingetragen. Daher können seine Gläubiger in das Grundstück, das eigentlich nur zur Sicherung der Darlehensschuld des Sicherungsgebers übereignet ist, pfänden.

Auf der anderen Seite ist es schwer, daß die Gläubiger des Sicherungsnehmers in die als Sicherungsgut dienende bewegliche Sache pfänden, weil sie regelmäßig im Gewahrsam des Sicherungsgebers steht. Befindet sich die bewegliche Sache ausnahmsweise im unmittelbaren Besitz des Sicherungsnehmers, können die anderen Gläubiger des Sicherungsnehmers sie pfänden.

Nach der Sicherungslehre (h.M.) behält der Sicherungsgeber nach der Vereinbarung der Sicherungsübereignung sein Eigentum am Sicherungsgut. Daher räumt die Sicherungslehre grundsätzlich ein, daß der Sicherungsgeber die Pfändung der Gläubiger des Sicherungsnehmers durch Erhebung einer Drittwiderspruchsklage abwehren kann. Deswegen ist die Pfändung durch Gläubiger des Sicherungsnehmers so zu stellen, als ob sie dessen Sicherungsrecht und die gesicherte Forderung pfänden. Aus diesem Grund kann der Sicherungsgeber nach dieser Ansicht Drittwiderspruchsklage insoweit erheben, als er nach der Fälligkeit die gesicherte Forderung gegenüber dem Pfändungsgläubiger ausgleicht und damit das Sicherungsrecht erlöschen läßt[138].

Geht man von der formalen Konsequenz der Treuhandlehre aus, dann kann der Sicherungsgeber keine Drittwiderspruchsklage erheben, weil er kein Eigentümer des Sicherungsguts ist. Diese rein formalen Konsequenz, die sich nach der Zuständigkeit des Eigentums richtet, ist jedoch nicht zuzustimmen. Wenn die Sicherungsübereignung mit der Treuhandlehre begründet wird, ist immer zu berücksichtigen, daß das Eigentum am Sicherungsgut aufgrund des Sicherungszwecks auf den Sicherungsnehmer übergeht. Die extrem formale Durchsetzung der Eigentümerstellung des Sicherungsnehmers auf der sachenrechtlichen Ebene und der daraus folgenden Konsequenz ist nicht als Eigenschaft der Treuhandlehre zu verstehen. Die treuhänderische Bindung im Sicherungsvertrag ist auf der sachenrechtlichen Ebene weiter durchzusetzen. Damit kann man auch die Sicherungstreuhand dogmatisch als eine gewisse Durchbrechung des Abstraktionsprinzips werten[139]. Das Treuhandverhältnis zwischen dem Sicherungsgeber und dem Sicherungsnehmer ist bei der Pfändung durch Gläubiger des Sicherungsnehmers weiter durchzusetzen. Dies bedeutet, daß der Sicherungsnehmer über das Eigentum am Sicherungsgut außerhalb des Sicherungszwecks weder verfügen noch dasselbe als Pfändungsgegenstand dienen lassen kann. Außerhalb des Sicherungszwecks muß das Sicherungsgut weiter dem Vermögen des Sicherungsgebers zugeordnet werden[140].

---

[138] Kim, Sang-Yong, Sachenrecht, S. 897 ; Kwack, Yoon-Chick, Seoul Law Review, 1985, Bd. 26-1, S. 57.

[139] Münch-Komm/Quak, Anh. §§929-936, Rn. 15.

[140] Weber, Kreditsicherheiten, S. 158 ; Serick, Eigentumsvorbehalt und Sicherungsübertragung, Bd. II., S. 77 ; Serick, a. a. O., Bd. III., S. 213 ; Münch-Komm/Quack, Anh.

Der KOGH[141] vertritt die Auffassung, daß obwohl der Sicherungsgeber seiner Verpflichtung bis zum Fälligkeitstermin nicht nachkommt, seine Schuld auch später zu jeder Zeit begleichen und das Sicherungsgut zurücknehmen kann, bevor der Sicherungsnehmer das Sicherungsgut verwertet. Daraus folgt, daß eine Eigentumsübertragung auf den Sicherungsnehmer insoweit nicht endgültig sein dürfte, als sich der Sicherungsgeber vertragstreu verhält. Dies wiederum bedeutet, daß das Sicherungsgut nicht als Pfändungsgegenstand für die Gläubiger des Sicherungsnehmers dienen kann, wenn der Sicherungsgeber sich vertragstreu verhält und der Sicherungsnehmer daher das Sicherungsgut nicht verwerten darf. Hier kann der Sicherungsgeber eine Pfändung der anderen Gläubiger des Sicherungsnehmers durch die Erhebung einer Drittwiderspruchsklage abwehren. Der Sicherungsgeber ist auch berechtigt, Drittwiderspruchsklage gegen die Pfändungsgläubiger zu erheben, nachdem er seine Schuld beim Sicherungsnehmer beglichen hat[142].

3. Sicherungsübereignung im Konkursverfahren

a. Rechtsstellung des Sicherungsnehmers bei Konkurs des Sicherungsgebers

aa. Rechtsstellung nach der Sicherungslehre

Geht man von der Sicherungslehre aus, steht dem Sicherungsnehmer bei einem Konkurs des Sicherungsgebers kein Aussonderungsrecht sondern nur ein Absonderungsrecht hinsichtlich des Sicherungsguts zu, weil der Sicherungsnehmer kein Eigentümer des Sicherungsguts ist[143].

bb. Rechtsstellung nach der Treuhandlehre

Bei Konkurs des Sicherungsgebers räumt die Treuhandlehre dem Sicherungsnehmer ein Aussonderungsrecht ein[144]. Dies ist die formale Kon-

§§929-936, Rn. 81 ff ; Ermann-Komm/Michalski, Anh., §929-931, Rn. 11 ; Soergel-Komm/Mühl, §930, Rn. 23.

[141] KOGH 30. 07. 1996, 95 Da 11900.

[142] So auch Kim, Dong-Seok, Die Rechtsstellung des Sicherungsnehmers im Einzelzwangsvollstreckungs- und Konkursverfahren, S. 106 u. 107.

[143] Kwack, Yoon-Chick, Sachenrecht, 1994, S. 743 ; Kim, Sang-Yong, Sachenrecht, S. 898.

[144] Kim, Dong-Seok, Die Rechtsstellung des Sicherungsnehmers im Einzelzwangsvollstreckungs- und Konkursverfahren, 1998, S. 9 ; Kwack, Yoon-Chick, Sachenrecht, 1980, S. 644.

sequenz daraus, daß der Sicherungsnehmer nach der Treuhandlehre als Eigentümer angesehen wird. Wie bereits erwähnt, auch wenn man die Sicherungsübereignung nach der Treuhandlehre beurteilt, sind die Rechtsverhältnisse zwischen dem Sicherungsgeber und dem Sicherungsnehmer nicht nur von der formalen Eigentümerstellung aus zu bestimmen. So wird z. B. der Sicherungsnehmer nach §51 InsO als Absonderungsberechtigter betrachtet, auch wenn man in Deutschland die Sicherungsübereignung als Treuhandgeschäft versteht[145]. Begründet wird dies damit, daß bei der Verwirklichung der gesicherten Forderungen im Konkursverfahren der Sicherungsnehmer keine doppelte Befriedigungsmöglichkeit - d. h. Aussonderung und Geltendmachung der Forderung - haben soll[146]. Dies wird dadurch erreicht, daß es vermieden wird, daß der Sicherungsnehmer weiter Eigentümer des Sicherungsguts bleibt, weil dieses an den Sicherungsgeber zurückfällt[147]. Damit ist der Sicherungsnehmer genau wie ein Pfändgläubiger (§84 KKO) im Konkursverfahren zu behandeln. Ihm steht kein Aussonderungsrecht, sondern nur ein Absonderungsrecht zu[148]. Die Rechtsstellung des Sicherungsnehmers wird durch das Absonderungsrecht geschützt.

Nach §86 KKO besteht das Absonderungsrecht unabhängig von dem Konkursverfahren. Damit kann der Sicherungsnehmer gegenüber dem Konkursverwalter des Sicherungsgebers die Rückgabe des Sicherungsrechts zur Verwertung verlangen. Infolgedessen kann das Ergebnis dasselbe sein, wie in dem Fall, in dem man dem Sicherungsnehmer ein Aussonderungsrecht zukommen läßt.

Dabei ist jedoch vorteilhaft, daß der Konkursverwalter berechtigt ist, bei der Verwertung des Sicherungsguts durch den Sicherungsnehmer als Absonderungsberechtigter, bestimmte Kontrollmaßnahmen durchzuführen, während diese Kontrollmaßnahmen des Konkursverwalters nicht durchsetzbar wären, wenn dem Sicherungsnehmer ein Aussonderungsrecht zustünde[149]. Konkret kann der Konkursverwalter gegenüber dem Sicherungsnehmer verlangen, das zu verwertende Sicherungsgut selbst zu schätzen (§185 Abs. 2 KKO). Er kann auch den Verwertungstermin durch Gericht bestimmen lassen. Falls der Sicherungsnehmer nicht bis zu diesem Termin über das Sicherungsgut verfügt, ist er in der Lage, das Sicherungsgut nach den Regeln der KZPO selber zu verwerten (§§193, 194 KKO).

---

[145] Diese Behandlung, den Sicherungsnehmer nur als Absonderungsberechtigten zu betrachten, ist zwar inkonsequent, im Vergleich mit der Einzelzwangsvollstreckung, wird sie jedoch von der herrschenden Meinung und der Rechtsprechung als sachgerecht angesehen, Serick, Eigentumsvorbehalt und Sicherungsübertragung, Bd. III, S. 266 , Staudinger-Komm/Wiegand, Anh. §§929 ff, Rn. 253 ; Palandt/Bassenge, §930, Rn. 25 ; BGH, WM 1956, 919 ; BGH, NJW 1978, 632 ; BGH, NJW 1971, 799.

[146] Reich, Die Sicherungsübereignung, S. 102.

[147] Weber, Kreditsicherheiten, S. 159, 160.

[148] So auch Kim, Dong-Seok, Die Rechtsstellung des Sicherungsnehmers im Einzelzwangsvollstreckungs- und Konkursverfahren, 1998, S. 96 ff.

[149] Kim, Dong-Seok, Die Rechtsstellung des Sicherungsnehmers im Einzelzwangsvollstreckungs- und Konkursverfahren, 1998, S. 96.

b. Rechtsstellung des Sicherungsgebers beim Konkurs des Sicherungsnehmers

aa. Rechtsstellung des Sicherungsgebers nach der Sicherungslehre

Nach §80 KKO kann derjenige, der vor der Eröffnung des Konkursverfahrens auf den Konkursschuldner sein Vermögen mit der Begründung übereignet hat, daß die Vermögensübereignung nur dem Sicherungszweck dient, sein Vermögen nicht aus der Konkursmasse aussondern. Danach ist der Sicherungsgeber nicht berechtigt, bei der Eröffnung des Konkursverfahrens über das Vermögen des Sicherungsnehmers, sein zum Sicherungsgut gehörendes Vermögen aus der Konkursmasse auszusondern.

Betrachtet man die Sicherungsübereignung vom Standpunkt der Sicherungslehre aus, ist §80 KKO nicht akzeptabel, denn danach bleibt der Sicherungsgeber Eigentümer des Sicherungsguts ohne Rücksicht darauf, ob über das Vermögen des Sicherungsnehmers ein Konkursverfahren eröffnet wurde oder nicht.

Die Sicherungslehre kritisiert, daß dem §80 KKO durch die Treuhandlehre Rechnung getragen wird, weil bei einem Konkurs des Sicherungsnehmers zwar die gesicherte Forderung und das Sicherungsrecht des Sicherungsnehmers zur Konkursmasse gehören, jedoch das Eigentum, das dem Sicherungsgeber gehört, nicht dazu gehören könne, da es zu keinem Zeitpunkt auf den Sicherungsnehmer übertragen worden sei. Daher kann der Sicherungsgeber das Sicherungsgut aussondern, nachdem er die gesicherte Forderung erfüllt[150].

bb. Rechtsstellung des Sicherungsgebers nach der Treuhandlehre

Die Anwendbarkeit des §80 KKO ist nach der Treuhandlehre auch bedenklich. Wie bereits erörtert worden ist, ist das Treuhandverhältnis im Zusammenhang mit dem Sicherungszweck zu sehen[151]. In Anbetracht des Sicherungszwecks muß der Sicherungsgeber berechtigt sein, das Sicherungsgut auszusondern, nachdem er die gesicherte Forderung erfüllt hat, weil danach der Sicherungszweck nicht mehr vorhanden ist. Außerdem steht dem Sicherungsgeber nach der Tilgung seiner Schuld ein Anspruch gegenüber dem Sicherungsnehmer auf Rückgewährung des Sicherungsguts zu.

---

[150] Kim, Sang-Yong, Sachenrecht, S.898 ; Kwack, Yoon-Chik, in Seoul Law Review, 1985, Bd. 26-1, S. 57.

[151] Becker-Eberhard, Die Forderungsgebundenheit der Sicherungsrechte, S. 90 ff.

Dieser Anspruch auf Rückgewähr ist als Aussonderungsrecht im Konkursverfahren zu betrachten. Verneint man das Aussonderungsrecht des Sicherungsgebers, gehört das Sicherungsgut zur Konkursmasse. Damit dient das Sicherungsgut zwar zur Befriedigung der Konkursgläubiger, doch wird die gesicherte Forderung des Sicherungsnehmers immer noch nicht getilgt. Daher muß der Sicherungsgeber in seiner Stellung als einfacher Konkursgläubiger durch einen Anspruch auf Rückgewähr befriedigt werden. Dies stellt eine ungerechte Behandlung des Sicherungsgebers dar. Aus diesem Grund muß ihm gestattet werden, nach der Erfüllung seiner Schuld das Sicherungsgut aus der Konkursmasse auszusondern. Entsprechend ist §80 KKO für den Fall anzuwenden, daß der Sicherungsgeber die gesicherte Forderung nicht tilgt[152].

4. Sicherungsübereignung im Sanierungsverfahren

Das koreanische Sanierungsgesetz regelt das Aussonderungsrecht in §62 KSAG und das Aussonderungsverbot in §63 KSAG. Die beiden Vorschriften sind identisch mit den §§79, 80 KKO. Aus diesem Grund gilt die rechtliche Diskussion über die Rechtsstellung der Parteien, die im Rahmen des Konkursverfahrens geführt wird, gleichermaßen für das Sanierungsverfahren. Daher hat der Sicherungsgeber bei einem Sanierungsverfahren des Sicherungsnehmers nur dann ein Aussonderungsrecht gemäß §62 KSAG, wenn er seine Darlehensschuld getilgt hat. Beim Sanierungsverfahren des Sicherungsgebers hat der Sicherungsnehmer nur die Rechtsstellung eines Pfandgläubigers inne. Die Besonderheiten des Sanierungsverfahrens im Vergleich zum Konkursverfahren liegen in der Rechtsstellung des Pfandgläubigers.

Im Sanierungsverfahren hat der Pfandgläubiger kein Absonderungsrecht, sondern er kann als Sicherungsgläubiger an dem Sanierungsverfahren teilnehmen (§§123, 124 Abs. 1 KSAG) und sich im Rahmen des Sanierungsplans befriedigen.

[152] Kim, Dong-Seok, Die Rechtsstellung des Sicherungsnehmers im Einzelzwangsvollstreckungs- und Konkursverfahren, S. 108 : Die herrschende Meinung und die Rechtsprechung in Deutschland gewähren dem Sicherungsgeber das Aussonderungsrecht nur dann, wenn er die gesicherte Forderung des Sicherungsnehmers gegen ihn durch Leistung an den Konkursverwalter (§6 KO) erfüllt. Begründet wird dies damit, daß nach der Erfüllung der Forderung durch den Sicherungsgeber dem Sicherungsnehmer und damit auch seinen Gläubigern ein Rückgriff auf das Sicherungsgut verwehrt ist und dieses wieder zum Vermögen des Sicherungsgebers gezählt werden muß, Weber, Kreditsicherheiten, S. 160.

Kapitel. 4 Rechtsvergleichende Untersuchung

I.Einfacher Eigentumsvorbehalt in beiden Ländern

1. Vereinbarung des Eigentumsvorbehalts

Während §455 BGB den Eigentumsvorbehalt regelt, enthält das KBGB keine derartige Vorschrift. In Korea wurde der Eigentumsvorbehalt zunächst im Schrifttum und später auch von der Rechtsprechung[1] anerkannt. Die gesetzliche Anerkennung erfogte durch den Erlaß des koreanischen Abzahlungsgesetzes, welches am 01. 07. 1992 in Kraft getreten ist.

Gemäß §925 Abs. 2 BGB darf die zur Übertragung des Eigentums an einem Grundstück erforderliche Einigung (Auflassung) nicht unter einer Bedingung oder einer Zeitbestimmung erfolgen. Daher kann ein Grundstück in Deutschland nicht Gegenstand des Eigentumsvorbehalts werden. Dagegen gibt es in Korea keine solche Einschränkung über die Einigung oder Eigentumsübertragung an einem Grundstück. Daher kann Gegenstand des Eigentumsvorbehalts in Korea auch ein Grundstück oder eine Gebäude sei[2].

2. Rechtsstellung der Parteien

a. Rechtsstellung der Parteien in Deutschland

Mit der Vereinbarung des Eigentumsvorbehalts erhält der Vorbehaltsverkäufer die Eigentümerstellung bis zum Bedingungseintritt, d.h. bis zur vollständigen Zahlung des Kaufpreises durch den Käufer. Bei Eintritt des Zahlungsverzugs des Vorbehaltskäufers hat der Vorbehaltsverkäufer entweder ein Rücktrittsrecht nach §455 BGB oder einen Schadensersatzanspruch nach §326 Abs. 1 BGB.

Mit der vollständigen Zahlung der letzten Kaufpreisrate geht das Eigentum - ohne weiteres Zutun beider Parteien - automatisch vom Verkäufer auf den Käufer über. Bis zu diesem Zeitpunkt hat der Käufer zwar kein Eigentum an der Kaufsache, doch erhält er eine rechtlich geschützte Rechtsposition, die man als Anwartschaftsrecht bezeichnet. Umstritten ist jedoch, was unter der Anwartschaft des Vorbehaltskäufers zu verstehen ist. In der Rechtsprechung[3] wird die Anwartschaft als „Vorstufe zum Eigentum" bzw. als

---

[1] KOGH 28. 06. 1996, 96 Da 14807 ; KOGH 07. 09. 1999, 99 Da 30543 ; KOGH 09. 08. 1991, 91 Da 13267.

[2] Kapitel. 2 A. II. ff ; Kapitel. 3 A. II ff.

[3] BGHZ 28, 16 ff.

ein dem Vollrecht „wesensgleiches Minus“ betrachtet. Damit erkennt die Rechtsprechung[4] zwar die Dinglichkeit des Anwartschaftsrechts und eine entsprechende Anwendung der für dingliche Rechte bestehenden Vorschriften an, doch sieht sie das Anwartschaftsrecht des Käufers in der Praxis als ein relativ schwaches Sicherungsmittel an.

Die beiden Rechtsstellungen kollidieren miteinander und damit werden sie immer im Hinblick auf den Vereinbarungszweck des Eigentumsvorbehalts ausgelegt. Übergibt der Vorbehaltsverkäufer die Vorbehaltsware durch Einigung i.S.d. §929 BGB und Abtretung des Herausgabeanspruchs gemäß §931 BGB einem Dritten, kann sich der Vorbehaltskäufer gegenüber dem Vorbehaltsverkäufer auf sein obligatorisches Besitzrecht nach § 986 Abs. 1 S. 1 BGB und gegenüber dem neuen Eigentümer auf § 986 Abs. 2 BGB berufen.

Des weiteren erlischt das Besitzrecht des Vorbehaltskäufers an der Vorbehaltsware gegenüber einem gutgläubigen Erwerber nicht (§ 936 Abs. 3 BGB). Dagegen ist es umstritten, ob ein Dritter, der das Anwartschaftsrecht des Vorbehaltskäufers erwirbt, dem Herausgabeverlangen des Vorbehaltsverkäufers sein dingliches Besitzrecht entgegenhalten kann.

Der BGH vertritt die Auffassung, daß die Ansicht, die das Anwartschaftsrecht an einer aufschiebend bedingten Eigentumsübertragung als ein dingliches, gegen jedermann wirkendes Recht zum Besitz ansah, im Gesetz keine Grundlage finde. Bei der Schädigung der unter Eigentumsvorbehalt gelieferten Kaufsache von einem Dritten hat die Rechtsprechung dem Anwartschaftsberechtigten den Ersatz des vollen Sachwertes zugebilligt, während die herrschende Meinung die Auffassung vertritt, daß Ersatzansprüche des Vorbehaltsverkäufers und des Anwartschaftsberechtigten miteinander konkurrieren.

Daher werden der Vorbehaltsverkäufer und der Anwartschaftsberechtigte als eine Gesamtgläubigerschaft in entsprechender Anwendung der §§ 432, 1281 BGB betrachtet, weil ihre Ansprüche auf Schadensersatz nicht teilbar sind. Die Lösung der Rechtsprechung entspricht auch der Gefahrtragungsregelung des § 446 Abs. 1 BGB, weil danach mit der Übergabe die Gefahr des zufälligen Untergangs auf den Käufer übergeht[5].

Im Einzelzwangsvollstreckungsverfahren haben der Vorbehaltsverkäufer und der Vorbehaltskäufer das Recht, die Drittwiderspruchsklage (§771 ZPO) gegen einen pfändenden Gläubiger zu erheben, weil das Vorbehaltseigentum und das Anwartschaftsrecht jeweils ein die Veräußerung hinderndes Recht i. S. d. §771 Abs. 1 ZPO darstellen[6].

---

[4] BGHZ 35, 85 ff.
[5] Kapitel. 2 A. IV. 1. b. ff.
[6] Kapitel. 2 A. III. 3. ff ; Kapitel. 2 A. IV. 3. ff.

b. Rechtsstellung der Parteien in Korea

In Korea ist die Rechtsnatur des Eigentumsvorbehalts umstritten, weshalb die Rechtsstellungen der Parteien unterschiedlich betrachtet werden. Nach der Eigentumslehre geht das Eigentum an der Kaufsache nicht mit dem Abschluß des Kaufvertrages sondern erst bei Eintritt der Bedingung auf den Käufer über. Beim Zahlungsverzug des Vorbehaltskäufers kann der Vorbehaltsverkäufer vom Vertrag zurücktreten. Das KBGB enthält keine Vorschriften über den Eigentumsvorbehalt, weshalb der Vorbehaltsverkäufer mit Hilfe der bestehenden Regelungen zum Rücktritt vom Vertrag zurücktreten kann (§§544, 584 Abs. 1KBGB). Der Käufer wird genau wie in Deutschland als Anwartschaftsberechtigter angesehen. Veräußert der Vorbehaltsverkäufer sein Vorbehaltseigentum durch Einigung und Abtretung des Herausgabeanspruchs gemäß den §§188 Abs. 1, 190 KBGB, kann der Vorbehaltskäufer nach der Eigentumslehre gemäß §213 S. 2 KBGB die Herausgabe der Sache verweigern, denn nach der Übergabe der Sache an den Käufer ist die Verfügung des Verkäufers über die Sache gemäß §148 KBGB insofern dinglich nichtig, als seine Verfügung den Eigentumserwerb des Käufers hindert. Dieser kann mit vollständiger Zahlung des Kaufpreises das Eigentum an der Kaufsache erwerben Verfügt der Vorbehaltskäufer ohne Ermächtigung des Vorbehaltsverkäufers über die Vorbehaltsware, kann ein gutgläubiger Dritter gemäß §249 KBGB Eigentümer werden. Gegen die Pfändung eines Gläubigers kann sich nicht nur der Vorbehaltsverkäufer sondern auch der Vorbehaltskäufer mit der Erhebung der Drittwiderspruchsklage wehren (§509 Abs. 1 KZPO), weil das Vorbehaltseigentum und das Anwartschaftsrecht jeweils ein die Veräußerung hinderndes Recht darstellen[7].

Die Sicherungslehre geht davon aus, daß die Funktion und das Wesen des Eigentumsvorbehalts im Sicherungszweck liegen. Somit ist die Vereinbarung des Eigentumsvorbehalts ebenso wie die der Sicherungsübereignung zu behandeln. Nach dieser Meinung ist die Rechtsstellung des Vorbehaltsverkäufers nicht die eines Eigentümers an der Kaufsache, sondern er erhält ein beschränkt dingliches Recht, d. h. ein Sicherungsrecht. Nach dem unmittelbaren Besitzerwerb wird der Käufer Eigentümer der Kaufsache, das aber mit dem dinglichen Recht des Verkäufers belastet ist.

Daher ist der Vorbehaltskäufer berechtigt, die Vorbehaltsware ohne die Zustimmung des Vorbehaltsverkäufers weiter zu veräußern. Ein Dritter kann somit das belastete Eigentum an der Vorbehaltsware erwerben. In der Einzelzwangsvollstreckung behandelt die Sicherungslehre die Rechtsstellung der beiden Parteien unterschiedlich. Bei der Pfändung eines Gläubigers des Vorbhaltskäufers kann der Vorbehaltsverkäufer mit seinem dinglich gesicherten Recht einen Anspruch auf die vorzugsweise Befriedigung gemäß §526 Abs. 1 KZPO verlangen. Dagegen hat bei der Pfändung eines Gläubigers des Vorbehaltsverkäufers der Vorbehaltskäufer das Recht, Ditt-

[7] Kapitel. 3 A. III. 1. ff ; Kapitel. 3 A. IV. ff : Kapitel. 3 A. V. ff.

widerspruchsklage zu erheben (§509 Abs. 1 KZPO), weil er breits vor Eintritt der Bedingung das Eigentum an der Vorbehaltsware erhält und damit ein die Veräußerung hinderndes Recht hat[8].

Bei der Schädigung der Vorbehaltsware durch einen Dritten ist nach der herrschenden Meinung in Korea sowohl der Vorbehaltsverkäufer als auch der Vorbehaltskäufer in der Lage, den Schaden beim Schädiger geltend zu machen. Daher muß die Leistung an Beide (§409 KBGB) bzw. durch Hinterlegung(§353 Abs. 3 KBGB) erbracht werden. Diese Auffassung steht allerdings im Widerspruch zur herrschenden Meinung über die Gefahrtragung. Abweichend von §537 KBGB, nach dem der Vorbehaltsverkäufer die Gefahr für die von den Vertragsparteien nicht zu vertretene unmöglich gewordene Leistung zu tragen hat und daher seinen Kaufpreisanspruch verliert, vertritt die herrschende Meinung die Auffassung, daß die Kaufpreisforderung des Vorbehaltsverkäufers nicht untergeht. Daher hat der Schädiger dem Vorbehaltskäufer (=Anwartschaftsberechtigter) den entstandenen Schaden in voller Höhe zu ersetzen[9].

3. Eigentumsvorbehalt im Insolvenzverfahren

Während in Deutschland die einheitliche neue Insolvenzordnung seit dem 01. 01. 1999 anstelle der Konkursordnung und der Vergleichsordnung, sowie der Gesamtvollstreckungsordnung für den Insolvenzfall angewendet wird, gibt es in Korea unterschiedliche Regelungen für das gesetzliche Insolvenzverfahren, und zwar in der Konkurs-, und Vergleichsordnung und in dem Gesetz zur Sanierung von Aktiengesellschaften. Hinsichtlich des Eigentumsvorbehalts wird in beiden Ländern darüber diskutiert, ob der Insolvenzverwalter ein Wahlrecht hat. Der Inhalt des Wahlrechts wurde in beiden Ländern unterschiedlich geregelt.

a. Rechtsstellung der Parteien im deutschen Insolvenzverfahren

Gemäß §103 InsO kann der Insolvenzverwalter den Vertrag erfüllen oder die Erfüllung des Vertrages ablehnen, wenn ein gegenseitiger Vertrag zur Zeit der Eröffnung des Insolvenzverfahrens vom Schuldner und vom anderen Teil nicht oder nicht vollständig erfüllt worden ist. Umstritten ist dabei, was man unter dem „nicht vollständig erfüllten Vertrag" verstehen kann. Einige vertreten die Auffassung, daß beim Eigentumsvorbehaltskauf der Vorbehaltsverkäufer mit der bedingten Übereignung bereits alle Handlungen zur Erfüllung seiner Leistungspflicht vorgenommen habe. Daher sei die Erfüllung auf der Seite des Verkäufers durch seine Leistungshandlung

[8] Kapitel. 3 A. V. 1. 2. ff.
[9] Kapitel. 3 A. V. 1. d. ff.

bereits erfolgt und § 103 InsO sei für den Eigentumsvorbehalt nicht anzuwenden. Die andere Auffassung geht davon aus, daß bei der Vereinbarung des Eigentumsvorbehalts der Vorbehaltsverkäufer weiter verpflichtet bleibe, dem Vorbehaltskäufer das Eigentum zu verschaffen und daher wird unter der Erfüllung i. S. d. §103 InsO der Eintritt des Leistungserfolges verstanden. Danach ist §103 InsO für den Eigentumsvorbehalt anwendbar. Nach dieser Meinung kann der Verkäufer bei Insolvenz des Käufers dann aussondern, wenn der Insolvenzverwalter gemäß §103 InsO die Erfüllung des Kaufvertrags endgültig ablehnt. Bei der Eröffnung des Insolvenzverfahrens über das Vermögen des Vorbehaltsverkäufers hat dessen Insolvenzverwalter gemäß §107 InsO kein Wahlrecht und der Vorbehaltskäufer kann die Erfüllung verlangen, wenn er bereits den unmittelbaren Besitz an der Kaufsache erlangt hat[10]

b. Rechtsstellung der Parteien im koreanischen Konkursverfahren

Anders als §103 InsO kann gemäß §50 Abs. 1 KKO (vgl. §103 Abs. 1 KSAG) der Konkursverwalter vom Vertrag zurücktreten, ihn kündigen oder anstelle des Gemeinschuldners ihn erfüllen und von den anderen Parteien die Erfüllung verlangen, wenn ein gegenseitiger Vertrag zum Zeitpunkt der Eröffnung des Konkursverfahrens vom Gemeinschuldner und von den anderen Parteien „nicht vollständig erfüllt" wurde.

Es herrscht im koreanischen Schrifttum Streit darüber, was man unter dem „nicht vollständig erfüllten Vertrag" verstehen kann. Eine Auffassung geht davon aus, daß der Vorbehaltsverkäufer mit der bedingten Übereignung bereits alle Handlungen zur Erfüllung seiner Leistungspflicht vorgenommen habe. Daher sei die Erfüllung auf der Seite des Verkäufers durch seine Leistungshandlung bereits erfolgt und die §§51. Abs. 1 KKO, 103 Abs. 1 KSAG seien für den Eigentumsvorbehalt nicht anzuwenden.

Andere vertreten die Auffassung, daß der Vorbehaltsverkäufer weiter verpflichtet bleibe, dem Vorbehaltskäufer das Eigentum zu verschaffen und daher wird unter der Erfüllung i. S. d. der §§50. Abs. 1 KKO, 103 Abs. 1 KSAG der Eintritt des Leistungserfolges verstanden. Danach sind die §§50 Abs. 1 KKO, 103 Abs. 1 KSAG für den Eigentumsvorbehalt anwendbar. Somit kann der Verkäufer bei einem Konkurs des Vorbehaltskäufers aussondern, wenn sein Konkursverwalter gemäß §50 Abs. 1 KKO (bzw. §103 Abs. 1 KSAG) vom Vertrag zurücktritt.

Während bei Insolvenz des Vorbehaltsverkäufers dessen Insolvenzverwalter gemäß §107 InsO kein Wahlrecht hat, steht bei einem Konkurs des Vorbehaltsverkäufers seinem Konkursverwalter das Wahlrecht gemäß §50 Abs. 1 KKO zu. Falls der Konkursverwalter des Vorbehaltsverkäufers vom Ver-

[10] Kapitel. 2 A. V. 2. ff.

trag gemäß §50 Abs. 1 KKO zurücktritt, kann der Käufer seinen Anspruch auf die Rückgabe des schon gezahlten Kaufpreises als Masseschuld verlangen (§§51 Abs. 2 KKO, 104 Abs. 2 KSAG).

Schließlich werden die Rechtsstellungen der beiden Parteien in Korea nach der Sicherungslehre und nach der Eigentumslehre unterschiedlich gesehen. Bei der Vereinbarung des Eigentumsvorbehalts erwirbt der Käufer nach der Sicherungslehre mit der unmittelbaren Besitzübergabe und der bedingten Übereignung das Eigentum an der Vorbehaltsware, das mit dem dinglichen Sicherungsrecht des Vorbehaltsverkäufers belastet ist. Der Verkäufer hat damit seinen Vertrag bereits vollständig erfüllt. Daher fehlt die Voraussetzung für §50 Abs. 1 KKO. Dem Konkursverwalter steht kein Wahlrecht zu.

Bei einem Konkurs des Käufers erhält der Verkäufer kein Aussonderungsrecht, sondern ein Absonderungsrecht gemäß §84 KKO, weil er nur ein dingliches Sicherungsrecht hat. Dagegen kann der Käufer als Eigentümer bei einem Konkurs des Vorbehaltsverkäufers gemäß §79 KKO aussondern[11].

II. Verlängerter und erweiterter Eigentumsvorbehalt

1. Verlängerter Eigentumsvorbehalt

a. Verlängerter Eigentumsvorbehalt in Deutschland

In Deutschland wird der verlängerte Eigentumsvorbehalt in der Praxis in erster Linie als Warenkredit vereinbart. Der verlängerte Eigentumsvorbehalt kann durch eine Weiterveräußerungsklausel vereinbart werden. Dabei liefert der Warenlieferant die Vorbehaltsware unter Eigentumsvorbehalt, wobei er den Vorbehaltskäufer gleichzeitig zur Weiterveräußerung der Vorbehaltsware ermächtigt (§§455, 185 Abs. 1 BGB). Indem der Vorbehaltskäufer die Vorbehaltsware einem Dritten weiter veräußert und dieser vom Nichtberechtigten das Eigentum an der Vorbehaltsware mit Ermächtigung des Berechtigten erwirbt, verliert der Lieferant sein Vorbehaltseigentum, das eigentlich als Sicherheit seiner Kaufpreisforderung gegenüber dem Vorbehaltskäufer dienen soll. Anstelle dieses untergegangenen Vorbehaltseigentums tritt der Vorbehaltskäufer dem Warenlieferanten alle gegenwärtigen und in der Zukunft entstehenden Forderungen ab (§398 BGB). Damit wird die Kaufpreisforderung beim verlängerten Eigentumsvorbehalt durch die im voraus abgetretenen Forderungen gesichert. In Deutschland ist die Vorausabtretung künftiger Forderungen anerkannt, wenn sie bestimmbar sind.

[11] Kapitel. 3 A. VII. b. c. u. d. ff.

Eine andere Form des verlängerten Eigentumsvorbehalts stellt die Verarbeitungsklausel dar. Nach dem Wortlaut des §950 BGB erwirbt der Käufer das Eigentum an der neuen Sache, sofern der Wert der Verarbeitung oder der Umbildung nicht erheblich geringer ist als der Wert des verarbeiteten Stoffes.

Nach den gesetzliche Bestimmungen wird der Hersteller Eigentümer des neuen Produkts, weil der Wert der Verarbeitung im Allgemeinen höher als der der Rohstoffe ist. In diesem Fall verliert der Vorbehaltsverkäufer sein Vorbehaltseigentum an dem Rohstoff und verliert damit sein Sicherungsmittel. Um dies zu vermeiden, vereinbaren der Rohstofflieferant und der Hersteller in Deutschland, daß dieser die neue Sache für den Lieferanten produziert. Wenn mehrere Lieferanten verschiedene Rohmaterialien geliefert haben, erwirbt jeder Einzelne einen Miteigentumsanteil, der sich aus dem Verhältnis des Wertes der von ihnen gelieferten Materialien zum Wert des Fertigprodukts berechnen läßt. Möglich ist es auch, daß die Vorbehaltsverkäufer das Miteigentum an dem Fertigfabrikat zu dem Anteil erwerben, der sich aus dem Verhältnis des Wertes der von ihnen gelieferten Rohstoffe und des Verarbeitungswertes zu dem Wert des Fertigfabrikates ergibt. Dabei wird der Zeitpunkt der Wertschätzung als „Zeit der Verarbeitung" betrachtet[12].

b. Verlängerter Eigentumsvorbehalt in Korea

Anders als in Deutschland ist die Kreditsicherung durch die abgetretenen Forderungen in Korea noch nicht bekannt. Daher kommt der verlängerte Eigentumsvorbehalt in der Praxis nicht zustande. Nach der Rechtsprechung und im Schrifttum wird aber anerkannt, daß die Forderung, die in der Zukunft entstehen würde, abgetreten werden kann. Daher ist es auch in Korea möglich einen verlängerten Eigentums-vorbehalt zu vereinbaren.

Die Forderungsabtretung kann aber nur dann gegenüber dem Schuldner oder einem Dritten geltend gemacht werden, wenn sie dem Schuldner angezeigt oder von ihm genehmigt worden ist (§450 Abs. 1 KBGB). Auf der anderen Seite verlangt § 450 Abs.2 KBGB andere Wirksamkeitsvoraussetzungen für eine wirksame Forderungsabtretung. Danach kann die Forderungsabtretung außer vom Schuldner gegenüber einem Dritten nur geltend gemacht werden, falls die Forderungsabtretung durch die Aushändigung einer öffentlich beglaubigten Urkunde mit Datumsangabe vorgenommen wird.

Aus diesem Grund muß der Vorbehaltskäufer jedesmal neu die öffentlich beglaubigte Urkunde mit der Datumsangabe bekannt machen, wenn durch das Geschäft des Vorbehaltskäufers, z. B. Abschluß des Kaufvertrages, der Zweitkäufer endlich bekannt wird. In einem solchen Fall ist die Anwen-

[12] Kapitel 2 C. I. 3. ff.

dung eines verlängerten Eigentumsvorbehalts nicht machbar für die Praxis, falls es keine ersichtliche Geschäftsbeziehung zwischen dem Vorbehaltskäufer und einem Dritten gibt. Die Anwendung eines verlängerten Eigentumsvorbehalts ist jedoch für den Fall möglich, bei dem die Geschäftsbeziehung schon bei der Vereinbarung des verlängerten Eigentumsvorbehalts feststellbar ist und der Vorbehaltskäufer dem Vorbehaltsverkäufer aufgrund dieser Feststellung die öffentlich beglaubigte Urkunde mit der Datumsangabe verschaffen kann. Die Möglichkeit der Anwendung eines verlängerten Eigentumsvorbehalts bleibt nach dem koreanischen Recht immmer offen, jedoch ist sie nur in eingeschränkter Form möglich[13].

Im Vergleich zu §950 BGB erwirbt gemäß §259 KBGB der Hersteller einer neuen Sache das Eigentum daran, falls der Wert der Verarbeitung erheblich höher ist, als der Wert des verarbeiteten Stoffes. Die koreanische Rechtsprechung und die herrschende Meinung im Schrifttum betrachten §259 Abs. 1 KBGB als dispositives Recht, weshalb die Rechtsfolge des §259 Abs. 1 KBGB durch Vereinbarung der Vertragsparteien abbedungen werden kann. Daher kann theoretisch eine Verarbeitungsklausel vereinbart werden[14]. Dabei bleibt die Schwierigkeit, Miteigentumsanteile zu bestimmen, wenn mehrere Vorbehaltsverkäufer verschiedene Rohmaterialien geliefert haben. Dabei kommt es auf den Einzelfall an, d. h. auf die jeweilige Eigenschaft des Produktionsvorganges ist zu berücksichtigen.

2. Erweiterter Eigentumsvorbehalt

a. Erweiterter Eigentumsvorbehalt in Deutscland

Bei der Vereinbarung des erweiterten Eigentumsvorbehalts findet der aufschiebend bedingte Eigentumsübergang erst dann statt, wenn der Vorbehaltsverkäufer wegen aller seiner Forderungen gegen den Vorbehaltskäufer aus den zwischen ihnen bestehenden Verhältnissen befriedigt worden ist. In der Praxis kommt in der Regel die Vereinbarung des erweiterten Eigentumsvorbehalts durch eine Erweiterungsklausel zustande.

Im Verhältnis zu Nichtkaufleuten wird eine solche Klausel als durchaus überraschend i. S. d. §3 AGBG angesehen. Für einen Kaufmann ist sie hingegen schon wegen der Üblichkeit der Kontokorrentklauseln weder überraschend gemäß §3 AGBG noch problematisch i.S.d.§9 AGBG. Nach der Rechtsprechung bestehen keine Bedenken hinsichtlich der Wirksamkeit des erweiterten Eigentumsvorbehalts[15].

---

[13] Kapitel. 3 A. I. 2. b. aa. ff.
[14] Kapitel. 3 A. I. 2. bb. ff.
[15] Kapitel. 2 C. II. ff.

b. Erweiterung des Sicherungsobjekts in Korea

Eine solche Erweiterungsform des Sicherungsobjekts ist der koreanischen Kreditpraxis auch bekannt. Dabei liegt der Unterschied der Erweiterungsformen in beiden Ländern darin, daß in Deutschland eine solche Erweiterung durch die Sonderform des Eigentumsvorbehalts erreicht wird, während in Korea anstelle des erweiterten Eigentumsvorbehalts die Höchstbetragshypothek, die sich auf unbewegliche Sachen bezieht, eine der gebräuchlichsten Erweiterungsformen ist.

Anders als die gewohnheitsrechtlich anerkannte Hypothek wird bei der Höchstbetragshypothek die Feststellung der Forderung vorbehalten. Mit der Bestellung der Höchstbetragshypothek werden alle in der Zukunft entstehenden unbestimmten Forderungen aus einem Dauerschuldverhältnis abgesichert (§§357 Abs. 1 KBGB). Im Bankverkehr werden heute nicht nur die Höchstbetragshypothek, sondern fast ausschließlich die sog. globale Höchstbetragshypothek verwendet.

Mit dieser Form werden über den Rahmen des üblichen Grundvertrags hinaus alle sonstigen Verbindlichkeiten des Schuldners gegenüber dem Gläubiger gesichert. Eine solche Erweiterung des Sicherungsobjekts wird in Korea für bedenklich gehalten, weil damit die anderen Gläubiger des Kreditnehmers gefährdet werden können[16].

Der erweiterte Eigentumsvorbehalt in Deutschland wird im kaufmännischen Verkehr meistens mittels eines Formularvertrags vereinbart und die Wirksamkeit wird anerkannt, weil solche Vereinbarungen im Handelsgeschäft üblich sind. Die Wirksamkeit der Vereinbarung eines erweiterten Eigentumsvorbehalts wird aber aus dogmatischen Gründen für bedenklich gehalten. Daher ist die Übernahme des erweiterten Eigentumsvorbehalts in die koreanische Kreditpraxis nicht sinnvoll.

III. Sicherungsübereignung in beiden Ländern

1. Rechtsgrundlage in Deutschland

In Deutschland wird die Sicherungsübereignung allgemein als Treuhandgeschäft verstanden. Die Treuhandkonzeption der Sicherungsübereignung paßt jedoch nicht zu dem sachenrechtlichen Abstraktionsprinzip, wonach der Sicherungsnehmer nicht gehindert wäre, wirksam über das Sicherungsgut zu verfügen. Der Sicherungsnehmer darf grundsätzlich auf den Vermögensgegenstand des Sicherungsgebers nur dann Zugriff nehmen, wenn der Sicherungszweck dies erfordert. Das durch die Sicherungsübereignung

[16] Kapitel. 3 A. I. 2. c. ff.

begründete Treuhandverhältnis ist so zu verstehen, daß der Sicherungsgeber das Sicherungsgut an den Sicherungsnehmer in der Erwartung überträgt, daß dieser die Bindung an den Sicherungsvertrag beachtet. Wegen dieser treuhänderischen Bindung im Sicherungsvertrag ist die Rechtsmacht des Sicherungsnehmers auch nach außen zu beschränken. Die durch den Sicherungsvertrag begründete Rechtsstellung ist so zu verstehen, daß der Sicherungseigentümer sachenrechtlich nur sehr beschränkt eine effektive Verfügungsmöglichkeit hat und die Eigentümerstellung schuldrechtlich durch den Sicherungsvertrag und durch den Sicherungszweck begrenzt wird[17].

2. Rechtsgrundlage in Korea

In Korea wird über die rechtliche Grundlage der Sicherungsübereignung eine ähnliche Diskussion geführt. Am 01. 01. 1984 wurde das VorPfäG erlassen. Wegen diesem Gesetz hat die rechtstheoretische Ausgestaltung der Sicherungsübereignung eine Änderung erfahren. Vor der Einführung des VorPfäG wurde die Sicherungsübereignung von der herrschenden Meinung als Treuhandgeschäft verstanden. Aus dem Treuhandgeschäft erwirbt der Sicherungsnehmer volles Eigentum. Ein Dritter konnte durch Einigung mit dem Sicherungsnehmer und der Übergabe des Sicherungsguts Eigentum daran erlangen, und zwar ohne Rücksicht darauf, ob er gutgläubig oder bösgläubig war.

Nach der Einführung des VorPfäG geht die herrschende Meinung von dem Sicherungszweck aus. Danach erwirbt der Kreditgeber durch Vereinbarung der Sicherungsübereignung kein Eigentum am Sicherungsgut, sondern erlangt nur das Sicherungsrecht als dingliches Recht. Das Eigentum am Sicherungsgut steht immer noch dem Sicherungsgeber zu[18].

3. Sicherungsgegenstände

In Deutschland dienen nur bewegliche Sachen als Sicherungsgegenstände. In der Praxis kommt vor allem die Sicherungsübereignung eines Warenlagers mit wechselnden Bestand vor. Ist ein Warenlager mit wechselndem Bestand genügend bestimmt, kommt die Sicherungsübereignung wirksam zustande, wenn es durch Einigung und Besitzkonstitut (§§929, 930 BGB) auf den Sicherungsnehmer übergeht. Sonstige Kriterien für die Publizität sind nicht erforderlich. Zum Bestimmtheitserfordernis hat der BGH in seiner Begründung gefordert, daß es sich aus der über die Sicherungsübereignung aufgenommenen Urkunde selbst ergeben müsse[19].

---

[17] Kapitel. 2 B. I. 1. 2. ff.
[18] Kapitel. 3 B. II. 2. A. u. b. ff.
[19] Kapitel. 2 B. II. ff.

Dagegen wird die Sicherungsübereignung in Korea üblicherweise an unbeweglichen Sachen, beispielsweise an Grundstücken oder Gebäuden vorgenommen. Dabei wird die Publizität durch die Eintragung erreicht. Eine Sachgesamtheit mit wechselndem Bestand kann ebenfalls als Sicherungsgegenstand dienen. Um dem Bestimmtheitserfordernis zu genügen, vertritt die Rechtsprechung die Auffassung, daß die Sachgesamtheit nach der Gattung, der Menge und dem Lagerort bestimmbt sein müsse. Des weiteren wird im Schrifttum die Auffassung vertreten, daß die Sachgesamtheit beim Abschluß des Sicherungsvertrags zu bestimmen sei.

Die koreanische Rechtsprechung vertritt die Auffassung, daß bei der Sicherungsübereignung die Übergabe durch die Vereinbarung eines Besitzkonstituts gemäß §189 KBGB ersetzt werden könne und dies dem Publizitätsprinzip genügt[20].

4. Verwirklichung der Sicherungsrechte

a. Verfallverbot in beiden Ländern

aa. Verfallverbot in Deutschland

Bei der Verwirklichung der Sicherungsrechte wurde in Deutschland zunächst die Frage gestellt, ob die Parteien bei der Sicherungsübereignung vereinbaren können, daß das Sicherungsgut nach Fälligkeit der gesicherten Forderung an Erfüllung statt an den Sicherungsnehmer fällt (sog. Verfallklausel). Das Reichsgericht und die früher herrschende Meinung im Schrifttum hielten das Verbot der Verfallklausel auf die Sicherungsübereignung für nicht anwendbar.

Daher war eine Vereinbarung zulässig, nach der bei Fälligkeit die Sache endgültig verfallen sollte. Nach dem AGBG wird die Vereinbarung einer Verfallklausel nach §9 Abs. 1 AGBG für unwirksam gehalten, weil der Sicherungsgeber wegen dieser Klausel die Chance verlieren könnte, sein Eigentum zurückzuerhalten, obwohl er seine Forderung kurz nach dem Fälligkeitstermin erfüllt[21].

bb. Verfallverbot in Korea

In Korea wurde die Sicherungsübereignung mit der Liquidationspflicht von der ohne Liquidationspflicht unterschieden. Durch die Vereinbarung der

---

[20] Kapitel. 3 B. III. 1. 2. ff.
[21] Kapitel. 2 B. IV. 1. b. ff.

Sicherungsübereignung ohne Liquidationspflicht erwirbt der Sicherungsnehmer bei Nichterfüllung des Sicherungsgebers nach der Fälligkeit das Eigentum am Sicherungsgut endgültig und zwar ohne die Durchführung eines Liquidationsverfahrens.

Vor der Gültigkeit des KBGB wurde eine solche Vereinbarung grundsätzlich für zulässig gehalten. Falls eine solche Vereinbarung jedoch gegen die guten Sitten und die Sozialordnung verstieß, war sie selbst zwar unwirksam, doch blieb die Sicherungsübereignung als solche wirksam. Nachdem das KBGB am 01. 01. 1960 in Kraft getreten ist, wird eine Vereinbarung der Sicherungsübereignung ohne Liquidationspflicht gemäß den §§607, 608 KBGB für unwirksam gehalten. Dagegen läßt die Rechtsprechung die Vereinbarung der Sicherungsübereignung mit Liquidationspflicht zu.

Seit dem Erlaß des VorPfäG müssen der Sicherungsnehmer und der Sicherungsgeber bei der Vereinbarung einer Sicherungsübereignung das in diesem Gesetz geregelte Liquidationsverfahren anwenden. Ohne dieses Liquidationsverfahren kann der Sicherungsnehmer kein Eigentum am Sicherungsgut erwerben, obwohl der Sicherungsgeber auch nach dem Ablauf der Frist seiner Kreditschuld nicht nachkommt. Damit wird auch in Korea die Verfallvereinbarung für unwirksam gehalten[22].

b.Verwertungsverfahren in beiden Ländern

aa. Verwertung des Sicherungsguts in Deutschland

In Deutschland kann der Sicherungsnehmer mit der Fälligkeit der gesicherten Forderung die Herausgabe des Sicherungsguts gemäß §985 BGB verlangen. Dem Sicherungsnehmer steht das freie Entscheidungsrecht darüber zu, in welcher Weise die Verwertung des Sicherungsguts vollgezogen werden soll. Durch die Treuhandabrede ist der Sicherungsnehmer gegenüber dem Sicherungsgeber an sie auch insoweit gebunden, als daß er dem Sicherungsgeber keine unangemessenen Nachteile bereiten darf.

Damit gilt das allgemeine ungeschriebene Prinzip der schonenden und bestmöglichen Verwertung des Sicherungsguts. Jede schuldhafte Verletzung der Interessen des Sicherungsgebers, insbesondere jegliche Verschleuderung des Sicherungsguts, macht den Sicherungsnehmer schadensersatzpflichtig. Auch eine unzeitgemäße Veräußerung des Sicherungsguts kann eine Pflichtverletzung darstellen. Daher macht er sich auch schadensersatzpflichtig, falls durch seine schuldhaft verzögerte Verwertung ein Schaden entsteht[23].

---

[22] Kapitel. 3 B. I. 3. ff.

[23] Kapitel. 2 B. IV. ff.

bb. Verwertung des Sicherungsguts in Korea

In Korea ist die Verwertung des Sicherungsguts nach den Regeln des VorpfäG vorzunehmen. Bei der Nichterfüllung des Sicherungsgebers - auch nach dem Ablauf der Fälligkeit- hat der Sicherungsnehmer den Sicherungsgeber gemäß §3 Abs. 1 S. 1 VorPfäG vor der Verwirklichung seiner Sicherungsrechte, von dem Liquidationsbetrag, der den geschätzten Wert des Sicherungsguts abzüglich des Wertes der gesicherten Forderung umfaßt, und vom Schätzwert des Sicherungsguts zu benachrichtigen. Bei der Benachrichtigung hat der Sicherungsnehmer dem Sicherungsgeber den Differenzbetrag zwischen dem abgeschätzten Wert des Sicherungsguts und dem der gesicherten Forderung als Liquidationsbetrag zu bezahlen (§4 Abs. 1 VorPfäG). Der Sicherungsgeber hat jedoch das Recht, innerhalb von 2 Monaten jederzeit seine Darlehensschuld auszugleichen und vom Sicherungsnehmer zu verlangen, daß das zur Sicherung übereignete Eigentum am Sicherungsgut wieder auf ihn übertragen wird.

Das VorPfäG gilt aber nicht nur für die Sicherungsübereignung von unbeweglichen, sondern auch für die von beweglichen Sachen, auch wenn es eigentlich davon ausgeht, daß Grundstücke als Sicherungsgegenstände dienen. Daher zeigen sich bei der Anwendung für die Sicherungsübereignung einer Sachgesamtheit bestimmte Probleme. Wenn eine Sachgesamtheit mit wechselndem Bestand als Sicherungsgegenstand dient, könnte sich eine verzögerte Verwertung sowohl für den Sicherungsnehmer als auch für den Sicherungsgeber nachteilig auswirken. Aus diesem Grund wäre die Anwendung der 2 monatigen Liquidationsfrist gemäß §3 Abs. 1 VorpfäG für den Fall, in dem eine Sachgesamtheit mit wechselndem Bestand als Sicherungsgut dient, nicht sinnvoll.

Andererseits muß der Sicherungsnehmer dem Sicherungsgeber gemäß § 4 Abs. 1 VorpfäG den Liquidationsbetrag - d. h. den Wert des Sicherungsguts abzüglich des Werts des Forderungsbetrags - auszahlen. Dabei bleibt es unklar, ob mit dem Wert des Sicherungsguts der Schätzwert i. S. d. §3 Abs. 1 VorPfäG gemeint ist. Das VorPfäG regelt nicht, wie der Wert des Sicherungsguts zu schätzen ist[24].

5. Rechtsstellung der Parteien im Außenverhältnis

a. Außenverhältnis der Parteien in Deutschland

In Deutschland können sowohl der Sicherungsnehmer als auch der Sicherungsgeber in der Einzelzwangsvollstreckung die Pfändung durch Gläu-

[24] Kapitel. 3 B. V. 1. ff.

biger durch Erhebung der Drittwiderspruchsklage (§771 ZPO) abwehren[25]. Im Insolvenzverfahren werden die Rechtsstellungen der Parteien unterschiedlich behandelt. Der Sicherungsnehmer erhält bei einem Konkurs des Sicherungsgebers nur ein Absonderungsrecht gemäß §51 Nr. 1 InsO, genau wie die Pfandgläubiger. Nach der neuen Insolvenzordnung kommt es bei der Verwertung des Sicherungsguts darauf an, wer sie im Zeitpunkt der Verfahrenseröffnung im unmittelbaren Besitz hat (§166 InsO). Daher kann der Sicherungsnehmer nicht die Herausgabe des Sicherungsguts zur Verwirklichung seines Absonderungsrechts verlangen. Dagegen kann der Sicherungsgeber aufgrund von §47 InsO aussondern, falls er seine Schuld vollständig getilgt hat, ihm das Sicherungsgut aber noch nicht rückübereignet worden ist[26].

b. Außenverhältnis der Parteien in Korea

In Korea wird die Rechtsstellung der beiden Parteien ebenfalls unterschiedlich behandelt. Dient ein Grundstück als Sicherungsgut und pfändet es ein Gläubiger des Sicherungsnehmers, wird nach der Treuhandlehre die Auffassung vertreten, daß der Sicherungsgeber keine Drittwiderspruchsklage erheben könne, weil der Sicherungsnehmer als Eigentümer ins Grundbuch eingetragen wurde und der Sicherungsgeber damit formel rechtlcih kein Eigentümer des Sicherungsguts sei.

Dagegen kann nach der Sicherungslehre der Sicherungsgeber als Eigentümer die Pfändung der Gläubiger des Sicherungsnehmers mit der Drittwiderspruchsklage abwehren. Pfändet ein Gläubiger des Sicherungsgebers die als Sicherungsgut dienende bewegliche Sache, kann der Sicherungsnehmer nach der Sicherungslehre nicht die Drittwiderspruchsklage sondern nur eine Klage auf vorzugsweise Befriedigung (§526 Abs. 1 S. 2 KZPO) erheben, weil er kein Eigentümer dieser Sache ist. Entgegen dieser Auffassung der Sicherungslehre erkennt die Treuhandlehre an, daß der Sicherungsnehmer Drittwiderspruchsklage (§791 KZPO) erheben kann, weil er ein Interesse daran hat, die Pfändung durch die anderen Gläubiger des Sicherungsgebers abzuwehren. Der KOGH vertritt diese Auffassung auch insoweit, als eine bewegliche Sache als Sicherungsgut dient[27]. Diese unterschiedliche Behandlung der Rechtsstellung der Parteien durch die Sicherungs- und Treuhandlehre zieht im Konkursverfahren auch eine jeweils andere Konsequenz nach sich. Beim Konkurs des Sicherungsgebers steht dem Sicherungsnehmer nach der Sicherungslehre nur ein Absonderungsrecht bezüglich des Sicherungsguts zu, weil er nicht dessen Eigentümer ist .

---

[25] Kapitel. 2 B. V. 1. ff.

[26] Kapitel. 2 B. V. 2. ff.

[27] Kapitel. 3 B. V. 2. ff.

Anders als nach §166 InsO kann das Absonderungsrecht gemäß §86 KKO unabhängig von dem Konkursverfahren vorgenommen werden. Damit kann der Sicherungsnehmer gegenüber dem Konkursverwalter des Sicherungsgebers die Rückgabe des Sicherungsguts zur Verwertung verlangen.

Dagegen räumt die Treuhandlehre dem Sicherungsnehmer ein Aussonderungsrecht ein. Wird ein Konkursverfahren über das Vermögen des Sicherungsnehmers eröffnet, kann gemäß §80 KKO derjenige, der vor der Eröffnung des Konkursverfahrens sein Vermögen auf den Konkursschuldner übereignet hat, mit der Begründung, daß diese Übereignung nur zu Sicherungszwecken vorgenommen worden sei, sein Vermögen nicht aus der Konkursmasse aussondern. Diese Konsequenz, die sowohl von den Vertretern der Sicherungslehre als auch der Treuhandlehre gezogen wird, ist mit dem Wortlaut des §80 KKO nicht vereinbar. Aus diesem Grund wird dem Sicherungsgeber ein Aussonderungsrecht eingeräumt, falls er seine gesicherte Forderung erfüllt hat[28].

Die Rechtsstellung der Parteien im Außenverhältnis wird in Korea nur im Hinblick auf die rein formale Eigentümerstellung betrachtet. Dieser Konsequenz, die aus der formalen Eigentümerstellung gezogen wird, ist jedoch nicht zuzustimmen. Bei der Sicherungsübereignung ist immer die Treuhandlehre zu berücksichtigen, nach der das Eigentum am Sicherungsgut aufgrund des Sicherungszwecks auf den Sicherungsnehmer übergeht. Die extrem formale Durchsetzung der Eigentümerstellung des Sicherungsnehmers auf der sachenrechtlichen Ebene und die daraus folgende Konsequenz sind nicht als Eigenschaft der Treuhandlehre zu verstehen, denn danach ist die treuhänderische Bindung im Sicherungsvertrag auf der sachenrechtlichen Ebene weiter durchzusetzen. Dies bedeutet, daß das Treuhandverhältnis zwischen dem Sicherungsgeber und dem Sicherungsnehmer bei der Einzelzwangsvollstreckung und im Konkursverfahren an Bedeutung gewinnt. Außerhalb des Sicherungszwecks muß das Sicherungsgut weiter dem Vermögen des Sicherungsgebers zugeordnet werden. Daher ist das Sicherungsgut nicht zu den Pfändungsgegenständen zu zählen, weshalb der Sicherungsgeber die Pfändung der anderen Gläubiger des Sicherungsnehmers mit der Drittwiderspruchsklage abwehren kann. Beim Konkurs des Sicherungsnehmers kann er nach der Tilgung seiner gesicherten Forderung das Sicherungsgut aussondern.

IV. AGB-Kontrolle

1. Kontrollmaßnahme in Deutschland

Der Eigentumsvorbehalt und die Sicherungsübereignung kommen in Deutschland fast immer durch einen Formularvertrag zustande. Daher ent-

[28] Kapitel. 3 B. V. 3. ff.

halten die einzelnen AGB-Klauseln den Inhalt des Vertrages. Das BGB enthält bis auf den einfachen Eigentumsvorbehalt in §455 BGB weder eine Bestimmung über die Sicherungsübereignung noch über die revolvierenden Globalsicherheiten. Das Bestimmtheitserfordernis bei der Sicherungsübereignung eines Warenlagers mit wechselndem Bestand, die Rechtsstellung der Parteien und die Verwertung des Sicherungsguts u.a. werden durch einzelne Klauseln in den AGB des Verwenders geregelt. Die Weiterveräußerungs- und Verarbeitungsklausel u.a.ermöglichen die revolvierende Globalsicherheit. Schließlich wird das Übersicherungsproblem bei der Vereinbarung des Kreditsicherungsvertrages dadurch vermieden, daß die Rechtsprechung einzelne Klauseln überprüft. Daher hängt die Wirksamkeit der Sicherungsübereignung und des Eigentumsvorbehalts von der Gültigkeit der einzelnen Klauseln ab.

Bevor das AGBG am 01. 01. 1977 in Kraft trat, wurde die Unwirksamkeit von unbilligen Klauseln vom Gericht festgestellt. Die Rechtsgrundlage für die Entscheidungen waren die §§138, 242 BGB. Seit der Einführung des AGBG wird mit Hilfe des §9 AGBG eine Inhaltskontrolle durchgeführt. Enthalten die AGB eine unwirksame Klausel, hält die Rechtsprechung diesen Vertrag aufgrund des §9 AGBG für unwirksam. Später vertrat die Rechtsprechung die Auffassung, daß die unwirksamen Klauseln gemäß §6 Abs. 1 AGBG grundsätzlich nicht zur Unwirksamkeit des gesamten Vertrages führe. Damit sei der Vertrag wirksam und anstelle der unwirksam gewordenen Klausel gelten die gesetzlichen Regelungen.

Die rechtlichen Konsequenzen der §§138 BGB, 9 AGBG unterscheiden sich deutlich voneinander. Beruft man sich gemäß §138 BGB auf die Nichtigkeit der Klausel und kommt man zu dem Ergebnis, daß sie unwirksam ist, erstreckt sich die Unwirksamkeit auf den Vertrag im Regelfall (§139 BGB) im Ganzen. Im Gegensatz dazu wird die Klausel der AGB bei der Anwendung des §9 Abs. 1 AGBG zwar unwirksam, doch erstreckt sich die Unwirksamkeit nicht auf den ganzen Vertrag, weil hier §6 Abs. 1 u 2 AGBG eingreift. Gemäß §13 Abs. 1 AGBG kann der Verwender unwirksamer AGB-Klauseln „auf Unterlassung und im Fall des Empfehlens auch auf Widerruf in Anspruch genommen werden". Für derartige Klagen ist das Landgericht ausschließlich zuständig, welches einzelne AGB-Klauseln auf ihre Wirksamkeit hin überprüft[29].

2. Kontrollmaßnahme in Korea

Nach §17-2 koreanisches AGB-Gesetz ist der „Ausschuß für faire Geschäftsabschlüsse" für die Inhaltskontrolle unwirksamer Klauseln zuständig. Der Ausschuß für faire Geschäftsabschlüsse kann den betreffenden Unternehmer, dessen AGB unwirksame Klauseln enthalten, aufgrund des Be-

[29] Kapitel. 1 III. 2. b. dd. ff; Kapitel. 2 C. V. 4. ff.

schlusses der Prüfungskommission zur Verbesserung auffordern[30]. Die AGB-Kontrolle in Korea entfaltet keine unmittelbare Rechtswirkung, weshalb sie anders als die in Deutschland vorzunehmen ist. Als Kontrollmaßstab könnte beispielsweise §104 KBGB dienen. Danach kann der Sicherungsvertrag - aufgrund des ungerechfertigten Rechtsverhältnisses- ganz oder teilweise nichtig sein.

Eine andere Möglichkeit der Inhaltskontrolle des Sicherungsvertrages wäre das Gesetz über die Vormerkungspfänder, denn dieses Gesetz regelt die Wirksamkeit der Vormerkung bzw. die Wirksamkeit der Eintragung des Eigentumsübergangs zu Sicherungszwecken (§1 VorPfäG) und wird daher es auf den Fall angewendet, bei dem zur Sicherung der Forderung das Grundstück bzw. eine andere unbewegliche Sache oder die wie eine unbewegliche Sache zu behandelnde bewegliche Sache übereignet und eingetragen worden ist.

V. Reformdiskussion im Bereich der Mobiliarsicherungsrechte

1. Reformdiskussion in Deutschland

a. Reformdiskussion über die Mobiliarsicherungsrechte auf dem 51. DJT

Im Entwurf des BGB wurde die Wirksamkeit eines Pfandrechts durch Besitzkonstitut mit der Begründung verneint, daß die Gefahr bestehe, daß mit Hilfe des *constitutum possesorium* geheime, die Sicherheit des Verkehrs, namentlich auf den Konkurs hin, beeinträchtigende Pfandrechte geschaffen werden würden (§1147 Abs. 3 erster Entwurf). Aus diesem Grund wurden die Sicherungsübereignung und der Eigentumsvorbehalt als Kreditsicherungsmittel wegen deren mangelnden Publizität für poblematisch gehalten. Die Eintragung der Sicherungsrechte in ein Register wird in erster Linie in Bezug auf die Publizität erwähnt. Die Befürworter einer Publizität erhoffen sich eine Aufklärung über die wahren Vermögensverhältnisse des Schuldners. Auf diese Weise könnten Kollisionen mit den Sicherungsrechten anderer Gläubiger vermieden werden.

Eine Einführung der Registereintragungspflicht bringt für den Schuldner allgerdings auch diverse Nachteile. Er müßte seine wirtschaftliche Situation offen legen und die Kosten der Eintragung übernehmen, was wiederum eine Verteuerung des Kredites bewirken würde. Des weiteren erscheint ein Register für die Sicherung des gewerblichen Geldkredits ebenfalls nicht erforderlich, da die Kreditinstitute die Rechtsverhältnisse des ihnen ange-

[30] Kim, Dong-Hoon, Koreanisches AGB-Gesetz, S. 105.

botenen Sicherungsgutes im Allgemeinen gründlich prüfen.
Als andere Art der Eintragung wurde die öffentliche Beglaubigung, in der die Wirkung des Sicherungsvertrages gegenüber bestimmten Dritten von einem schriftlichen Vertrag mit „sicherem Datum" abhängig gemacht wird, vorgeschlagen. Die sichere Datierung des Vertrages soll Dritte gegen eine willkürliche Rückdatierung des Sicherungsrechts schützen.

Die öffentliche Beglaubigung würde einerseits wegen ihrer Kosten Kritik hervorrufen, andererseits wäre sie nur dann überzeugend , wenn eine deutliche Vorstellung über die ungefähre Zahl und Bedeutung willkürlicher Rückdatierungen bestünde. Solche Angaben fehlen allerdings[31].

b. Schuldrechtsmodernisierung in Deutschland

Nach dem Regierungsentwurf zur Schuldrechtsmodernisierung wird der Bereich der Mobiliarsicherungsrechte keine große Änderung erfahren. Über die Sicherungsübereignung enthält der Regierungsentwurf keine Vorschrift. Hingegen werden bezüglich des Eigentumsvorbehalts einige Vorschriften umgestellt und neu eingeführt.
§448 des Regierungsentwurfes lautet ;

(1)Hat sich der Verkäufer einer beweglichen Sache das Eigentum bis zur Zahlung des Kaufpreises vorbehalten, so ist im Zweifel anzunehmen, dass das Eigentum unter der aufschiebenden Bedingung vollständiger Zahlung des Kaufpreises übertragen wird(Eigentumsvorbehalt).
(2)Auf Grund des Eigentumsvorbehalts kann der Verkäufer die Sache nur herausverlangen, wenn er vom Vertrag zurückgetreten ist.
(3)Die Vereinbarung eines Eigentumsvorbehalts ist nichtig, soweit der Eigentumsübergang davon abhängig gemacht wird, dass der Käufer Forderungen eines Dritten, insbesondere eines mit dem Verkäufer verbundenen Unternehmes, erfüllt.

Es fällt auf, daß Abs. 1 dem ersten Teil des bisherigen §455 Abs. 1 BGB entspricht. §448 Abs.2 des Regierungsentwurfes beseitigt die im zweiten Teil des §455 Abs. 1BGB vorgesehenen weiteren Auslegungsmöglichkeiten, d.h. nach dem zweiten Teil des §455 Abs. 1 BGB kann der Vorbehaltsverkäufer im Zweifel zum Rücktritt vom Vertrag berechtigt sein, wenn der Käufer mit der Zahlung in Verzug gerät. Diese Vorschrift gewährt dem Verkäufer, vom Vertrag auch dann zurückzutreten, wenn er eine Frist nicht gesetzt und den Ablauf der Frist nicht abgewartet hat. Das ist auch der Grund für die Meinungsverschiedenheiten zwischen der Rechtsprechung und der Mindermeinung im Schrifttum[32]. Mit §448 Abs. 2 des Regierungsentwurfes würde dieser Steit beigelegt werden. §448 Abs.3 des Regierungs-

[31] Drobing, Gutachten zum 51. DJT, S. 67F, 68F.
[32] Kapitel. 2 A. III. 2. a. dd. ff.

entwurfes entspricht dem jetztigen §455 Abs. 2 BGB[33]. Daher wird im Regierungsentwurf zur Schuldrechtsmodernisierung weder die Register- noch irgendeine andere Eintragungsform eingeführt. Dies entspricht dem Art. 4 Abs. 1 (EG-Richtlinie 2000/35)[34].

2. Reformüberlegung der Mobiliarkreditsicherung in Korea

Nachdem das KBGB am 01. 01. 1960 in Kraft getreten ist, wurde es zwar mehrfach geändert, doch gab es keine grundsätzlichen Änderungen. Im Moment wird eine Reform des KBGB durchgeführt. Hinsichtlich der Mobiliarsicherung ist keine größere Änderung vorgesehen.

Seit der Wirtschaftskrise im Jahre 1997 ist die Erweiterung des Sicherungsguts ein sehr aktuelles Thema bei der Kreditsicherung. Aus diesem Grund wurde am 14. 04. 1998 das Gesetz über das „Asset Securitisation" erlassen.Nach dessen §2 Abs. 3 kann der „Originator" mit seinen Forderungen, unbeweglichen Sachen und sonstigen Vermögensrechten Wertpapiere ausstellen, dem Investierenden verkaufen und sich dadurch einen Kredit besorgen. In Anbetracht der Erweiterung des Sicherungsguts eröffnet dieses Gesetz neue Möglichkeiten im Bereich des Kreditgeschäfts[35].

Auf der anderen Seite dient in Korea das Vormerkungspfändergesetz zur Regelung der atypischen Sicherungsrechte. Dieses Gesetz gilt nach herrschender Meinung nicht nur für die Sicherungsübereignung eines Grundstücks sondern auch für die mit der beweglichen Sache. Bei der Gesetzgebung dieses Gesetzes ging man allerdings davon aus, daß Grundstücke als Sicherungsgegenstände dienen.

Daher sind einzelne Bestimmungen des VorpfäG für die Sicherungsübereignung einer beweglichen Sache nicht anwendbar. Um dieses Gesetz für die Mobiliarkreditsicherung in der Praxis anzuwenden, ist eine Reform erforderlich. Dafür sind die einzelnen Überlegungen wie folgt :

a. Publizität

Wie in der Einleitung kurz erwähnt, verlangt der Art. 9-305 UCC als Wirksamkeitsvoraussetzung für Sicherungsrechte die Eintragung in ein Register und erlegt dem Dritten Nachforschungspflichten über die Eintragung auf. Diese Vorschriften schützen den Dritten nur dann, wenn der Gläubiger die Registrierung versäumt hat und daher der Dritte vom Sicherungsrecht nichts erfahren kann.

---

33 BMJ-Regierungsentwurf Schuldrechtmodernisierung, S. 567.

34 Vgl. Kapitel. 1 III. 3. B. ff.

35 Kapitel. 1 III. 1. b. bb. (3) ff.

Dagegen sieht das BGB keine Registerform, sondern den Gutglaubenserwerb zum Schutz des Dritten vor. Diese Idee wurde im koreanischen Recht aufgegriffen. §249 KBGB regelt den Schutz des gutgläubigen Dritten. Der gutgläubige Erwerber eines Sicherungsgrundstücks wird durch §11 VorPfäG geschützt, obwohl die öffentliche Beglaubigung über das Grundstück vom KBGB nicht anerkannt wird. Auf der anderen Seite wurde bisher das gesamte koreanische Kreditvolumen, welches aufgrund von Sicherungsübereignungen bewegt wird, noch nicht weiter untersucht. Bei dieser rechtlichen Lage könnte die Einführung der Registereintragung unerwartete Auswirkungen haben. Daher ist sie abzulehnen.

b. Einführung des verlängerten- und erweiterten Eigentumsvorbehalts

Wie bereits untersucht, kann gemäß §450 KBGB die Forderungsabtretung nur dann gegenüber dem Schuldner oder einem Dritten geltend gemacht werden, wenn sie dem Schuldner angezeigt oder von ihm genehmigt worden ist. Diese Vorschrift erschwert es dem Vorbehaltskäufer, dem Warenlieferanten alle gegenwärtigen oder zukünftigen Forderungen aus der Weiterveräußerung abzutreten. Aus diesem Grund ist die Verlängerung des Eigentumsvorbehalts durch Weiterveräußerungsermächtigung in der koreanischen Kreditpraxis nur teilweise anzuwenden.

§259 KBGB stellt im Vergleich zu §950 BGB inhaltlich keinen Unterschied dar. §259 KBGB ist nach der herrschenden Meinung als dispositives Recht zu verstehen, weshalb die Vereinbarung einer Verarbeitungsklausel möglich ist. Wie bereits erwähnt, bei der Bestimmung der Miteigentumsanteile von verschiedenen Lieferanten ist die Eigenschaft des Produktionsverfahrens zu berücksichtigen. Die Erweiterungsform des Sicherungsobjekts ist in Deutschland der erweiterte Eigentumsvorbehalt und in Korea die Höchstbetragshypothek bzw. die globale Höchstbetragshpothek. Die Sicherungsgegenstände der beiden Formen sind zwar verschieden, jedoch liegt die Gemeinsamkeit in der Erweiterungsform des Sicherungsobjektes. Solche Erweiterungsformen des Sicherungsobjektes werden zwar nicht nur in Deutschland sondern auch in Korea wegen der Gewohnheit in der Kreditpraxis anerkannt, doch werden sie noch immer für bedenklich gehalten. Daher ist die Einführung des erweiterten Eigentumsvorbehalts nicht sinnvoll, bevor feststeht, daß die rechtstheoretische Grundlage der Erweiterungsform des Sicherungsobjekts genau untersucht wird.

c. Sicherungsübereignung an beweglichen Sachen

Aufgrund der Möglichkeit der Erweiterung des Sicherungsguts wurde in Korea die Sicherungsübereignung an beweglichen Sachen (insb. der Sachgesamtheit mit wechselndem Bestand) verstärkt diskutiert. In Deutschland ist die Sicherungsübereignung eines Warenlagers mit wechselndem Bestand sehr weit entwickelt. In der Praxis ist sie das Ergebnis der Anwendung einzelner Klauseln und der AGB-Kontrolle durch die Rechtsprechung anhand des AGBG. Daher ist die Sicherungsübereignung eines Warenlagers mit wechselndem Bestand ein richterrechtlich entwickelter Bereich. In Korea wurde die Sicherungsübereignung der Sachgesamtheit mit wechselndem Bestand vor kurzer Zeit von dem KOGH anerkannt, wobei die einzelnen Voraussetzungen nicht klar herausgearbeitet worden sind. Wie bereits erwähnt, gibt es in Korea ein Sondergesetz für die Sicherungsübereignung bzw. Vormerkungssicherung. Daher ist es wünschenswert, daß die Sicherungsübereignung der beweglichen Sache (insb. der Sachgesamtheit mit wechselndem Bestand) im VorpfäG einheitlich geregelt wird. Dies ist besonders deswegen sinnvoll, weil die AGB-Kontrolle durch das AGBG in Korea anders als in Deutschland ausgestaltet ist, denn die AGB-Kontrolle durch den „Ausschuß für den fairen Geschäftsverkehr" entfaltet keine unmittelbare Rechtswirkung. Dabei müßten einzelne Vorschriften des jetztigen VorpfäG geändert werden, weil dieses Gesetz eigentlich keine Rücksicht auf die Sicherungsübereignung der beweglichen Sache nimmt. Die einzelnen inhaltlichen Vorschläge lauten wie folgt :

- Die Sicherungsübereignung einer beweglichen Sache ist ausdrücklich in den Anwendungsbereich dieses Gesetzes einzubeziehen.
- Es wäre besser, die Sicherungsübereignung der unbeweglichen Sache und die Sicherungsübereignung der beweglichen Sache innerhalb dieses Gesetzes in unterschiedlichen Abschnitten zu regeln, denn sie weisen erhebliche Unterschiede auf.
- Im Abschnitt über die Sicherungsübereignung von beweglichen Sachen sind folgende inhaltliche Punkte einzubeziehen.

aa. Bestimmtheitsprinzip

Um die Sachgesamtheit mit wechselndem Bestand als Sicherungsgut dienen lassen zu können, muß zunächst geklärt werden, wie und inwieweit sie zu bestimmen ist. Dazu vertritt der KOGH die Auffassung, daß die Sachgesamtheit nach ihr Gattung, Menge und dem Lagerort zu bestimmen ist. In Deutschland wird es für das Bestimmtheiterfordernis als ausreichend angesehen, daß sich die Sicherungsgegenstände bei der Sicherungsübereignung eines Warenlagers mit wechselndem Bestand aus der über die Sicherungsübereignung aufgenommenen Urkunde selbst ergeben müssen. Als Maßstab zum Bestimmtheitsprinzip wäre es besser, diese beiden Auffassungen der Rechtsprechung in den Inhalt des VorpfäG einzubeziehen.

Vorschlag : Bei der Veinbarung der Sicherungsübereignung einer Sachgesamtheit mit wechselndem Bestand müssen die einzelnen Sicherungsgegenstände nach Gattung, Menge und Lagerort bestimmt und aus der über die Sicherungsübereignung aufgenommenen Urkunde ermittelt werden können.

bb. Liquidationsfrist

Im zweiten Teil des §3 Abs. 1 VorpfäG sind 2 Monate als Liquidationsfrist geregelt. Wegen der unterschiedlichen Beschaffenheit der beweglichen Sachen im Vergleich mit unbeweglichen Sachen könnte diese Frist bei der Sicherungsübereignung der Sachgesamtheit mit wechselndem Betand eine erhebliche Wertminderung des Sicherungsguts zur Folge haben. Daher ist diese Bestimmung für die Sicherungsübereignung der beweglichen Sache nicht anzuwenden. Daher wäre es wünschenswert, daß die Anwendbarkeit der 2- monatigen Liquidationsfrist auf unbewegliche Sachen beschränkt wird.

cc. Verwertung des Sicherungsguts

In Bezug auf die Verwertung des Sicherungsguts erwähnt das VorpfäG zuerst den Schätzwert in §3 Abs. 1 S. 1 VorpfäG, von dem der Sicherungsnehmer dem Sicherungsgeber vor Verwirklichung seines Sicherungsrechts benachrichtigen muß. Neben diesem Schätzwert wird in §4 Abs. 1 VorpfäG der Liquidationsbetrag als der Wert des Sicherungsguts abzüglich des Forderungsbetrages betrachtet. Im Schrifttum ist umstritten, wie der Wert des Sicherungsguts nach §4 Abs. 1 VorpfäG bezüglich des Schätzwerts i. S. d. §3 Abs. 1 S. 1 VorpfäG zu verstehen ist.

Dies ist eine relevante Frage bezüglich des Schutzes der Rechtsstellung des Sicherungsgebers. In Deutschland ist der Sicherungsnehmer nach der Rechtsprechung verpflichtet, das Sicherungsgut „schonend und bestmöglich" zu verwerten. Daher ist der Sicherungsnehmer bei schlechter Verwertung des Sicherungsguts zum Schadensersatz verpflichtet, weil er dem Sicherungsgeber wegen der Treuabrede keine unangemessenen Nachteile bereiten darf. Diese Idee ist auch in Korea bekannt. Der Gesetzgeber hat daher das VorpfäG erlassen, wonach der Sicherungsnehmer gegenüber dem Sicherungsgeber zur Einhaltung der Liquidationspflicht verpflichtet ist. In Einzelheiten hängt der Schutz des Sicherungsgebers bei der Verwirklichung des Sicherungsrechts des Sicherungsnehmers davon ab, wie der Wert des Sicherungsguts geschätzt wird.

Aus diesem Grund ist es wünschenswert, daß der Grundsatz der schonden bestmöglichen Verwertung ins VorpfäG einbezogen wäre. Des weiteren ist ausdrücklich zu klären, was unter dem Wert des Sicherungsguts zu verstehen ist. Der Wert des Sicherungsguts ist als Marktpreis anzusehen.
Daher ist der folgende Vorschlag :

Vorschlag : Der Sicherungsnehmer ist verpflichtet, das Sicherungsgut schonend und bestmöglich zu verwerten. Als Wert des Sicherungsguts ist der Marktpreis zu berücksichtigen.

dd. §80 KKO

Die dinglichen Sicherungsrechte entfalten ihre praktische Bedeutung vor allem dann, wenn über das Vermögen des Sicherungsgebers ein Konkursverfahren eröffnet wird. §80 KKO ist in seiner bestehenden Form weder nach der Sicherungslehre noch nach der Treuhandlehre verständlich. Daher vertritt die herrschende Meinung im Schrifttum die Auffassung, daß bei Eröffnung des Konkursverfahrens über das Vermögen des Sicherungsnehmers der Sicherungsgeber sein Sicherungsgut aussondern kann, wenn er seine Schuld begleicht. Diese Meinung ist in die koreanische Konkursordnung aufzunehmen. §80 KKO könnte dann wie folgt lauten:

Vorschlag : §80 (Aussonderungsverbot bei der Sicherungsübereignung) Derjenige, der dem Gemeinschuldner vor Konkurseröffnung sein Vermögen übereignet hat, kann das Sicherungsgut mit der Begründung, daß er dieses Vermögen nur sicherungshalber übertragen hat, nur dann aussondern, wenn er seine Schuld gegenüber dem Sicherungsnehmer beglichen hat.

Literaturverzeichnis

A. Deutsche Literatur

I. Kommentar

Baumbach, Adolf/Lauterbach, Wolfgang/Albers, Jan/Hartmann, Peter (Bearbeiter) : Zivilprorzeßordnung, 58. Aufl., 2000, München (zit. : Baumbach-Lauterbach-Albers-Hartmann /Bearbeiter,).

Baumbach, Adolf/Hopt, Klaus J : Handelsgesetzbuch mit GmbH & Co., Handelsklausel, Bank- und Börsenrecht, Transportrecht (ohne Seerecht), 30. Aufl., 2000, München (zit. : Baumbach-Hopt/ Bearbeiter,).

Ermann, Walter : Kommentar zum Bürgerlichen Gesetzbuch, 10. Aufl., 2000, Münster, Köln,
--- Band. I (§§1-853) (zit. : Ermann-Komm/Bearbeiter,).
--- Band. II (§§854-2385) (zit. : Ermann-Komm/Bearbeiter).

Jaeger, Ernst/Henkel, Wolfram : Konkursordnung, §§1-42, 9. Aufl., 1997, Berlin (zit. : Jaeger-Henkel, KO,).

Jaeger, Ernst/Lent, Friedrich, Kommentar zur Konkursordnung mit Einführungsgesetz, Bd. I, §§1-70, 8. Aufl., 1958, Berlin (zit. : Jaeger-Lent, KO,).

Jauernig, Othmar/Berger, Christian : Bürgerliches Gesetzbuch, 9.Aufl., 1999, München (zit. : Jauernig/Barbeiter,).

Kilger, Joachim/Schmidt,Karsten : Insolvenzgesetz, KO/VglO/GesO, 17. Aufl., 997, München (zit. : Kilger-Schmidt/Bearbeiter,).

Koller, Ingo/Roth, Wulf-Henning/Morck, Winfried : Kommentar zum Handelsgesetzbuch, 2. Aufl., 1999, München (zit. : Koller-Roth-Morck/Bearbeiter,).

Kuhn, Georg/Uhlenbruck, Wilhelm, Kommentar zur Konkursordnung, 11. Aufl., 1994, München (zit. : Kuhn-Uhlenbruck, KO,).

Löwe, Walter/Westphalen, Friedrich/Trinkner, Reinhold, Großkommentar, AGB-Gesetz, Gesetz zur Regelung des Rechts der Allgemeinenen Geschäftsbedingungen, 2. Aufl., 1985, Heidelberg, Bd. III (zit. : Löwe-Westphalen-Trinkner/Bearbeiter, Großkommentar zum AGBG).

Palandt : Kommentar zum Bürgerlichen Gesetzbuch, 59. Aufl., 2000, München (zit.: Palandt/Bearbeiter,)

RGRK : Kommentar zum Bürgerlichen Gesetzbuch mit besonderer Berücksichtigung der Rechtsprechung des Reichsgerichtshofs und des Bundesgerichtshofes, 12. Aufl., 1974, Berlin (zit.: RGRK Komm/ Bearbeiter,).

Rosenberg, Leo/Gaul, Hans Friedhelm /Schilken, Eberhard, Zwangsvollstreckungsrecht, 11. Aufl., 1997, München.

Soergel, Hans Theodor/Siebert, Wolfgang, Kommentar zum Bürgerlichen Gesetzbuch,

- Bd. 3 : Schuldrecht II (§§433-515), 12. Aufl., 1991, Stuttgart (zit. : Soergel-Komm/Bearbeiter)

- Bd. 6 : Sachenrecht (§§854-1296), 12. Aufl., 1989, Stuttgart (zit. : Soergel-Komm/Bearbeiter).

Staudinger, v. Julius/Albrecht, Karl-Dieter, Kommentar zum Bürgerlichen Gesetzbuch,

- Zweites Buch : Recht der Schuldverhältnisse (§§438-534), 13. Aufl., 1995, Berlin (zit. : Staudinger-Komm/Bearbeiter)

- Drittes Buch : Sachenrecht (§§925-984), 13. Aufl., 1995, Berlin (zit. : Staudinger-Komm/Bearbeiter)

Stein, Friedrich/Jonas, Martin : Kommentar zur ZPO, 21. Aufl., 1995, Tübingen (Stein-Jonas/Bearbeiter,).

Ulmer, Peter/Brandner, Hans Erich/Hensen, Horst-Diether/Schmidt, Harry, Kommentar zum Gesetz zur Regelung des Rechts der Allgemeinen Geschäftsbedingungen, 9. Aufl., 2001, Köln (zit.: Ulmer-Brandner-Hensen/Bearbeiter,).

Wassermann, Rudolf, Reihe Alternative Kommentare : Kommentar zum Bürgerlichen Gesetzbuch in sechs Bände,
- Band. 3 : Besonderes Schuldrecht (§§433-853), 1979, Luchterhand (zit. : Alter-Komm/Bearbeiter)

- Band. 4 : Alternative Kommentar : Sachenrecht (§§854-1296), 1983, Luchterhand (zit. : Alter-Komm/ Bearbeiter,)

Westermann, Harm Peter/Rebmann, Kurt, Münchner Kommentar : Münchner Kommentar zum Bürgerlichen Gesetzbuch,

- Bd. 3 Schuldrecht Besonderer Teil I (§§433-606), 3. Aufl.,

1995, München (zit. : Münch-Komm/Bearbeiter)

- Bd.6 Sachenrecht (§§856-1296), 3. Aufl., 1997, München (zit. : Münch-Komm/Bearbeiter,).

Wimmer, Klaus/Ahrens, Martin : Frankfurter Kommentar zur Insolvenzordnung, 1999, Neuwied : Lucterhand (zit.: Wimmer-Ahrens/Bearbeiter,).

Wolf, Manfred/Horn, Norbert /Lindacher, Walter F : Kommentar zum AGB-Gesetz : Gesetz zur Regelung des Rechts der Allgemeinen Geschaeftsbedingungen, 4. Aufl., 1999, München (zit. : Wolf-Horn-Lindacher/Bearbeiter,).

Zimmermann, Walter : Zivilprozessordnung mit Gerichtsverfassungsgesetz und Nebengesetzen - Kommentar anhand der höchstrichterlichen Rechtsprechung, 5. Aufl., 1998, Heidelberg (zit.: Zimmermann, ZPO,).

II. Bücher

Baur, Fritz/Baur, Jürgen, F.,/Stürner, Rolf, Sachenrecht, 17. Aufl., 1999, München.

Baur, Fritz/Stürner, Rolf, Zwansvollstreckungs-, Konkurs- und Vergleichsrecht, 11. Aufl., 1983, Heidelberg.

ders, Zwangsvollstreckungs-, Konkurs- und Vergleichsrecht, Bd. II, Insolvenzrecht, 12. Aufl., 1990, Heidelberg.

Becker-Eberhardt, Ekkehard Die Forderungsgebundenheit der Sicherungsrechte, 1993, Bielefeld, Gieseking.

Berger, Wolfgang, Eigentumsvorbehalt und Anwartschaftsrecht : besitzloses Pfandrecht und Eigentum, Diss., Uni., Trier, 1984, Frankfurt a. M.

Bette, Klaus, Das Factoring-Geschäft, 1973, Stuttgart.

Bork, Reinhard, Einführung in das neue Insolvenzrecht, 2. Aufl., 1998, Tübingen.

Braun, Hans-Dieter, Kontokorrentvorbehalt und Globalvorbehalt, 1980, Diss., Uni., Heidelberg, Heidelberg.

Bülow, Peter, Recht der Kreditsicherheiten, 5. Aufl., 1999 (4. Aufl., 1997), Heidelberg.

Canaris, Claus-Wilhelm, Bankvertragsrecht, 2. Aufl., 1981, Berlin.

ders., Handelsrecht, 23. Aufl., 2000, München.

Kreuzer, Karl Friedrich (Hrsg.), Mobiliarsicherheiten – Vielfalt oder Einheit ? Vergleichender Generalbericht, 1999, Baden-Baden.

Drobing, Gutachten zum 51. DJT, 1976, München.

Enneccerus/Nipperdey, Allgemeiner Teil des Bürgerlichen Rechts, 15. Aufl., 1960.

Funk, Anja, Die Sicherungsübereignung in Einzelzwangsvollstreckung und Insolvenz, Diss., Uni., Hamburg, 1996, Frankfurt a. M.

Gloy, Wolfgang, Münchner Vertragshandbuch, Bd. 3, Halbbd. 1. : Wirtschaftsrecht, 4. Aufl., 1998, München (zit. : Münch-Vertrag/ Bearbeiter)

Göbel, Jürgen, Übersicherung und Freigabeklauseln in vorfomulierten Kreditsicherungsverträgen, Diss, Uni., Mainz, 1993, Berlin.

Hellner, Throwald/Steuer, Stefan, Bankrecht und Bankpraxis, Bd. III, 1979, Köln (zit. : Hellner-Steuer/Bearbeiter, Bankrecht und Bankpraxis).

Henke, Horst-Eberhard, Bedingte Übertragungen im Rechtsverkehr und Rechtsstreit, Diss., Freie Uni., Berlin, 1959, Berlin.

Henkel, Wolfram, Aktuelle Probleme der Warenlieferanten beim Konkurs, 1983, Köln.

Hilgers, Petra, Besitzlose Mobiliarsicherheiten im Absonderungsverfahren unter Besonderer Berücksichtigung der Verwertungsprobleme, Diss., Uni., Freiburg, 1994, Frankfurt a. M.

Hoffmann-Becking, Michael/Shippel, Helmut/Anschütz, Klaus, Beck`sches Formularbuch zum Bürgerlichen, Handels- und Wirtschaftsrecht, 7. Aufl., 1998, München.

Hromadka, Die Entwicklung des Faustpfandprinzips im 18. und 19. Jahrhundert, 1971, Köln.

Jauernig, Othmar, Zwangsvollstreckungs- und Insolvenzrecht, 21. Aufl., 1999, München.

Kim, Dong-Hoon, Koreanisches AGB-Gesetz : Unter Berücksichtigung einer Rechtsvergleichung mit dem deutscen AGB-Gesetz, Diss., Uni., Köln, 1988, Köln.

Lamsdorf, Hans Georg, Handbuch des Eigentumsvorbehalts, 1974, Frankfurt a. M.

Lamsdorf, Hans Georg /Hübner, Ulrich, Eigentumsvorbehalt und AGB-Gesetz, 1982, Köln.

Larenz, Karl, Lehrbuch des Schuldrechts, Besonderer Teil, Bd. 2, 1. Halbbd., 13. Aufl., 1986, München.

Lee, Seng-Woo, Der Eigentumsvorbehalt im koreanischen Recht im Vergleich zur rechtlichen Ausgestaltung im deutschen Recht, Diss., Uni., Köln, 1999, Köln.

Lehmen, Heinrich, Reform der Kreditsicherung an Fahrnis und Forderungen, 1937, Stuttgart.

Liebl, Die dinglichen Anwartschaftsrechte und ihre Behandlung im Konkurs, 1990, Diss., Regensburg.

Löwe, Walter/Westphalen, Friedrich/Trinkner, Reinhold, Großkommentatr, AGB-Gesetz, Gesetz zur Regelungen des Rechts der Allgemein Geschäftsbedingungen, 2. Aufl., 1985, Heidelberg, Bd. III (zit. : Löwe-Westphalen-Trinkner/Bearbeiter, AGBG).

Maaß, Martin, Jürgen, Die Geschichte des Eigentumsvorbehalts, insbesondere im 18. und 19. Jahrhundert, Diss., Uni., Hamburg, 2000, Frankfurt a. M. und Berlin.

Martinek, Michael, Moderne Vertragstypen, Bd. 1 : Leasing und Factoring, 1991, München.

Medicus, Bürgerliches Recht, 18. Aufl., 1999, Köln.

Melscheimer, Sicherungsübereignung oder Registerpfandrecht, 1967, Köln.

Nam, Yoon-Sam, Die Sicherungsübereignung im deutschen, US-amerikanischen und koreanischen Recht, Diss., Uni., Hamburg, 1996.

Obermüller, Manfred/Hess, Harald, InsO : Eine systematische Darstellung des Insolvenzordnung unter Berücksichtigung kreditwirtschaftlicher und arbeitsrechtlicher Aspekte, 1995, Heidelberg.

Pottschmidt, Günter /Rohr, Ulrich, Kreditsicherungsrecht, 4. Aufl., 1992, München.

Rosenberg, Leo/Gaul, Hans, Friedhelm/Schilken, Eberhard, Zwangsvolltreckungsrecht, 11. Aufl., 1997, München.

Raiser, Ludwig, Dingliche Anwartschaften, 1961, Tübingen.

Reich, Norbert, Die Sicherungsübereignung, 1970, Bad Homburg.

Reinicke, Diedrich/Tiedtke, Klaus, Kreditsicherung, 4. Aufl., 2000, Neuwied.

Richrath, Jochen, Die Übersicherungsproblematik bei nichtakzessorischen Kreditsicherheiten : Funktion und inhaltliche Gestaltung des Sicherungsvertrages, Diss., Uni., Bayreuth, 1995, Bayreuth.

Rimmelspacher, Bruno, Kreditsicherungsrecht, 2. Aufl., 1987, München.

Rott, Thilo, Vereinheitlichung des Rechts der Mobiliarsicherheiten : Möglichkeiten und Grenzen im Kollisions-, Europa-, Sach- und Vollstreckungsrecht unter Berücksichtigung des US-amerikanischen Systems der Kreditsicherheiten, 1999, Diss., Uni., Freiburg, 2000, Tuebingen.

Schloz, Hellmut /Lwowski, Hans-Juergen, Das Recht der Kreditsicherung, 8. Aufl., 2000, Berlin.

Schmidt-Räntsch, Ruth, Insolvenzordnung mit Einführungsgesetz, 1. Aufl., 1995, Köln.

Schwab, Karl Heinz /Prütting, Hanns/ Lent, Friedrich, Sachenrecht, 29. Aufl., 2000, München.

Serick, Rolf, Eigentumsvorbehalt und Sicherungsübertragung : Monographie in 6 Bänden,

- Bd. 1: Der einfache Eigentumsvorbehalt, Heidelberg , 1963

- Bd. 2: Die einfache Sicherungsübertragung ; Teil 1, 1965

- Bd. 3: Die einfache Sicherungsübertragung ; Teil 2, 1970.

- Bd. 4: Verlängerungs- und Erweiterungsformen des Eigentumsvorbehaltes und der Sicherungsübertragung - erster Teil, Verlängerungsformen und Kollisionen, 1976.

- Bd. 5: Verlängerungs- und Erweiterungsformen des Eigentumsvorbehaltes und der Sicherungsübertragung - zweiter Teil, Erweiterungsformen. Dritter Teil, 1982.

ders., Eigentumsvorbehalt und Sicherungsübereignung – neue Rechtsentwicklung, 2. Aufl., 1993,

Siebert, Wolfgang, Das rechtsgeschäftliche Treuhandverhaeltnis Siebert, 1933, Marburg.

Schütz, Wilhelm, Bankgeschäftliches Formularbuch, 18. Aufl., 1969, Köln.

Smid, Stefan/Depre, Peter, Insolvenzordnung, 1999, Stuttgart.

Thamm, Manfred, Der Eigentumsvorbehalt im deutschen Recht, 4. Aufl., 1977, Heidelberg.

ders., Kreditsicherungsverträge, 3. Aufl., 1979, Heidelberg.

Tiemann, Bernd, Die Entwicklung der Eigentumsanwartschaft beim Vorbehaltskauf in der neuen deutschen Privatrechtsgeschichte, Diss., Uni., Münster, 1974.

Toshiro Sugishita, Der Eigentumsvorbehalt im japanischen Recht, Diss., 1985, Heidelberg.

Weber, Hansjörg, Kreditsicherheiten, 6. Aufl., 1998, München. 5. Aufl., 1997.

Welp, Marion : Zum Stand des amerikanischen Kreditsicherungsrechts nach Art. 9 UCC . : Eine Untersuchung zur Entwicklung der Kreditsicherung durch bewegliche Sachen in den USA, Diss. Uni. Münster, 1999.

Westermann, Harry ; Westermann, Harm Peter, Sachenrecht, 7. Aufl., 1998, Heidelberg.

Wetermann, Harm Peter, BGB-Sachenrecht, 10. Aufl., 2001, Heidelberg.

Wilhelm, Jan, Sachenrecht, 1993, Berlin.

Wolf/Raiser, Sachenrecht, 10. Aufl., 1957, Tübingen.

Yang, Hyung-Woo, Die rechtsvergleichende Untersuchung über den Eigentumsvorbehalt im deutschen und koreanischen Recht, Diss., Uni., Freiburg, 1999, Frankfur a. M.

Zimmermann, Walter, Insolvenzrecht, 4. Aufl., 2001, Heidelberg.

III. Zeitschrift

Baukelmann, Peter, Der Ausschluß der Abtretbarkeit von Geldforderungen in AGB-Fragen zu §354a HGB, in : FS. für Hans Erich Brandner zum 70. Geburtztag, 996, Köln, S. 185 ff.

Bauknecht, Eigentumsvorbehalt und Anwartschaftsrecht, NJW 1955, 251ff.

Beuhien, Volker, Verlängerter Eigentumsvorbehalt und Globalabtretung, BB 1971, 375 ff.

Blomeyer, Jürgen, Das Besitzrecht des Vorbehaltskäufers auf Grund des Kaufvertrages, - Eine Kritik an der herrschenden Meinung über die Bedeutung der Eigentumsvorbehaltsklausel, JZ 1968, 691 ff.

ders., Eigentumsvorbehalt und gutgläubiger Erwerb, AcP 1954, 239 ff.

Bork, Reinhard, Zur Dogmatik des §17 KO, FS. für Albrecht Zeuner zum 70. Geburtstag, 1994, Thübingen, 297 ff.

Braun, Hans-Dieter, Erweiterter Eigentumsvorbehalt in Allgemeinen Geschäftsbedingungen, BB 1981, 634 ff.

Brox, Hans, Das Anwartschaftsrecht des Vorbehaltskäufers, JuS 1984, 657ff.

Bülow, Peter, Kauf unter Eigentumsvorbehalt, Jura 1986, 169 ff. u. 234 ff.

ders., Factoring und verlängerter Eigentumsvorbehalt, JA1982, 58 ff.

Bunte, Hermann-Josef, Die Vereinbarung des Eigentumsvorbehalts, JA 1982, 321 ff.

ders., Anmerkung zum BGH ZIP 1982, 449 ff.

Canaris, Claus-Wilhelm, Verlängerter Eigentumsvorbehalt und Forderungseinzug durch Banken, NJW 1981, 249 ff.

ders., Befremdliches zur Barvorschußtheorie beim Factoring !, NJW 1981, 1347 ff.

Derleder, Peter, Sicherungsübereignung und Wertausschöpfung, BB 1969, 725 ff.

ders., Zu den Sanktionen des Eigentumsvorbehalts bei Leistungsstörungen auf der Käuferseite, ZHR 1975, 20 ff.

Dorndorf, Eberhard/Franke, Jürgen, Reform des Rechts der Mobiliarsicherheiten – unter besonderer Berücksichtigung der ökonomischen Analyse der Sicherungsrechte, ZIP 1985, 65 ff.

Duden, Konrad, Anmerkung zum BGH JZ 1954, 40 ff.

Esser, Josef, Globalzession und verlängerter Eigentumsvorbehalt, JZ 1968, 281 ff, u. 529 ff.

Esser, Josef, §138 BGB und die Bankpraxis der Globalzession, ZHR 1971, 320 ff.

Fabis, Henrich, Das Gesetz zur Beschleunigung fälliger Zahlungen – Inhalt und Auswirkungen, ZIP 2000, 865 ff.

Finger, Peter, Verlängerter Eigentumsvorbehalt und Globalzession, JZ 1970, 642 ff.

Flume, Werner, Die Rechtsstellung des Vorbehaltskäufers, AcP 1962, 385 ff.

ders., Zur Problematik des verlängerten Eigentumsvorbehalts, NJW 1959, 913 ff.

ders, Der verlängerte und erweiterte Eigentumsvorbehalt, NJW 1950, 841 ff.

Franke, Will, Schutz von Pfandrechten am Eigentumsanwartschaften bei Sachpfändung durch Dritte, NJW 1974, 2211 ff.

Garrn, Heino, Zur Zulässigkeit slavatorischer Klauseln bei der Vereinbarung Allgemeiner Geschäftsbedingungen, JA 1981, 151 ff.

Gaul, Hans Friedhelm, Lex commissoria und Sicherungsübereignung, AcP 1968, 351 ff.

ders., Neuere „Verdinglichungs" – Tendenzen zur Rechtsstellung des Sicherungsgebers bei der Sicherungsübereignung, in : FS. für Rolf Serick zum 70. Geburtstag, 1992, Heidelberg, S. 105 ff.

Gernhuber, Joachim, Die fiduziarische Treuhand, Jus 1988, 355 ff.

Gravenhorst, Wulf, Eigentumsvorbehalt gleich Sicherungsübereignung ?, JZ 1971, 494 ff.

Grunsky, Wolfgang, Sicherungsübereignung, Sicherungsabtretung und Eigentumsvorbehalt in der Zwangsvollstreckung und im Konkurs des Schuldners, JuS 1984, 497 ff.

Gsell, Beate, EG-Verzugsrichtlinie und Reform des Verzugsrechts in Deutschland, ZIP 2000, 1861 ff.

Gudian, Gunter : Das Besitzrecht des Vorbehaltskäufers, NJW 1967, 1786 ff.

Häsemeyer, Ludwig, Das funktionelle Synallagma im Konkurs- und Vergleichsverfahren, KTS 1973, 2 ff.

Heiland, Herbert, Verlängerter und erweiterter Eigentumsvorbehalt im Insolvenzverfahren, KTS 1960, 17 ff.

Heilmann, Hans, Kein Gestaltungsrecht auf Ablehnung der Erfüllung nach §17 KO, KTS 1985, 639 ff.

Henkel, Wolfram, BGH JZ 1987, 360 ff.

Henseler, Peter, Die Neuregelung des Abtretungsverbots, BB 1995, 5 ff.

Hess, Harald, OLG Hamm EwiR 1992, 1149 ff.

Huber, Ulrich, Gefahren des vertraglichen Abtretungsverbots für den Schuldner der abgetretenen Forderung, NJW 1968, 1906 ff.

Hübner, Ulrich, Kollision von verlängertem Eigentumsvorbehalt (Vorausabtretung) mit formularmäßigem Abtretungsverbot des Zweiterwerbers und guter Glaube bei Handelsgeschäften, ZIP 1980, 741 ff.

Jork, Urlich, Factoring, verlängerter Eigentumsvorbehalt und Sicherungsglobalzession in Kollisionsfällen, JuS 1994, 1019 ff.

Kieninger, Eva-Maria, Der Richtlinienvorschlag der Europäischen Kommission zur Bekämpfung des Zahlungsverzugs im Handelsverkehr, WM1998, 2213 ff.

Klamroth, Sabine, Abtretungsverbot in Allgemeinen Geschäftsbedingungen, BB 1984, 1842 ff.

Klee, H. J., Die bestimmte Bezeichnung des Sicherungsrechts in Sicherungsübereignungsverträgen, BB 1952, 790 ff.

Kothe, Walfhard, Die vorformulierte Abtretung von Arbeitsentgelt und Sozialleistungen, ZIP 1988, 1225 ff.

Krüger, Wolfgang, Das Anwartschaftsrecht - ein Faszinosum, JuS 1994, 905 ff.

Kupisch, Berhold, Durchgangserwerb oder Direkterwerb ? - Eine verfehlte Fragestellung zu einem überlebten Begriff, JZ 1976, 417 ff.

Lamsdorf, Hans Georg , Der Eigentumsvorbehalt bei Kollision von Verkaufs- und Einkaufsbedingungen, ZIP 1987, 1370 ff.

Lamsdorf, Hans Georg/Suroka, Bernd, Globalzession und Lieferantenvorausabtretung – Keine Ende, NJW 1977, 701 ff.

Lange, Heinrich, Lage und Zukunft der Sicherungsübertragung, NJW 1950, 565 ff.

Lindacher, Walter, F, Definität und Revisibilität der Gläubigerentscheidungen nach §326 BGB, JZ 1980, 48 ff.

Lindacher, Walter, Reduktion oder Kassation übermäßiger AGB-Klauseln ?,

BB1983, 154 ff.

Lücke, Gerhard, Die Zwangsvollstreckung des Verkäufers in die auf Abzahlungverkaufte Sache, JZ 1959, 114 ff.

Marotzke, Wolfgang, BGH EwiR, 1992, 72 ff.

Mormann, Die neue Rechtsprechung des Bundesgerichtshofes zur Sicherungsübereignung, WM 1964, 894 ff.

Müller-Laube, Hans-Martin, Die Konkurrenz zwischen Eigentümer und Anwartschaftsberechtigtem um Drittschutzansprüche, JuS 1993, 534 ff.

Musielak, Hans-Joachim, Die Erfüllungsablehnung des Konkursverwalters - Zur Auslegung des §17 Abs. 1 der Konkursordnung, AcP 1979, 210 ff.

Neuhof, Gerd, Aktuelle Entwicklungen zu Sicherungsübereignung und Globalzession im Lichte des AGB-Gesetzes, ZIP 1996, 661 ff.

Nirk, Rudolf, Interessenwiderstreit der Waren- und Geldkreditgeber, -Die Probleme aus der Sicht der neueren höchstrichterlichen Rechtsprechung, NJW 1971, 1913 ff.

Paulus, Gotthard, Probleme und Möglichkeiten der institutionellen Ausformung der Sicherungsübereignung, JZ 1957, 7 ff.

Pikart, Heinz, Die neuere Rechtsprechung des Bundesgerichtshofs zur Sicherungsübereignung, WM 1959, 794 ff.

Pikart, Heinz, Die neuere Rechtsprechung des Bundesgerichtshofs zum Eigentumsvorbehalt, WM1959, 1234 ff.

Pikart, Heinz, Die sachenrechtliche Behandlung von Geld und Wertpapieren in der neueren Rechtsprechung, WM 1980, 510 ff.

Raacke, Günter, Zur "Pfandversrteckung" von Vorbehaltsware, NJW 1975, 248 ff.

Reich, Norbert, Funktionanalyse und Dogmatik bei der Sicherungsübereignung, AcP1969, 245 ff.

ders., Reform der Kreditsicherung - Überlegungen zum Beratungsgegenstand des 51. DJT : „Empfehlen sich gesetzliche Maßnahmen zur Reform der Mobiliarsicherheiten?"-, JZ 1976, 466 ff.

Reinhardt, Rudolf/Erlinghagen, Die rechtsgeschäftliche Treuhand, - ein Problem der Rechtsfortbildung, JuS 1962, 41 ff.

Reinike, Dietrich/Tiedke, Klaus, Sonderfälle des Sicherungseigentums, Zwangsvollstreckung und Verwertung, DB 1994, 2601 ff.

Reinike, Dietrich/Tiedke, Klaus, Begründung des Sicherungseigentums, DB 1994, 2173 ff.

Schlosser, Hans, Außenwirkungen Verfügungshindernder Abreden bei der rechtsgeschäftlichen Treuhand, NJW 1970, 681 ff.

Schmidt-Kessel, Martin, Die Zahlungsverzugrichtlinie und ihre Umsetzung, NJW 2001, 97 ff.

Schmidt, Karsten, Zur Rechtsfolgenseiten des §354a HGB, in : Festschrift für Schimansky, Bankrecht -Schwerpunkte und Perspektiven, 1999, Köln, S. 503 ff.

Scholz, Helmut, Die sicherungsrechtliche Rückgewähranspruch als Mittel der Kreditsicherung, Festschrift für Möhring, Philipp zum 65. Geburtztag, 1965, München, Berlin, 419 ff.

Schreiber, Klaus, Die Sicherungsübereignng und seine Verwertung, JR 1984, 485 ff.

Schulte-Braucks, Reinhard, Zahlungsverzug in der europäischenUnion, NJW 2001, 103 ff.

Schumann, Ekkehard, Die Zivilprozeßrechtsklausur, - Eine Anleitung zur Lösung zivilprozessualer Fälle, JuS 1975, 165 ff.

Schwertner, Peter, Anwartschaftsrechte, Jura 1980, 661 ff.

Selb, Dieter, Sicherungsübereigneter Sachen im Konkurs des Sicherungsgebers, NJW 1962, 1952 ff.

Serick, Rolf, Konfliktloses Zusammentreffen mehrerer Verarbeitungsklauseln, BB 1972, 277 ff.

ders., Verbindungsklauseln als Kreditsicherungsmittel, BB 1973, 1405 ff.

ders., Die Globalzession der Vorbehaltslieferanten : Ende oder Anfang ?, BB 1974, 845 ff.

ders., Erweiterter Eigentumsvorbehalt und Kontokorrentvorbehalt im Konkurs des Vorbehaltskäufers, - Rechtswirklichkeit und 51. Deutscher Juristentag, BB 1978, 1477 ff.

ders., Formularvertäge und Mobiliarsicherheiten mit Freigabeklauseln in höchstrichterlicher Rechtsprechung : Vereinbartes Gewohnheits- oder kautelraisches Kreditsicherungsrecht ?, BB 1995, 2013 ff.

ders., „Befremdliches“ zur Behandlung der Barvorschußtheorie beim Factoring-Geschäft?, NJW 1981, 794 ff.

Stoll, Hans, Bemerkungen zu Eigentumsvorbehalt und Sicherungsübertragung, ZHR 1966, 239 ff.

Thamm, Manfred, Untergang des Eigentumsvorbehalts wegen wesentlicher Bestandteilseigenschaft eines Grundstücks/Gebäudes, BB 1990, 866 ff.

ders., Rücknahmeklauseln beim Eigentumsvorbehalt in Lieferbedingungen, BB 1980, 1191 ff.

ders., Rechtsprobleme beim Scheck/Wechsel-Verfahren, ZIP 1984, 922 ff.

ders., Bewertung von Klauseln des Eigentumsvorbehalts nach AGB-Gesetz, BB 1978, 1040 ff.

ders., Eigentumsvorbehalt und AGB-Gesetz, BB 1978, 20 ff.

Tiedke, Klaus, Die verdeckte Pfändung des Anwartschaftsrechts, NJW 1972, 404 ff.

ders., Anmerkung zum BGH ZIP 1988, 781 ff.

Tintelnot, Albrecht, Die gegenseitigen Verträge im neuen Insolvenzverfahren, ZIP 1995, 616 ff.

Trinkner, Reinhold, Verwertung sicherungsübereigneter Gegenstände, - Beweislast hinsichtlich Veräußerung zu marktgerechtem Preis, BB 1967, 1224 ff.

ders., Verwertung sicherungsübereigneter Gegenstände, BB 1962, 80 ff.

Wagner, Eberhard, Materiell-rechtliche und prozessuale Probleme des §354a HGB, WM 1996, Beilage, 1, 3 ff.

ders., Zur Kollision von verlängertem Eigentumsvorbehalt und eingeschränktem Abtretungsverbot, JZ 1988, 698 ff.

Walde, Elmear, Das Problem der fremdwirkenden Verarbeitung, JuS 1982, 477 ff.

Weber, Hansjörg, Reform der Mobiliarsicherheiten, NJW 1976, 1601 ff.

ders., BGH JZ 1988, 926 ff.

ders., BGH JZ 1990, 490 ff.

Weber, Martin, Erweiterter Eigentums- und Konzernvorbehalt in allgemeinen Lieferbedingungen, BB 1989, 1769 ff.

Wenzel, Frank, Anmerkung zum BGH WiB 1994, 240 ff.

Westphalen, Friedrich, Graf, Vertragswidriger Eigentumsvorbehalt und Kollision von AGB beim Vertragsabschluß, BB 1980, 1405 ff.

ders., Verlängerte Eigentumsvorbehaltsklauseln und AGB-Gesetz, ZIP 1980, 726 ff.

ders., LG Siegen EwiR 1993, 629 ff.

Wiegand, Wolfgang, Der gutgläubige Erwerb beweglicher Sachen nach §§932 ff BGB, JuS 1974, 201 ff.

Wiethölter, Rudolf, Kauf unter Eigentumsvorbehalt und Gewährleistung für Rechtsmängel, JZ 1961, 693 ff.

Wochner, Manfred, Eigentumsvorbehalt und Verbrauchsermächtigung, BB 1981, 1802 ff.

Wolf, Manfred, Prinzipien und Anwendungsbereich der dinglichen Surrogation, JuS 1976, 32 ff.

Wolf, Manfred, Inhaltskontrolle von Sicherungsgeschäften, in : Festschrift für Baur, Fritz, 1981, Thübingen, S. 147 ff.

B. Koreanische Literatur

Chang, Si-Won , Rechtstheoretische Untersuchung über die Sicherungsüereignung, Diss., Uni.,Cheong-Ju, 1997, Cheong.

Chang, Kyung-Hak, Sachenrecht, 1990, Seoul.

Cheon, Kyung-Hwan, Eine Untersuchung über den Eigentumsvorbehaltskauf, Magisterarbeit, Uni., Yeon-Se, 1995, Seoul.

Cho, Kyu-Chang, Koreanisches Zivilrecht und deutsches Bürgerliches Recht, in : Zur Rezeption des deutschen Rechts in Korea, Rehbinder, Manfred/Sonn, Ju-Chan (Hrgb), 1990, Baden-Baden.

Choi, Jong-Kil, Eine Untersuchung über die Rechtsverhältnisse des Eigentumsvorbehalts, Seoul Law Review, Bd. 17, 1967, 65.

Eom, Young-Jin, Begründung der Sicherungsübereignung der Sachgesamtheit, Goshigae, 1993, Mai. 103 ff.

ders., Eine Untersuchung über die Rechtsverhältnisse des Azahlungskaufs, Diss., Uni., Han-Yang, 1984, Seoul.

Hwang, Seok-In, Die Theoroie des modernen Bürgerlichen Gesetzes, 1988, Seoul.ders, kritische Stellungnahme an den Entwürfen zum Vormerkungspfändergesetz, Seoul Law Review, Bd. 24 – 2/3, 1983, 65 ff.

Im, Hyun-Su, Rechtstheorie über die Sicherungsübereignung der Sachgesamtheit, Magisterarbeit, Uni., Chung-Buk, 2000, Cheong-Ju.

Im, Jeong-Pyung, Problemstellung der Gesetzgebung der §§607, 608 KBGB und deren Anwendungsbereich, in Fs. für Kim, Chung-Han, 1981, 492.

Im, Jong-Hun, Die Wirkung des Konkursverfahrens gegenüber dem noch nicht vollständigerfüllten Vertrag, in : Menschenrecht u. Gerechtigkeit, Bd. 241, 1996, Sep. S. 31.

Jeong, Ok-Tae, Dingliches Anwartschaftsrecht, in : Untersuchung über das Privatrecht, Bd. I, 1992, S. 80 ff.

Jang, Chi-Seong, Rechtsnatur und Außenwirkung der Sicherungsübereignung, Beobhaknongong, Bd. 10, 1994, 85.

Kang, Young-Ho, Gesellschaftsanierungs- und Konkursverfahren, 2000, Seoul.

Kim, Chung-Han, Bürgerliches Gesetzbuch Koreas in rechtsgeschichtlicher und rechtsvergleichender Sicht, Seoul Law Review, Bd. 10-2, 1968, 27.

ders., Sachenrecht, 1983, Seoul.

Kim, Chung-Han/ Kim, Hak-Dong, Sachenrecht, 1997, Seoul.

kim, Chung-Ho, Eine Untersuchung über den Abzahlungskauf der beweglichen Sache, Magisterarbeit, Uni., Cheon-Buk, 1996, Cheon-buk.

Kim, Dong-Seok, Die Rechtsstellung des Sicherungsnehmers in Einzelzwangsvollstreckung und Konkursverfahren, Magisterarbeit, Uni., Seoul National, 1998, Seoul.

Kim, Hyun-Tae, Das neue Sachenrecht, Bd. II., 1975, Seoul.

ders., Besonderer Teil des Schuldrechts, 1973, Seoul.

Km, Hyung-Bae, Eine Untersuchung über die Angemessenheit des Eigenkapitalbetrages, 1991, Seoul.

ders., Vorlesung des Bürgerlichen Gesetzes, 2000, Seoul.

Kim, Ki-Seon, Das koreanische Sachenrecht, 1972, Seoul.

ders., Besonderer Teil des Schuldrechts, 1982, Seoul.

ders., Allgemeiner Teil des koreanischen Schuldrechts, 1975, Seoul.

ders., Besondere Arten des Kaufs, Goshigae, 1980, Sep. 44.

Kim. Ki-Soo, Eigentumsvorbehaltskauf und Zugehörigkeit des Eigentums, Goshigae, 1976, Dez., 67.

Kim, Sang-Yong, Sachenrecht, 1995, Seoul.

ders., Die kritische Analyse über die Rechtsprechung für die zivilrechtlichen Sachen, Bd. 1., 1995, Seoul.

Kim, Yong-Han, Sachenrecht, 1975, Seoul.

ders., Sachenrecht, 1993, Seoul.

ders., Allgemeiner Teil des Schuldrechts, 1983, Seoul.

ders., Theorie und Inhalt des Gesetzes über die Vormerkungssicerung, Goshiyeongu, 1985, Bd. 12-1, 47.

ders., Eigentumsvorbehalt als Sicherungsrecht, Koshiyeongoo, 1989, Feb.30.

Kim, Jae-Hyeop, Sicherungsübereignung der Sachgesamtheit aus der beweglichen Sache, Materialsammlung zur Untersuchung des Privatsrechts, Bd. 16, 1989, Seoul.

Kim, Jae-Sun, Problem und Standpunkt des Gesetzes über das "Asset Securitisation", Meschenrecht und Gerechtigkeit, 2001, Jau. 87.

Ko, Joon-Seok, Eine Untersuchung über die Sicherungsübereignung, Diss.Uni., Cheon-Ju, -1993, Cheon-Ju.

ders., Eine Untersuchung über den Gutglaubenserwerb einer beweglichen Sache, Magisterarbeit, Uni,, Hang-Yang, 1990, Seoul.

Kwack, Yoon-Chick, Sachenrecht, 1994, Seoul

ders., Sachenrecht, 1980, Seoul

ders., Besonderer Teil des Schuldrechts, 1984, Seoul.

ders., Besonderer Teil des Schuldrechts, 1991, Seoul.

ders., Allgemeiner Teil des Schuldrechts, 1991, Seoul.

ders., Kommentar und Auslegung des Bürgerlichen Gesetzes, 1996, Seoul.

ders., Problemstellung über das Gesetz über die Vormerkungspfänder, Seoul Law Review, Bd. 26-1, 1985, 42.

ders., Rechtliche Konstruktion des Sicherungskaufs, Seoul Law Review, Bd. 20-1, 1979, 33.

ders., Eigentumsvorbehaltskauf, Beobjeong, 1969, April, 37.

Kwon, Oh-Seong, Besondere Vorlesung über das Zivilrecht, 1994, Seoul.

ders., Eigentumsvorbehaltskauf in ; FS für Ko, Chang-Hyun, 1987, 423.

Kwueon, Yong-Uoo, Sachenrecht, 1996, Seoul.

Lee, Eun-Yong, Besonderer Teil des Schuldrechts, 1990, Seoul.

ders., Das Recht der Allgemeinen Geschäftsbedingungen, 1994, Seoul.

Lee, Ho-Jeong, Allgemeiner Teil des Schuldrechts, 1983, Seoul.

Lee, Keun-Sik, Die Sicherungsübereignung, Wolgangoshi, 1987, Feb. 34.

ders., Problemstellung über den Abzahlungskauf, BeobJo, Bd. 27-1, 1978, 55.

ders., Abzahlungskauf, Goshiyeangu, 1981, Oct. 116.

ders., Vorbehalt des Eigentums, Beobjeong, 1978, Feb. 59.

Lee, Seng-Woo, Der Eigentumsvorbehalt im koreanischen Recht im Vergleich zur rectlicen Ausgestaltung im deutschen Recht, Diss., Köln, 1999.

Lee, Shi-Yoon, Zivilprozeßrecht, 1989, Seoul.

Lee, Yong-Jun, Sachenrecht, 1996, Seoul.

ders., Die rechtliche Ausgestaltung der Sicherungsübereignung und der Vormerkungssicherung, in : FS. für Bae, Kyung-Suk, (Moderene Abwicklung der Rechtswissenschaft in Zivilrechts), 1991,469.

ders., Vorbehalt des Eigentums, Goshigae, 1990, Mai, 107.

Ders., Eigentumsvorbehalt und Anwartschaftsrecht, Sapeobnonjib, Bd. 20, 1989, 529.

Seo, Min, Eine Untersuchung über die Forderungsabtretung, Diss. Uni., Seoul National, 1985, Seoul.

Seong, Jae-Bong, Eine Untersuchung über die Sicherungsübereignung der Sachgesamtheit, Magisterarbeit, Uni., Dong-Kook 1998, Seoul.

Yang, Chang-Soo, Gegenwärtige Rechtslage und Probleme des Vormerkungssicherung, Studie zur zivilrechtlichen Rechtsprechung, XII, 1991, Seoul.

Ders., Sicherungsübereignung der beweglichen Sache mit wechselnden Beständen und Rechtswirkung über deren Produktion, in ; Justice, Bd. 30-1, 110.

Yoo, Jeong, Eine Untersuchung über die Sicherungsübereignung der Sachgesamtheit, Diss. Uni., Kun-Kook,2001, Seoul.

Rechtsprechung

A. Deutsche Rechtsprechung

I. Entscheidungen des Reichsgerichtes

RGZ 45, 81.
RGZ 83, 50.
RGZ 84, 214.
RGZ 85, 320.
RGZ 91, 12.
RGZ 93, 330.
RGZ 124, 73.
RGZ 133, 40.
RGZ 135, 366.
RGZ 136, 100.
RGZ 140, 156.
RGZ 140, 223.
RGZ 141, 131.
RGZ 143, 14.
RGZ 144, 62.
RGZ 147, 321.
RGZ 147, 331.
RGZ 155, 28.
RGZ 156, 395.
RGZ 170, 1.

II. Entscheidungen des Bundesgerichtehofes

BGH, NJW 1951, 437.
BGH, NJW 1953, 1180.
BGH, NJW 1954, 1325.
BGH, NJW 1955, 544.
BGH, NJW 1958, 1231.
BGH, NJW 1958, 1485.
BGH, NJW 1961, 243.
BGH, NJW 1961, 1011.

BGH, NJW 1962, 102.
BGH, NJW 1963, 1870.
BGH, NJW 1968, 392.
BGH, NJW 1969, 318.
BGH, NJW 1969, 1452
BGH, NJW 1970, 859.
BGH, NJW 1973, 2106.
BGH, NJW 1978, 632.
BGH, NJW 1979, 2200.
BGH, NJW 1982, 1749, 1750.
BGH, NJW 1984, 2937.
BGH, NJW 1985, 1838.
BGH, NJW 1988, 1213.
BGH, NJW 1992, 1156.
BGH, NJW 1992, 1822.
BGH, NJW 1993, 657.
BGH, NJW 1994, 1796.
BGH, NJW 1997, 651.
BGH, NJW 1998, 2047
BGH, NJW 1962, 2296.
BGH, NJW 1964, 1788.
BGH,NJW1968,516.
BGH, NJW 1969, 1171.
BGH, NJW 1970, 699.
BGH, NJW 1971, 799.
BGH, NJW 1974, 942.
BGH, NJW 1979, 213.
BGH, NJW 1980, 226.
BGH, NJW 1982, 1279.
BGH, NJW 1984, 803
BGH, NJW 1987, 487.
BGH, NJW 1989, 163.
BGH, NJW 1992, 1161.
BGH, NJW 1993, 534.
BGH, NJW 1994, 133.
BGH, NJW 1997, 2672.
BGH, NJW 1998, 672.
BGH, NJW 2000, 353.

BGH, NJW-RR 1994, 1537.

BGH, ZIP 1968, 1052.
BGH, ZIP 1984, 34.
BGH, ZIP 1986, 507.
BGH, ZIP 1988, 12.
BGH, ZIP 1989, 85.
BGH, ZIP 1990, 27.
BGH, ZIP 1990, 852.
BGH, ZIP 1992, 630.
BGH, ZIP 1994, 1010.
BGH, ZIP 1995, 1167
BGH, ZIP 1996, 17.
BGH, ZIP 1982, 42.
BGH, ZIP 1986, 1052.
BGH, ZIP 1987, 85.
BGH, ZIP 1988, 175.
BGH, ZIP 1989, 1131.
BGH, ZIP 1990, 299.
BGH, ZIP 1991, 997.
BGH, ZIP 1994, 312.
BGH, ZIP 1995, 1071.
BGH, ZIP 1995, 1974.
BGH, ZIP 1996, 323.

BGH, BB 1963, 1354.
BGH, BB 1970, 821.
BGH, BB 1971, 285.
BGH, BB 1975, 526.
BGH, BB 1978, 222.
BGH, BB 1979, 861.
BGH, BB 1966, 12.
BGH, BB 1971, 17.
BGH, BB 1974, 670.
BGH, BB 1978, 18.
BGH, BB 1978, 1030.
BGH, BB 1981, 2024.

BGH, DB 1965, 1902.
BGH, DB 1968, 1019.

BGH, LM 8 zu §930.
BGH, LM 53 zu §242.

BGH, JZ 1988, 471.

BGH WM 1956, 454.
BGH, WM 1956, 918.
BGH WM 1956, 527.
BGH WM 1956, 1353.

BGH, WM 1958, 754.
BGH, WM 1959, 52.
BGH, WM 1959, 563
BGH, WM 1959, 1313.
BGH, WM 1960, 395.
BGH, WM 1961, 243.
BGH, WM 1961, 1197.
BGH, WM 1962, 740.
BGH, WM 1963, 504.
BGH, WM 1965, 1049.
BGH, WM 1965, 1248
BGH, WM 1966, 756.
BGH, WM 1967, 397.
BGH, WM 1968, 540.
BGH, WM 1971, 71 ff.
BGH, WM 1972, 760.
BGH, WM 1977, 218.
BGH, WM 1977, 1422.
BGH, WM 1980, 67.
BGH, WM 1985, 605.
BGH, WM 1989, 1086.
BGH, WM 1993, 213.
BGH WM 1958, 891
BGH WM 1959, 118.
BGH WM 1959, 1002
BGH WM 1960, 171.
BGH WM 1960, 1227
BGH WM 1961, 671.
BGH WM 1962, 95.
BGH WM 1962, 1350.
BGH, WM 1963, 84.
BGH, WM 1965, 701.
BGH, WM 1966, 94.
BGH, WM 1969, 242.
BGH, WM 1967, 1008.
BGH, WM 1970, 120.
BGH, WM 1971, 564.
BGH, WM 1976, 151.
BGH, WM 1977, 483.
BGH, WM 1977, 1354.
BGH, WM 1981, 167.
BGH, WM 1988, 346, 347.
BGH, WM 1991, 555.
BGH, WM 1994, 104.

BGHZ 7, 111.
BGHZ 10, 69.
BGHZ 14, 117.
BGHZ 20, 88.
BGHZ 21, 56.
BGHZ 27, 360.
BGHZ 28, 23.
BGHZ 30, 149.
BGHZ 31, 337.
BGHZ 44, 237.
BGHZ 51, 117.
BGHZ 54, 214
BGHZ 56, 228.
BGHZ 58, 367.
BGHZ 68, 381.
BGHZ 72, 15.
BGHZ 73, 266.
BGHZ 75, 225.
BGHZ 82, 60.
BGHZ 98, 397.
BGHZ 100, 353.
BGHZ 103, 252.
BGHZ 106, 19.
BGHZ 116, 158.
BGHZ 10, 14
BGHZ 12, 232.
BGHZ 17, 129.
BGHZ 20, 163.
BGHZ 26, 185.
BGHZ 28, 16.
BGHZ 29, 157.
BGHZ 30, 377.
BGHZ 39, 149.
BGHZ 46, 117.
BGHZ 53, 60.
BGHZ 55, 24.
BGHZ 56, 264.
BGHZ 68, 199.
BGHZ 69, 257.
BGHZ 72, 308.
BGHZ 73, 253, 254.
BGHZ 77, 274.
BGHZ 83, 56.
BGHZ 98, 169.
BGHZ 102, 152.
BGHZ 104, 129.
BGHZ 106, 241.
BGHZ 125, 87.

III. Entscheidungen des Oberlandesgerichtes

OLG Brauschweig, MDR 1962, 303.
OLG Düsseldorf, NJW 1960, 157.
OLG Düsseldorf, BB 1973, 116.
OLG Düsseldorf, WM 1990, 1062.
OLG Düsseldorf, WM 1993, 784.
OLG Düsseldorf, ZIP 1988, 1415.
OLG Düsseldorf, NJW-RR 1993, 107.
OLG Frankfurt, NJW 1973, 104.
OLG Frankfurt, BB 1977, 1172.
OLG Frankfurt, NJW 1981, 130.
OLG Hamm, BB 1951, 974.
OLG Hamm, WM 1992, 1731.
OLG Karlsruhe, NJW, 1966, 885.
OLG Karlsruhe, JZ 1966, 272.
OLG Karlsruhe, DB 1977, 2324.
OLG Köln, BB 1980, 1237
OLG Köln, WM 1985, 119.
OLG Köln, ZIP 1989, 1319.
OLG Schleswig, NJW 1967, 988.
OLG Stuttgart, NJW 1971, 50.
OLG Stuttgart, ZIP 1984, 463.
OLG München, MDR 1971, 580.
OLG München, HRR 1942, Nr. 275.
OLG München, OLGE 28, 121.
OLG München, WM 1986, 1521.
OLG Nürnberg, WM 1958, 1485.
OLG Nürnberg, JR 1958, 22.
OLG Nürnberg, WM 1962, 95.

IV. Entscheidungen des Landgerichtes

LG Berlin (west), JR 1952, 249.
LG Göttingen, BB 1951, 769.
LG Wuppertal, NJW 1967, 1280.

B. Koreanische Rechtsprechung

I. Entscheidungen des koreanischen Oberstengerichtshofes

KOGH 18. 11. 1954 4286 Minsang 63.
KOGH 31. 03. 1955 4787 Minsang.

KOGH 22. 03. 1962, 4294 Minsang 1174.
KOGH 22. 04. 1962, 4294 Minsang 943.
KOGH 31. 05. 1962, 62 Da 153.
KOGH 11. 10. 1962, 62 Da 290.
KOGH 29. 11. 1962 62Da 627.
KOGH 22. 09. 1964, 64 Da 548.
KOGH 05. 05. 1964, 63 Da 775.
KOGH 10. 11. 1964, 64 Da 613.
KOGH 20. 07. 1965 65 Da 874.
KOGH 09. 11. 1965, 65 Da 1445.
KOGH 15. 02. 1966, 65 Da 2431.
KOGH 06. 04. 1966, 66 Da 218.
KOGH 28. 03. 1967, 67 Da 61.
KOGH 11. 07. 1967 67 Da 893.
KOGH 02. 04. 1968, 68 Da 238.
KOGH 04. 06. 1968 68 Da 614.
KOGH 03. 09. 1968, 68 Da 169.
KOGH 09. 12. 1969, 69 Da 1565.
KOGH 22. 12. 1970, 70 Da 2295.
KOGH 23. 03. 1971, 71 Da 225.
KOGH 24. 05. 1977, 77 Da 430.
KOGH 27. 11. 1977, 77 Da 1513
KOGH 17, 01, 1978, 77 Da 1872.
KOGH 22. 07. 1980, 80 Da 998.
KOGH 22. 12. 1981, 80 Da 2910.
KOGH 27. 07. 1982, Daka1117.
KOGH 14. 12. 1982, 82 Daka 413.
KOGH 08. 02. 1983, 81 Da 547.
KOGH 10. 09. 1985, 85DaKa 806.
KOGH 25. 04. 1988, 87 DaKa 2696.
KOGH 25. 10. 1988, 85 Nu 941.
KOGH 27. 12. 1988, 87 Nu 1043.
KOGH 26. 12. 1988, DaKa 20224.
KOGH 27. 12. 1988, 87 Nu 1043.

KOGH 24. 04. 1990, 89 DaKa 18884.
KOGH 13. 11. 1990, 90DaKa 25413.
KOGH 26. 12. 1990, 88 DaKa 20224.
KOGH 23. 04. 1991, 90Da 16009.
KOGH 09. 08. 1991, 91 Da 13267.
KOGH 08. 11. 1991, 91 Da 21770.
KOGH 27. 12. 1991, 91Da 30668.
KOGH 26. 05. 1992, 92 Da 84.
KOGH 13. 10. 1992, 92Da 31781.
KOGH 28. 12. 1993, 93 Da 8719.
KOGH 26. 08. 1994, 93 Da 44739.
KOGH 28. 06. 1996, 96 Da 14807.
KOGH 30. 07. 1996, 95 Da 11900.
KOGH 10. 12. 1996 96 Da 19840.

KOGH 07. 09. 1999, 99 Da 30543.

II. Entscheidungen des Oberlandesgerichtes

Oberlandesgericht Choseon, 23. 04. 1918, Minjip Nr. 5, S. 312.
Oberlandesgericht Choseon, 12. 11. 1926, Minjip Bd. 13, S. 354.
Oberlandesgericht Choseon, 04. 05. 1928, Minjip Bd. 15, S. 123.
Oberlandesgericht Choseon, 08. 09. 1936, Minjip Nr. 23, S. 257.

III. Entscheidung des Landgerichtes

Landgericht Cheonju, 22. 07. 1993, 93 Na 1476.

Anhang

Formular der Eigentumsvorbehaltssicherung

Formular I-1 : Einfache Eigentumsvorbehaltssicherung[1]

(1)Wir behalten uns das Eigentum an dem Liefergegenstand bis zum Eingang aller Zahlungen aus dem Liefervertrag vor. Bei schuldhaftem vertragswidrigem Verhalten des Käufers, insbesondere bei Zahlungsverzug, sind wir berechtigt, den Liefergegenstand zurückzunehmen ; Der Käufer ist zur Herausgabe verpflichtet. In der Zurücknahme des Liefergegenstandes durch uns liegt, sofern nicht die Bestimmungen des Verbraucherkreditgesetzes Anwendung finden, kein Rücktritt vom Vertrag, es sei denn, wir hätten dies ausdrücklich schriftlich erklärt. In der Pfändung des Liefergegenstandes durch uns liegt stets ein Rücktritt vom Vertrag.

(2)Bei Pfändung oder sonstigen Eingriffen Dritter hat uns der Käufer unverzüglich schriftlich zu benachrichtigen, damit wir Klage gemäß §771 ZPO erheben können. Soweit der Dritte nicht in der Lage ist, uns die gerichtlichen und außergerichtlichen Kosten einer Klage gemäß §771 ZPO zu erstatten, haftet der Käufer für den uns entstandenen Ausfall.

(3)Der Käufer ist verpflichtet, den Liefergegenstand auf eigene Kosten gegen Diebstahl, Bruch-, Feuer- und Wasserschäden ausreichend zu versichern.

[1] Münchner Vertragshandbuch, S. 1

Formular I-2 : Verlängerter Eigentumsvorbehalt[2]

(1)Wir behalten uns das Eigentum an dem Liefergegenstand bis zum Eingang aller Zahlungen aus dem Liefervertrag vor. Bei vertragswidrigem Verhalten des Käufers, insbesondere bei Zahlungsverzug, sind wir berechtigt, den Liefergegenstand zurückzunehmen ; der Käufer ist zur Herausgabe verpflichtet. In der Zurücknahme des Liefergegenstandes durch uns liegt, sofern nicht die Bestimmungen des Verbraucherkreditgesetzes Anwendung finden, kein Rücktritt vom Vertrag, es sei denn, wir hätten dies ausdrücklich schriftlich erklärt. In der Pfändung des Liefergegenstandes liegt stets ein Rücktritt vom Vertrag. Bei Pfändung oder sonstigen Eingriffen Dritter hat uns der Käufer unverzüglich schriftlich zu benachrichtigen, damit wir Klage gemäß §771 ZPO erheben können. Soweit der Dritte nicht in der Lage ist, uns die gerichtlichen und außergerichtlichen Kosten einer Klage gemäß §771 ZPO zu erstatten, haftet der Käufer für den uns entstandenen Ausfall.

(2)Der Käufer ist berechtigt, den Liefergegenstand im ordentlichen Geschäftsgang weiter zu verkaufen ; er tritt uns jedoch bereits jetzt alle Forderungen in Höhe des Fakura-Endbetrages (einschließlich MWST) ab, die ihm aus der Weiterveräußerung gegen seine Abnehmer oser gegen Dritte erwachsen, und zwar unabhängig davon, ob der Liefergegenstand ohne oder nach Verarbeitung weiter verkauft worden ist. Zur Einziehung dieser Forderung ist der Käufer nach deren Abtretung ermächtigt. Unsere Befugnis, die Forderung selbst einzuziehen, bleibt hiervon unberührt ; jedoch verpflichten wir uns, die Forderung nicht einzuziehen, solange der Käufer seinen Zahlungsverpflichtungen ordnungsgemäß nachkommt und nicht in Zahlungsverzug ist. Ist dies jedoch der Fall, dann können wir verlangen, daß der Käufer uns die abgetretenen Forderungen und deren Schuldner bekannt gibt, alle zum Einzug erforderlichen Angaben macht, die dazugehörigen Unterlagen aushändigt und den Schuldnern (Dritten) die Abtretung mitteilt.

(3)Die Verarbeitung oder Umbildung des Liefergegenstandes durch den Käufer wird stets für uns vorgenommen. Wird der Liefergegenstand mit anderen, uns nicht gehörenden Gegenständen verarbeitet, so erwerben wir das Miteigentum an der neuen Sache im Verhältnis des Wertes des Liefergegenstandes zu den anderen verarbeiteten Gegenständen zur Zeit der Verarbeitung. Für die durch Verarbeitung entstehende Sache gilt im übrigen das gleiche wie für die Vorbehaltsware.

(4)Wird der Liefergegenstand mit anderen, uns nicht gehörenden Gegenständen untrennbar verbunden oder vermischt, so erwerben wir das Miteigentum an der neuen Sache im Verhältnis des Wertes des Liefergegenstandes zu den anderen verbundenen oder vermischten Gegenständen zum Zeitpunkt der Verbindung oder Vermischung. Erfolgte die Verbindung oder Vermischung in der Weise, daß die Sache des Käufers als Hauptsache anzusehen ist, so gilt als vereinbart, daß der Käufer uns anteilmäßig Miteigentum überträgt. Der Käufer verwahrt das Alleineigentum oder das Miteigentum für uns.

(5)Der Käufer tritt uns auch die Forderungen zur Sicherung unserer Forderungen gegen ihn ab, die ihm durch die Verbindung des Liefergegenstandes mit einem Grundstück gegen Dritten erwachsen.

(6)Wir verpflichten uns, die uns zustehenden Sicherheiten insoweit auf Verlangen des Käufers freizugeben, als ihr Wert die zu sichernden Forderungen, soweit diese noch nicht beglichen sind, um mehr als 20% übersteigt.

---

[2] Müchner Vertragshandbuch, S. 15 ff.

Formular I- 3 : Erweiterter und verlängerter Eigentumsvorbehalt[3]

(1)Wir behalten uns das Eigentum an dem Liefergegenstand bis zum Eingang aller Zahlungen aus der Geschäftsverbindung mit dem Käufer vor. Der Eigentumsvorbehalt erstreckt sich auch auf den anerkannten Saldo, soweit wir Forderungen gegenüber dem Käufer in laufende Rechnung buchen(Kontokorrent-Vorbehalt).

(2)Bei Vertragswidrigem Verhalten des Käufers, insbesondere bei Zahlungsverzug, sind wir berechtigt, den Liefergegenstand zurückzunehmen ; der Käufer ist zur Herausgabe verpflichtet. In der Zurücknahme des Liefergegenstandes durch uns liegt, sofern nicht die Bestimmungen des Verbraucherkreditgesetzes Anwendung finden, kein Rücktritt vom Vertrag, es sei denn wir hätten dies ausdrücklich schriftlich erklärt. In der Pfändung des Liefergegenstandes liegt stets ein Rücktritt vom Vertrag. Bei Pfändungen und sonstigen Eingriffen Dritter hat uns der Käufer unverzüglich schriftlich zu benachrichtigen, damit wir Klage gemäß §771 ZPO erheben können. Soweit der Dritte nicht in der Lage ist, uns die gerichtlichen und außergerichtlichen Kosten einer Klage gemäß §771 ZPO zu erstatten, haftet der Käufer für den uns entstandenen Ausfall.

(3)Der Käufer ist berechtigt, den Liefergegenstand im ordentlichen Geschäftsgang weiter zu verkaufen ; er tritt uns jedoch bereits jetzt alle Forderungen in Höhe des Fakura-Endbetrages (einschließlich MWSt) ab, die ihm aus der Weiterveräußerung gegen seine Abnehmer oder gegen Dritte erwachsen, und zwar unabhängig davon, ob der Liefergegenstand ohne oder nach Verarbeitung weiter verkauft worden ist. Zur Einziehung dieser Forderung ist der Käufer auch nach deren Abtretung ermächtigt. Unsere Befugnis, die Forderung selbst einzuziehen, bleibt hiervon unberührt ; jedoch verpflichten wir uns, die Forderung nicht einzuziehen, solange der Käufer seinen Zahlungsverpflichtungen ordnungsgemäß nachkommt und nicht in Zahlungsverzug ist. In diesem Fall können wir verlangen, daß der Käufer uns die abgetretenen Forderungen und deren Schuldner bekannt gibt, alle zum Einzug erforderlichen Angaben macht, die dazugehörigen Unterlagen aushändigt und den Schuldnern (Dritten) die Abtretung mitteilt.

(4)Die Verarbeitung oder Umbildung des Liefergegenstandes durch den Käufer wird stets für uns vorgenommen. Wird der Liefergegenstand mit anderen, uns nicht gehörenden Gegenständen verarbeitet, so erwerben wir das Miteigentum an der neuen Sache im Verhältnis des Wertes des Liefergegenstandes zu den anderen verarbeiteten Gegenständen zur Zeit der Verarbeitung. Für die durch Verarbeitung entstehenden Sache gilt im übrigen das gleiche wie für die Vorbehaltsware.

(5)Wird der Liefergegenstand mit anderen, uns nicht gehörenden Gegenständen untrennbar verbunden oder vermischt, so erwerben wir das Miteigentum an der neuen Sache im Verhältnis des Wertes des Liefergegenstandes zu anderen verbundenen oder vermischten Gegenständen zum Zeitpunkt der Verbindung oder Vermischung. Erfolgte die Verbindung oder Vermischung in der Weise, daß die Sache des Käufers als Hauptsache anzusehen ist, so gilt als vereinbart, daß der Käufer uns anteilmäßig Miteigentum überträgt. Der Käufer verwahrt das Alleineigentum oder das Miteigentum für uns.

(6) Der Käufer tritt uns auch die Forderungen zur Sicherung unserer Forderungen gegen ihn ab, die ihm durch die Verbindung des Liferfegenstandes mit einem Grundstück gegen einen Dritten erwachsen.

(7) Wir verpflichten uns, die uns zustehenden Sicherheiten insoweit auf Verlangen des Käufers freizugeben, als ihr Wert die zu sichernden Forderungen, soweit diese noch nicht beglichen sind, um mehr als 20% übersteigt.

[3] Münchner Vertragshandbuch, S. 30.

Formular der Sicherungsübereignung

Formular II-1 : Sicherungsübereignungsvertrag mit Anschlußzession[4]

Raumsicherungsübereigung gattungsmäßig bestimmter Sachen
Zwischen der Firma A (Ort, Straße)
(- nachstehend „Sicherungsgeber" genannt -)
und der A-Bank AG (Ort, Straße)
(- nachstehend „Bank" genannt -)

wird zur Sicherung aller bestehenden und künftigen – auch bedingten oder befristeten – Ansprüchen, die der Bank und allen anderen Geschäftsstellen des Gesamtinstituts aus der Geschäftsverbindung (insbesondere aus laufender Rechnung und aus der Gewährung von Krediten jeder Art), aus Haftung für Verbindlichkeiten einen anderen Kunden der Bank (z. B. als Bürge) und aus abgetretenen oder kraft Gesetzes übergegangenen Forderungen sowie aus Wechseln (auch soweit diese von Dritten hereingegeben worden sind) gegen den Sicherungsgeber und/oder gegen „Name und Anschrift des Kreditnehmers" zustehen, wird folgendes vereinbart :

I. Bedingungen der Sicherungsübereignung

§1 Angaben zum Sicherungsgut

(1)Der Sicherungsgeber übereignet der Bank hiermit den gesamten jeweiligen Bestand an

-Bezeichnung des Sicherungsgutes –
der sich in

- Beschreibung des Sicherungsgebietes -

befindet und in Zukunft dorthin verbracht wird.

(2)Der gegenwährtige Bestand des Sicherungsgutes ist aus der beigefügten Liste nach Art, Menge, Einkaufs-/Verkaufspreisen, Gesamtwert und etwaigen sonstigen Merkmalen ersichtlich. Der Sicherungsgeber ist verpflichtet, der Bank bis zum 15. eines jeden Monats den Bestand an Sicherungsgut per Ultimo des Vormonats in der gleichen Weise zu melden. Der tatsächlich vorhandene Bestand ist auch dann übereignet, wenn die Bestandslisten oder Bestandsmeldungen unvollständig sind.

(3)Das Sicherungsgebiet ist in der beigefügten Lageskizze wie folgt gekennzeichnet :

- nähere Kennzeichnung, z. B. „rot schraffiert"-

Die Lageskizze bildet einen Bestandteil dieses Vertrages.

§2Übertragung von Eigentum, Miteigentum und Anwartschaftsrecht

Soweit der Sicherungsgeber Eigentum oder Miteigentum an dem Sicherungsgut hat oder diese künftig erwirbt, überträgt er der Bank das Eigentum oder Miteigentum. Soweit der Sicherungsgeber ein Anwartschaftsrecht auf Eigentumserwerb (aufschiebend bedingtes Eigentum) an den von seinen Lieferanten unter Eigentumsvorbehalt gelieferten Waren hat, überträgt er hiermit der Bank dieses Anwartschaftsrecht. Eigentum, Miteigentum und Anwartschaftsrecht an dem bereits im Sicherungsgebiet befindlichen Sicherungsgut gehen mit Abschluß dieses Vertrages und an dem noch einzulagernden Bestand mit dessen Einlagerung auf die Bank über.

§3 Ersatz der Übergabe

Die Übergabe des Sicherungsgutes an die Bank wird dadurch ersetzt, daß der Sicherungsgeber es für die

---

[4] Münchner Vertragshandbuch, S. 101 ff.

Bank sorgfältig unentgeltlich verwahrt. Soweit Dritte unmittelbaren Besitz am Sicherungsgut erlangen, tritt der Sicherungsgeber bereits jetzt seine bestehenden und künftigen Herausgabeansprüche an die Bank ab.

§4 Mindestdeckungsbestand

(1)Der Wert des Sicherungsgutes muß stets mindestens.....% der Verbindlichkeiten des Kreditnehmers gegenüber der Bank betragen (Deckungsgrenze). Unterschreitet der Wert des Sicherungsgutes die Deckungsgrenze, so ist der Sicherungsgeber zu einer entsprechenden Ergänzung des Sicherungsgutes verpflichtet.

(2)Für die Bewertung des Sicherungsgutes ist, soweit es vom Sicherungsgeber gekauft wurde, der Einkaufspreis und, soweit es der Sicherungsgeber selbst erzeugt oder es be- oder verarbeitet hat, der Gestehungspreis maßgebend ; liegt der Wert des Sicherungsgutes unter dem Einkaufs- oder Gestehungspreis, so ist der Zeitwert maßgebend.

§5 Verfügung über das Sicherungsgut

Die Bank gestattet dem Sicherungsgeber, vorbehaltlich des zur Wahrung ihrer berechtigten Belange zulässigen Widerrufs, über das Sicherungsgut im Rahmen eines ordnungsgemäßen Geschäftsbetriebs zu verfügen, sofern die vereinbarte Deckung erhalten bleibt.

§6 Ablösung von Eigentumsvorbehalten

Der Sicherungsgeber ist verpflichtet, einen etwa bestehenden Eigentumsvorbehalt durch Zahlung des Kaufpreises zum Erlöschen zu bringen. Die Bank ist befugt, eine Kaufpreisrestschuld des Sicherungsgebers an die Bank die Ansprüche ab, welche ihm im Falle der Auflösung oder Nichterfüllung von Kaufverträgen gegen seine Lieferanten zustehen, insbesondere die Ansprüche auf Rückgewähr etwa bereits geleisteter Zahlungen.

§7 Behandlung und Kennzeichnung des Sicherungsgutes

Der Sicherungsgeber hat das Sicherungsgut - vorbehaltlich der Verfügungsbefugnis des §5 - in dem Sicherungsgebiet zu belassen und es auf seine Kosten sorgfältig zu behandeln. Das Sicherungsgut ist auf Verlangen der Bank in einer ihr zweckmäßig erscheinenden Weise als ihr Eigentum zu kennzeichnen. In den Unterlagen des Sicherungsgebers ist die Übereignung mit dem Namen der Bank kenntlich zu machen. Außerdem verpflichtet sich der Sicherungsgeber, alles zu vermeiden, wodurch Dritten, die daran rechtlich oder wirtschaftlich interessiert sind, das Eigentumsrecht der Bank verborgen bleibt.

§8 Versicherung des Sicherungsgutes

(1)Der Sicherungsgeber verpflichtet sich ferner, das Sicherungsgut für die Dauer der Übereignung auf eigenen Kosten in voller Höhe gegen die üblichen Gefahren und gegen diejenigen, gegen die der Bank Versicherungsschutz erforderlich erscheit, versichert zu halten. Alle daraus entstehenden gegenwärtigen und künftigen Ansprüche gegen die Versicherungsgesellschaft tritt der Sicherungsgeber hiermit an die Bank ab. Der Sicherungsgeber hat der Versicherungsgesellschaft davon Mitteilung zu machen, daß das Sicherungsgut Eigentum der Bank ist, daß sämtliche Rechte aus dem Versicherungsvertrag, soweit sie das Sicherungsgut betreffen, der Bank zustehen, sowie daß die Bank nur in die Rechte und nicht in die Pflichten des Versicherungsvertrages eintritt mit der Maßgabe, daß der Sicherungsgeber zur Aufhebung der Versicherung ohne Zustimmung der Bank nicht berechtigt ist. Der Sicherungsgeber wird die Versicherungsgesellschft ersuchen, der Bank einen entsprechenden Sicherungsschein zu übersenden.

(2)Wenn der Sicherungsgeber die Versicherung nicht oder nicht ausreichend bewirkt hat, darf die Bank das auf seine Gefahr und Kosten tun. Auf Wunsch der Bank wird der Sicherungsgeber die Versicherung zugunsten dessen, den es angeht, oder auf den Namen der Bank nehmen.

§9 Gesetzliche Pfandrechte Dritter

(1)Soweit ein gesetzliches Pfandrecht Dritter (z. B. Vermieter, Verpächter, Lagerhalter) an dem Sicherungsgut in Betracht kommt, hat der Sicherungsgeber auf Wunsch der Bank jeweils drei Tage nach Fälligkeit des Mietzinses, Pachtzinses und Lagergeldes deren Zahlung der Bank nachzuweisen und zu versichern, daß keine sonstigen Ansprüche des Vermieters, Verpächters oder Lagerhalters gegen den Sicherungsgeber bestehen.

(2) Befindet sich das Sicherungsgut in gemieteten oder gepachteten Räumen, so ist die Bank befugt, zur Abwendung des Vermieter- oder Verpächterpfandrechts den Miet- oder Pachtzins für Rechnung des Sicherungsgebers zu bezahlen.

§10 Mitteilungspflichten

(1)Der Sicherungsgeber hat der Bank unverzüglich anzuzeigen, wenn die Rechte der Bank an dem Sicherungsgut durch Pfändung oder sonstige Maßnahmen Dritter beeinträchtigt oder gefährdert werden sollten, und zwar unter Übersendung einer Abschrift des Pfändungsprotokolls sowie aller sonstigen zu einem Widerspruch gegen die Pfändung erforderlichen Schriftstücke mit der eidesstattlichen Versicherung, daß oder inwieweit die gepfändeten Sachen mit dem Sicherungsgut identisch sind. Außerdem hat der Sicherungsgeber den Pfändungsgläubiger oder sonstige Dritte unverzüglich schriftlich von dem Eigentumsrecht der Bank in Kenntnis zu setzen.

(2)Auch von sonstigen das Sicherungsgut betreffenden Ereignissen, insbesondere von Schadensfällen, hat der Sicherungsgeber der Bank unverzüglich Mitteilung zu machen.

§11 Pfändungsrecht der Bank

(1)Die Bank ist berechtigt, das Sicherungsgut am jeweiligen Lagerort zu überprüfen oder durch ihre Beauftragten überprüfen zu lassen. Der Sicherungsgeber hat jede zu diesem Zweck erforderliche Auskunft zu erteilen und die betreffenden Unterlagen zur Einsicht vorzulegen.

(2)Soweit sich das Sicherungsgut in unmittelbarem Besitz Dritter (z. B. Lagerhalter) befindet, werden diese vom Sicherungsgeber hiermit angewiesen, der Bank Zutritt zum Sicherungsgut zu gewähren.

§12 Inbesitznahme durch die Bank

Die Bank ist zur Wahrung ihrer berechtigten Belange befugt, die Verfügungsbefugnis zu widerrufen und die Herausgabe des Sicherungsgutes zu verlangen. Berechtigten Belange liegen insbesondere vor, wen der Sicherungsgeber erheblich gegen seine Pflicht zur sorgfältigen Behandlung des Sicherungsgutes verstößt oder über das Sicherungsgut Verfügungen trifft, die nicht im Rahmen eines ordnungsgemäßen Geschäftsbetriebes liegen. Dies gilt auch, wen der Sicherungsgeber seine Zahlungen eingestellt hat oder die Eröffnung eines gerichtlichen Insolvenzverfaharens über sein Vermögen beantragt worden ist. Die Bank darf die Herausgabe von Sicherungsgut ferner verlangen, wenn sie gemäß §14 Abs. 1 wegen des Zahlungsverzuges des Kreditnehmers zur Verwendung des Sicherungsgutes befugt ist.

§13 Be- und Verarbeitung des Sicherungsgutes

(1)Vorbehaltlich des zur Wahrung ihrer berechtigten Belange zulässigen Widerrufs gestattet die Bank dem Sicherungsgeber, falls es sich bei ihm um einen das Sicherungsgut be- oder verarbeitenden Betrieb handelt, das Sicherungsgut in eigenen oder fremden Betreiben zu verarbeiten. Die Verarbeitung erfolgt unentgeltlich im Auftrag der Bank als Herstellerin derart, daß die Bank in jedem Zeitpunkt und in jedem Grade der Verarbeitung das Eigentum, Miteigentum oder Anwartschaftsrecht an den Erzeugnissen behält oder erwirbt (§950 BGB)

(2) Sollte trotzdem bei der Verarbeitung das Eigentum, Miteigentum oder Anwartschaftsrecht der Bank an dem Sicherungsgut untergehen, so gehen diese Rechte im Augenblick des Erwerbs durch den Sicherungsgeber wieder auf die Bank über.

(3)Soweit durch die Verarbeitung eine Vermengung oder Vermischung mit nicht zum Sicherungsgut gehörenden Sachen erfolgt, geht das für den Sicherungsgeber entstehende Miteigentum oder Anwartschaftsrecht an den Erzeugnissen gleichfalls in dem Augenblick auf die Bank über, in dem es für den Sicherungsgeber entsteht.

(4)Soweit dem Sicherungsgeber lediglich Ansprüche auf Übertragung des Eigentums, Miteigentums oder Anwartschaftsrechts zustehen oder zustehen werden, tritt der Sicherungsgeber diese Ansprüche hiermit an die Bank ab.

(5)Gehen Eigentum, Miteigentum oder Anwartschaftsrecht an den Erzeugnissen auf die Bank über, wird die Übergabe an die Bank dadurch ersetzt, daß der Sicherungsgeber die Erzeugnisse für die Bank sorgfältig unentgeltlich verwahrt.

(6)Soweit Dritte Besitzer der Erzeugnisse sind oder werden, tritt der Sicherungsgeber hiermit seine bestehenden und künftigen Herausgabeansprüche an die Bank ab.

(7)Der Sicherungsgeber tritt hiermit alle bestehenden und künftigen Ansprüche einschließlich der Schadensersatzansprüche aus einem etwa mit einem fremden Betrieb geschlossenen Verarbeitungsvertrag an die Bank ab.

(8)Vorstehende Bestimmungen gelten auch für die Bearbeitung des Sicherungsgutes.

§14 Verwertungsrecht der Bank

(1)Die Bank ist berechtigt, das Sicherungsgut zu verwerten, wenn der Kreditnehmer mit fälligen Zahlungen auf die durch diesen Vertrag gesicherten Forderungen in Verzug ist. Die Bank wird das Sicherungsgut nur in dem Umfang verwerten, als dies zur Erfüllung der rückständigen Forderungen erforderlich ist.

(2)Die Verwertung wird die Bank dem Sicherungsgeber unter Fristsetzung schriftlich androhen. Stellt der Abschluß dieses Vertrages für den Sicherungsgeber ein Handelsgeschäft dar, beträgt die Frist mindestens eine Woche. In allen übrigen Fällen beträgt sie einen Monat.

(3)Die Bank darf das Sicherungsgut auch durch freihändigen Verkauf im eigenen Namen oder im Namen des Sicherungsgebers veräußern. Sie wird auf die berechtigten Belange des Sicherungsgebers Rücksicht nehmen. Sie kann auch von dem Sicherungsgeber verlangen, daß dieser nach ihren Weisungen das Sicherungsgut bestmöglich verwertet oder bei Verwertung mitwirkt. Der Sicherungsgeber hat alles bei der Verwertung des Sicherungsgutes Erlangte unverzüglich an die Bank herauszugeben.

(4)Nach Verwertung des Sicherungsgutes wird die Bank den Erlös abzüglich etwa von ihr zu entrichtender Umsatzsteuer zur Abdeckung der gesicherten Forderung verwenden. Soweit die Sicherheit nicht vom Kreditnehmer gestellt wird, ist die Bank bis zur vollständigen Befriedigung ihrer Forderung befugt, den Verwertungserlös als Sicherheit zu behandeln, ungeachtet ihres Rechts, sich jederzeit daraus zu befriedigen.

(5)Einen etwaigen Überschuß wird die Bank dem Sicherungsgeber herausgeben.

II. Bedingungen für die Anschlußzession

§1 Verfügungsermächtigung

Vorbehaltlich des aus wichtigem Grund zulässigen Widerrufs gestattet die Bank dem Sicherungsgeber über das Sicherungsgut im Rahmen eines ordnungsgemäßen Geschäftsbetriebes zu verfügen.

§2 Abtretung der Kaufpreisforderungen
Macht der Sicherungsgebervon der Verfügungsbefugnis Gebrauch, so tritt der Erlös an die Stelle des Sicherungsgutes. Demgemäß tritt der Sicherungsgeber schon hiermit seine sämtlichen gegenwärtigen und zukünftigen Forderungen aus dem Verkauf des Sicherungsgutes an die Bank ab.

§3 Bestandslisten

(1)Der Sicherungsgeber hat der Bank bis zum 10. eines jeden Monats, abgestellt auf das Ende des Vormonats - auf Verlangen der Bank auch in anderen Zeitabständen und zu anderen Terminen -, unter Bezugnahme auf diesen Vertrag eine Bestandslisten über die an die Bank abgetretenen, noch ausstehenden Forderungen einzureichen. Aus der Bestandliste sollen, soweit nichts anderes vereinbart wird, Namen und Anschriften der Drittschuldner, Betrag sowie Rechnungs- und Fälligkeitstag ersichtlich sein. Die

Vertragsteile sind darüber einig, daß sämtliche in den Bestandslisten angegebenen Forderungen an die Bank abgetreten sein sollen. Andererseits sind die in §1 dieses Vertrages näher bezeichneten Forderungen auch dann an die Bank abgetreten, wenn sie aus irgendeinem Grunde nicht oder nicht in voller Höhe in den der Bank eingereichten Listen verzeichnet sein sollten.

(2)Sofern der Sicherungsgeber die Buchführung und/oder Datenverarbeitung von einem Dritten vornehmen läßt, wird die Bank hiermit ermächtigt, im eigenen Namen auf Kosten des Sicherungsgebers die Bestandslisten unmittelbar bei dem Dritten einzuholen.

§4 Einzug der Forderungen durch den Sicherungsgeber

Dem Sicherungsgeber ist es bis zum Widerruf durch die Bank gestattet, die an die Bank abgetretenen Forderungen im Rahmen eines ordnungsmäßigen Geschäftsbetriebes einzuziehen.
Der Weiterverkauf im Rahmen eines echten Factoringgeschäftes bedarf der vorherigen Zustimmung der Bank.

§5 Einzug von Forderungen durch die Bank

Die Bank kann zur Wahrung ihrer berechtigten Belange die Forderungsabtretungen auch im Namen des Sicherungsgebers den Drittschuldnern bekanntgeben. Mit der Anzeige der Abtretung an den Drittschuldner erlischt die Einziehungsbefugnis des Sicerungsgebers. Berechtigte Belange sind insbesondere gegeben, wenn der Kreditnehmer mit fälligen Zahlungen auf die durch diesen Vertrag gesicherten Forderungen im Verzug ist, seine Zahlungen eingestellt hat oder die Eröffnung eines gerichtlichen Insolvenzverfahrens über sein Vermögen beantragt worden ist. Im Falle des Verzuges des Kreditnehmers wird die Bank die Offenlegung der Forderungsabtretung dem Sicherungsgeber mit einer Frist von zwei Wochen schriftlich androhen.

Der Sicherungsgeber hat der Bank auf ihre Anforderung Blankobenachrichtigungsschreiben zur Unterrichtung der Drittschuldner über die Abtretung auszuhändigen. (Die Bank ist berechtigt, vom Sicherungsgeber unterschriebene Blankobenachrichtigungsschreiben zu vervielfältigen.)

Soweit die Bank Forderungen selbst einzieht, darf sie alle Maßnahmen und Vereinbarungen mit Drittschuldnern treffen, die sie für zweckmäßig hält, insbesondere Stundungen und Nachlässe gewähren und Vergleiche abschließen. Die Bank wird bei der Einziehung von Forderungen die gleiche Sorgfalt anwenden, die sie in eigenen Angelegenheiten anzuwenden pflegt. Eine Verpflichtung zum Einzug übernimmt die Bank nicht. Der Sicherugsgeber ist verpflichtet, auf Verlangen der Bank die Zahlung an die Bank auf seine Kosten zu betreiben.

§6 Verwendung des Erlöses

(1)Die Bank wird die von ihr vereinnahmten Beträge zur Abdeckung ihrer durch die Abtretung gesicherten Ansprüche verwenden und einen etwaigen Überschuß an den Sicherungsgeber herausgeben.

(2)Soweit die Abtretung nicht vom Kreditnehmer erfolgte, ist die Bank bis zur Befriedigung aller ihrer gesicherten Forderungen befugt, den Verwertungserlös als Sicherheit zu behandeln, ungeachtet ihres Rechts, sich jederzeit daraus zu befriedigen.

§7 Kontokorrentverhältnis

Besteht zwischen dem Sicherungsgeber und den Drittschuldnern ein echtes oder unechtes Kontokorrentverhältnis oder wird später ein solches begründet, so tritt er hiermit an die Bank zusätzlich die Ansprüche auf Kündigung des Kontokorrentverhältnisses, auf Feststellung des gegenwärtigen Saldos sowie die Forderungen aus gezogenen oder in Zukunft zu ziehenden Salden ab.

§8 Abtretung der Rechte aus Schecks und Wechseln

Für den Fall, daß Zahlungen auf die der Bank abgetretenen Forderungen durch Schecks erfolgen, geht das Eigentum an diesen Papieren auf die Bank über, sobald der Sicherungsgeber sie erwirbt. Erfolgt die Zahlung auf die der Bank abgetretenen Forderungen durch Wechsel, so tritt der Sicherungsgeber die ihm daraus zustehenden Rechte schon jetzt im voraus sicherungshalber an die Bank ab. Die Übergabe der

Schecks und Wechsel wird dadurch ersetzt, daß der Sicherungsgeber sie zunächst für die Bank in Verwahrung nimmt oder - falls er nicht deren unmittelbaren Besitz erlangt - den ihm zustehenden Herausgabeanspruch gegen Dritte bereits jetzt im voraus an die Bank abtritt ; er wird die Papiere mit seinem Indossament versehen und unverzüglich an die Bank abliefern.

§9 Übergang von Nebenrechten

(1)Mit den abgetretenen Forderungen gehen alle für diese haftenden Sicherheiten sowie die Rechte aus den zugrundeliegenden Rechtsgeschäften auf die Bank über. Liegen den abgetretenen Forderungen Lieferungen unter Eigentumsvorbehalt zugrunde oder sind dem Sicherungsgeber bewegliche Sachen zur Besicherung dieser Forderungen übereignet, so besteht Übereinstimmung, daß Vorbehaltseigentum und Sicherungseigentum auf die Bank übergehen ; die Herausgabeansprüche des Sicherungsgebers gegen den unmittelbaren Besitzer sind zugleich an die Bank abgetreten. Hat der Sicherungsgeber das Sicherungsgut in unmittelbarem Besitz, so wird die Übergabe dadurch ersetzt, daß er das Sicherungsgut für die Bank unentgeltlich in Verwahrung nimmt.

(2)Sind für die Übertragung solcer Sicherheiten besondere Erklärungen und Handlungen erforderlich, wird der Sicherungsgeber diese auf Verlangen der Bank abgeen bzw. vornehmen.

§10 Informationspflichten des Sicherungsgebers
Verändern sich die an die Bank abgetretenen Forderungen infolge von Beanstandungen, Preisnachlässen, Zahlungseinstellungen der Drittschuldner Aufrechnungen oder aus anderen Gründen nachträglich in ihrem Wert, so ist der Sicherungsgeber verpflichtet, der Bank hiervon, soweit und sobald sie ihm bekannt werden, unverzüglich Kenntnis zu geben und nach ihren Weisungen zu verfahren. Das gleiche gilt, wenn sich der Fälligkeitstag verändert oder dem Sicherungsgeber Umstände zur Kenntnis kommen, welche die Zahlungsfähigkeit von Drittschuldnern beeinträchtigen. Werden die Rechte der Bank an den ihr abgetretenen Forderungen durch Pfändung oder sonstige Maßnahmen beeinträchtigt oder gefärdert, hat der Sicherungsgeber Bank ebenfalls unverzüglich Mitteilung zu machen. Bei einer Pfändung hat der Sicherungsgeberder Bank Abschrift des Pfändungs- und Überweisungsbeschlusses sowie aller sonstigen, zu einem Widerspruch gegen die Pfändung erforderlichen Schriftstücke zu übersenden und den Pfändungsgläubiger unverzüglich schriftlich von dem Sicherungsrecht der Bank zu unterrichen.

§11 Recht von Vorbehaltslieferanten

(1)Falls an die Bank eine Forderung abgetreten ist, die von einem Lieferanten des Sicherungsgebers aufgrund eines verlängerten Eigentumsvorbehaltes gegenwärtig oder zukünftig berechtigterweise in Anspruch genommen werden kann, soll die Abtretung erst mit Erlöschen des verlängerten Eigentumsvorbehalts wirksam werden. Soweit die Forderung einem Lieferanten nur teilweise zusteht, ist die Abtretung an die Bank zunächst auf den Forderungsteil beschränkt, der dem Sicherungsgeber zusteht ; der Restteil wird auf die Bank erst übergehen, wenn er durch den verlängerten Eigentumsvorbehalt nicht mehr erfaßt wird.

(2)Soweit der Sicherungsgeber gegenwärtig oder zukünftig von einem Lieferanten die Rückabtretung der ihm aufgrund des verlängerten Eigentumsvorbehalts abgetretenen Forderung oder Abführung des ihm zugeflossenen Erlöses verlangen kann, tritt der Sicherungsgeber dieses Recht mit allen Nebenrechten bereits hiermit an die Bank ab ; entsprechendes gilt für ein etwaiges Anwartschaftsrecht auf Rückerwerb einer auflösend bedingt abgetretenen Forderung. Die Bank ist berechtigt, den verlängerten Eigentumsvorbehalt durch Befriedigung des Lieferanten abzulösen.

§12 Einsichts- und Prüfungsrechte der Bank

(1)Der Sicherungsgeber verpflichtet sich, der Bank auf Verlangen alle Auskünfte, Nachweise und Urkunden zu geben, die zur Pfändung, Bewertung und zur Geltendmachung der abgetretenen Forderungen erforderlich sind.

(2)Der Sicherungsgeber gestattet der Bank, zur Prüfung, Bewertung und Geltendmachung der abgetretenen Forderungen jeder Zeit seine Unterlagen einzusehen oder durch einen Bevollmächtigten einsehen zu lassen.

(3)Erlischt die Einziehungsbefugnis des Sicherungsgebers, so kann die Bank die Aushändigung aller

Unterlagen über die abgetretenen Forderungen verlangen.

III. Schlußbestimmungen

§1 Rechtsnachfolge beim Sicherungsgeber

Dieser Vertrag bleibt bei einem Inhaberwechsel oder bei einer Änderung der Rechtsform auf seiten des Kreditnehmers auch für die Ansprüche aus der künftigen Geschäftsverbindung unverändert bestehen.

§2Rückübertragung, Sicherheitsfreigabe

(1)Nach Abdeckung ihrer durch diesen Vertrag gesicherten Ansprüche hat die Bank das Eigentum bzw. die ihr abgetretenen Forderungen, soweit sie von ihr nicht in Anspruch genommen worden sind, an den Sicherungsgeber zurückzuübertragen.

(2)Die Bank ist schon vorher verpflichtet, auf Verlangen des Sicherungsgebers Teile des Sicherungsgutes bzw. der abgetretenen Forderungen nach ihrer Wahl freizugeben, soweit der Wert des Sicherungsgutes die Deckungsgrenze nicht nur vorübergehend überschreitet.

§3 Rechtswirksamkeit

Sollten Vereinbarungen, die in diesem Vertrag getroffen worden sind, ganz oder teilweise der Rechtswirksamkeit ermangeln oder nicht durchgeführt werden, so wird dadurch die Gültigkeit des übrigen Vertragsinhaltes nicht berührt.

§4 Geltung der AGB der Bank

Ergänzend gelten die Allgemeinen Geschäftsbedingungen der Bank, die in jeder Geschäftsstelle eingesehen werden können und die auf Wunsch zugesandt werden

Datum, ……

Ort, ……

……………………………………

Eigenhändigen Unterschrift/
Firmenstempel, Angabe des
Vertretungsverhälnisses

xxx

Formular III-1 : Globalzessionsvertrag[5]

Zwischen der Firma A (Ort, Straße)
(-nachstehend "Sicherungsgeber" genannt-)

und der A-Bank AG (Ort, Straße)
(-nachstehnd "Bank" genannt-)

wird folgendes vereinbart :

§1 Zweckbestimmung

(1) Zur Sicherung aller bestehenden und künftigen - auch bedingten oder befristeten - Ansprüche, die der Bank und allen anderen Geschäftsstellen des Gesamtinstituts gegen den Sicherungsgeber und/ oder gegen "Namen und Anschrift des Kreditnehmers"
aus der Geschäftsverbindung (insbesondere aus laufender Rechnung und aus der Gewährung von Krediten jeder Art), aus der Übernahme der Haftung für Verbindlichkeiten eines anderen Kunden der Bank (z. B. als Bürge) und aus abgetretenen oder kraft Gesetzes übergegangenen Forderungen sowie aus Wechseln (auch soweit diese von Dritten hineingegeben worden sind) zustehen, tritt der Sicherungsgeber an die Bank hiermit seine sämtlichen bestehenden und künftigen Forderungen ab aus Warenlieferungen und Leistungen sowie aus - Bezeichnung des Rechtsverhältnisses - gegen
a) Namen/Firma und Anschrift des Drittschuldners
b)alle Schuldner des Sicherungsgebers mit den Anfangsbuchstaben
von.....bis.....einschließlich.....
Für die Feststellung des Anfangsbuchstabens ist maßgebend
- bei Nichtkaufleuten, Einzelfirmen, Personengesellschaften und sonstigen Drittschuldnern, deren Namen (Firmenbezeichnung) aus Personennamen besteht oder mit solchen beginnt, der erste Familienname (nicht Vorname, Adelsbezeichnung, Zusatz wie Gebrüder usw.),
- bei allen anderen Dittschuldnern das erste Wort der Firmenbezeichnung oder der sonstigen Bezeichnung.

(2) Die gegenwärtigen Forderungen gehen mit Abschluß dieses Vertrages, alle künftig entstehenden Forderungen jeweils mit ihrer Entstehung auf die Bank über.

(3) Diese Vereinbarung bleibt bei einem Inhaberwechsel oder bei einer Änderung der Rechtsform auf seiten des Kreditnehmers auch für die Ansprüche aus der künftigen Geschäftsverbindung unverändert bestehen.

§2 Deckungsgrenze

Der Wert der abgetretenen Forderungen muß jeweils mindestens......% der Verbindlichkeiten des Kreditnehmers gegenüber der Bank betragen (Deckungsgrenze). Unterschreitet der Wert der abgetretenen Forderungen die Deckungsgrenze, ist der Sicherungsgeber zur Abtretung entsprechender neuer Forderungen verpflichtet. Bei der Deckungsgrenze sind etwaige weitere der Bank getellten Sicherheiten entsprechend anzurechnen.

§3 Bestandslisten

(1) Der Sicherungsgeber hat der Bank bis zum 10. eines jeden Monats, abgestellt auf das Ende des Vormonats - auf Verlangen der Bank auch in anderen Zeitabständen und zu anderen Terminen -, unter Bezugnahme auf diesen Vertrag eine Bestandsliste über die an die Bank abgetretenen, noch ausstehenden Forderungen einzureichen. Aus der Bestandsliste sollen Namen und Anschriften der Drittschuldner, Betrag sowie Rechnungs- und Fälligkeitstag ersichtlich sein. Die in §1 dieses Vertrages näher bezeichneten Forderungen sind auch dann an die Bank abgetreten, wenn sie aus irgendeinem Grunde nicht oder nicht in voller Höhe in den der Bank eingereichten Listen verzeichnet sein sollten.

---

[5] Münchner Vertragshandbuch, Bd. 3, Wirtschaftsrecht, 1. Halbband, S. 85 ff.

(2) Sofern der Sicherungsgeber die Buchführung und/oder Datenverarbeitung von einem Dritten vornehmen läßt, wird die Bank hiermit ermächtigt, im eigenen Namen auf Kosten des Sicherungsgebers die Bestandslisten unmittelbar bei dem Dritten einzuholen.

§4 Einziehungsbefugnis

(1) Dem Sicherungsgeber ist es bis auf Widerruf durch die Bank gestattet, die an die Bank abgetretenen Forderungen im Rahmen eines ordnungsmäßigen Geschäftbetriebs einzuziehen. Der Weiterverkauf, der an die Bank abgetretenen Forderungen im Rahmen eines echten Factoringgeschäfts bedarf der vorherigen schriftlichen Zustimmung der Bank.

(2) Die Bank kann zur Wahrung ihrer berechtigten Belange die Forderungsabtretungen auch im Namen des Sicherungsgebers den Drittschuldnern bekanntzugeben. Mit der Anzeige der Abtretung an den Drittschuldner erlischt die Einziehungsbefugnis des Sicherungsgebers. Berechtigte Belange sind insbesondere gegeben, wenn der Kreditnehmer mit fälligen Zahlungen auf die durch diesen Vertrag gesicherten Forderungen im Verzug ist, seine Zahlungen eingestellt hat oder die Eröffnung eines gerichtlichen Insolvenzverfahrens über sein Vermögen beantragt worden ist. Im Falle des Verzuges des Kreditnehmens wird die Bank die Offenlegung der Forderungsabtretung dem Sicherungsgeber mit einer Frist von zwei Wochen schriftlich androhen.

(3) Der Sicherungsgeber hat der Bank auf ihre Anforderung Blanko-Benachrichtigungsschreiben zur Unterrichtung der Drittschuldner über die Abtretung auszuhändigen. Die Bank ist berechtigt vom Sicherungsgeber unterschriebene Blanko-Benachrichtigungsschreiben zu vervielfältigen.

(4) Soweit die Bank Forderungen selbst einzieht, darf sie alle Maßnahmen und Vereinbarungen mit Drittschuldnern treffen, die sie für zweckmäßig hält, insbesondere Stundungen und Nachlässe gewähren und Vergleiche abschließen. Die Bank wird bei der Einziehung von Forderungen die gleiche Sorgfalt anwenden, die sie in eigenen Angelegenheiten anzuwenden pflegt. Eine Verpflichtung zum Einzug übernimmt die Bank nicht. Der Sicherungsgeber ist verpflichtet, auf Verlangen der Bank die Zahlung an die Bank auf seine Kosten zu treiben.

§5 Kontokorrentabrede

Besteht zwischen dem Sicherungsgeber und den Drittschuldnern eine echtes oder unechtes Kontokorrentverhältnis oder wird später ein solches begründet, so tritt er hiermit an die Bank zusätzlich die Ansprüche auf Kündigung des Kontokorrentverhältnisses, auf Feststellung des gegenwärtigen Saldos sowie die Forderungen aus gezogenen oder in Zukunft zu ziehenden Salden ab.

§6 Haftung des Sicherungsgebers

(1) Der Sicherungsgeber haftet für den Bestand der abgetretenen Forderungen.

(2) Der Sicherungsgeber versichert, daß er über die von der Abtretung erfaßten Forderungen uneingeschränkt verfügungsberechtigt ist, insbesondere,
- daß die Drittschuldner die Abtretbarkeit nicht ausgeschlossen oder eingeschränkt haben oder - wenn dies der Fall ist -, daß sie der Abtretung zugestimmt haben, was der Bank nachzuweisen ist.
- daß die an die Bank abgetretenen Forderungen nicht bereits an Dritte abgetreten sind (Vorausabtretungen aufgrund von Lieferbedingungen fallen nicht unter diese Erklärung) sowie
- daß Rechte Dritter an den Forderungen nicht bestehen.

§7 Übergang von Nebenrechten und Sicherheiten

(1) Mit den abgetretenen Forderungen gehen alle für diese haftenden Sicherheiten sowie die Rechte aus den zugrundeliegenden Rechtsgeschäften auf die Bank über. Liegen den abgetretenen Forderungen Lieferungen unter Eigentumsvorbehalt zugrunde oder sind dem Sicherungsgeber bewegliche Sachen zur Besicherung dieser Forderungen übereignet, so besteht Übereinstimmung, daß Vorbehaltseigentum und Sicherungseigentum auf die Bank übergehen ; die Herausgabeansprüche des Sicherungsgebers gegen den unmittelbaren Besitzer sind zugleich an die Bank abgetretenen. Hat der Sichrungsgeber das

Sicherungsgut in unmittelbaren Besitz, so wird die Übergabe dadurch ersetzt, daß er das Sicherungsgut für die Bank unentgeltlich in Verwahrung nimmt.

(2) Sind für die Übertragung solcher Sicherheiten besondere Erklärungen und Handlungen erforderlich, wird der Sicherungsgeber diese auf Verlangen der Bank abgegebeb bzw. vornehmen.

§8 Zahlungen- Schecks und Wechsel

Für den Fall, daß zahlungen auf die Bank abgetretenen Forderungen durch Schecks erfolgen, geht das Eigentum an diesen Papieren auf die Bank über, sobald der Sicherungsgeber sie erwirbt. Erfolgt die Zahlung auf die der Bank abgetretenen Forderungen durch Wechsel, so tritt der Sicherungsgeber die ihm daraus zustehenden Rechte schon jetzt im voraus sicherungshalber an die Bank ab. Die Übergabe der Schecks und Wechsel wird dadurch ersetzt, daß der Sicherungsgeber die zunächst für die Bank in Verwahrung nimmt oder - falls er nicht deren unmittelbaren Besitz erlangt - den ihm zustehenden Herausgabeanspruch gegen Dritte bereits jetzt im voraus an die Bank abtritt ; er wird die Papiere mit seinem Indossament versten und unverzüglich an die Bank abliefern.

§9 Mitteilungspflichten

Verändern sich die an die Bank abgetretenen Forderungen infolge von Beanstandungen, Preisnachlässen, Zahlungseinstellungen der Drittschuldner, Aufrechnungen oder aus anderen Gründen nachträglich in ihrem Wert, so ist der Sicherungsgeber verpflichtet, der Bank hiervon, soweit und sobald sie ihm bekannt werden, unverzüglich Kenntnis zu geben und nach ihren Weisungen zu verfahren. Das gleiche gilt, wenn sich der Fälligkeitstag verändert oder dem Sicherungsgeber Umstände zur Kenntnis kommen, welche die Zahlungsfähigkeit von Drittschuldnern beeinträchtigen. Werden die Rechte der Bank an den ihr abgetretenen Forderungen durch Pfändung oder sonstige Maßnahmen beeinträchtigt oder gefährdet, hat der Sicherungsgeber der Bank ebenfalls unverzüglich Mitteilung zu machen. Bei einer Pfändung hat der Sicherungsgeber der Bank Abschrift des Pfändungs- und Überweisungsbeschlusses sowie aller sonstigen, zu einem Widerspruch gegen die Pfändung erforderlichen Schriftstücke zu übersenden und den Pfändungsgläubiger unverzüglich schriftlich von dem Sicherungsrecht der Bank zu unterrichten.

§10 Dinglicher Teilverzicht

(1) Falls an die Bank eine Forderung abgetreten ist, die von einem Lieferanten des Sicherungsgebers aufgrund eines verlängerten Eigentumsvorbehalts gegenwärtig oder zu künftig berechtigterweise in Anspruch genommen werden kann, soll die Abtretung erst mit Erlöschen des verlängerten Eigentumsvorbehaltes wirksam werden. Soweit die Forderung einem Lieferanten nur teilweise zusteht, ist die Abtretung an die Bank zunächst auf den Forderungsteil beschränkt, der dem Sicherungsgeber zusteht ; der Restteil wird auf die Bank erst übergehen, wenn er durch den verlängerten Eigentumsvorbehalt nicht mehr erfaßt wird.
(2) Soweit der Sicherungsgeber gegenwärtig oder zukünftig von einem Lieferanten die Rückabtretung der ihm aufgrund des verlängerten Eigentumsvorbehalts abgetretenen Forderungen oder die Abführung des ihm zugeflossenen Erlöses verlangen kann, tritt der Sicherungsgeber diese Rdechte mit allen Nebenrechten bereits hiermit an die Bank ab ; entsprechendes gilt für ein etwaiges Anwartschaftsrecht auf Rückerwerb einer auflösend bedingt abgetretenen Forderung. Die Bank ist berechtigt, den verlängerten Eigentumsvorbehalt durch Befriedigung des Lieferanten abzulösen.

§11 Prüfungs- und Kontrollmaßnahme der Bank

(1) Der Sicherungsgeber verpflichtet sich, der Bank auf Verlangen alle Auskünfte, Nachweise und Urkunden zu geben, die zur Prüfung, Bewertung und zur Geltendmachung der abgetretenen Forderungen erforderlich sind.

(2) Der Sicherungsgeber gestattet der Bank, zur Prüfung, Bewertung und zur Geltendmachung der abgetretenen Forderungen jederzeit seine Unterlagen einzusehen oder durch eine Bevollmächtigten einsehen zu lassen.

(3) Erlischt die Einziehungsbefugnis des Sicherungsgebers, so kann die Bank die Aushändigung aller Unterlagen über die abgetretenen Forderungen verlangen.
§12 Verwertung und Verwendung des Erlöses

(1) Die Bank wird die von ihr vereinnahmten Beträge zur Abdeckung iherer durch die Abtretung gesicherten Ansprüche verwenden und einen etwaigen Überschuß an den Sicherungsgeber herausgeben.
(2) Soweit die Abtretung nicht vom Kreditnehmer erfolgte, ist die Bank bis zur Befriedigung aller gesicherten Forderungen befugt, den Verwertungserlös als Sicherheit zu behandeln, ungeachtet ihres Rechts, sich jederzeit daraus zu befriedigen.

§13 Rückabtretung-Freigabe

(1) Nach Abdeckung ihrer durch die Abtretung gesicherten Ansprüche hat die Bank die ihr abgetretenen Foderungen, soweit sie von ihr nicht in Anspruch genommen worden sind, an den Sicherungsgeber zurückzuübertragen.

(2) Die Bank ist jederzeit verpflichtet, auf Verlangen des Sicherungsgebers die ihr zur Sicherung eines Kredits bestellten Sicherheiten nach ihrer Wahl insoweit freizugeben, als deren Gesamtwert die Deckungsgrenze nicht nur vorübergehend um mehr als ...%übersteigt und die Sicherheiten nicht nach §1 dieses Vertrages für weitere Kredite haften.

§14 Teilnichtigkeit

Sollte eine Bestimmung dieses Vertrages nicht rechtswirksam sein oder nicht durchgeführt werden, so wird dadurch die Gültigkeit des übrigen Vertragsinhalts nicht berührt ; das gilt insbesondere, wenn die Unwirksamkeit sich nur auf einzele Forderungen oder Forderungsteile erstreckt.

§15 Geltung der AGB der Bank

Ergänzend gelten die Allgemeinen Geschäftsbedingungen der Bank, die in jeder Geschäftsstelle eingesehen werden können und die auf Wunsch zugesandt werden.

Datum,...........

Ort,.............

....
eigenhändigen Unterschrift /
Firmenstempel.

FSC
www.fsc.org
MIX
Papier | Fördert
gute Waldnutzung
FSC® C083411

Kolibri 360 GmbH
Ferdinand-Jühlke-Straße 7
99095 Erfurt, Deutschland
produktsicherheit@kolibri360.de

Druck:
CPI Druckdienstleistungen GmbH
im Auftrag der
Kolibri 360 GmbH
Ferdinand-Jühlke-Str. 7
99095 Erfurt